人类教育新启航

——评罗崇敏教育思想

本书编写组　编

云南出版集团公司
云南人民出版社

图书在版编目（CIP）数据

人类教育新启航：评罗崇敏教育思想 /《人类教育新启航：评罗崇敏教育思想》编写组编. —昆明：云南人民出版社，2012.8
ISBN 978-7-222-10256-9

Ⅰ. ①人… Ⅱ. ①人… Ⅲ. ①罗崇敏—教育思想—研究 Ⅳ. ①G40-092.7

中国版本图书馆 CIP 数据核字（2012）第 191858 号

责任编辑：李银和　段兴民　金学丽　陈　迟
封面设计：陶汝昌
内文装帧：唐敬乾
责任校对：赵　红
责任印制：施立青

书　名	**人类教育新启航——评罗崇敏教育思想**
作　者	本书编写组　编
出　版	云南出版集团公司　云南人民出版社
发　行	云南人民出版社
社　址	昆明市环城西路 609 号
邮　编	650034
网　址	http://ynpress.yunshow.com
E-mail	rmszbs@public.km.yn.cn
开　本	787×1092　1/16
印　张	29
字　数	450 千
版　次	2012 年 8 月第 1 版第 1 次印刷
印　刷	昆明卓林包装印刷有限公司
书　号	ISBN 978-7-222-10256-9
定　价	39.00 元

题　记

我追求的不是众人未见，而是众人所见但未思更未行。人类对自己所创造的教育既熟悉，又陌生。教育的灵魂已经渐渐离开它的躯壳，被实用主义和工具主义不断玷污。人类教育必须迷途知返，正本清源，回归本真。

教育是发展人的生命、生存、生活，实现人的价值，引领人类文明进步的社会活动过程。通过教育，使人认知生命的价值，增长生存的智慧，实现生活的幸福。教育引领人类思维方式、生产方式、生活方式和社会管理方式的转变，实现人类的文明进步。

教育价值高于一切价值。教育的根本价值是教真育爱；教育的终极价值是使人成其为人，成为有能力的人，成为有价值的人，成为幸福的人。经济价值、政治价值、文化价值都是人创造的价值，都是人的价值的外化，教育创造了人的价值。学校教育、家庭教育、社会教育创造了物质价值、精神价值；创造了人文价值、科学价值；创造了现实价值、理想价值；创造了个人价值、社会价值……

人类社会活动都是价值活动，都是为了实现价值最大化。人类社会的一切关系都是价值关系。从价值主义哲学出发，研究和实践教育思想，既是历史的必然，也是现实的需要，更是未来的指向。

装睡的人是叫不醒的，没有思想的人是不能解放思想的。我们要富有大爱、充满自信和勇于担当地去创新教育思想。让历史证明：我们来过教育，我们受过教育，我们改变过教育。

我们坚信，价值主义教育思想将导致人类教育的新启航。

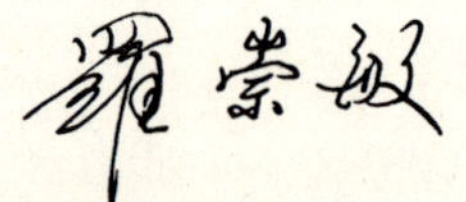

2012年8月1日

目 录

价值教育与教育改革 …………………………………… 郭振有 1
人类教育的新启航 …………………………………… 柳 斌 7
价值主义教育思想刍议 …………………… 宋乃庆 杨舒涵 12
三生有爱 …………………………………… 于 丹 21
于散论中显智慧　在系统里见逻辑 …………… 庄辉明 40
珍惜生命　学会生存　热爱生活 …………… 刘彭芝 44
用哲理点燃火炬 …………………………………… 骆小所 48
关于“生命教育”与“三生教育”的思考 …………… 郑晓江 51
“三生教育”与素质教育 …………………………… 韩庆祥 61
“三生教育”的哲学基础与教育发展的现实选择 ………… 纳 麒 63
教育智慧民族　教育实现价值 …………………… 丹珠昂奔 70
价值主义教育是教育哲学 …………………………… 石中英 72
价值主义教育思想的普及与美好社会的构建 ………… 冯朝睿 74
教育价值高于一切的价值 …………………………… 许晓东 93
论罗崇敏对教育的反思与重构 …………………… 徐 彬 97
罗崇敏价值主义教育思想探讨 …………………… 刘青峰 101
宏阔之思　诚意之得 ………………………………… 熊庆年 117
“三生教育”　助力一生 …………………………… 纪连海 120
“三敢厅长”罗崇敏 ………………………………… 王旭明 131

"三生教育"：让更多的人拥有精彩人生 …………………… 肖　川 133
关于"教育的价值"的思考 ………………………………… 张小杰 135
"知识经济"时代的人力资本投资价值倡导 ……………… 罗　淳 143
"三生教育"：教育改革理论与实践的创新 …… 冯颜利　孟献丽 146
道之所存　师之所存 ………………………………………… 洪　明 150
教育实践的价值维度 ………………………… 郝立新　李厚羿 153
教育的价值与追求 …………………………………………… 刘　慧 158
"三生教育"与教育的智慧 ………………… 葛晨虹　袁和静 164
在"教育三部曲"暨价值主义教育研讨会上的致辞 …… 黄书元 168
关于教育价值领导力的若干思考 …………………………… 潘光伟 170
"三生教育"：逻辑必然　智慧必然　价值必然 ………… 杨立雄 177
教育一定要为人生做好准备 ………………………………… 杨东平 182
今天的会是为30年后开的 …………………………………… 齐大辉 184
文章合为时而著 ……………………………………………… 李世华 186
价值主义教育思想对人生的价值建构 ……………………… 云　波 189
教育价值的哲学思考 ………………………………………… 郭云龙 196
一切价值的核心是人 ………………………………………… 李宏伟 200
教育价值应回归教育本真 …………………………………… 张建新 202
教育在于使年轻一代系统地进行社会化 …………………… 王彦斌 205
关于教育的独特思考 ………………………………………… 张　磊 208
从人的生命成长进入最本质的教育真实 …………………… 李天凤 215
教育原动力 …………………………………………………… 余正涛 219
构建现代教育逻辑体系的又一新成果 ……………………… 和少英 222
艰难苦恨　玉汝于"思" …………………………………… 张斌贤 231

在中国生命、生存、生活教育论坛上的致辞……………… 顾伯平 234
建基于生命价值基础上的教育价值论思考……………… 骆锦芳 237
教育：人之大器，人之大道………………………………… 吕昭河 242
在智慧中融贯古今、针砭时弊…………………………… 汪　忠 245
教育价值的取向——向“人”的回归 ………………… 余　松 248
教育就是为了人的幸福……………………………………… 张伟建 251
教育与智慧的珠联璧合……………………… 晏　妮　和少英 253
教育家的智慧和视野………………………………………… 张武升 261
慧心巧思　教学相长………………………………………… 赵晓澜 264
智慧与逻辑的辩证统一……………………………………… 欧黎明 267
“逻辑”与“智慧”：一种新的现代教育观 ……………… 罗明东 270
“三生教育”：价值主义教育思想的新发展 …………… 王永全 273
直指教育核心的创新力作…………………………………… 木基元 280
让教育的智慧之花开遍红土高原…………………………… 陈宝昆 283
开价值主义教育之先河，弘教真育爱之思想……………… 吴晓亮 287
认识《教育的逻辑》的逻辑 ……………………………… 诸锡斌 290
深入探索教育的价值　引领教育的改革与发展…………… 朱锦余 293
探索教育本质　追求教育理想……………………………… 张建国 296
探索教育的逻辑　追寻教育的智慧………………………… 李　兵 299
探寻教育改革发展的智慧和逻辑…………………………… 耿　嘉 303
现代教育基点的构建与前瞻性研究………………………… 明庆忠 306
读罗崇敏先生《教育的逻辑》、《教育的智慧》随感 …… 杨丽华 311
中国教育“从原点再出发”的新探索 …………………… 周本贞 313
与时俱进的教育价值探索…………………………………… 匡　锦 316

教育与人的发展…………………………………………………… 楼世洲 319
最高价值——教育 ……………………………………………… 陶　云 323
“三生二育论” …………………………………………………… 钮则诚 326
“三生教育”的内在逻辑 ………………………… 李　聪　杨婷婷 343
“三生教育”对教师的新要求 ………………………………… 黄德锋 349
深刻思考教育本质　积极倡导“三生教育” ………………… 李秋芳 355
生命困顿与生命重建……………………………………………… 李　佳 358
推进“三生教育”事业　实现人的全面发展 ………………… 田慧生 366
应当重视新生代民工的“三生教育” ………………………… 王令策 368
“三生教育”是素质教育的新探索 …………………………… 余　涌 375
“三生教育”的理论价值与实践意义 ………………………… 詹万生 381
“三生教育”是当代人生教育的一大创举 …………………… 卓晴君 385
“三生教育”是核心价值建设之创新载体和有效切入点 …… 张大良 389
促进价值主义教育发展应成为国家基本的价值取向……… 张　力 392
价值主义教育思想：绕不开的哲学思考…………………… 于长学 394
把经验提炼成科学发展的规律…………………………… 程方平 396
“美丽中国”和“三生教育”的缘分 ………………………… 潘勋卓 398
价值论视野中的教育思想探讨…………………………………… 刘青峰 401
人类最应当思议的是教育…………………………………………… 郭振有 411
阳光心态　幸福生活………………………………………………… 倪子君 415

附　录：

人类教育新启航（通讯） ……………………………………… 安　可 431
写在人类教育史上的篇章…………………………… 矣　勇　安　可 447

价值教育与教育改革

郭振有

罗崇敏同志连续写了《教育的智慧》《教育的逻辑》和《教育的价值》三本书，合称“教育三部曲”。这三部曲，是改革开放以来，我国，包括云南省教育改革探索的经验概括，也是我国教育科学研究的重要成果，对我们认识教育的本质和规律，指导教育改革发展，有很强的理论性、针对性和长远意义。

一、三部曲的几个显著特点

在2011年的一次研讨会上，我曾经讲过，罗厅长的三本论著有几个特点：一是高屋建瓴。作者致力研究的是知识经济时代引领人类社会文明进步的教育。他站在历史的、时代的、理论的高度上，对现代教育一系列根本性、全局性、宏观性问题，做了深入探讨和研究。二是植根现实。教育三部曲本不是普通的教育学，不是坐在书斋里根据教育的一般原理写出来的。作者的责任感和使命感使他更关注的是现实中国教育的困境和出路。三是系统思考。三部曲几乎涉及和涵盖了当前中国教育所有重大问题，形成了许多完整的范畴和体系。作者对教育公平、教育过程、教育结构、教育体系、教育合力、教育课程、教育环境、学校现代管理、教育评价以及各类教育等等，都做出了系统的整体的论述。可以说很多方面富有新意，是前人所未曾涉及和论述过的。四是路在脚下。三部曲做到了理论和实践的统一，提出问题和提出解决思路的统一。

二、提出价值主义教育的理论价值

三部曲对教育价值问题做了深刻而精辟的论述。提出一个重要的命题：即价值教育。这里首先要从概念上论述清楚什么是价值？和什么是价值教育？作者引述了苏格拉底、马克思、康德、黑格尔等中外许多思想家关于价值的论述，明确了关于价值的这样几个中心词：实绩、评价、原则、标准、兴趣、意义等。实绩，即客体在满足主体需要时产生的实绩；评价，即主体对客体能满足需要给出的评价；原则，即主体满足需要的正当性原则；标准，即某人某事好与坏、对与错、高尚与低俗的评价标准；兴趣，即无论什么对象，只要人对它发生兴趣，它就有了价值；意义，为什么要强调意义？因为只要有人的生命和活动存在，就有生理、心理、行为等“需要”，即价值存在。人的需要是评价价值的尺度。但最重要的是，要研究这种“需要”，它是有意义的还是无意义的。

教育是人类社会最基本、最广泛、最重要，最不可缺少的社会活动。那么什么是教育的价值呢？作者认为，从根本意义上讲，是教育主体对客体是否满足其需要的评价和态度，是教育主体改造客体，使其变成符合自己希望或理想的过程和结果。教育价值的主体是人。这个人，包括学生、老师和所有教育工作者。教育价值的客体，包括物质的和精神的，社会的和个人的，主体自身的和自身以外的等各种客体。教育必须以人为本。教育的根本价值在实现人的价值。人，唯有人，是“宇宙的精华，万物的灵长”。教育必须为人的全面发展和幸福生活服务。教育是引领人类文明进步的社会活动。价值是一种选择。教育价值要研究的就是：人是什么，我们需要培养什么人，如何办教育，办什么样的教育，怎样通过好的、理想的教育，使人更成为人。因此可以说，在人和人类的各种价值中，教育价值是最高价值，教育价值高于其他一切价值。

三、价值教育命题的现实指向

为什么作者要提出价值教育？这不是突发奇想。是因为在当今时代，我国教育虽然取得了历史性的进步和成就，同时出现了许多新的重大的价值危机。传统的工具理性主义教育理论，以及实用主义的过分张扬等，产生了许多弊端。教育的需要、原则、标准、意义、实绩、评价等，在一定程度上被扭曲，被破坏。这突出地表现在教育不是在实现人的价值，使人更成为人，而是在使人成为实现某种功利、目的的手段、工具，成为考试的机器。教育越来越功利化、工具化、庸俗化了。评价教育质量的标准不是人的全面发展，而是考试分数、升学率、升重点大学率。许多地方、学校，甚至只看升入北大、清华的人数。过度学习、强化训练成为一大顽疾。学生负担过重却长期治理无效。课程内容不能与时代同步。学校教育与家庭教育、社会教育严重脱节。中小学生没有自己能掌控的时间。学生的兴趣、好奇心、想象力、创造力被无视和抹杀。学生的身体素质出现各种问题。青年一代的人文素养令人忧虑。创新创造能力的培养流于纸面。各种心理疾病以及厌学、逃学现象有增无减。恶性事故时有发生。教育的价值滑向了工具主义、功利主义。问题到底出在什么地方？首先是社会用人制度及薪酬制度的原因。社会过分和盲目崇拜学历，鄙薄职业技术和实践经验，收入待遇因学历而悬殊。同时有教育体制包括课程设置、考试制度、评价方法等教育自身的原因。从根源上看，就是教育价值取向走进了误区。教育价值取向不改变，教育问题不可能从根本上解决。

四、价值教育命题的实践基础

“教育三部曲”，特别是价值教育概念的提出，最重要的实践基础，是云南省首倡在从幼儿园到大学各类教育中开展的生命、生存、生活

“三生教育”。今天教育价值取向的偏误，其集中表现，就是只重视对考试和升学有用的知识教育，而忽略了对人的发展最为重要的生命教育、生存教育和生活教育。

生命教育就是教育学生认识、尊重、珍爱、敬畏生命，主动、积极、健康地发展生命，提升生命质量。我国中小学生每天平均非正常死亡的人数是惊人的。学生，包括大学生、教师，轻生甚至杀人的事件不断有发生。由此可知生命教育是何等紧迫和重要。

生存教育是帮助学生学习生存知识，掌握生存技能，保护生存环境，强化生存意志，把握生存规律，提高生存的适应、发展、创造能力，树立正确的生存观念。今天的许多学校，基本上不再进行劳动教育，技术教育等生存所需要的教育，一些学生走上社会连基本的生存技能都没有。这不能不说是教育的失误和失败。

生活教育是帮助学生确立正确的生活观，追求个人、家庭、团体、民族、国家和人类幸福生活的教育。帮助学生提高生活能力，培养良好品德和行为习惯，培养学生的社会责任感、爱心和感恩之心，使学生认识生活的意义，热爱生活，幸福生活。

作者认为，“三生教育”是受教育者树立正确人生观、世界观、价值观的认知和行为过程，体现着教育价值的终极目标取向。“三生教育”也可以说是中国特色的人文教育，是素质教育不可缺少的、基础的、也是终身的教育内容。我觉得，对教育价值而言，“三生教育”其重要性远远超出了知识教育和升学教育。中小学以及大学，都应该对学生进行生命、生存和生活相关的各种教育。

作者在阐述“三生教育”时，特别强调责任教育，我觉得意义重大。人的价值在于他所承担的社会责任。教育的任务是使人从自然人成长为社会人。教育价值集中在培养人的社会责任感。《教育规划纲要》也把社会责任感列为素质教育的第一重点。正如英国教育家塞缪尔·斯迈尔斯所说的：责任感是所有品德中，影响力最大也是最基本最必备的品质。缺乏责任感，人们对抗不了苦难，抵御不了财色的诱惑，导致犯罪或堕落。相反，在责任感的激励下，人们能够克服自己的弱点而变得坚强勇敢。责任不是感情，而是贯穿人生的一个准则。它的基础是良知。不负责任的生活是一片废墟，不负责任的人最后只会落得受人嫌恶的下场。

罗厅长认为，学会尽责，是现代教育的重要组成部分。学会尽责首先要学会感恩。现代社会不缺少施恩、感恩，缺的是诚信和责任。施恩、感恩完全可以被诚信、责任教育所包容，而且远远超过了施恩和感恩教育。

“三生教育”体现的是符合时代需要的教育价值取向，是人类基本价值和国家核心价值的基础。实施“三生教育”，是提高国民素质的基本要求；是现代教育的基本任务；是促进学生全面发展的基本途径；是实现家庭幸福，促进社会和谐的必然要求；是推进教育国际化，发展普世教育的重要基础。这个评价是符合实际的。

五、价值教育需要解决的突出问题

作者特别批评了“盲目超前”教育和“择校之风”等无奈现象。现在所谓的“早期教育”已经变成了“早早教育”，神童教育。一句“不要输在起跑线上”的完全违背教育规律的口号，搞乱了家长的心，搞乱了中国的早教市场。幼儿园入小学就有考试，而且有的试题难倒了博士。奥数训练使多少孩子忍受着煎熬。揠苗助长的反教育现象比比皆是。有的校长公开号召学生：只要学不死，就往死里学。多得一分，干掉千人。义务教育择校之风愈演愈烈。生源大战如火如荼。教育公平的原则受到严峻挑战，不仅阻碍了义务教育均衡发展，而且引发了大量不规范办学行为。加剧了学校之间的收入差距，严重挫伤了一般学校的办学积极性。引发了种种形色的教育腐败，玷污了教育应有的尊严。有的校长完全失去了良心。归根结底，这些都是教育价值扭曲的结果。不能确立正确的教育价值观，这些现象将不能扭转。教育乱象将为民族国家造成巨大的灾难。

六、教育改革呼唤教育家办学

在中国的各项改革中，教育改革应该是最复杂、最精细、最困难的。教育改革滞后于其他改革是必然的。教育必须加快改革。对教育问题最需要进行缜密的研究和探索，来不得半点虚浮和轻率。“教育三部曲”的作者被称为“奇官”。他的三本书是三本大书，三本很厚重的书。作者的特殊经历使他特别了解中国的国情现实。他有着深厚的学术功底，进行过经济、社会各项改革的探索，是我国一位知名的改革家。他提出的许多教育观点和教育政策，建立在对教育问题的现实考察和哲学思维的基础之上，建立在实践探索的基础之上。三本书的体系是严密的。其中有很多精辟的论述，还有许多值得研究和采纳的政策建议。

温总理提出要倡导教育家办学。一批教育家能影响一个国家和民族的未来。教育厅长负责设计、统筹、指挥一个省的教育的改革发展，责任十分重大。教育厅长应该由教育家担任。他不仅应该有发展改革教育的使命感和责任感，有丰富的教育管理经验，还应该有深刻的教育理论素养，有对教育问题的真知灼见，形成独特的教育概念，并付诸实施。罗崇敏同志为教育厅局长树立了一个很好的榜样。

祝愿罗崇敏厅长的价值主义教育思想对中国的教育改革发挥应有的推动作用。

（作者为中国教育学会副会长。此文是作者2012年5月26日在人民大会堂“教育三部曲”出版发行暨价值主义教育研讨会上的发言。）

人类教育的新启航

柳　斌

我觉得我和罗厅长是神交已久，因为他的一些教育思想和教育理念，以及他在云南省所从事的教育改革实践活动，我有所闻，有所了解。我对他的人格、品格，给予很高的评价！觉得他有很强的人格魅力，就像今天的会议，能够有这么多位中国顶级的专家、学者来参与，这也是罗崇敏同志的人格魅力所在！

此外，我也对罗崇敏同志的“三生教育”理念和价值主义教育思想给予很高的评价！觉得他的这些教育思想、理念和改革实践，对推动我国素质教育的改革和深化，会产生重要的影响。

首先，我认为教育是有重要价值的，对于教育的价值，很多人没有足够的认识。罗崇敏厅长用他的教育实践和教育理论，引起了大家对教育价值的重视。罗崇敏厅长提出了教育价值高于一切价值的观点，人类活动的经济价值、政治价值、文化价值都是人创造的价值，都是人的价值的外化，而教育却创造了人的价值。教育的根本价值应该是：唯真、唯智、唯实、唯和。即：教育崇尚真理、探索真理、传承真理、捍卫真理；教育崇尚智慧、珍爱智慧、启迪智慧、播种智慧，尊重知识、尊重人才、尊重创造；教育切合而不迎合实际，立足实践、发展现实、实现未来；教育建构和谐、信奉和善、促进和美。教育的终极价值是使人成为人（社会的人），使人成为有责任能力的人（奉献的人），使人成为自由幸福的人（人类的幸福）。这些观点让人对教育的认识耳目一新，这是值得肯定的。

其次，我认为对教育价值进行理论研究和实践操作，这本身就是有很高的价值。可以说，现在这个理论和实践操作是个开始，还会面临着许多理论和实践上的问题，需要下工夫和力度去探讨和研究。云南对价值主义教育思想不但大胆进行了理论研讨，而且进行了丰富多彩的实践，进一步在教育教学中验证了这一理论的正确性。云南省自2008年以来在各级各类学校学生中实施生命教育、生存教育、生活教育，将生命教育、生存教育、生活教育融入各类教育之中，培养受教育者生命价值意识，增长生存智慧能力，树立幸福生活信念。通过生命教育，认知生命，热爱生命，敬畏生命；通过生存教育，认知生存，增长生存知识，提高生存能力；通过生活教育，认知生活，热爱生活，奋斗生活，幸福生活。通过生命、生存、生活教育，使受教育者知生理，调心理，守伦理，明事理，晓哲理；通过生命、生存、生活教育，提升学生的情商价值、智商价值和能力价值，树立正确的生命观、生存观和生活观。“三生教育”实施以来，引起普遍共鸣，得到广泛响应，全国共有24个省（自治区、直辖市）在不同范围内开展了“三生教育”，其中有16个省份使用了云南省组编的“三生教育”系列教材。“重视生命教育、学会生存生活”明确写进《国家中长期教育改革和发展规划纲要》的战略主题部分。同时，“三生教育”也产生了积极的国际影响，受到国际教育界的高度关注。中共中央政治局常委李长春同志和中共中央政治局委员、国务委员刘延东同志等中央领导对实施“三生教育”作出重要批示，给予充分肯定。中央政治局常委李长春的批示内容是：云南省开展的“三生教育”，工作扎实，措施有力，成效明显，很好，要求教育部对我省所提建议进行认真研究。刘延东同志指出：“开展热爱生命、学会生存、了解生活的‘三生教育’，对提高学生素质，激励学生实现生命的价值，增强心理承受能力很有意义，特别是对独生子女有必要。应列入素质教育的内容。”

第三就是教育价值的实现，需要解决许多实践中的问题。“以人为本”的教育理念，以人的价值为根本的教育理念，除了要考虑它的世界性之外，还要着重考虑它的国家性、民族性和本土性。“以人为本”的教育理念，反对以物为本，坚持以人为本，构建人的主体素质，发展人的主体性，完善人的本质。坚持以教师为主体，以学生为中心，实现教师“教真育爱”的主体价值，提高教育教学效益；实现学生的主体学习价值，提高学生学习效益，发展学生的生命、生存、生活；构建教师、学生和教学过程和谐的价值关系；构建政府和教育管理者发展教育的主体责任；保护好、实现好、发展好全民的教育利益，实现教育促进人类文明进步的社会价值。

一段时期以来，我国的教育发展很快，成绩有目共睹，但是存在的问题也很多。人们常说，现在的教育投入越来越多，但对教育的满意度越来越低，这就涉及教育价值的问题。为什么会出现这样的现象？我认为一个最根本的问题没有很好地得到解决。

中央提出“以人为本”的治国理念，那么，教育在“以人为本”的理念下就应该做到“育人为本”。但是，看看我们现在的教育在“育人为本”方面存在很多问题，这也是教育价值的实现问题。比如，我们现在的教育是围绕着考试进行的，是以考试为中心来开展的，至少初等教育是这样的。

教育应围绕提高学生的能力来提出和设计教育理念、教育内容、教育方法、教育评价、教育体制等。培养学生的思维能力、学习能力、实践能力、发展能力、创新能力、合作能力和责任能力。使学生增强价值自觉和自信，培养自己的兴趣、自信、能力、意志力和尊严。但现行体制以考试为中心来育人，以分数为中心来论人，以文凭为中心来用人。如果育人、论人、用人主要看考试、分数和文凭，那就与“以人为本”、与“能力为根本”的宗旨相背离，“以人为本”的宗旨还能够实现吗？还能够强调教育的智慧吗？还存在教育的价值吗？生命、生存、生活都要受到严重的挑战？

问题在哪儿？我们怎么去解决这些问题？从而真正实现教育的价值、实现人的价值，我们怎么面对当前教育的现状！这个问题非常现实，也非常严峻地摆在我们面前。能够责怪老师、校长和教育厅长吗？

恐怕不能。因为我们所有的老师、校长、教育行政部门的管理者，都在同一辆教育列车上。即使有人在中途发现很多问题，也高声呼吁“救救孩子”，但也是无济于事。因为，只要你在这辆车上，你就会被强行拉到那一场决定人生命运的战场——高考。

我们就像关在笼子里的松鼠，尽管蹦得很活跃，但还是原地没动。这就提出一个问题，我们必须要下工夫改革教育体制。那辆列车就是一种体制、那个笼子就是一种体制，如果没有体制上的突破，这些问题是很难解决的。这不是一个常识性的问题，如果说它是个常识性问题，那就应该回归到常识性的时代。这是一种教育理念、教育哲学，是一个重大的问题，更是一个大家没有完全认识和得到更好解决的问题。罗崇敏厅长提出：制度振兴教育，政府管理和发展教育的根本职责在于制度设计和安排，而非安排建设项目和资金的拨付。改革办学所有制，建设公立、私立学校平等竞争、共同发展的办学体制；改革教育管理体制，依法建立政府宏观管理、行政部门中观管理和学校微观管理的体制机制，赋予学校办学自主权；深化教育评价制度改革，实行招考分离、综合评价、多元化和个性化评价教育；深化人类培养模式改革，建立有利于不同层次人才发展的机制；深化教育国际化体制改革，建立国际人才学习、交流培养的体制机制。通过系统推进改革，建立富有公平和竞争、富有生机和活力的教育体制机制。他能从制度建设的高度提出解决问题的办法想法，我觉得是非常难能可贵的。

在这里，我还是要强调教育的国家性、民族性和本土性，我们培养的人应该是培养具有国际思维、国家情怀，懂国际规则，有国际交往能力，参与国际事务和国际竞争能力的世界公民和国际人才。人类面临的共同问题比如腐败、污染、分配不公平等问题，只能靠高素质的国际化人才去解决。因此，我们还是要提高国际化意识，树立教育国际化的终极目标和价值信念，坚持国际化视野，本土化行动，现代化目标，充分体现“教育是发展人的生命、生存、生活，实现人的价值，引领人类文明进步”的本质。使受教育者认知生命的价值，增长生存的智慧，培养生活的信仰，培养具有自由之思想、独立之人格、创造之能力的国际化现代人才，崇尚公平、正义、民主、自由、平等、法治、人权的人类共同价值。如果我们的教育不能做到这些，我们的教育就是失败了，更谈不上教育的价值了。罗崇敏同志提出的价值主义教育思想，是值得支持的！因为，这无疑是人类教育的新启航！

（作者为国家教委副主任柳斌。此文是作者2012年5月26日在人民大会堂“教育三部曲”出版发行暨价值主义教育研讨会上的发言。）

价值主义教育思想刍议

宋乃庆 杨舒涵

多年以来，罗崇敏教授立身于丰富的行政管理经验与教育实践，不懈思考、勇于创新，对我国教育改革与发展的见解十分独到，是一位非常有思想的专家型教育管理者。在罗崇敏教授丰硕的教育理论成果当中，以“三生教育”（生命教育、生存教育和生活教育）为核心内容的价值主义教育思想对于呼唤教育主体的社会觉醒、推进教育改革的健康发展、构建教育价值体系具有深远的意义。

一、价值主义教育思想的本质内涵

价值主义教育思想是罗崇敏教授博采众家之长，针对人类教育、尤其是当前我国教育需要解决的根本问题，围绕教育本质和教育价值等重大议题展开深刻思索与研究所得的成果，其本质内涵主要体现在对以下三个问题的回答：

第一，什么是教育价值？罗崇敏教授从教育的根本价值与终极价值两个层次剖析了教育价值的内涵。他认为教育的根本价值体现为四个维度，即唯真（真理）、唯智（智慧）、唯实（实践）、唯和（和谐），所以教育的真谛就在于“教真育爱”；而教育的终极价值在于使人成其为人，成为社会的人，成为有能力、有责任的人。基于上述对教育价值的理解，罗崇敏教授认为幸福教育应是教育的本质诉求，同时他主张价值主义教育坚持教育价值高于一切价值。因为人类活动的经济价值、政治价值、文化价值都是人创造的价值，均是人的价值的外化形式，而教育却创造了人的价值，故教育价值是一切价值的基石。教育价值包含许多子命题，包括教育体系建设价值、人的主体价值构建、教育制度价值、教育设施价值、教育活动过程价值，包括教学课堂价值、教育管理价值等等。要研究上述教育价值，必须紧紧围绕教师、学生自身价值以及他们之间的关系价值，还有学生、老师和校长以及他们之间的管理关系价值。

第二，什么是价值教育？价值教育是坚持以实现教育价值最大化为目标的教育理念，强调教育的价值分析功能，其主要内容包括分析人的价值、人与社会的价值、人与自然的价值、人自身的内在价值和外在价值等等，并将这些内容有机地融入到课程设计、教学过程等日常的学校教育行为中。

第三，什么是价值主义教育？价值主义教育是针对当前教育价值流失严重，教育的工具化、功利化、世俗化等越来越突出的问题，提出关于教育的本质、目标与功能的新型教育范式。罗崇敏教授倡导的价值主义教育注重教育价值的主观性，认为教育应培养人的主体价值，应帮助学生实现能力价值，应带给人类幸福；同时，他又强调教育价值的客观性，提出教育的制度价值、时空价值与投资价值等概念。因此，价值主义教育追求的是教育主客观价值的多元统一。

综上所述，价值主义教育思想是罗崇敏教授基于对教育本质与教育价值的深刻阐释，按照以人为根本，以教育公平为基础，以价值教育为灵魂，以能力教育为核心，以教育制度为保障的教育逻辑，[①]首次从价值主义的哲学高度认识与解释教育活动与现象，旨在通过提升教育主体与客体的价值意义来消解教育蒙受的各种异化，并是在多年的教育实践中逐步发展形成的一个极具指导力和解释力的教育理论体系。

二、价值主义教育思想的现实意义

价值主义教育思想源于罗崇敏教授对人类活动的本质分析到教育活

动的本质分析，是针对我国乃至世界教育存在的主要问题而提出来的。

当前，我国大中小学生漠视生命的现象屡见不鲜。据中国社会调查所一项调查显示，26%受访大学生有过自杀想法。2008年我国某些教育部直属高校就发生63宗大学生自杀事件，其中北京、上海各有23宗。2009年，学生自杀趋势有增无减，仅上半年，北京就有14名大学生自杀身亡，广东一高校2月份接连发生3宗跳楼自杀事件，3月到4月湖北多所高校也连发5宗，死者包括博士研究生、硕士研究生、本科生及专科生。据东莞教育局披露，2009年下半年当地有超过10名中小学生自杀，其中有一名11岁的湖南籍小学生在东莞出租屋内用红领巾自缢身亡事件震惊全国。无独有偶，一周后，云南晋宁县一间寄宿制小学的12岁男孩，同样用红领巾在床沿铁架上结束了生命。[②]上述令人痛心疾首的现象正是因为这些大中小学生未能树立正确的生命观而导致的惨剧，然而，这些惨剧通过教育，是完全可以有效减少甚至避免的。例如，美国中小学自20世纪60年代就开始施行生命教育，其目标旨在使学生意识到自我生命内涵的多面性和丰富性，进而认识生命的可贵，树立正确的生活态度与目标。几十年以来，生命教育在美国的教育实践中取得了很好的效果。[③]2008年5月12日的汶川大地震中，四川省经审核认定的死亡学生和已经核查但尚未宣告为死亡的失踪学生共有5300余名。[④]不少年轻的生命正是因为缺乏逃生常识而瞬间陨落，令人扼腕叹息。然而，同样是在这次地震中，四川安县桑枣中学的2300余名师生无一伤亡，校长叶志平因此被称为“史上最牛校长”。而这一奇迹的发生缘于该校对学生进行了危机教育，由于平时的多次演习，地震发生后，全校2300多名师生，从不同的教学楼和不同的教室中，全部冲到操场，以班级为组织站好，只用时1分36秒。另外，在青海玉树地震中，玉树县第一民族中学创造了一个奇迹——学校830多名师生，无一人伤亡。[⑤]奇迹背后的原因之一正是学校的师生平时积累了逃生常识，关键时刻互帮互助，井然有序地转移，共同死里逃生。可见，有必要强化相关的生命教育、生存教育，方能在灾害面前有力地挽救生命。

另外，现今学生的生活自理能力差、社会交往能力弱、生存能力堪忧也日益成为普遍现象。最近，杭州某中学有一项调查发现：许多初中生对诸如自己衣服的洗涤、折叠这样简单的事情感到困难，只有7.6%的孩子完全由自己处理，有63.5%的孩子完全或者大多等父母来解决；孩子读初中了父母还要每天接送，初二的孩子走出电影院竟然不知道怎么回家；54%的家长对孩子人际交往的评价是“一般”以下……[⑥]这些现象不仅体现出教育体系中生命教育、生存教育和生活教育的缺失，也从侧面折射出当代学生的能力价值缺位。

面对上述现象与问题，教育能做什么？教育该做什么？教育价值应该如何体现？罗崇敏教授依循价值主义教育思想的核心理念，创生了“三生教育”，旨在通过生命教育，帮助学生认识生命、尊重生命、珍爱生命；通过生存教育，使学生树立人与自然、社会和谐发展的正确生存观，帮助学生建立适合个体的生存追求，学会判断和选择正确的生存方式，学会应对生存危机和摆脱生存困境，善待生存挫折，形成一定的劳动能力，能够合法、高效和较好地解决安身立命的问题；通过生活教育，帮助学生提高生活能力，使学生认识生活的意义，热爱生活，奋斗生活，幸福生活。[⑦]

可见，罗崇敏教授的价值主义教育思想是在深入剖析教育主体与客体关系的基础上，主要从生命、生存、生活三大维度理解教育的目标与内容，丰富了教育的价值理论，诠释了教育的本质，对于课程与教学的目标、功能与创新的路径都有较强的指导力，为学生的健康发展提供了新型的教育路径，具有非常重要的现实意义。

三、价值主义教育思想的批判、继承与创新

回溯古今中外著名教育思想的起承转合，罗崇敏教授的价值主义教育思想对许多著名的教育思想流派既大胆批判，又积极继承，其中不乏创新之处。

（一）价值主义教育思想与实用主义教育思想

美国教育哲学家杜威（John Dewey）是实用主义教育思想的重要代表人物，他在其著作《学校与社会》（The School and Society）中提出

"教育即生活"的观点，[8][9]罗崇敏教授提出的价值主义教育思想也十分强调教育与实践的联系，反对教育内容脱离生活的养分，但他对教育和生活的关系，在杜威的教育思想基础上有了进一步的思考与创新。他认为教育即发展生活。如果教育只是生活，只是面对现在的生活，那么教育就必然陷入工具主义的立场，会因纯粹迎合大众的心理与社会的需要而丢失教育的本质。

（二）价值主义教育思想与工具主义教育思想

工具主义教育思想可以从苏联教育家凯洛夫（Ivan Andreevich Kairov）的观点中得到集中的体现，他认为："教育永远是社会生活的重要机能"、"教育要为经济服务、教育要为政治服务、教育要为社会发展服务"，"学校的首要任务，就是授予学生以自然、社会和人类思维发展的深刻而确实的普通知识"，[10]罗崇敏教授的价值主义教育思想并不否认智育对于学生发展的重要作用，但反对凯洛夫教育思想中的工具主义倾向，强调更重要的教育价值在于赋予智慧，而不仅仅是知识，批判把人过度地引入现实社会，使教育价值受到屏蔽的现象。

（三）价值主义教育思想与自然主义教育思想

法国著名教育家卢梭（Jean－Jacques Rousseau）的自然主义教育思想十分重视孩子的情感教育，并建议降低书本知识的重要性，尤为强调通过个人经验来学习，[11][12]"三生教育"作为价值主义教育的核心内容，也强调对个体生命过程的关注，并在其中学习、成长。然而，罗崇敏教授并不像卢梭那样否定理性教育的价值，相反，他认为教育的理性有利于提升教育的价值，只不过要引领得当，要注重发挥教育的引领性与主体性。

（四）价值主义教育思想与建构主义教育思想

当代建构主义的主要代表人物乔纳森（David H. Jonassen）认为知识是学习者与环境交互作用过程中依赖个人经验自主建构的，[13]罗崇敏教授提出的"三生教育"也强调学生对个人成长历程的反思。但需要指出的是，乔纳森的建构主义思想存在片面强调“学生为中心”的局限，而价值主义教育思想强调教师与学生的共生、互动关系，兼顾考虑了教育主体与客体的统一，强调教育价值的多元统一，体现出明显的进步意义。

（五）价值主义教育思想与人本主义教育思想

美国人本主义心理学家罗杰斯（Carl Ransom Rogers）一直致力于研究如何改善人的生存状态，促进人的内心生活，他认为学生是学习的主体，教师是学生学习的促进者，学习过程不仅是学习者获得知识的过程，而且是学习方法和健全人格的培养过程。[14][15]同样，罗崇敏教授的价值主义教育思想也非常重视人的尊严与自由，并提出教育应强调培养学生的自信、能力与尊严，但他并未和人本主义教育思想一样陷入理想主义漩涡，不赞同完全靠学生自主学习来成就教育价值，而是尊重学生与教师的双主体地位，注重培养教师与学生的教育价值理念。

（六）价值主义教育思想与平民教育思想

教育贴近生活的现实，符合平民教育的需要可谓晏阳初先生的平民教育的主旨，[16]价值主义教育思想的生成背景正是学生健康发展的基本需求。但罗崇敏教授的价值主义教育思想也同时体现了对人类危机的关照。他认为人类社会最大的危机，不是经济危机，也不是政治危机，也不是生态危机，是价值危机。人类的价值危机从根本上讲追根溯源是教育价值的危机，所以要消除人类的危机必须从教育入手，构建人类共同的现代教育价值体系。

四、结　语

20 世纪中后期以来，随着西方社会发展的转型及其思想文化领域发生的变革，“价值教育”（Value Education）在西方国家悄然兴起，并且日益成为席卷全球的国际性教育改革思潮。[17]2008 年，罗崇敏教授在国内创造性地提出了“生命教育、生存教育、生活教育”的教育理念，简称“三生教育”，并整合教育资源，在云南大中小学校广泛展开相关的教育实践。“三生教育”的目标是使人认识生命的价值、增长生存的智慧、培养生活的信仰，并使学校教育从应试教育回归现代教育的本质。[18]“三生教育”的课程实践至今已经在中国27个省市的有关地区和学校展开。[19]目前在我国教育领域产生了一定的影响。2011年10月21日，云南省举行“三生教育”大会，来自省内外学校的管理者及学校交流分享了3年来创新探索的经验。教育部副部长刘利民出席会议，并肯定了“三生教育”的效果与启示。[20]

实际上，“三生教育”作为价值主义教育思想的重要表征，使教育价值和价值教育的内涵与外延在教育实践中得到多方面的彰显。伴随着“三生教育”在我国乃至世界范围内的不断推广，价值主义教育思想将可能在课程教学改革、教师专业发展、学校德育变革等方面继续得到深化。

总之，罗崇敏教授的价值主义教育思想是一套基于教育发展的目标，能有效指导教育实践的理论体系。然而，关于价值主义教育思想的理论探讨目前看来仍然不够深入。此外，鉴于“教育价值是一切价值的基石”是价值主义教育思想的理论根基，如何避免因泛化教育价值的外延而陷入教育万能论的争议，也是价值主义教育思想未来发展必须思考的课题。

（作者宋乃庆为享受国务院政府特殊津贴专家，原西南师范大学校长和西南大学常务副校长，兼任西南基础教育课程研究中心主任、西南大学基础教育研究中心主任、中国教育学会副会长、全国高校数学教学专业委员会副理事长、重庆市学位委员会副主席等职；杨舒涵为西南大学比较教育学硕士。本文根据罗崇敏教授于2012年5月4日下午在西南大学举行的学术报告《关于价值主义教育思想》整理。）

注　释：

①罗崇敏．教育的逻辑［M］．北京：人民出版社，2010.

②中国内地在校学生自杀事件频现［EB/OL］．联合早报网，http：//www. zaobao. com/wencui/2010/01/hongkong100110i. shtml

③王定功，路日亮．美国中小学生命教育探析及其启示［J］．中

国教育学刊，2011（1）：72－75.

④汶川地震四川学生死亡及失踪人数5300余名［EB/OL］．中国新闻网，http：//www. chinanews. com/gn/news/2009/05－07/1680598. shtml.

⑤“玉树最牛学校”升旗复课［N］．中国青年报，2010－4－19，第1版．

⑥杭州某中学调查：生活自理能力强的初中生不足一成［EB/OL］．浙江在线，http：//zjnews. zjol. com. cn/05zjnews/system/2012/04/24/018437633. shtml.

⑦罗崇敏．让教育的意义深刻起来——以“三生教育”推进学生的全面发展［J］．人民教育，2010（8）：11－14.

⑧John Deway. School and Society ［M］. Southern Illinois University Press，1980.

⑨杜威著，赵祥麟、王承绪编译．杜威教育名篇［M］．北京：教育科学出版社，2006.

⑩凯洛夫．教育学［M］．北京：人民出版社，1957.

⑪卢梭著，李平沤译．爱弥尔［M］．北京：商务印书馆，1978.

⑫Susanne Wiborg. Political and Cultural Nationalism in Education：The Ideas of Rousseau and Herder Concerning National Education［J］. Comparative Education. 2000，36（2）：235－243.

⑬何克抗．关于建构主义的教育思想与哲学基础——对建构主义的再认识［J］．现代远程教育研究，2004（3）：12－16.

⑭Carl Rogers. On Becoming a Person：A Therapist’s View of Psychotherapy［M］. Boston，MA：Houghton Mifflin，1961.

⑮卡尔．罗杰斯著，伍新春、管琳、贾容芳译．自由学习［M］．北京：北京师范大学出版社，2006.

⑯晏阳初纪念文集编辑委员会．晏阳初纪念文集［M］．重庆：重庆出版社，1996.

⑰胡萨．西方“价值教育”兴起、原因及启示［J］．中国教育学刊，2011（12）：27－30.

⑱罗崇敏．全面实施“三生教育”建设现代教育价值体系［J］．昆明学院学报，2009（1）：1－5.

⑲云南积极推广“三生教育”构建现代教育价值体系［EB/OL］．中国新闻网 http：//www. chinanews. com/edu/2012/01－08/3588752. shtml.

⑳云南深入推进“三生教育”［N］．中国教育报，2011－10－24，第1－2版．

三生有爱

于　丹

今天来到这里，我感慨万千，不管在什么地方，做过什么题目的讲座，可以跟大家说，我最亲切的地方永远是大学校园。因为我知道不管以后我写什么书，或者不写什么书，我再讲什么内容或不讲什么内容，有一点我是敢肯定的，就是我这一辈子会在大学里当一个老师。所以对我来讲，最好的岗位，最恰当的岗位，就是在大学的讲台上。我觉得心里最宁静、最舒服的时候，就是面对学生，所以当老师的，只要他看见有自己的学生在，他心里就会稳。

今天到这里来的起因，就是我深深地被罗崇敏厅长感动了，罗厅长曾经在他喉部做了一个大手术之后，提前拆线，手术之后的五六天，在几乎发不出声音的情况下，用他嘶哑的嗓音，跟我说：来跟我们讲一讲正在推行的“三生教育”。他那么艰难地跟我阐述了他的思想理念，他说：我们一直都在说教育我们的学生有志有为，但是什么是我们真正面对的生存呢？生存很困难；什么是我们真正拥有的生命呢？生命的品格如何体现；什么是我们要面对的潦困的生活呢？生活中有机遇，也有艰难的挑战。我们就是要把这“三生”贯穿在一起，实实在在地去给大家做点事，我们现在就是一块试验田。我们所推行的以“三生教育”为主体的现代教育，旨在引导人们珍惜生命价值、生长生存智慧、培植生活信仰，最终使得现代人在适应社会发展和促进个人成长有机统一，塑造有尊严的现代人，实现人的价值，幸福人类生活。

可以说，罗厅长当时真是字句肺腑之言，而且我相信，他是带着痛楚说的。听的时候，我的心里也有痛楚，因为我自己也是一个大学老师，可以坦率地和大家说，作为大学老师，最痛楚的时候就是看到大学校园里那些顶级的尖子，拿着全国最好的成绩，但是明显地感觉到他们的人格缺失。你会看到那些以全省第一、第二考来的尖子，为了争一个靠窗的铺位，或者是为了谁先打一壶水后打一壶水，而打到辅导员老师这里，这样的情况一个月竟有三四次。我曾经在校园里看到学生去面试的时候，家长在教室外面敲着玻璃窗喊，说老师啊，我有急事！家长指着一个孩子高大的背影对我说，那个穿格子衣服的就是我儿子，你赶紧过去提醒他，进考场之前，一定要去上趟厕所。大家听了觉得很好笑吗？这是实实在在发生的事情。这样考上大学的孩子，他们面临什么呢？

首先他会面临不会同别人相处，同一宿舍的人，全是这样的一群孩子，全是这样的娇娇宠儿，大家到一起，谁让着谁呢？接着将会面临的是不会交朋友，甚至不会谈恋爱，两个这样的孩子在一起相爱，谁照顾谁呢？女孩怨男孩“你对我怎么不像我爸一样”，男孩怨女孩“你伺候我也不像我妈一样”。接着你会发现，他们学习再好，但也惧怕走上工作岗位，而且在面对职业选择时，他们已经开始挑三拣四，已经开始了避重就轻，并且抱怨现在就业形势不好，抱怨自己时机不好，抱怨其实是青春里面一种“腐烂水果”的味道，它四处弥漫，令人不快，而且迅速感染。

在我们面对的大学生群体里面，作为一名大学老师，我可以坦率地告诉大家，把那么多的遗憾留给我们来弥补，实在来不及了。让我非常欣慰的是罗厅长他们所做的“三生教育”教材是从幼儿园一直覆盖到大学。幼儿园实施“三生教育”有什么必要性吗？太必要了，有时候我开玩笑说，让我们回到幼儿园，这是我经常和我的大学同学讲的话。因为幼儿园的孩子，他无论多想要什么东西，都会知道要排队去拿，他会知道要分享；他知道见了老师要打招呼，放学了要跟老师说再见；他会知道一个人要管理好自己的秩序，知道自己要洗手，要叠被子，大家会有一种默契。这一切在幼儿园其实是学习过的，但你们相信吗？到了大学，幼儿园记住的东西，已经忘了一半以上，因为我们觉得有知识了，因为觉得自己强大了，因为觉得自己是名牌大学的学生了，所以我们忘了那些最简单的人与人相处的准则，而这一切真的能让我们幸福吗？我们今天的社会，为每个人提供了自我实现的诸多途径，今天获得成功已经不是一件最艰难的事，而幸福却变为奢侈品。我不知道大家是不是见到过很多苍凉的成功人生，一个人有他的上市公司，名片上有他显赫的头衔，走出来以后，风光无限，但是他可能跟家人失和，与子女出现代沟；一个人心里面忧思不定，得了抑郁症；或者是有睡眠障碍，吃不下东西，亚健康；朋友之间不能见面，每天疲于奔命。这些人在今天，其实很多都是成功人士，但这就是我们所要的生活吗？所以我认为，云南省教育厅所做的“三生教育”，其实是把自己当成一块试验田，坚持教真育爱，坚守教育的本真和终极价值，使人成其为人，使人全面发展，使人生活幸福，对整个中国当代而言，具有实在价值，也就是说他们所做的教育，是要承诺给社会一种什么样的未来，承诺给公民一种什么样的幸福。

其实人人都是受教育长大的，要问我们在教育中获得了什么，我们会脱口而出：人在教育中获得知识、获得技能。此外呢，人会获得信仰，获得力量吗？人会信任爱，信任善良吗？人会获得行动的源泉吗？所有这一切，比我们的技巧和专业更重要。所以，什么是大学老师，过去大家说传道、授业、解惑，这似乎是一个很高的境界了，但是如果让我来说，我会说得比这更简单，以我自己做大学老师这么多年的经验，我认为做老师的人，她的终极使命只有四个字，就是“陪伴成长”。因为我们面对学生成长的时候，为什么会面对青春而感到惶惑和不安，会感到他们比我们知道的多，我们的知识系统有问题，他们叛逆，我们无法说服他们，我们不能懂得和理解，这一切从根本上来讲，其实是有些成年人一旦成年就自动放弃了成长。所以当你遭遇青春，面对成长的时候，惶惑就来了，一个做老师的人，他的使命就是陪伴成长，在成长的每一阶段上，去体会并且欣赏成长中所有的欢欣与酸楚，去洞察并且包容地去陪伴，在陪伴中引导，而不是板起面孔训诫，如果我们把自己放在了孩子的对立面上，那么我们无法迈过中间的这道鸿沟。所以，今天我在这里面对的人群，从教育厅长、大学党委书记一直到站在走道两边的孩子们，只是以一个普通老师的心，来跟大家分享我的这种心得、这种体会。

曾经有一年，一个大一的新生小女孩，她军训回来后把我叫到教室外面，羞羞答答地给了我一个小包裹，她说我给你做了个礼物，我打开看了一下，一个有机玻璃的罩子里面有一幅十字绣，她说我是埋在被子里面，打着手电筒一针一针给你绣出来的，希望你能喜欢。我说这是什么呀？十字绣的画面上，有一个龇牙咧嘴的小女孩举着胳膊，一个优雅的女人弯下腰，手里拿着针，我开玩笑说，这是在打预防针呀？她笑笑说，你自己回去看吧！后来我回到家，发现在玻璃罩子下面藏着一张折得特小的纸，她在上面给我说了一段话，她甚至不叫我老师，我的好多学生都不叫我老师。她说："丹丹，我想跟你说一段话，你知道十字绣上的画面是什么吗？我告诉你，所有的小孩子在来到世界之前，都是天上的天使，她们为什么会来到这个世界呢？是因为他们的翅膀断了，但是他们掉到地上之后，心中还怀着天空的梦想，还记忆着飞翔的模样，只要成年的世界，不轻易指责他们的鲁莽，包容她们的荒唐，并且鼓励她们去飞翔，那么她们还是会做回天使的。关键是要遇得上给天使缝补翅膀的人，我们遇见你，你的鼓励就是给我们重新缝起翅膀。"这时我再看看她的那幅十字绣，我才真的看见，那个成年人是拿着一只小天使的翅膀，在给那个脏兮兮的小孩在往胳膊上缝补翅膀。现在回想起来，我所能记得的关于教育方面获得的最重要的奖项，就是那个孩子给我的礼物和那段话。从那时开始，我明确地知道了老师是做什么的，老师就是给天使缝补翅膀的人。这里面其实有几个概念，第一，就是你要坚信小孩子是天使。我们不能把孩子当成懵懂无知、是来接受我们教育的一个空壳，我们可以随便往她们的脑袋中填鸭式的去灌输一些东西吗？我们可以随意地呵斥、要求她们按照我们的喜乐去完成吗？我们可以把小小的孩子就训练成给大人背诗、跳舞的一个机器猫吗？这一切你真的把她当成天使了吗？当我们粗暴地对她们进行呵斥、批评她们不对的时候，你意识到她们是带着天使的思维吗？我常常叹息，一个孩子从小受教育长大，就是我们把她们从一个天才培养成庸才的过程，问题的关键在于我们一开始就没有把她们当成天使。

我们面对每一个生命要充满敬畏，就像是一个母亲面对自己新生的婴儿。她有她的逻辑，她从脱离母体的那一刻起，就已经带着她的独立意识了，你只有尊重这个个体，跟她沟通并且从那一刻起陪伴成长，这个天使才会一直带着她天使的本质。所以我说我明白了：第一，每一个小孩都是天使，第二，天使需要翅膀。陪伴不是一味地娇惯、迁就和纵容，大人对孩子真正的陪伴是让他们飞起来。所以我今天讲座的题目，就叫做“三生有爱”，也就说我们怎样信任爱、信任人性的基本价值、信任一个公民的良知与责任，并且在不同的阶段上，不同的层次上把它完成，这需要翅膀，在我看来，“三生教育”就是大使的翅膀。大使已经坠落到人间，他就有可能被成人化的思维粗暴的淹没而沦为一个庸孱的孩子。她能飞起来吗？这需要我们给她力量。力量这个东西并不仅仅指语言和头脑。今天我们都在说，大家是在一个学习型的社会里，什么是学习型？21 世纪对于好的学习有一个通行的标准，叫做好的学习导致行为的改变。我喜欢这个标准。过去认为好的学习导致思维的改变，我们以为头脑风暴仅止于头脑就够了，其实发乎于头脑止乎于头脑只会造成思想的巨人，行动的矮子，孱弱无力的身躯，顶着一个硕大的夸夸其谈的脑袋，这恰恰是我们现代教育的悲哀。好的学习必须导致行为层面的改变，我们需要健康的、蓬勃的、有力量的人，这就是天使的翅膀。做老师其实是一件快乐的事，但是做老师有一个前提，就是我们必须随时随刻保持着成长的力量，而且站在成长的起点之上去面对一切的未来。一个做老师的人，无论你多大年纪，你都必须保证你在 18 岁的青春这个层面上还有对话的资格，然后才谈得上与学生一起成长。所以说这种爱的教育，一个好的理念是需要一种有效的行动的，那就是永远要找到自己这种蓬勃的信念和那种能力。一个人在大学校园里，恰恰是他摆脱了高中时候那种负担而又没有进入社会之前独立的这一段美好时光。什么叫做大学，大学不仅仅是有高楼大厦的地方，大学是酝酿大人格、大眼界、大思想、大情怀的地方。一个人只有真正大到顶天立地的时候，他才能够去一个大世界上建功立业。

我们今天的生活，往往使人疲惫不堪。有这样一个寓言，有兄弟俩人出去郊游，高高兴兴地到了凌晨以后才回到家，这时想起来，今天电梯维修，零点以后停止运行。而他们家住在80层的公寓上，怎么办，总得回家吧，兄弟俩心想仗着年轻，就往上爬。前20层意气风发、说说笑笑就上去了。可走到20层就太累了，想想才走了四分之一，怎么办呢？两人商量后就把背包存在了20楼的电梯口，想着等电梯开始运行了，再来取。放下背包，人轻松多了，又往上走了20层。再走20层，那可太累了，到了40层，往上往下都一样，这个时候他们很绝望。这种绝望和怨气使兄弟俩开始互相指责，互相抱怨，在指责和抱怨中又往上走了20层。到了60层，累得连指责的力气都没有了，速度也降下来了，他们最后终于走完了80层。到了家门口，兄弟俩面面相觑，觉得好像忘了点什么。一想，钥匙！忘在了20层的背包里。这是一个寓言，其实也就是我们的人生。少年之时我们在学校里意气风发，谁的成长不是把满怀的希望和梦想扔进行囊，直到20来岁要进入社会时，生命、生存、生活的命题第一次摆在了自己面前。要独立面对的时候才发现身上的行囊挺沉，觉得背着个负担往前走挺慢的，只能放下。但是真的放下不要吗？没有人愿意割舍？只能先埋头苦干几年等到有条件时再来实现自己青春的梦想。可再走20年你就会发现，人到中年了，以前孔子说“四十而不惑”，在从前小农经济条件下是可以不惑了，而现在的人，不到40岁，连迷惑的资格都没有。到了40岁，各种矛盾、冲突、迷惘等等接踵而至，在充斥着指责和抱怨的生活中，走到了60岁，这是人生最激烈的一段时间。到了60岁，临近退休了，看看生活好像也就这样了，打打太极、做做保健、喝点养生汤，日子过得不错，但是没什么感觉了，晃晃荡荡人就到了80岁。到80岁“回顾所来径，苍苍横翠薇”。有一天，你会突然意识到，20岁时的那一把钥匙，这一生从来没有跟随过，它还在出校门时的那个门口。而这时回不去了，这条单行道再也回不去了。好在今天我所面对的还是20岁的年轻人。所以今天我要说，你的行囊太重，那里面的吉他、歌谣和朦胧诗可以暂时把它放下，但那把钥匙别忘了。你可以向社会妥协，可以去完成自己的一些比拼，但是那把钥匙千万别忘了，这把钥匙是什么？其实就是我说的“三生有爱”。记住你的信任不要颠覆了一切，丢了钥匙的人，在生命中会倍感苍凉和迷惘。这种迷惘就是你会陷入于你的忙碌而忘了你出发的初衷。

黎巴嫩诗人纪伯伦有一句话说得好：“我们已经走得太远，以至于忘了为什么而出发”。今天当我们迷失在庸庸碌碌的生活中时，你还知道我们为什么而出发吗？生命本来的模样应该如此吗？最初人之所以学习、之所以相爱、之所以来到这个世界上奋进，你是想要这样的生活吗？我们今天太多的疲惫不堪，其实是因为在大学里，我们把太多的时光用在了学习技巧上，而忽略了对于一生的那把钥匙，而这把钥匙的秘密就是“三生有爱”。一个人当他面对苍茫世事时，向内无限深刻地发现心灵，向外无比辽阔地发现世界，我们手中所能把握的就是建立自我，也就是要知道自己是谁，并且知道自己想要什么，然后再去行走于世。

人在年轻的时候，最重要的是给自己一个生命的境界，让自己知道什么叫大，什么叫境界？大家课本里都学过庄子的《逍遥游》，《逍遥游》里说，“朝菌不知晦朔，蟪蛄不知春秋，此小年也。上古有大椿者，以八千岁为春，八千岁为秋，此大年也”。意思说，清晨的菌类不会懂得什么是晦朔，不知道什么叫阴晴圆缺，寒蝉也不会懂得什么是春秋，这就是小。上古有叫大椿的古树，它把八千年当做春，把八千年当做秋，人间八千年，它才过了一春，也就是说，你过了四个八千年，它才过完四季的轮回，这就是大了。这就是人的眼界和见识。大家都知道庄子写的大鹏鸟，大鹏有多大？鹏的脊背，真不知道长到几千里，当它奋起而飞的时候，那展开的双翅就像天边的云，这是大鸟。寒蝉与小灰雀笑话它说，我从地面急速起飞，碰着榆树和檀树的树枝，常常飞不到而落在地上，那有什么关系呀？为什么要到九万里的高空而向南飞呢？斥鴳讥笑它说，它打算飞到哪儿去？我翱翔蓬蒿丛中，这也是我飞翔的极限了。而它打算飞到什么地方去呢？这就是“小”的不理解“大”的志向，只有小鸟叽叽喳喳议论大鸟的，却没有大鸟议论小鸟的。大鹏没有因为小鸟的议论而受到影响，而是选择沉默着等待雨过天晴。人这一辈子会受到困扰，有人议论不公平，有人找麻烦，这时候，就看你能不能超越，你有没有大境界，你能不能过得去？

也许有人会问，我怎样才能成为大鹏呢？大家知道，《逍遥游》开篇写的是大鹏的前世今生，“北冥有鱼，其名为鲲，鲲之大，不知其几千里也”，也就是说大鹏先是在水里长成大鱼，等到时运来临，才冲天而起，化为大鸟，是为大鹏。大学是什么地方？我想说，大学就是养鱼的地方。就是把池塘里的小鱼养成大鲲的地方。为什么要实施“三生教育”？“三生教育”就是养鱼的过程，“三生教育”不管你长成鹏，鹏要靠时代选择你，时代选择了你，你就是鹏了；“三生教育”把你养成鲲，老师能尽的心尽了，能不能化成鹏，那就要靠你的努力。但关键是你不能把自己养成一尺来长的小鱼？你要是个小鱼，尽管时运选择你，你化成鸟了，也只能是斥鴳，只能“翱翔”于蓬蒿之间，并不是所有有翅膀的都能飞度苍天，也有一些翱翔在蓬蒿之间，所以大学是什么地方，大学就是把我们养成鲲的地方，关键是你自己想成为鲲吗？你愿意知道什么是“大”吗？

今天中午我听罗厅长说了一件让我很震撼的事情，我不是一般的钦佩，而是感到很震撼。他说云南省的“奥数”要取消了，在全省范围内把现在硬性的一刀切的中考制度改成弹性的评估。这件事情做起来确实是很难很难，因为他还原人性，尊重成长，把学生青春应该有的权利还给他们。大家觉不觉得我们有一些有情怀的敢于担当的改革者，其实他只是把本来应该有的权利还给你，因为我们已经被剥夺得近乎麻木，很多好的改革其实不过是还给你生命本来应该有的资格，所以我想在大学里，我们怎样真正认知这些还回来的权利；我在想，我们怎样才能成为大鹏呢？成为大鹏要打破标准，现在幸运的是云南省教育厅已经开始做这个事情，那我们的大学里，我们的班主任，我们的每一个学生，自己敢打破标准吗？

什么叫标准家的教育？再说一个《庄子》里的故事。庄子的好朋友惠子去找他聊天，说惠文王给了我一颗葫芦籽，我种了之后长啊长啊，长成了一个特别大个儿的葫芦，这葫芦太大了它就没用了，别的葫芦可以当容器装粮食、做瓢，但我这个太大了而且皮儿太单薄，装什么东西哗啦就碎了。庄子说，你有这么一大个葫芦，你干嘛不拿根绳子拴在腰间当游泳圈呢？你浮游于江海而不沉多逍遥自在啊！你干嘛非得把它当瓢呢？这意思是什么呢？就是我们生来就认为葫芦这东西就是用来当瓢的，不能干别的。惠子又跟庄子说，有棵大树，好几个人都不能环抱，所以木质流散，大枝子弯弯曲曲，小枝子不中规中矩，连木匠都不屑一顾，真没用。庄子说，要有那么大一棵树，所有过往的人可以在下面游乐、玩耍、睡觉、乘凉，那不成了神树了吗？你干嘛老想着拿它做家具啊？这两个故事说明什么呢？说明我们太习惯把自己当标准了，所以庄子就认真地说，这树栽下去，长成一围两围，人们都觉得是成材了，能做桩子，拴牲口；长到两围三围，人们都说太值钱了，这就叫做栋梁之材，能盖房子；再长到七围八围，人们会说太贵重了，富人家要做棺材，必须得大树才够厚实……假如长到二十人合抱，人们就认为这东西不值钱了吧。庄子说假如真是这样，这树就不会受到刀斧之伤，没有人去砍它……它就是它自己，它成为神树了。什么叫大？这就叫大。我觉得在大学里就该讲点大气象，就是让我们知道个标准，并且打破他。

了解标准，不是为了受标准的拘束，而是为了超越标准。今天特别庆幸的是我们在云南讨论这个事情，云南省教育厅已经在做这种努力，我们能谈这件事，我要是在其他省谈这件事，我估计厅长就跟我翻脸了，因为我们今天都还在受着标准家的教育，关键是我们这些坐着的同学还有站在墙边的同学，你们每个人从小含辛茹苦地长大，你真的就希望自己成为一个“桩子”，贴上标签而沾沾自喜吗？谁的生命不渴望超越啊？禅宗上有一个问答，弟子问：世间稀奇事。师傅答：独坐大雄风。意思是说世界上最稀奇的事情，就是一个独立的生命独坐天地浩荡雄风，这是大学里该讲的事情。

什么是我们的生命？假如生命不丰盈饱满，怎么能在生存层面上开天辟地？怎么能在生活中建功立业？怎么能承诺他人的喜乐悲欢？生命为体，生存为立，体立结合，是为生活。所以“三生教育”是一件生生不息的事情，一息尚存人犹在“三生”之中，关键是我们怎么把这个气象做大呢？在大学里面，一个年轻人，有点青涩，有点莽撞，口出狂言，这都不是毛病，毛病是过于世故，冷漠，玩世不恭，丧失梦想和激情。一个人如果十八岁过于老成的话，到八十岁你会欲哭无泪，所以如果一个人八十岁后悔说我十八岁没有荒唐过，到八十岁还荒唐那就真叫荒唐了。所以，我认为大学是你犯了一切错误都还来得及改的地方。

中国形容诗词，有一个境界叫绚烂之极归于平淡，我们经常会羡慕那些睿智的老者，穿越生命坐在斜阳中带着一丝淡定的微笑，但那不是年轻的境界，年轻就鼓励绚烂之极，所以该绚烂的时候你干嘛不绚烂，一个人如果没了激情和梦想，你有太多的技巧管什么用呢？人的脑子还能比得过电脑吗？如果人脑真的像电脑那么丰富而失去了荒唐、梦想和激情，那是生命真正的悲哀，那是一次心甘情愿的被剥夺。所以我认为人在上大学后，应该接受一次解放教育，因为在中学的时候被压抑得太久了，我们的应试教育太习惯于标准答案了。国家图书馆的馆长任先生在他去世之前不久的时候，我还跟他聊过一次天，尽管已93岁的老人，个子虽小，却声如洪钟，铿锵有力。他说：我就看不惯现在从幼儿园就有标准答案，老师拿橡皮擦放嘴里一咬拿出来问幼儿，这是什么？标准答案是：月牙。可为什么不能说是小船，是指甲？而偏偏是月牙呢？我当时倍感震撼。尽管任老已经是爷爷辈，但他却痛恨从幼儿园就给孩子标准答案。大家想想你上大学的时候，你已经学会不痛恨标准答案了，你已经在标准答案中学会了认同与默契，你甘心吗？所以我说人进入大学里要进行一次解套。

那么，“三生教育”开启的到底是什么呢？决不是技能。我们的悲哀就是过分信任技巧而忽视了诚意，过多信任了发达的头脑而忽略了本真的心灵，我们今天用脑子的事比用心的多了，可中国人用中国思维，偏旁部首从“心”的从来就没少过，中国人说的“思想”不是头脑活动，而是“心里”活动，思想都从“心”，我们说有一种美好的情感叫感恩，是“由感于心”的，“恩”是因心而起的情怀，中国人说要做志愿者，“志愿”两字都是从“心”的，源自于心才叫愿望。我们说做慈善，所谓“慈善”是慈悲之心决定的善良之心，我们需要看看慈悲之心到底在不在，所以“慈善”关键在于慈悲下面的两个心，而不在于数字的大小。我记得“5.12”大地震之后一个多星期，我在大学的课堂上接到一封信，一个素昧平生的人写的，厚厚的牛皮纸信封上字迹整齐漂亮，落款是贵州一个偏僻的小山村里一个叫做陈顺江的人，拆开以后，两张信纸中间裹着一叠钱，他请我把钱转给慈善机构，最好直接给灾区。但我一张张数完才有14块6毛钱，他说他先天脊柱弯曲，所以从未站起来过，但他是个老师，能给孩子上课。他没有能力挣钱，家里只靠70多岁的老母亲上山挖草药维持生计。他说他看到大地震的场面，他的心在电视机前呐喊，一直想说让上帝用他自己的生命去换灾区群众的生命，因为他们都是健康的、生龙活虎的孩子，但他却恨自己做不到。他说："我捐钱不放心那些机构，在电视上见到您讲课，我信任您，想让您帮我把钱转给灾区……"。我相信大家都会认为这是一笔巨大的善款，这数字是谁也无法估量的，我们总计较那些大企业不拿出钱来支援灾区，但对于身价上亿的富豪来说，几百万、几千万只是九牛一毛，如果你只计较捐钱的行为而没有"慈悲"这两颗心在，数字不说明任何问题。

今天的社会，文人越来越文化，商人越来越富贵，但在我看来，这中间有一个细微的过程没有完成，就是文化人的"文"而不"化"，大家都有文了、著作等身，而且网络上也有关于你的铺天盖地的关键词，但是有多少成分能化入生命呢？《周易》鉴定何谓文化？"关乎天文，以查时变，关乎人文，以化成天下"，这是到现在最精准的对于"文化"的解释，也就是说"文"本身不重要，关键是要"化"为精神力量、信仰、行动，所以"文化"是"文而化之"，但我们今天缺了"化"。而如今"富贵"的问题也是"富而不贵"，财富的数字在今天是容易获得的，但它不一定就意味着生命的尊贵。有很多富豪阶层的价值观是混乱的，真正的慈善、尊贵、生命的爱没有渗透到社会的底层。所以文化、富贵都是好事，但关键是要"文而化之，富而贵气"。这一切指望从学校这个起点做起，因为你们出去有可能成为各种人，今天学校的各种人是以后社会的种子，这就是为什么说要有一颗心在。"慈悲"、"感恩"、"志愿"都是好词儿，但关键是要有一颗"心"在，一个人要有内心的自责，并且用行动作为补偿，要学会"怜悯"和包容，所以让我们回到心灵吧。我之所以提倡在大学里要做一个坚持不妥协的理想主义者，而不做现实主义者，是因为进入社会后你就会被修正。年轻的时候在校园中，就把自己定位成一个现实主义者，那么走到现实中后，你就仅仅只是一个规则的顺应者和妥协者，而一个人在年轻的时候把自己界定成一个理想主义者，到现实中你就有可能成为那个修正规则的人。你让规则离理想更近一点，有一份不会泯灭的英雄情怀，有一种不妥协的理想主义，在苍凉的现实中，你会比别人逾矩更多。所以我不提倡在大学里教育孩子们生活技巧，我相信一个能坚持做自己的人坚持下去能成大器；而一个永远顺应他人意志的人，怎么去面对更多的残酷和压力呢？如果从一开始就妥协，你建立的力量在哪里呢？所以大学这个地方就是要把大的气象，变成一种强有力的行为。

我很喜欢“三生教育”提出的三个层面的词：生命、生存和生活，他是不一样的，这三者最先建立的是“生命”，生命是自我的认知，认知了自己再去完善生存技巧，生命是一种意识，生存是一种能力，带着独一无二的意识和能力投入到生活，你才能做一个好公民。生命是什么？就是一个人看清你的本真，然后你跟社会以什么方式相遇。很多人都说社会残酷，说社会是煎熬，社会就是一锅滚开的沸水，你不要指望他对你温情脉脉，他不可能因为偏爱你而变成温泉。但是，你做个试验看看，如果你的生命质地不同，你往三锅水里放三种不同的东西，第一锅水里面你扔一个生鸡蛋，第二锅水里面你扔一根生的胡萝卜，第三锅水里面放上一把干茶叶，同样100度的温度，同样的沸腾煎熬，同样很长时间，最后你看到的结果是：第一个锅里鲜亮、柔软、流动的生鸡蛋，变得硬邦邦如石头一样，就像生活里铁石心肠的人，对生活失去信心的人。他们习惯于以偏概全，他们会说世道就是这么艰难，人心就是这么险恶，前途就是这么渺茫，他们会愤世嫉俗，会挑三拣四，没有人喜欢这样的朋友，他们的心肠被社会煮得很硬；而第二个锅里一开始有款有型，鲜鲜亮亮的胡萝卜，到最后变成烂糊糊的胡萝卜泥，他们就是被生活煮软了的，这些人往往是道德上的“好好先生”，在单位里可能领导说怎么样就怎么样，在家里说我这个样子能有什么呢，孩子好就行了，一切都为了孩子，他们是失去自我的人。但第三锅里的茶会怎么样呢？云南人都熟悉普洱茶，老的普洱茶被压成茶饼，掰开以后一片一片碎碎的，投入锅里一开始甚至没有颜色，但煮的时间越长，这些茶叶片变得越舒展、滋润、丰满、释放，而一锅无色无味的水，变成一锅嫣红浓郁的茶水，这便是一个人的生命和社会相遇的最好方式，你接受了煎熬，但你在煎熬中被成全，从而改变了你的一片生活。大学是干什么的？不是让你去找到哪口锅只有50度的水温，而是让自己尽量不成为“鸡蛋”和“胡萝卜”，如果大学能够让你变成这样一坨自信的老茶，那你尽可能去选择一口大锅，锅越大你的成就会越高。教育是干什么的？教育给我们生命的依据，他不改变社会的规则。社会规则也不是我们想改就改得了的，也不是我们同学们想改的，不是云大想改的，不是教育厅想改的，社会的规则我们改不了，但我们可以选择自己生命的质地，我们可以选择自己和生命相遇的方式。

大学是一个很有意思的地方，最起码我们在大学里可以自己做主。一个人在很年轻的时候学会做主，他面对社会挑战的时候才会一直做主下去，如果你一直习惯于老师做主、家长做主、学校做主，长大以后就认为生活对不起我、社会对不起我、没有给我机遇，那你自己做主的机会在哪儿呢？你拱手相让后又抱怨他人，用泰戈尔的话说，“乌云遮住了太阳，却怨阳光不明朗”。我们做过多少这样的事情？所以在大学里，认知自己的生命，建立一种达观的态度，再去面对生活。我们要面对的是什么样的生活，在生活中我们有太多的哲学要学，但有一个细节是：我们能学会不抱怨吗？这件事并不容易，不抱怨意味着什么？意味着不怨天尤人，用两个态度来面对，一是接受，二是改变。迅速地接受生活，这是成熟的标志，一个人捶胸顿足地说，生活对我不公平，你跟10个人抱怨，你跟100个人抱怨，别人痛哭流涕，扼腕痛惜，甚至有人对你说三道四，在这个过程中，你失去了改变的可能性。所有的生活都要勇敢地去接受，好的部分接受，不好的部分改变和忘却。人要有一种能够主动删除的机制，人脑和电脑不一样，不删除一些东西，就很难接受一些新的东西。一个人生命强大的标志就是有效，有效从不怨天尤人开始。大学里无非就是男生女生，作为一个男人，抱怨是一种没有力量的表现，一个男人的力量在于行动而不是语言；而作为女人，我想说不抱怨是一个女人能企盼的最好品质之一。我们周围的很多女人，妈妈阿姨辈的，就是任劳不任怨的，就是不管在单位还是在家，一边干活一边叨唠。在家你们曾经都感觉过吧，一到周末，妈起得最早，把早餐都做好了。吃完了以后一边干活一边叨唠，“你看你们爷俩，这屋一只袜子，那屋一只袜子!”，“你看看那地上的烟头，你看看这抽屉里的东西怎么跑这来了!”，“有你们俩在这家里就乱!”弄得这爷俩面面相觑，心想“哎哟，姑奶奶您就别收拾了”。有多少人坏在叨唠上，一叨唠你一点功劳都没有了！所以学会不抱怨，你就开始成为一个美好的女人了。我是一个做老师的人，我就喜欢在校园里面讨论一些从观念到实操各式各样的话题。因为，我觉得我们面对生活就得拿出点态度，并且用这些态度去身体力行。

那么什么是生存呢？我觉得生存，人一定要有能力，也就是说执行力很重要。今天我们往往不缺少思想和战略，就缺执行力。心比天高，命比纸薄，这说的是什么人呢？就是夸夸其谈，一做就傻的人。所以，我觉得今天成长起来的孩子，物质消费显然比以前的人要丰富得多。现在的孩子们听着 MP3、MP4，骑着各式各样的登山车，穿着各种名牌的运动服，用着各种各样的学习用具。但是，这一定就意味着他们有行动力么？大家去看看六七十年代长大的孩子，他们的玩具是什么？女孩们随便抓把绿豆，弄一个歪歪斜斜的布头缝几下就是一个沙包，两拨人就着一个破沙包玩得高兴着呢；一根根皮筋拉在一起，蹦蹦跳跳，那比现在练芭蕾还有用。那个时候的孩子就是爬个墙头，叠个纸片都是乐趣。男孩们随便拿个木头，削巴削巴就是个小木枪，那木枪要是坏了，没准还能改成个弹弓。反正他自己弄着弄着就能做出东西来。你看现在的孩子几百块钱买个电动娃娃，眼睛一眨一眨还会说各种话，有时候受一点潮，它眼睛一睁一闭，跟猫头鹰似的就停那了。你说你修修试试，别说爹妈不敢修了，就是工厂都不一定修得了。上千块钱买的遥控车，突然间就停下来，报废了。所以今天的玩具越高级，人的空间就越被剥夺。我看着这些玩具，心存恐惧，因为它常常精确到让人感到自卑。

什么是人的快乐？按我的理解，人的快乐分成两个类型，一种是依赖型快乐，一种是创造型快乐。依赖型快乐，我认为主要是依赖他人和依赖物质，这种依赖长大以后的危险就是谈恋爱的时候从情感上绑架他人，会永远说我之所以不幸福、不快乐就是因为我爱的这么深，而你们没给我想要的幸福和想要的爱，我对你这么好，你为什么还没有让我快乐呢？这是一种绑架行为，因为你觉得你的快乐就是在你爱的这个人身上，你早晚会把这人给爱跑的；而依赖物质，就是迷恋于各式各样的膨胀的物化的东西。很多女孩长大以后都会想：我要是没用 CD 的化妆品，我要是没有一个 Chanel 的包，我要是没有穿一件 prada 的裙子，那我就是一个灰姑娘，什么都不是。当我变成一个名牌架子的时候，我就会吸引很多人的眼光。这都是危险的，这个世界上，爱情是好事、奢侈品是好事，但是这都是你生命中的锦上添花，不是雪中送炭。

创造型快乐，就是你有能力给自己雪中送炭、无中生有的快乐，就是啥都没有，你还能乐起来，还能感染别人。大家看过那个《贫嘴张大民的幸福生活》么，你说那张大民有什么好乐的，一个下岗工人，老妈还有老年痴呆症，动不动就走丢了，妹妹得了癌症，弟弟闹着分房子，最后他们家就一间小平房，床边还长棵树，所以他儿子叫做“张小树”。你说这人幸福么，他为什么幸福？幸福就在于“贫嘴”这种对生活的解构和创造。其实生活苦难的事，你把它当事，它就是事，但你要拿它要贫嘴，它也许就不是个事。是扩大它，还是解构它，这是人的态度，所以我认为《贫嘴张大民的幸福生活》是一部富有哲理的小说，它让我想起了一个我看过的寓言。说的是一家人的两个小男孩，一个极度的乐观，没边！另一个极度的悲观，没理由！他们的爸爸就想给他们中和中和。有一天，爸爸就给悲观的小男孩买了一大堆豪奢的玩具，把那个瞎乐观的小男孩锁在马圈里。爸爸出去工作了一整天，回来了，赶紧回去看看那个悲观的小男孩怎么样了。推门一看，小男孩坐在玩具堆里哭天抹泪，玩具一件都没拆开。他爸爸说：儿子，这么多新玩具就没有一件你喜欢的？小孩说：爸爸，这些玩具每个我都很喜欢，但是不知道先拆开哪个，因为哪个先拆开就会被先玩坏了，我到底先拆哪个呢？我越想越伤心就哭起来了。然后爸爸又去马圈看那小男孩，看见他一身的马粪，正在马粪堆里欢天喜地地刨。爸爸问：你找什么呢？小孩说：我今天一来这里就觉得马粪里应该藏着一只小马驹，但是刨了一天都还没找着呢。这是一个极端的故事，但这就是我们的生活。我们每个人都会遇到不同的生活，不一定你拥有物质，你就会快乐。这不是大话，当然我也不是反物质的人，我希望人有强大的精神同时享受物质，但是不被物质淹没，这就是所谓的生存。年轻人都很向往快乐，让我们多一点创造性快乐，少一点依赖性快乐。依赖多了，我们会慢慢吞吞，最后被生活溺爱致死！你信么，有一个科学试验很有意思，就是把青蛙扔进100度的沸水里，你知道是什么结果么？青蛙没事，那么烫的水，青蛙一下就跳出来，毫发无损。同样的一个试验，20到30度的水，温温的把青蛙放进去，慢慢地加温，不易察觉，40度，50度，60度，70度，舒舒服服地煮成了一只熟青蛙。为什么呢？温水太舒服，不知不觉，溺爱致死！今天在校园里的每个生命，还来得及准备强健的体魄，不要害怕生命的蹉跎，一开始做最坏的打算，也许你会有最好的结果。我觉得独生子女已经在温水里养得差不多了，我们现在神经涣散、肌肉松弛，我们能够重新磨砺自己吗？毕竟以后你会有自己的家庭和孩子，你以对自己未来的爱，让自己跳进冷水，锻炼一下。我说这就是大学。

我概念中的大学是一个美好的地方。什么是大学，因为年轻，所以一切皆有可能，大学是一个绚烂至极的地方，人在大学里就是要学习接受各种挑战。所以我认为，生命、生存、生活是终其一生的命题，面对这种命题，年轻人不要害怕冲突和反差，有些人希望冲突和反差少一点，你究竟是十八岁还是八十岁？十八岁时的人追求着八十岁时的梦想，那还活个什么劲呢？我喜欢一句谚语，说人不能决定生命的长度，但可以决定生命的宽度。“宽度”是什么？宽度就是矛盾和反差给你激荡出来的河岸，一个人生命的水容量不在于你是一条多长的河流，而在于你有多宽的彼岸。你是一条浩荡的大河，还是一条窄窄的小溪呢，这就是为什么要让暴风雨来得更猛烈些的原因吧！二十岁的时候，面对矛盾和冲突不要害怕，它们的到来可以撑开你的河岸，只有让生活摧枯拉朽，激荡过一切，留下的才是河床。

我可以和学弟学妹们分享我个人的经历。我读大学的时候风花雪月，是一个不着边际的小女生，长发披肩、无病呻吟。我是个独生女，上大学读中文系，考研究生读的是理所应当的诗词，从小泡在诗词里长大。8岁开始喜欢李商隐，喜欢她那个“春花开时春恨生，秋叶落时秋怨成，深知身在情长在，怅望江头江水深”的世界。你说一个人一生流连于春花秋月之间，能有多少敏锐的悸动？为江山垂泪、为花草静心，这就是我那个时候的梦想。我义无反顾地要去学中国的古典文学，好在是我的爸爸拉了我一把，他不反对我学古典文学，但建议我从先秦两汉开始，他说你学了唐诗宋词，那么元明清就顺着学下去，你这么小吃点苦算什么，把诸子百家、诗经楚辞给啃了，所以硕士研究生我选了先秦两汉文学。年轻人学这些会用年轻的激情去触动它，我读楚辞的时候、读屈原九歌的时候，我会泣似滂沱；我读史记的时候，读《太史官自序》、读《报任安书》，经常看一场哭一场，读到司马迁在他父亲司马谈病榻之前，司马谈托付他“今汉兴，海内一统，明主、贤君、忠臣、死义之士，余为太史而弗论载，废天下之史文，余甚惧焉！汝其念！”他父亲和他说自周公之后五百年而有孔子，自孔子之后又有五百年了，有谁能够记史书，本读诗书礼乐之记，周公、孔子之后是谁？司马迁面对父亲垂泣而说：“小子何敢让？”这个历史的使命全在你肩上，这是一个人的本能，这是两代史官之间的托付，是担当。所以人在小时候学东西会学得很感性，我的学生都还不理解为什么我讲古文，讲着讲着哽咽了，因为我觉得有生命，所以还那么年轻，我就懂得宋儒张载说的知识分子的使命是“为天地立心，为生民立命，为往圣继绝学，为万世开太平”，这几句话，我觉得在今天，应该对我们所有的同学说一说。为天地立心：一个人的一颗心为天地而立，你的心是顶天立地的，一颗大显于天地，穿越更多沧桑的心。为生民立命：芸芸众生百姓，一个人是要为他们承诺履行使命的，这就是孔子说的“士不可无志”，“任重而道远”。为往圣继绝学：过往的圣贤有好多好学问，到了今天，他们都变成绝世之学了，这些绝世之学要有人来继承，而所有的这些目标就是为万世开太平！一代人做不成什么事，很多人在你这个时代是要被选择作为牺牲的，但要相信一代代薪火相传，那就是为万世太平。这些话都是我在你们这个时候铭刻于心的，虽然我说为生命，我在那个时候一定要这么学习。

后来硕士毕业，风花雪月都完了，学这个学那个的，曾经在一个研究院做过好几年的助理研究员，编杂志、整理文章，舒服极了，一个星期就上半天班，可是我感到惶恐，因为我觉得百无一用是书生，我能为这个时代做什么？这个时候就逼我想到了生存。生命为体，生存为立，生活为爱。所以我读博士，考的是大众传媒。因为我知道中国的媒介处于巨变的时代，在我考博的时候，中央电视台已经出现了新闻评论部。新闻已经不仅仅是播报，有了评论的空间。我感到欣慰，所以我选择了新闻理论。新闻是检测环境的工具，是社会大众的预警系统。我学的是这门课，教的也是这门课。所以很多人都不知道，我在大学里面教的是新闻采编，是电视学。因为我觉得带这种学科让学生出来有“饭碗”。所以我的学生大部分在当记者、编辑，在一线工作，有他们自己的技能，我觉得这就是生存。很多人问我为什么这么选专业，硕士和博士的跨度那么大，这不是一种人生的浪费么？我不觉得，我活在当下，我求当下的坦然，但我知道生活最后会给我答案。20 岁的时候我选古典文学，真诚，那是我的生命。30 岁的时候，我选大众传播，真诚，那是我的生存。40 岁的时候我在百家讲坛，终于用我博士时候学的新闻策略激活了我硕士时候学的文化经典，然后我与大家形成了沟通，这是我的生活。也许一个人的生命、生存、生活会穿过几十年，不带功利之心，但是你要相信会有最终的成全。所以我想说，让我们从大学校园出发，带着你的大气磅礴，还有你的大眼界与大梦想，坚定不移、不计成败往外走，走出去就是你的天地，所以我说“三生有爱”，人的基本信念放在心里，往前走，坦然走。

有一个小故事，一个料事如神的老酋长，他对生活的预言从不会出错。一个年轻的小伙子和他打赌，小伙子拿着一只刚孵出的小鸟放在身后，他胸有成竹地问老酋长：你说我手里面的小鸟是生是死？他想，老酋长要是说是活的，我手一紧就把它捏死，要是说死的，我手一放它就飞了，我就要让他猜错。那个睿智的老人宽容一笑，给了他一句话，他又输定了。老人说：“生命就在你的手中”。我想这是一个非常好的答案，不管面对什么样的生活，让我们站在同一起点之上。我以此祝福所有的老师、校长、同学，祝福我的同行和我的学生们，我希望不管我们今天是十八岁还是八十岁，在生命的每一个阶段上，不管你身上有病痛，还是家里有隐忧，你都心存镇定而蓬勃地、充满希望地对自己说一句“生命就在我的手中”，你能说这句话的时候，你就同时拥有了最美好的未来。

（作者为北京师范大学教授、博士生导师、艺术与传媒学院副院长。此文根据于丹教授2009年11月5日在云南大学“三生有爱”专题讲座录音整理。）

于散论中显智慧　在系统里见逻辑

——“教育三部曲”评述

庄辉明

近日有幸拜读了罗崇敏先生所著的“教育三部曲”中的《教育的智慧》和《教育的逻辑》两部专著，深为作者精彩的理论智慧和严密的思维逻辑所吸引，所折服。

《教育的智慧》（以下简称《智慧》）全书二十二论，从教育的主体、价值、制度、公平，论到教育的过程、结构、体系、合力、课程、环境、管理和评价；又从情智教育、能力教育、信息教育，论到幼儿教育、职业教育、大学教育、终身教育、女性教育、公民教育、普世教育。举凡与教育相关的论题，几乎无不论及。纵观全书，很像是作者关于教育的“散论”，但形散而神不散，于“散论”中显智慧。贯穿全书的是作者集教育管理者与研究者于一身，以双重身份，从双重视角，对于中国教育乃至全球教育的关注和思考。作者以其广泛涉猎教育学、哲学、经济学、社会学、艺术学等领域的渊博学识，对当前以及未来教育发展的众多问题进行了深入观察和思考，提出了一系列非常独到的见解，极富哲理。例如，作者提出：“‘教真育爱’永远是我们的教育价值追求，‘爱’的智慧在教育中培养，‘真’的能量在教育中释放”，“没有爱，就没有教育”。（《智慧》第15页）“教育即生命，教育即生存，教育即生活。‘三生教育’既是教育价值的理论命题，又是价值教育的实践行为，是教育价值理论与价值教育实践的有机统一”。（《智慧》第21页）“学校教育主要是以学生智商的提高为目的的教育行为，家庭教育主要是以学生情商的提高为目的的教育行为，社会教育主要是以学生德商的提高为目的的教育行为，自我教育是个人以提升个人综合素质为目的的教育行为。”（《智慧》第81页）“人的综合素质是由情商和智商共同决定的”，“情智教育是情商加智商的潜能开发，将智力与非智力有机结合的教育”。（《智慧》第128－129页）类似的论述在书中比比皆是，无不体现了作者对教育的深刻观察和用心感悟，体现着作者善于思考、善于分析、善于概括、善于提炼的睿智。

作者在深入思考的基础上，紧紧抓住当前社会密切关注、事关教育发展的热点、难点和重点问题，针砭时弊，大胆倡言，提出了颇具针对性、前瞻性、可操作性的对策和建议。试举几例如下：在论述建立社会广泛参与的办学体制时，作者大胆地提出：“应该将现有30%的公立学校，特别是公立大学进行非国有改造，大力促进私立学校、股份制学校的发展，大力加强民办教育发展的‘一体制五机制’建设”（《智慧》第30页）。在谈到多元一体的教育评价机制时，作者又旗帜鲜明地提出：“应对现行的考试制度进行一次革命，特别是对普通高等学校招生考试制度进行革命性的变革。取消全国统一的高等学校招生考试制度，实行考试和招生分离，由地方或各高校自主招生。”（《智慧》第33页）在论及基础教育体系时，作者明确提出：“我国的义务教育应向9年义务教育两端延伸，实施13年义务教育，即：9年义务教育加学前一年和高中三年教育。”（《智慧》第70页）完全可以相信，作者的这些真知灼见，必将对我国的教育改革与发展产生积极的影响。

如果说《智慧》更多地是从宏观的层面对教育进行发散式思维的话，《教育的逻辑》（以下简称《逻辑》）则从价值、能力和制度这三个观察教育的维度，以及生命、生存和生活这三个实践现代教育的基点，立体交错地对教育进行了逻辑严密的系统论述，在系统里见逻辑。

作者认为：“价值、能力、制度，构成了人们认识、研究教育发展的三个重要维度。三个维度相互依存，相互促进，共同构成了以人为根本的现代教育核心逻辑体系。”（《逻辑》第16页）作者还充满自信地说道：“对于任何社会、任何时代教育的研究，只要把握住‘价值’、‘能力’、‘制度’这三个要素，就能真正把握教育发展的秘诀。”（《逻辑》第16页）应该说，作者的概括抓住了观察教育的极佳视角，他的概括是极为精彩的，他完全有理由如此自信。首先，价值是教育的灵魂，没有价值就没有教育。教育的终极价值是使自然人成为社会人，使人成为有价值的人，成为有尊严地生活的人，成为幸福的人。把握住了“价值教育”，也就把握住了教育的灵魂。其次，教育的根本目的是提升人的能力。人类一切教育活动始终围绕提高人的生命能力、生存能力、生活能力而进行。“所谓‘能力教育’，就是要通过‘能力选择’、‘课程设计’等方法和途径，确保教育的实施能够真正体现时代特征和价值取向，使每个社会成员都能获得最大的发展。”（《逻辑》第16－17页）。再次，“制度教育”则是要创设一个良好的社会环境，使符合时代特征和要求的“价值教育”和“能力教育”得以完美实现。作者由此提出了“价值教育是现代教育的灵魂，能力教育是现代教育的核心，制度教育是现代教育的保障，三者相互依存，相互支撑，相互促进”（《逻辑》第17页）的观点，确实是很有见地的。作者以此为视角，进而分析当前我国社会转型所引起的教育价值取向、教育重点选择、合理教育结构认识、教育管理体制、课程与教育内容选择等方面的冲突，是独具慧眼的。

以生命教育、生存教育、生活教育为内容的“三生教育”，是作者的得意之笔，也是作者的神来之笔。无论是《智慧》，还是《逻辑》，我们都可以看到作者对“三生教育”所倾注的极大热情，以及阐述和推介的不遗余力。作者认为：“在‘以人为本’成为人们思考问题、实施教育的出发点和价值尺度的今天，以‘生命’、‘生存’、‘生活’作为现代教育的基本内容，是有其现实意义的。”（《逻辑》第70页）作者认为，素质教育提出多年，实施起来依然困难重重，未能落实到位，最关键的就是没有找到一个切入点、支撑点，把素质教育从天上落到地上，从口号变为实践。而“三生教育”恰恰就是深入推进素质教育的首选路径之一。紧接着，作者又宣布，云南省从2008年起在幼儿园到大学各类学校中广泛开展的“三生教育”，受到了国内国际的广泛认同和高度评价。2009年和2010年先后在北京和香港举办的“中国生命·生存·生活教育论坛”，则“标志着现代教育价值体系和教育模式的诞生”（《逻辑》第71页），“在当今世界，‘三生教育’对社会、对人类都有意义，它是人类社会共同的教育价值取向，是中国奉献给人类社会的现代教育智慧”（《逻辑》第80页）。作者对“三生教育”的充分肯定和赞美，也许还可以推敲、斟酌，但他对“三生教育”的一腔热情和深情，已然溢于言表。

笔者的读后感，其实还有很多。限于篇幅，只能匆匆打住了。按照惯例，也不得不提点建议。所谓金无足赤，人无完人，再好的专著总会有不足或疏漏。罗崇敏先生学识渊博，精于思辨，善于钻研，令人敬佩。不过同时推出两部很有分量的专著，难免会有考虑不周之处。例如：《智慧》的第181页说：“任何一所大学都必须综合考虑知识传授、科学研究、社会服务、文明传承四大功能的发挥。”这是近年来关于大学功能的新概括。而第186页则说：“发展到21世纪的今天，大学的职能已演变为培养人才、科学研究和社会服务三大职能。”把近年来新增加的“文明传承”给丢了。前后叙述不够一致。又如《智慧》一书在“塑造教师主体尊严”一段中对“教师是‘园丁’、是‘蜡炬’”的新解，固然是对传统观念的批判和反思，但未免也有一概抹杀之嫌。“现代园丁”也未必只进行“一个模式的剪裁”吧？此外，《智慧》一书的第163页有“我国北宋思想家颜之推”的说法，显然把“北齐”错成“北宋”了。当然，这些都只是白璧微瑕。

（作者为华东师范大学副校长、教授。）

珍惜生命　学会生存　热爱生活

——“生”的教育是素质教育的基本组成部分

刘彭芝

中国“生命、生存、生活教育论坛”在人民大会堂召开，这说明，已经有越来越多的教育工作者和社会有识之士意识到开展“三生教育”的重要意义，并采取了切实可行的措施。云南省从 2008 年推出生命教育、生存教育、生活教育的“三生教育”课程，可喜可贺。这是功在千秋的大事，关系到个人、家庭、国家、社会的未来与幸福。

和谐社会是由一个一个的个体构成的，每个个体对生命、生存、生活的态度与能力，是和谐社会的根本。青少年的人生观、价值观处于一个变化发展的过程中，他们通过自身的眼光和体验来感受生命、感悟生活，学校教育应该为他们提供一个正确的视角和途径，使他们能形成良好的人际关系，了解生命成长、成熟的进程，正确地处理学习、生活、情绪情感中的各种问题，在遇到困难和挫折时能有智慧、有能力去面对和化解，所有这些，是个人素质的一个组成部分。因此，关于“生”的教育是素质教育的一个基本组成部分。

珍惜生命、学会生存、热爱生活，生命、生存、生活，这三者是层层递进的关系。人大附中高度认同“三生教育”的理念，在教学和教研中针对生命、生存、生活教育开展了大量的理论研究和实践，取得了突出成效。

一、用教师对“三生教育”的理解影响学生的心态

要让学生感受到“三生教育”的快乐和幸福，教师自身的学习效果至关重要。所谓“学为人师、行为示范”，幸福的教师会形成一个能量场，传递给学生生命可贵、生活可喜的信息。人大附中为教师的幸福生态做出了很多努力。关注每一个教师的身心健康。让教师获得可持续发展。师德欠缺实行一票否决，人大附中高度重视教师的品德，将师德放在教师评价标准的首位。师德是对学生最具影响力的部分，一个充满爱心、包容心的教师，会让学生感受到爱与幸福。

二、高度重视心理健康教育

学生对生命感到厌倦，对生存感到艰辛，对生活感到无聊，很大程度上都和学生的心理状态有关。孤独感、无价值感、自卑感、暴力冲动、焦虑，等等，是当前中小学生普遍存在的一些心理问题。心理健康教育已经成为学校教育不可或缺的部分。人大附中从20世纪90年代中期开始引进心理学方面的高级人才，现已有6位专职的心理教师，每位班主任都对心理知识有较专业的认识和了解。作为校长，我对心理健康教育高度重视，在我作为政协委员、人大代表提出的提案中，涉及心理健康的就有10个之多。如今，人大附中已经形成人人重视心理的局面，老师懂心理，学生学心理，一旦发现有心理问题的学生或者教师，会很快形成心理帮扶的合力。

开设心理健康教育课程。我们在初一年级开设了心理学必修课，同时开设有灵感与心态调节、高中生心理卫生等选修课程，另外还定期不定期地举办男生课堂、女生课堂、考前焦虑调节、亲子关系、同伴教育、青春期性教育等专题讲座。在20世纪90年代初期就已开设心理咨询室，当时担任心理咨询师的是一名对心理学感兴趣的教师，现在，我们的心理咨询已走上专业化、常规化、系统化的道路。在中小学生心理咨询领域，人大附中已处于国内领先、国际一流的水平。心理健康教育

课程提供了面的教育，使每一个学生都有机会接触到心理学，了解心理健康的相关知识；而心理咨询则为学生提供了点的服务，为那些有心理问题和心理障碍的学生提供个体咨询、团体咨询和家庭咨询。根据统计，从2004年至今，我校有10%左右的学生走进过心理咨询室，接受学习、情感、人格、人际关系等方面的心理辅导与帮助。这是一个非常可观的数据。如果没有心理咨询，这些学生也许将处于难以自拔的心理状态之中，形成严重的生命隐患。

成立危机干预机制和小组。成立了由校长、年级组长、德育教师、心理教师、班主任、保卫人员组成的危机干预小组，一旦发生危机，会迅速介入化解危机。自杀，暴力事件，这些极端的危机事件在人大附中不是没有发生过，但都得到了解决。

三、生存拓展训练

通过各种活动、社团渗透生命、生存、生活的意义和价值。2001年起，我们每年都要让高中学生到十三陵水库的野外生存基地参加“生存拓展训练”。通过“新人背摔”、“囚笼脱险”等十几项有趣的培训活动，培养学生的合作精神和坚强的毅力。

人大附中学生志愿团。2003年，人大附中学生志愿团成立。志愿团由600多名学生志愿组成，各年级学生均可参与。他们立足校园，参与管理，发起“保护环境、爱护公物、节约水电”等活动；他们也走向社会，去弱智学校、去孤儿院、去敬老院等处，奉献爱心。

人大附中红十字会。人大附中红十字会成立于1999年，从2000年4月开始急救培训。我们的很多学生和老师都接受过急救培训并获得急救员证。我们连续数年被评为海淀区红十字会先进集体。

青春期性教育。性是当代中学生不可回避的一个话题，中学教育也不可避免地要涉及性教育。人大附中在对学生的青春期性教育重在形式方面进行了一些有益的创新和尝试。

爱心奉献营造爱的氛围。我认为，爱是教育的最高境界。老师爱学生，学生爱老师，人人爱自己、爱他人、爱社会，就能让生命散发出温暖的光辉、寻求到生命的积极意义。

用赏识激励生命。赏识教育是激发潜能的教育，也是让学生对自我产生自信的教育。人大附中要求每一个教师都要用赏识的眼光来看待学生，并推出了一系列活动来将赏识教育落到实处。同时，我们为每一个有特长潜能的学生提供舞台，使他们能快乐地学习、幸福地学习。

生命教育，生存教育，生活教育，不仅仅是课程，而且应渗透在学校教育教学的方方面面。这是人大附中在实践过程中得出来的切身体会。让学生感受到爱，感受到生命的珍贵和神圣，感受到生存的不易中充满着乐趣，感受到生活的价值和意义，以爱心、平常心、快乐心去追求自己的人生，这些，是“生”的教育的灵魂，也是素质教育的基本目标。

（作者为中国人民大学附属中学校长。此文是作者2009年5月29日在人民大会堂中国“三生教育”论坛上的发言。）

用哲理点燃火炬

——“教育三部曲”评述

骆小所

在奔腾不息的人类历史长河中，教育是一首永远写不完的诗篇。只要有人类的地方，就会有教育。但是，如何书写好教育诗篇，这是人们永远探不到尽头的桃花源。中华民族历来是一个重视教育、热爱教育的民族。孔子提出并实践“有教无类”的教育思想，打破了奴隶主贵族对学校教育的垄断，他的“因材施教”、“举一反三”、“学而不厌”、“教学相长”等教学方法，至今仍然在教育界熠熠生辉。其后，孟子的“循序渐进”、韩愈的“传道、受业、解惑”，王守仁的“知行合一”，颜元的“实学、实习、实用”的“三实”教育思想等，将我国的教育从一个高峰不断推向又一个高峰。近代以来，张謇提出“学高为师，身正为范”，蔡元培主张“思想自由，兼容并色”，陶行知提出的“捧着一颗心来，不带半根草去”的平民教育，生活教育理论，将传统的中国教育推向了近代教育。新中国成立以来，毛泽东提出的“教育与生产劳动相结合”等思想，促使了教育的当代革命。改革开放以来，邓小平提出的“四个面向”，推动了中国教育的现代化、国际化的进程。

事实证明，教育改革是发展人类教育的基础，教育改革的先声是教育理论的创新。看了罗崇敏的新著《教育的逻辑》，我们深感其理论的恢弘，思维空间的辽阔。它在教育史上铸造了一个新的术语“三生教育”。“三生教育”由罗崇敏原创，而“三生教育”的社会反响托起了一个普通的学者罗崇敏，由此，使他由普通而显得神奇。罗崇敏认为，“生命、生存、生活：实践现代教育的基点”。“三生教育”的产生植根于时代、社会。它体现了教育改革大潮中的理论创新、实践创新和体制创新。罗崇敏在谱系式研究即传统研究的同时，超越谱系，超越传统。把谱系与传统寓于创新之中，体现了《教育的逻辑》的作者人格、学识和理论的凝练化，体现了作者由“弥纶群言，而研精一理”向“师心独见”的飞跃。齐梁时代的刘勰在《文心雕龙·论说》中认为，“弥纶群言，而研精一理”是很重要的和完全必要的，但如果只限于“群言”的“弥纶”，而缺乏“师心独见”，那么，即使对各家的观点和言论综合得十分全面，概括得极其准确，道理阐述得非常精细，这种“论”也是没有生命力的。刘勰强调指出，“师心独见”才是“论”的本质所在。读了罗崇敏的《教育的逻辑》，感到整个“论”的运思过程，始终体现不因袭有创见，语言平平而叙，却笔力锋力，虽其中的观点散见于“群书”之中，却持论精密，“师心独见”。《教育的逻辑》的引论来自中外古今，从而概括为一个内在的逻辑关系：生命教育：认识生命、敬畏生命、发展生命；生存教育：强化意志、掌握技能；生活教育：立足现实、注重体验、追求幸福。所谓生命教育，就是帮助学生认识生命、尊重生命、珍爱生命，促进学生主动积极、健康地发展生命提升生命质量，实现生命的意义和价值的教育。作者强调，生命教育在于以个体的生命存在为着眼点与自我、他人、自然建立和谐关系的过程中促进生命的和谐发展，使受教育者实现由生命质量到精神质量的飞跃；所谓的生存教育，就是帮助学生具有生存知识，掌握生存技能，保护生存环境，强化生存意志，把握生存规律，提高生存的适应能力，发展能力和创造能力。通过生存教育，使学生认识生存及提高生存能力的意义，树立人与自然、社会和谐发展的正确生存观；所谓生活教育，就是帮助学生了解生活常识，实践生活过程，获得生活体验，确立正确的生活观，追求个人、家庭、团体、民族、国家和人类幸福生活教育。通过生活教育，使学生理解生活是由物质生活和精神生活，个人生活和社会生活、职业生活和社会公共生活等若干方面组成。这种生活中其实就寓有真、善、美的道德生活，体现了“上善”的内涵。“三生教育”形成一个教育自然的理路。“三生教育”中，使学生认识到生命是无尽的享受，永远的快乐，是物态生命和精神生命的结晶。

《教育的逻辑》把“三生教育”基于“价值取向”、“能力选择”和“制度建设”三个维度来阐释，具有理论的思辨性。它认为，从教育的价值维度来讲，生命教育主要是认识生命的意义，提升生命质量，实现生命价值；生存教育主要是理解生存环境，掌握生存技能，强化生存意义；生活教育主要是掌握生活技能，理解生活意义，追求幸福生活。从能力维度来讲，生命教育主要是帮助学生对个体生命质量的认识，群体和谐生存的认识；生存教育主要是综合和专门技能整合，基础和发展环境协调；生活教育主要是调节情感的需要，掌握美好生活的技能。从制度维度来讲，生命教育主要是新生命观指导下的学生综合素质发展，构建学校和社会一体化的保障体系和制度；生存教育主要是新课程观指导下的知识和能力发展，完善学校课程体系及保障实施的基本制度；生活教育主要是新德育观引领下的情感价值观发展，构建学校德育体系及其保障实施的基本制度。教师由此来实现教书育人，学校由此来实现管理育人，社会由此来实现优良的制度育人，进而形成一个和谐育人的体系。这就是罗崇敏《教育的逻辑》的严密的“逻辑”观。这是一个庞大而又简明的逻辑体系。看了，令人钦佩。教育本来是一个复杂的系统，但通过《教育的逻辑》的阐释，使复杂而艰深的理论明晰化、简明化。这就是罗崇敏不同寻常人的阐释术和说理的技能。理论是使人走进智慧大门的钥匙，《教育的逻辑》是把金钥匙，我相信，它永远会发出智慧之光。学问，不是一个机械的过程，而是一种创造。《教育的逻辑》印记着罗崇敏对教育理论创新的烙印，即罗氏烙印，这烙印是深刻的，令人寻味的。这是罗崇敏用哲理点燃的火炬，我相信这火炬一定会被人传递下去的。

（作者为国家有突出贡献专家，教授、博士生导师，国家汉办特聘终身专家，泰国南邦皇家大学荣誉博士，中国修辞学会副会长，云南师范大学原校长。此文是作者 2012 年 2 月 25 日在“教育三部曲”出版发行暨研讨会上的发言。）

关于"生命教育"与"三生教育"的思考

郑晓江

当代中国的教育在学生的"知识增长"方面抓得很有成效，但在关注学生"生命成长"的方面存在着重大缺陷，这是生命教育或"三生教育"在中国提出并推广的深刻的历史背景，其实，"生命教育"、"三生教育"本质上就是培育学生"生命成长"的一条新途径。

一

生命教育的历史，一直可以追溯到1964年，日本学者谷口雅春出版了《生命的实相》一书，首先呼吁生命教育的重要性。1968年，美国知名作家、演说家、作曲家、摄影家杰·唐纳·华特士在加州北部内华达山脚下的丘陵地带，正式创建了"阿南达村"学校，以实践其生命教育的思想。1979年，澳大利亚悉尼成立了"生命教育中心"（life educational center：LEC），这应该是西方国家最早使用"生命教育"概念（life education）的机构，现在已成为一个正式的国际性机构（Life Education International），是联合国的"非政府组织"（NGO）中的一员。该中心主要从事的工作是防止"药物滥用、暴力与艾滋病"。现在，美国、英国、德国、日本等国家和我国的台湾、香港、澳门等地区都普遍地开展了不同形式、不同内容的生命教育。从2004年开始，在中国的上海、辽宁、黑龙江、湖南等省市也开展了生命教育，而云南和陕西等省则在推广“三生教育”。何谓“三生教育”？为何国内外均称“生命教育”，而云南省却提出和推广“三生教育”？生命教育与“三生教育”究竟有何关系？未来发展的方向是什么？这就需要我们从国内外生命教育的兴起及发展过程的探讨中来获得答案。如果仔细地考察中国生命教育兴起的历史过程，可以概略地分为以下五个阶段：

第一个阶段，从1997年到1999年，可以称之为引入与逐步发展的阶段。从1997年开始，前台湾省教育厅厅长陈英豪首先提出“生命教育”的概念与愿景，同年，台湾“教育部”委托实施伦理教育多年有成的台中市晓明女中设计生命教育课程，并推动办理研习、训练师资等，并于1998年度在全台湾地区各国中（相当于大陆的初中）实施，高中则于第二学期实施。这一年还制定了“台湾省国民中学推展生命教育实施计划”，2000年7月台湾地区公布了“教育部推动生命教育中程计划”，并组成了“生命教育委员会”，由台湾各级学校推动生命教育。2001年，台湾地区“教育部”成立“生命教育推动委员会”，曾志朗“部长”宣布该年为“生命教育年”。2004年又颁布了普通高中生命教育类选修课程纲要，2006年列入了高中选修课程，在台湾各大学都开设有生命教育方面的讲座或生死学的选修课程等。

第二个阶段，从2000年至2003年，这是中国大陆开始关注生命教育的教学理念及课程并引入的阶段。从教育教学理论上对“生命”概念的重视，把“生命”作为教育的价值追求，特别在教育教学过程中强调师生都必须“生命在场”的看法应该说发端甚早，比如叶澜教授早在1997年发表的《让课堂焕发出生命活力———论中小学教学改革的深化》就关注到“生命”的概念及其在教育教学上的重要性。她认为，要“从更高的层次———生命的层次，用动态生成的观念，重新全面地认识课堂教学，构建新的课堂教学观”，“让课堂焕发出生命的活力”。在1999年共发表有五篇冠以“生命教育”的文章，如顿占民《解读生命——启动生命教育工程奠定社会文明基石》，也基本上是把生命教育当做一种教育的价值追求目标来看待的。黄克剑、张文质先生则在1993年开始探索，逐步创立了“生命化教育”的理念与教育实践：“生命化教育是立足于生命视野对教育的一种重新认识和理解。它以生命为教育的基点，认为教育就是要遵循生命的特性，不断地为生命的成长创造条件，促进生命的完善，提升生命的价值。”黄克剑先生认为：“教育所要做的事可以放在三个相贯通的层次去理解，即授受知识，开启智慧，点化或润泽生命”。[①]从叶澜教授到黄克剑、张文质先生对“生命”在教育过程中重要性的阐述，严格来说，与现今所讲的作为一门新的教学门类的“生命教育”还不是一回事。真正把生命教育不仅作为一种教育的理念、方法，更主要的作为教育的途径、教育的模式、独特的课程体系引入大陆中国，并加以介绍、研究和推广的应该是在2000年。刘济良先生发表了《论香港的生命教育》，本人则发表了《国外死亡教育简介》、《台湾中小学的生命教育课》。这三篇文章，通过对台湾和香港地区的生命教育课程的介绍，突出了生命教育课程的性质，提出了生命教育，顾名思义，即是关于生命的教育。此“生命”既指“教育的内容”，又涵摄“教育的对象”，还涉及“教育的方式”。所以，从更广泛的意义去理解，生命教育应该是一种更为根本的“教育理念”和派生出来的课程体系。这之后，截至2010年4月，中国知网上关于生命教育的论文已达3066篇，而目前中国出版的有关生命教育的书籍也约有百余种之多。

第三阶段，从2004年至2007年，是从引入生命教育的理念和课堂教学模式到具体实施生命教育教学实践的阶段。其标志性事件有辽宁省2004年启动的《中小学生命教育专项工作方案》和上海市2004年制定、2005年实施的《中小学生命教育指导纲要》，以及2006年湖南省颁布的《湖南省中小学生命与健康教育指导纲要（试行）》。随后，黑龙江、重庆、长春、苏州、常州、咸宁、深圳等省市区各自下发了开展生命教育的指导文件。不过，从总体上看，这一阶段的生命教育往往起因于学生安全事故层出不穷，各级各类学校急切地要开展学生自然生命保全及健康教育所致，可以说，是一种“窄化形式的生命教育”。据《中国教育报》的文章披露：“全国每年约有1.6万名中小学生非正常死亡，平均每天约有40名学生死于溺水、食物中毒、交通等事故，这其中约有 80% 的非正常死亡本可以通过预防措施和应急处理避免……”[②]有文章披露，武汉市拥有中小学生约百万名，近 3 年，全市发生学校安全事故 926 起，其中非正常死亡 160 人。所以，《武汉市中小学校安全条例（草案）》规定，校园内重特大伤亡事故校长将被免职。[③]吉林省长春市编写的《生命教育读本》，吸收了国内外生命教育课题的科研成果，把自然灾害、火灾、居家事故、校园安全事故、非法侵犯等生活中可能遇到的各种危险及如何应对的常识，都进行了深入浅出的阐述。而一篇《小学〈生命教育〉课讲义》的文章认为：“生命教育课程的性质是通过《生命教育》课的实施，对小学生进行生命安全教育，使他们获得相应的生存知识和生存技能，培养良好的生活习惯，形成保护生命的能力。是一门综合课。”[④]可见，这些说法与做法，都把“生命教育”窄化成了“安全教育”。但是，生命教育是否可以等同于“学生自然生命安全保护的教育”呢？在 5. 12 四川汶川特大地震的背景下，尤其是在各级各类学校严格的“学生安全行政问责制”的规定下，中国大陆兴起的生命教育一开始便偏向于“学生自然生命安全保护的教育”就是必然的和可以理解的了。但是，学生自然生命的安全当然是非常重要的，没有健康的生命存在焉能谈教育？但是，我们又必须再问：学生的生命安全问题难道是 21 世纪才出现的问题？应该说自有学校教育以来，这就是学校重要的任务。如果把生命教育定义为“学生自然生命安全保护的教育”，那今天的生命教育也就可以取消了。所以，中国的生命教育事业要有正常且积极的发展，关键在让生命教育走出“学生自然生命安全保护教育”的背景，寻找到自身独特的发展之路，也就是说要突出生命教育目标、内容及课程的独特性、不可替代性，以及特别的意义与价值。

第四阶段，从 2008 年至 2010 年 6 月，是中国生命教育进入大发展的阶段。标志性事件是 2008 年 5 月云南省颁布了《关于实施生命教育生存教育生活教育的决定》和《关于生命教育　生存教育　生活教育的实施意见》；2010 年 2 月 23 日，中共陕西省委教育工作委员会陕西省教育厅下发了《关于在全省大中小学积极开展三生系列教育活动的通知》。这一阶段的突出特征是从生命教育的推广发展出了“生命教育、生存教育和生活教育”三位一体式的教育教学模式。何谓“三生教育”？这在《激活生命，促进成长——“三生教育”教师手册》中有这样的解释：“三生教育是通过教育的力量，使受教育者接受生命教育、生存教育和生活教育，树立正确的生命观、生存观、生活观的主体认知和行为过程。”⑤而在该书的《序：实施“三生教育”建设现代教育价值》中，“三生教育”的倡导者罗崇敏先生指出：“三生教育应成为认知性、体验性和创新性很强的育人事业，应成为使学生知生理、调心理、明伦理、懂哲理、晓事理的认知和行为过程，应成为学校教育、家庭教育和社会教育有机统一的系统工程。”⑥其实，人的生命首先要生存，所以要有生存知识的教育；人的生命还要生活，所以要有生活的教育；那么，人类“生命”自身呢？关于生命的教育应该帮助学生认识生命、尊重生命、珍爱生命，促进学生主动积极、健康地发展生命，提升生命的质量，实现生命的意义和价值。所以，云南省“三生教育”的提出与推广，帮助第一线的老师与全国各教育行政领导们认识到了生存、生活教育之外、之深层，还有更为根本的生命意义与价值的教育。而且，把生存与生活教育从生命教育中剥离出来，单独立项，真正体现了对人之整全生命的理解，真正突出了生命教育的核心向度。从引入台湾地区生命教育的经验开始，中国的理论界、教育界经过了八年积极的研讨、推广、提升和总结，终于在2008年由云南省提出并实施“三生教育”，其意义重大，价值非凡，这意味着从此之后，我们终于有了中国自己的生命教育的独特品牌，是可以推向海内外的一种内蕴中国元素的新的教育智慧和教育模式。

第五阶段，从2010年7月至今，是“生命教育”取得国家“准生证”并由此翻开崭新的一页，进入快速发展的阶段。2010年7月29日正式公布实施的《国家中长期教育改革和发展规划纲要》（2010—2020年）在战略主题中明确提出了要“学会生存生活”，要“重视安全教育、生命教育、国防教育、可持续发展教育。促进德育、智育、体育、美育有机融合，提高学生综合素质，使学生成为德智体美全面发展的社会主义建设者和接班人”。可见，进行生命教育已成为了国家教育发展的战略决策，这也是在国家教育改革文件中第一次载入了要“学会生存生活”，要进行“生命教育”的内容，具有深远的历史意义。而且，随着《纲要》把“生命教育”与“安全教育”并列，正说明了两者并不是一回事，把两者混淆在一起以至取消了生命教育的独特内容的看法与做法，就此可以基本结束了。

二

中国从生命教育到“三生教育”的推展已走过了十个年头，取得了极大的成绩，但亦有不可忽视的缺陷。

首先，表现在教师的知识素养方面。仔细考察中国从生命教育到“三生教育”的发展历程，可以发现，有关生命伦理及生命哲学（生死哲学）方面的基础显得比较薄弱。2008 年，笔者在中国台湾做生命教育的演讲，一直从高雄讲到台中、台北，发现台湾从事生命教育的老师，大多数的知识背景是教育学的、心理学的、哲学及生死学的、宗教学的，所以，他们从事生命教育多从教育学、心理学、生死学、宗教学中获取资源。而中国大陆从事生命教育工作的老师，大多数是从事于教育学、心理健康教育、思想政治及德育的教学工作，所以，生命教育的教材及课程多偏重于心理健康教育、安全教育、德育及思想政治教育方面的内容。这有比台湾优长的方面，但亦有其短处，即缺乏生命伦理学、哲学生死学意义上对生命、生存、生活的理解和把握，教师这方面的知识及修养缺失严重。生命教育或“三生教育”作为一种全新的教育理念和教育模式，最终目的是要解决人们生存技巧、生活意义和生命价值问题，所以，从哲学、生死学、宗教学的高度对生命、生存、生活的界定、内在的相关性及深层意义与价值诸问题的论述，应该是生命教育和“三生教育”的基础与出发点，值得深入探讨，并形成一线生命教育、“三生教育”老师的基本知识的素养。

其次，表现在生命教育及“三生教育”的教学资源方面。就目前中国已开展的生命教育和“三生教育”中，中华优秀传统文化的资源没有得到应有的重视。对中华民族优秀历史文化传统的认识及在生命教育及“三生教育”教学中的运用，是非常重要及必要的。中共十七大政治报告指出：中华文化是中华民族共有的精神家园。生命教育及“三生教育”重要的目标之一，就是为现代人建构精神家园，这就应该十分重视中国优秀的历史文化传统的资源。比如，中国传统的书院教育也有类似生命教育的内容。其一是“庙学合一”制，亦即在书院正中，一般设立孔子的牌位，在老师率领学生对至圣先师的虔诚礼拜中，培养学生的敬畏心和超越性生命追求。其二是先贤祠的设立。让学生们在其中学习本土乡贤的事迹，树立其人生远大的理想和目标。其三是“一日为师，终身为父”的教育理念，以及“经师”与“人师”合一的教学传统。学生以事“父”之道事师，老师也以教“子”之心来教书和育人。在生理上，老师与学生并没有血缘关系；但人不仅有生理生命，更重要的是人有精神的文化生命，老师培育学生，实际上即是养育学生的精神文化生命，是对其知识的、人格的、精神的成长负责。所以，在这个意义上，老师能称得上是学生的“父亲”。这些优秀的传统文化资源都应该成为生命教育和“三生教育”取之不尽、用之不竭的思想文化的源泉。

生命教育和“三生教育”的老师通过讲授应该让学生接续上中华民族优秀文化的血脉是非常重要的。现代人最大的问题之一，就是丧失了“精神家园”，生命教育和“三生教育”应该在这方面做出最大的努力，全面落实人文教育的理念与内容。

总而言之，生命教育即是关于生存、生活、生命以及生死的教育，其目标在于使人们学会如何积极地应对人生过程及生死的挑战，学会尊重生命并理解生命的意义，进而培育人们对待自己、他人乃至一切生命体的责任感，以让人们从小就知晓生命的可贵，懂得如何去创造人生的价值，从而获得身心的健康，事业成功，生活幸福。

三

承上所述，有关生命的教育约有九大议题：认知生命、体验生命、敬畏生命、珍惜生命、悦纳生命、尊重生命、热爱生命、发展生命、不朽生命。展望未来生命教育或“三生教育”的发展，也为了落实这九大议题，应该从以下几个方面着手：

第一，生命教育或“三生教育”的基础理论研究、师资培训问题。“三生教育”的理论基础、学理基础、历史渊源、学科特征等重大的理论问题都需要深入探讨；而培养大批合格的生命教育及“三生教育”的师资力量则是当务之急。

第二，生命教育或“三生教育”各个层次核心课程的研发和系列教材的编纂与推广问题。到目前为止，已正式出版的有关生命教育的教材已有七八种之多，而云南省编撰及出版的“三生教育”教材一套七本，已广泛地运用于幼儿园、小学、中学、大专院校的“三生教育”的课程之中。但总体来看，已出版的有关生命教育、“三生教育”的教材还有不少的缺陷，需要在国家层面上组织力量，深入研究、撰写出新的教材，使之更贴近受教育者，也更能取得实际的效果。

第三，生命教育或“三生教育”教学方法的更新问题。生命教育或“三生教育”本质上是一种人文的、德性的、价值性教育，与我们许多老师广为熟知的知识性、逻辑性、科学性的教学活动有本质的区别：首先，上生命教育课时，老师既是教育者同时又是被教育者，因为每一个人都有生命成长的问题，教学相长在这里体现得最为突出；其次，生命教育是最为个性化的教学，在生命存在的层面，每一个人都是不同的，教学的对象有多少，我们教师就要有多少教育教学的方法与内容，这是任何其他一门课程都不会有的现象。所以，生命教育课对教师的要求是相当高的，归结为一点即是：我们的老师既要是“经师”（知识传授的老师），也要是“人师”（学生的生命导师），是二者的合一。所以，在生命教育或“三生教育”中要真正贯彻个性化教学、体验性教学、启发性教学、生命融通式教学和知行合一式教学。这就对生命教育或“三生教育”的老师提出了更高的要求，也应该大力提升学校的教学硬件设施与条件。

第四，生命教育或“三生教育”的教学资源问题。应该具备广阔的学科视野，整合生命教育或“三生教育”的教学资源，充分意识到生命教育或“三生教育”教学资源的广泛性。“三生教育”除应该积极地吸收生命哲学、生死哲学、心理学、教育学、艺术学、文化学、历史学等等各科的知识以为教学资源外，尤其要注意吸取中国优秀的文化传统，要立足于中华民族优秀文化血脉的基础上来做好生命教育和“三生教育”的工作。

第五，生命教育或“三生教育”的社会化问题。应该努力把生命教育或“三生教育”推向社会，进行老年人的生命教育、女性的生命教育、干部的生命教育、军人的生命教育，乃至外出务工人员、服刑人员的生命教育等等。因为，生命教育仍是公民教育，是现代社会每一个公民都应该具备的基本素质。也就是说，“生命教育”和“三生教育”不仅仅应该是学校中的显性课程，也不仅是一种应该渗透到学校中各类课程中去的隐性观念；生命教育和“三生教育”还是公民教育、社会教育、家庭教育，因为，实现生命的意义与价值是每一个人在生存与生活中都必须具备的素质与能力。

第六，从教育行政体制上保证生命教育或“三生教育”持续开展下去的问题。根据全国各省市开展生命教育和“三生教育”的实际情况来看，如何从教育行政体制上保证生命教育、“三生教育”广泛、持续、健康地发展，这是一个重大的问题。不能让生命教育、“三生教育”成为“人（官）存则存，人（官）走茶就凉”的短命的教学门类，要从学科的研究上、学校课程体系的设置上、教材的编写与使用、资金的投入、专职教师的培养、考评体系的建构上等等各个方面入手，以实现生命教育、“三生教育”持续健康地发展。

如果说，从20世纪八九十年代开始，在我国的生命教育还是个别省市、个别学校的“星星之火”的话；那么，在今天，我们经历了造成人员、财产惨重损失的四川汶川、青海玉树大地震，甘肃舟曲泥石流灾害之后，应该也必须高度重视“三生教育”，使其成为遍布全国城乡各级各类学校及社会、家庭中的“燎原之势”，真正让全体民众受益，构建起和谐人生、和谐社会与和谐世界。

（作者为江西师范大学道德与人生研究所所长、哲学系教授。主要研究中国哲学与中国文化，尤擅生死哲学与生命教育的研究。此文是作者2009年5月29日在人民大会堂中国“三生教育”论坛上的发言。）

注　释：

①百度百科 http：//baike. baidu. com/view/1940432. htm.

②彭锻华．用生存教育把——“人”写大［J］．中国教育报，2009 – 5 – 19.

③汉网 – 长江日报 11 月 17 日

④长春市中小学生命教育网：http：//www. cclifedu. com/.

⑤⑥李亦非主编，云南省教育厅组编．激活生命，促进成长——“三生教育”教师手册［M］．北京：高等教育出版社，2010.

“三生教育”与素质教育

韩庆祥

拜读“三生教育”的相关成果，我觉得“三生教育”既是一个哲学问题，又是一个人学问题，还是一个教育观的问题。“三生教育”给我留下最深刻的印象，就是它为素质教育找到了突破口和切入点。

中国教育功不可没，不可全盘抹杀，但也具有历史局限：重知识轻方法；重应试轻应用；重分数轻素质；重精英轻大众；重书本灌输轻创新能力；重共性轻个性；重人才批量生产轻自主创新人格培养。中国最需要而最缺乏的，是自主创新能力，而我们的教育没有完全培养出具有创新精神和创新能力的人才。这样，一个需要解决的根本性问题提出来了：中国教育应“培养什么样的人才、怎样培养人才”？

时代观决定人才观，人才观决定教育观。当今时代，提高人的自主创新能力是实现经济发展方式根本转变的中心性环节；当今国家之间的综合国力竞争实质上是具有创新精神、创新能力的人才的竞争；在知识经济时代，具有创新精神和创新能力的人才是最大的财富。由此，当代世界性教育发展的趋势是：由知识点教育走向知识教育、素质教育和人格教育的统一，这样的教育以培养具有创新精神和创新能力的人才为核心。反映时代发展趋势，当代中国应建设创新型国家，其中教育是源头，人才是关键。由此，中央积极倡导素质教育，推进教育创新。教育创新的核心是教育理念、教育体制和教育模式的创新。

然而，当今中国的教育在总体上依然是应试教育，素质教育仍在探索，其根本原因，就是没有找到素质教育的突破口、切入点和可行的操作方法。云南省教育厅厅长罗崇敏同志是位从事教育管理工作的领导干部，是一位学习型干部，爱读书，爱思考研究问题，爱用理论指导本职工作。其思考研究的核心问题是教育创新，他在继承相关研究成果的基础上，提出了“三生教育”的核心理念。

我们可以从四个方面理解“三生教育”的价值：第一，推进教育创新，从事教育管理的领导干部首先要进行创新，“三生教育”反映出罗崇敏同志的探索创新精神，难能可贵。第二，“三生教育”具有内在的逻辑：（1）人首先是活着，这就是生命，生命是人生的载体，生存、生活因生命而有价值、有意义。理解生命，应从认知、观念、行为三方面入手：认知（认识生命：自然生命；社会生命；精神生命）：观念（尊重生命，提升生命质量）；行为（珍惜自己生命；尊重他人生命；保护自然界的生命）；（2）人还要活下去，这就是生存，生存是人生的基础。理解生存，应从认知、观念、行为三方面入手：认知（学习生存知识）；观念（选择健康生存方式）；行为（掌握生存技能，提高生存适应能力，提高应对生存挫折、生存困境和生存危机的能力）；（3）人应有体面、有尊严的生活，这就是生活，生活是人生的目标。理解生活，应从认知、观念、行为三方面入手：认知（了解生活常识；理解生活意义；掌握生活智慧）；观念（具有积极的生活追求；树立健康的生活方式）；行为（热爱生活；健康成长；幸福生活）。第三，“三生教育”对素质教育问题上有新的发展，即“三生教育”对现代教育进行了新的诠释（知识教育、素质教育和人格教育的统一），明确了现代素质教育的发展方向；“三生教育”使以人为本在教育中得以具体实现；“三生教育”把素质教育具体化了，找到了素质教育的具体突破口、切入点和具体可行的方法。第四，在云南省，“三生教育”把口动、心动真真切切地变成了行动。

最后提出两条建议：一是补充“自主创新能力教育”的内容；二是对生命教育、生存教育和生活教育的诠释要具有逻辑、抓住核心。

（作者单位：中共中央党校。此文是作者2009年5月29日在人民大会堂中国“三生教育”论坛上的发言。）

"三生教育"的哲学基础与教育发展的现实选择

纳　麒

社会历史发展的进程昭示：人类社会系统的前进总是以人类自身的某种失去为代价。这种代价有时候甚至会是影响生命本质的灾难，而每次灾难的洗礼都会使人们在认识到生命可贵，生活美好，生存不易的道路上更近一步。

生命是珍贵的，然而对于珍贵的东西，我们为什么总要在要在失去之后才能深深感到它存在的意义。生活是美好的，但如果没有一双能够审美的眼睛，秩序将无法产生意义；生存是不易的，但如果不识劳作的艰辛，就会错误地认为天堂就应该是人间的现实，从而对现实产生深深的不满。今天，在青少年中所发生的许多事件说明，哪怕是许许多多别人的灾难，也并不足以促使我们的学生增加对人生重要问题的认识和思考。

对于人生重要问题的认识，学校教育所提供的知识是远远不够的，日常生活中的观察、体验与领悟也是远远不够的。这不仅仅是现行教育体制中的缺陷问题，还是整个文化的亚健康问题，最终是作为时代精神的哲学的营养不良与功能不足的问题。"三生教育"的提出，显示出这个时代的哲学基础正面临着一场哲学功能的深刻转换，"三生教育"，是面向未来教育发展的现实选择。

一、"三生教育"的目标指向是塑造"个体生命的统一体"，符合唯物史观的理论逻辑

生命教育是帮助学生认识生命的意义、尊重生命的神圣、珍爱生命的宝贵，促进学生主动、积极、健康地发展生命，提升生命质量，实现生命的意义和价值的教育。使学生由珍惜自身的生命到关爱他人的生命，乃至敬畏一切生命的价值。以个体的生命为着眼点，在自我、他人、自然建立和谐关系的过程中，促进生命的和谐发展。

生活教育是帮助学生了解生活常识，实践生活过程，获得生活体验，确立正确的生活观。主要任务是帮助学生认识和理解生活结构的丰富性、多样性和复杂性；认识和理解不同生活方式的长短优劣，切身体会不同生活状态的苦乐酸甜，培养积极、高尚、健康的生活品位。使学生认识生活的意义，形成现实的、合理的、可持续的生活态度，热爱生活，创造生活，享受生活。

生存教育是帮助学生学习生存知识，掌握生存技能，保护生存环境，强化生存意志，把握生存规律，提高生存的适应能力、发展能力和创造能力，树立正确生存观念的教育。其主要任务是使学生认识生存的不易，提高生存能力，更为重要的是树立正确、积极、健康的生存观；帮助学生建立适合个体的生存追求，学会判断和选择正确的生存方式，学会应对生存危机和摆脱生存困境，善待生存挫折，形成强壮的择业适应力，能够合法、有效和较好地解决安身立命的问题。

与以往的集体主义理想教育以及文化知识教育不同，"三生教育"的内涵立足于人的个体生命存在。一般而言，人的个体生命存在包括三个环节：人的生命意义体现于生存的过程，在生存中展开；人的生存状态实现于生活，生存的状态就是每一个人生活的实际样态；而人的生活样态则体现出生命的意义，是生命及其生存的统一和实现形式。生命、生活、生存三者的统一，形成个体生命的统一体。

当我们以个体的生命为着眼点来审视历史唯物主义的时候，就会发现，人类社会是通过个人与他人来实现类的组合的。个人与类的关系是

人的社会关系的基础，使任何个人都成为“社会人”，但社会人首先是“这一个”“人”，然后才是“所有的人”；先是“我”然后才是“我们”。中国传统文化讲修身、齐家，然后才能治国、平天下；古希腊认为只有所有人都能够好好照看自己，城邦才能够运转良好并从中找到自身长治久安的伦理原则。这些智慧的认识都不约而同地指向个体生命的出发点。

“每个人”与作为集合体的“一切人”的个体生命存在为根基，没有人的个体生命存在，就没有人类社会，没有人类世界。于是，以“每个人”和“一切人”的合理生存、全面发展与走向自由解放为追求目标，是时代的哲学基础。这是与以前在集体主义中湮灭了个体与自我完全不同的理解，真正的历史唯物主义，是从“我们”到“我”的回归。而我们的理想主义教育及德育，却忽略了这个基础性的视角。

这个视角在文化知识的教学中也常常被忽视：学生学习的主要内容是各种科学知识，我们曾经认为科学知识是客观知识，其客观性是与个体无关的。然而，当代认知科学以及科学哲学的研究证明，任何知识只有关涉到个体经验，才能成为真正的“知”和“识”。也就是说，从“客观知识”必须首先转换为以个体生命经验为基础的“个体知识”。而个体的生命、生存与生活，正是个体知识的总和。所以，不管是学习知识，还是道德教育，以个体的生命为着眼点，是一个根本性的出发点。关切人生才能关切世界，而关切世界，其最终的意义必然归结于享受世界。

二、“三生教育”的探索反映着“认识世界、改造世界”的哲学“二功能论”向“认识世界、改造世界、享受世界”的“三功能论”的发展趋势，是对前进中的当代中国哲学的积极回应

享受世界，这是对哲学的功能的一个重大突破。一直以来，我们总是认为人类实践的目的在于认识世界、改造世界。于是，作为人类实践结晶的哲学，其功能也被牢牢地定义为认识世界、改造世界。但是，实

践的最终目的并不仅仅停留于改造世界，因为，在改造世界之后还有一个“为什么”的问题。显然，并不存在为了实践而实践的那么一种实践，正如为了认识而认识、为了改造而改造是可疑的一样。改造世界并非最终目的，而仅仅是一种手段。正如认识世界的目的是为了改造世界一样，而改造世界的目的是为了享受世界。这样才形成实践目的的逻辑结构，哲学的功能也才得以完整。

由认识世界、改造世界的哲学“两功能论”，到认识世界、改造世界、享受世界的“三功能论”，这不仅仅是哲学理论上的创新与突破，也是我国社会实践的现实要求。

改革开放前，我们党的基本理论总体上并没有完全实现从革命党到执政党的调整。作为革命党，其实践的根本任务在于改造世界，建立一个崭新的社会制度。其哲学基础自然是认识世界，进而改造世界。而当我们建立了社会主义制度之后，建设与发展的主题成为了执政党的根本任务，建设与发展的目的是为了人民充分享有改革开放所创造的成果。于是，改造由目的成为了手段，改造世界成为了享受世界的手段。只有让人民充分享有改革开放所带来的一切成果，才能代表中国最广大人民群众的根本利益，也才能符合中国先进生产力的发展要求，创造出代表中国最先进的文化成果。享受世界的哲学功能，是我们党执政为民的理论基础，是执政理念的一条基本内涵。只有懂得享受，才懂得珍惜与爱护，才能形成有责任感的发展意识，也只有在全社会形成有责任的发展理念，发展才成其为可持续的发展，才是科学的发展。只有理直气壮地宣扬与追求享受世界，才能形成健康、和谐的社会心态，才能形成有利于可持续发展的社会共识，全社会的创造力也才能形成有机的合力。提倡享受世界，是科学发展观的实践要求。

科学发展观是唯物史观，而不是唯“物质”的史观。唯“物质”的史观是“以物为本”，在这种视域中，人要么是作为物质生产过程的奴隶，要么是为了享受不切实际的“美好生活图景”而预先以未来的生命为抵押的代价，这是一种发展主义的意识形态追求。唯“物质”主义所产生的是一种自戕的文化，其后果是现代化进程中的丛林法则陷阱，与和谐社会南辕北辙。而唯物史观的核心是以人为本。教育的本质是培养人的社会实践活动，教育作用于社会的功能，作用于自然的功能，都需要以人为主体、以人为中介、以人为载体来达成。换句话说，人既是教育的中心，又是教育的目的；人既是教育的出发点，又是教育的归宿；人既是教育的基础，又是教育的根本。从这个意义上讲，教育就是发展人的生命、生存和生活的本真事业。教育的目标就是使人体验、认知、感悟生命价值、生存价值和生活价值，树立正确的生命观、生存观、生活观，最终确立正确的世界观、人生观和价值观，帮助学生从追求消费主义、投机主义、拜金主义、拜物教的生活样态转变为选择现实合理的、富有创造性的生活样态。

三、“三生教育”直面现行教育实践中的现实问题，把握现代教育的本质需要，其探索体现了现代教育发展的客观要求

“认识世界、改造世界、享受世界”的哲学功能，明确了发展的目的就是让人民共同享受世界，教育的目的与责任就是要培养受教育者获得“认识世界、改造世界”特别是“享受世界”的认识与能力，使受教育者享有实现自身的潜力和享受世界的权利，成为全面发展的人。培养享受世界的能力，是现代教育的需要。

“生命教育”强调立体性认识个体生命的意义，是人的全面发展的前提；“生存教育”强调培育人的生存能力，是人得以全面发展的手段；“生活教育”强调全面发展的人所获得的一种生活样式或生活方式，是人得以全面发展的目标。“三生教育”解决了关于个体生命的存在与发展的三大核心要素：了解生命的意义并珍惜自己的生命、他人的生命以及一切生命的价值，生命是世界的意义和出发点，认识生命就是认识世界；培育强大的生存能力，产生现实的生存定位、选择创造性的生存策略并拥有健壮的生存适应能力，人在生存中改造自然也改造自我，人的生存活动本身就是改造世界；在开放的视野中实现自身的生活定位，具备健康的生活态度与高尚的生活品位，形成负责任的生活态度，负责任的生活就是享受世界。所以，“三生教育”就是要解决现代

教育如何使人认识世界、改造世界、享受世界的问题。而当每一个人真正实现了认识世界、改造世界、享受世界的统一，也就实现了人的全面发展。

当前，我国正处于重要的战略机遇期，这同时又是一个矛盾凸显期。既面临着巨大的发展空间，又面临着新的挑战和可能出现的风险。就教育来讲，教育事业在持续健康发展的同时，仍然存在诸多困难和问题。如何保证人的最优发展，怎样培养全面发展的人，如何培养人才，仍然是我们还没有解决好的问题。

在现行教育体制中，阻碍学生全面发展的主要因素有两方面。

一是教育体系以“应试教育”为导向的目标设置，导致教育方法上的偏差，忽略了对学生个体生命的重视、多元能力的培养，以及生活质量的追求。我国中小学教育，长期以来围绕着应试体系所建立起来的坚固的应试教育机制难以立即转换，教育理念、师资水平不可能一夜间改变，所以换汤不换药、新瓶装旧酒的现象极为普遍，层出不穷。中小学教育仍然把具有个性差异的学生置于同质教育系列中进行“格式化”、“一视同仁化”、“整齐划一化”的培养，旨在挣得决定教师和学生命运的考分。在学校教育中，习得考试技巧仍然是青少年的终身大事，创造力和想象力发达的人，很难适应现行的教育机制和用人制度，因为多背一个答案的人比多十份想象力和创造力的人更有前途。同时，在社会层面上，用人制度以学历、文凭、牌子为重；高等教育的专业细分化、定型化、模式化发展日趋严重，可以说形成了与人的全面发展产生系统抵触的教育机制。于是在标准定型的分值量化不改变的大前提下，培养学生人格健全，全面发展已变得无足轻重，本该教育学生认识生命的意义，提高生存能力，创造高质量的生活已全方位地让位于“应试教育”，显得本末倒置，从根本上违背了全面发展的符合人性的教育理念，偏离了教育“以人为本”、“全面发展”的方向。这种现行的教育机制已经凸现出了严重的问题。

二是教育内容上滞后于开放的信息环境，导致道德理想教育“进教材”、“进课堂”易，“进大脑”难，最终产生一系列的误区。对于生命，要么忽略生命的珍贵性、崇高性、神圣性而产生轻生、自残行为，要么理解为自我生命的唯我独尊，从而产生各种各样的暴力行为。对于生存，要么误认为生存的方式就只有“升学—拿文凭—进机构”的线性单向度的制度性生存，要么误认为生存的意义就在于为了挣钱可以不顾一切的投机性生存，要么误认为只要有了钱就可以无所追求的寄生性生存。

对于生活，要么误认为生活就是工作狂式样的劳动异化生活，要么受到无所不在的广告所宣扬的西方生活方式影响误认为商品意识形态的异化生活就是完美的生活方式。这些都不利于青少年的身心健康，更谈不上人的全面发展。

哲学功能由“认识世界、改造世界”到“认识世界、改造世界、享受世界”的转换，使我们有了这样的反思：改造世界仅仅是我们的手段，还远远没有达到人的全面发展的目的。

现行教育体制，显然只是注重了“认识世界、改造世界”的问题，忽视了“享受世界”的问题，正体现了“三生教育”的缺失。而对“三生教育”的忽视，明显地凸现出传统哲学中把手段当做目的所导致的哲学功能缺失问题。当我们觉得这个时代的哲学体系已经达到一种建制化的完整的时候，在志满意得之余却忘记了还存在着一个我们还没有思考过、并且也不太清楚的问题，一个想回避但又回避不了的问题：在“认识世界、改造世界”之后干什么？

“享受世界”的哲学功能，使我们意识到教育的主要危机是我们培养了具有强烈愿望去占有物质世界的人，却没有去培养具有享受世界的意识和享受世界的能力，从而珍视生命、热爱生活的人。当我们的受教育者拿青春去挣得“考分”、占有“文凭”，最终只为了与“地位”交易之后，面对人的生命，人存在的意义全然不知其真谛，面对丰富多彩的生活，心灵的富足我们显得仓皇与贫弱，到此时我们也未必能发现我们丧失掉的是享受世界的能力。

（作者为云南省社会科学院原院长。此文是作者2009年5月29日在人民大会堂中国“三生教育”论坛上的发言。）

教育智慧民族　教育实现价值

丹珠昂奔

云南是全国民族最多的省份，各民族之间一直以来和谐相处，共同发展。这一方面与云南人包容、开放、奋进的胸襟是分不开的，另外一方面，与云南的教育也有很大的关系。特别是最近几年来云南开展基于“以人为本”的生命、生存、生活教育，更是开创了云南教育的新局面。我在多年为国家民族事业工作服务的过程中，对教育也有一些探索与思考，结合“教育三部曲”，我说两点感受：教育智慧民族，教育实现价值。

中国是一个多民族的国家，世界是一个多民族的星球。民族团结，世界就幸福安宁，民族冲突，世界就多灾多难。所以民族问题自古以来就是一个地区，一个国家，乃至世界一个很突出的问题。当然，民族问题形成的原因很多，有历史沿革，有风俗习惯，有价值观等许多因素。但是我们也发现，解决民族问题的一个根本思路就是教育。民族之间的差距，许多时候是教育的差距，民族之间的价值观不同，许多时候是教育的结果。教育不但带来礼仪、知识、财富，也带来智慧。因此，解决我国民族问题的根本方法，从中央到地方都形成共识，就是需要从教育入手，以教育的手段来化解民族矛盾，解决民族纠纷，消除民族不平等。简单讲就是通过教育智慧民族。这与“教育三部曲”阐述的思想完全是一致的。这也为我们从教育视角解决民族问题提供了启示。

教育是一个动态的过程。对此，不同的时期，不同的组织，会有不同的认识，为了不同的目标，也就产生不同的思想，产生不同的定义，并采取不同的形式，从事教育实践。自古以来，教育就有不同的方法与流派，也产生了截然不同的结果。罗崇敏先生从人的根本需求出发，提出教育是发展人的生命、生存、生活，引领人类文明进步的社会活动过程。教育的基础价值是成长成人，教育的根本价值是教真育爱，教育的最高价值是使人幸福。倡导通过教育实现人的个人价值、社会价值、物质价值、经济价值、政治价值、财富价值、环境价值、国家价值、民族价值。与此同时，罗崇敏先生还提出，人类的一切价值都是人的价值的外化，而教育创造了人的价值，因而，在人类活动领域中，教育价值高于一切价值，教育危机是人类最大的危机等观点。这的确是给人耳目一新的理论创新，也是当下不可多得的教育思考。我们为之鼓舞、振奋，开始重新深层次的思考教育如何在培养、塑造的各民族平等、团结、互助价值观的核心作用中发挥作用。所以，从这个角度出发，罗崇敏《教育的价值》给我们提供了很好的思路。

我相信，在建设社会主义核心价值体系的实践过程中，罗崇敏的“教育三部曲”把我们带到价值主义教育的新领域，也必将吸引更多同仁来研究与实践。这将对中国、甚至世界教育产生积极的影响。

（作者为国家民委副主任。此文是作者2012年5月26日在人民大会堂“教育三部曲”出版发行暨价值主义教育研讨会上的发言。）

价值主义教育是教育哲学

石中英

参加罗厅长这次会议，我表达一下主要感受，谈几点认识。感受就是，对罗厅长长期从事教育工作实践，在实践中致力于教育的哲学思考，我由衷地表示敬意和钦佩。实践出真知，有了丰富的实践，并且善于思考，我们就能够很好地认识和把握教育的真谛。这无论是对于我们教育改革事业来说，还是对我们青少年学生的成长来说，都是一件功德无量的事情。

下面我谈谈两点认识。第一，罗厅长对当前教育价值的忧思，反映了整个中国教育界，整个社会对于当前教育价值的忧思。价值这个词有两种不同的含义，一个是经济学意义上的价值范畴，主要表达客体对主体的有用性。另一个是伦理学和哲学理论的范畴，我个人理解，它主要表达主体满足需要，提出满足需要的正当性。所以价值的忧思也有两个部分。一个是指主体在满足客体需要所存在的问题。可能更重要地是指在主体满足需要的正当性方面所存在的问题。当前中国社会的一些价值问题，包括价值迷茫、价值冲突、价值迷失，这些问题还是发生在主体领域、行为领域。所以具体地说，与我们教育相关问题是涉及教育核心问题，即培养什么样的人问题。这些年，反复要我们思考两个问题，一个是培养什么人，一个是怎样培养人。我觉得，我们所培养的人拥有什么样的价值品格。在日常生活学习交往中，践行什么样的价值原则。在重大利益面前，我们有什么样的价值操守？如果说教育有很多问题，严重的问题我们称之为危机，这种危机就发生在价值领域，就发生在青少年学生的价值观领域。所以，我对罗厅长针对这一点的认识非常赞同，或者说我跟他有高度的共识。

第二，价值主义教育是一种价值的教育取向，或者说是一种教育哲学。主要基于前面我所理解的，罗厅长对于教育的危机的判断和分析，所提出的理论主张，这也是改革的一种哲学，价值主义教育是要对抗极端的功利主义、工具理性主义、实用主义，是真正把人的发展，把良好的人的价值品格的培养，把社会主义合格公民的培养，置于教育的核心位置。我觉得这恰恰把握了当前和今后我国教育改革的一个方向。观察我们教育改革，总体来说，教育改革的内容是丰富的、多样的，成效也是非常显著的。但对于什么是好的教育，我们还缺乏系统的、深入的思考。罗厅长为此做出进一步深入的探讨。我受其启发也有一个看法，当前和今后的教育理论界，确实要展开对教育价值观系统深入的讨论，从而给我们教育改革提供可供选择的观念，或者是理想的指导。我本人在大学里任职，长期从事教育基本理论和教育哲学方面的研究，受罗厅长这些思考的启发，我们有个团队也在做这方面的工作，希望能够和来自实践一线的思考者共同努力，为教育改革和发展，做出我们自己的贡献。

（作者为北京师范大学教授。此文是作者2012年5月26日在人民大会堂“教育三部曲”出版发行暨价值主义教育研讨会上的发言。）

价值主义教育思想的普及与美好社会的构建

冯朝睿

一、引言 价值主义教育是建设美好社会的必由之路

美好社会（Good Society）的讨论是政治哲学中最核心的问题，也是连接国家与公民互信、共存、共生和共荣的中介与桥梁。每个民众都在有意憧憬和无疑期待生活在一个繁荣的国度和美好的社会，但问题是：什么样的社会才算是一个美好社会？这个美好社会的标准是国家统治的乌托邦梦幻的美丽承诺还是一个暗藏于公民心中的糟托邦（dystopian）现实的漂亮掩饰？这个美好社会实现的道路在哪里，它可行吗？每个公民在思考这个问题时，都有一个关于美好社会的想象，每个有价值追求的人在研究这个问题时，也都有一个关于美好社会的预设，学者如此，官员如此，企业家如此，各行各业的怀有价值主义追求的人亦如此。

儒家文化认为，美好社会是一个以家庭为取向、以美德为指导的社会。西方文化中的美好社会是以个人为取向、以权利为指导的社会。两种不同美好社会观念的差异导致不同的价值追求和实现路径，或者说，义务论和目的论的不同价值取向最终造成东西方对美好社会认知和途径上的根本差异。加尔布雷思在《美好社会》中认为，美好社会的轮廓

应该是：人人有工作并有改善自己生活的机会，有可靠的经济增长以维持就业水平，青年人在走向社会之前能够享受教育和得到家庭的温暖，为弱者建立一个安全网，人人都有根据自己的能力和抱负取得成功的机会，损人利己的致富手段受到禁止，消除通货膨胀对人们的威胁，在外交上体现合作和同情精神。美好社会的本质是：每一个成员不论性别、种族或族裔来源，都能过一种有价值的生活。为此，美好社会必须致力于公共利益的建设，实现全体社会的自由民主。[①]这是一个经济学家对美好社会的主观设想和标准衡定。已逝的著名学者费孝通先生提倡建设美好社会应是十六字“各美其美，美人之美，美美与共，天下大同”[②]，这与2005年2月19日，中共中央总书记胡锦涛在省部级主要领导干部就提高构建社会主义和谐社会能力专题研讨班上的重要讲话中提出的“实现社会和谐，建设美好社会”思想一脉相承。

一言以蔽之，美好的社会由爱唤起，美好的社会由和谐建设为始，而和谐社会建设尤以教育及教育思想为根。我们试图在价值哲学基础上，以国际化视野、本土化行动、未来教育趋势，分析现代教育，构建一整套价值主义教育思想体系，以达致美好社会的目标。在人类活动领域中，教育价值高于一切价值。坚持教育培养人的主体价值，注重各类教育的价值体系建设，以提高能力素质为核心培养人，提高教育的时空价值和课程教育价值，注重教育制度价值建设，提高教育资源利用价值率。一句话，教育调整和确立人类活动的价值关系，追求教育活动和人类活动的价值最大化。即：调整和确立人与人、人与社会、人与自然的价值关系，调整和确立人的物质价值与精神价值的关系、现实价值与理想价值的关系、人文价值与科学价值的关系，最终实现人类活动的物质价值、精神价值、社会价值、生态价值的最大化。这些教育思想，集中体现在我国著名教育理论和实践家、云南省教育厅厅长以及学者型官员罗崇敏博士的“教育三部曲”《教育的智慧》、《教育的逻辑》、《教育的价值》三部著作之中。所以，在此我们应大声疾呼，现在是到了大力提倡和普及价值主义教育思想的时候了。普及价值主义教育思想不仅是建设美好社会的必由之路，也是实现民族振兴、国家富强和人民幸福的应有之意。

二、价值主义教育思想的本质、责任与使命

从价值哲学上来看，文德尔班（W. Windelband）认为，“哲学绝对不能脱离价值的观念，它总是强烈地、明确地受到价值观念的影响”，他甚至指出，“哲学就是最一般的价值理论”，“哲学只有作为具有普遍价值的批判科学才有生命力”[③]。就价值判断而言，苏格拉底认为“美德即知识”[④]。道德的知识或曰“道德上的实践”主要包含两层意思：一是个人对自己或他人行为的一种道德责任及其承担，这是微观层面的道德实践；二是个人对群体、社会或国家的义务和责任，尤其是对社会风气或流行价值观的批判，以及对执政者的施政监察，这是宏观层面的道德实践。[⑤]这种知识观与我国古代“知”“行”结合的道德观有异曲同工之处。知识是教育的先导，价值主义教育是人类不断追求和重塑知识的最佳途径。价值主义教育包括了解自己和克服那些妨碍自我解放的因素的探究，其最重要的内容，就是如何过一个“美好和真诚”的人生，亦即如何去建立一个系统的、正确的和开放的人生观。

国内研究价值教育的书籍和文献汗牛充栋，但是对知识的基本贡献意义不大，更没有形成有理论根基和实践指导的一门学说。我们提出的价值主义教育思想（valueism educational thoughts）与价值教育有本质的区别，在汉语语境理解来看，教育活动中本身就内含着价值的灌输和传导，价值教育似乎是同义反复，如果说教育中没有价值，也就没有价值教育了。在西方语境下，价值教育（values education）是国际教育界自20世纪90年代以来兴起的一种国际性的教育思潮，是面对现代性价值危机的一种新的教育理念和教育思想，也是一种教育实践的操作形式。作为一种教育思潮，价值教育发源于英国、美国等西方国家，倡导在多元民主社会形成共享的价值观，在教育中进行直接的价值观教育，影响着世界教育的走向。因此，价值教育理论只能构成价值主义教育思想的一个有机组成部分，纯粹的价值教育理论无法构成价值主义教育思想的核心，“主义”（ism）既是一种特定的思想、宗旨、学说体系或理论，也是对客观世界、社会生活以及学术问题等所持有的系统的理论和主

张，更是一种对所热爱和追求的事业的使命与信仰。因此，价值主义教育思想并不企图对价值作出整齐划一的、权威的标准，因为罗素早就对我们发出过警告，不要试图对价值进行界定，“价值”问题完全是在知识范围以外，“当我们断言这个或那个有‘价值’时，我们是在表达我们的感情，而不是在表达一个即使我们个人的感情各不相同但却仍然是可靠的事实。”[⑥]维特根斯坦也认为价值缺少公度性，不是语言可以表达的命题，所以只能沉默。但是，在当下的理论界和社会看来，价值基于主体的多中心化、传播媒介的多样化、目标构建的多元化，对价值本性的理解势必带来某种低层次和同质的差异化解读，必须确定和谋求价值主义教育思想的视角定位，并由此展开对价值主义教育思想的阐释。

我们提出和研究“价值主义教育思想”是基于三大考虑：一是从人类活动的本质去探讨价值主义教育思想。人类社会活动的主体是人，过程是人，手段是人，目的是人，都是追求人的内在价值的发展和实现人的主体价值的外化。人类教育活动揭示、顺应和引领人类社会活动的这一本质要求，实现和外化人的价值。二是从价值主义出发来探讨价值主义教育思想。人类活动都是价值发展活动，都是以价值创造与价值消费为核心内容的活动，人类社会的一切关系归根到底都是价值关系。人的一切行为、思想、情感和意志都以价值为原动力，追求价值最大化，最大限度和持续性提高每一个人和人类社会活动的价值总量。三是从教育的工具主义、实用主义的过度张扬，对教育本质的亵渎，以及教育自身异化方面来思考。我们认为，教育的根本价值是教真育爱，是唯真、唯智、唯实、唯和，也就是：崇尚真理、追求真理、捍卫真理、求其真知、养育真爱；热爱智慧、崇尚智慧、传承智慧、生长智慧、尊重知识、尊重人才、尊重创造；面对现实、改变现实、实现未来、临近致远；培育和善、追求和美、构建和谐、民主自由、公平正义。教育的终极价值是使人成其为人，使人成为有能力的人，使人成为幸福的人。教育价值是人类共同价值的基础，是国家核心价值的基石。

价值主义教育注重培养人的主体意识，构建人的主体素质，实现人的主体价值，培养人的价值自觉和价值自信；在教育实践中一以贯之的将发展人的生命、生存和生活价值贯彻到各类教育的全过程，培养受教育者生命价值意识，增长生存智慧能力，树立幸福生活信念。价值主义教育注重提高教育的时空价值，特别是提高课程教学价值和教育实践价值，改善教育环境，提高学习效率和办学效益；注重提高教育投资和教育设施的价值率，降低教育活动成本。价值主义教育引导人们发挥教育的四个功能：促进人类生产方式、生活方式、思维方式和社会管理方式的转变，引领人类文明进步。其责任和使命有四大方面：

第一，基于生命，立足生活，指向人的生存目的，“三生教育”价值高于一切价值。价值主义教育思想是基于生命、立足生活、指向人的生存目的的教育。这个观念包含两个方面的内容：一方面是价值主义教育要以人的生命为基点，立足于人的生活，在生活中进行教育；另一方面是教育要指向人的生存和生活目的性，不仅仅是生存手段的教育，而更应该是生活目的的教育，价值教育就是强调不断提高生存能力和生活价值追求目的的教育。

第二，关注个体，完善人格，提升人生境界，培养人的主体价值。价值主义教育要从每一个个体的人生境况出发，树立个体人的价值，是培养完善人格、提升人生境界的教育。教育必须关注每一个具体的个体人生境况，重视个体的价值，致力于每个人的发展与进步；教育在重视个体价值的同时要克服个体生存的实体性和个体化，要使人达成完善人格，要提升人生境界。因此，价值主义教育就是在培养人的主体意识，实现人的主体价值。

第三，发现价值，创造价值，追求超越，引导人走向自由。价值主义教育还要引导人发现价值、创造价值、追求超越、走向自由，这也是教育的最高追求。人的生命理论说明了人之生存的价值自明性，教育本来就是价值负载的事务，价值主义教育就是要使人成为人的教育，在发现价值、创造价值、追求超越和走向自由中成就人的完整生命和人之自我的最终实现。教育要引导人追求超越和走向自由，这是从人的生存状态来说的。人之所以成为人就在于人能够超越自身的各种局限，人要认识价值，还要创造价值，人类生活的价值属性决定了成为人就意味着创造价值。创造性是人的基本特性，人的价值就在于能够创造价值。

第四，价值主义教育思想注重构建现代教育的体系价值。按照国际教育标准来讲，我们受教育的链条应该是：幼儿教育—基础教育—初等教育—高等教育—终生教育。在教育过程中，有一根弧线贯穿着，而这根弧线就是教育价值。但我们现在教育价值链条断了，从而产生了教育价值的冲突。在有着丰富智力资源和丰富的文化资源的大学校园内，不是认真学习和成长，而是毫无目的地浪费时间。所以，我们的“价值主义教育思想”注重的就是“四唯”，并且要将“四唯”贯穿在教育的各个阶段之中。

三、价值主义教育思想普及所遭遇的挑战

我们认为，从价值主义出发，人类活动都是价值发展活动，都是以价值创造与价值消费为核心内容的活动，人类社会的一切关系归根到底都是价值关系。人的一切行为、思想、情感和意志都以价值为原动力，追求价值最大化，最大限度和持续性提高每一个人和人类社会活动的价值总量。但是，如何盘活既有存量，拓展潜在增量，不仅仅是技术和策略层面的问题，更需要理性的分析普及价值主义教育思想所遭遇的各种挑战，方能成竹在胸，一气呵成。

（一）社会转型时期的传统价值范式日益解体，功利主义和实用主义价值观甚嚣尘上，给价值主义教育思想的普及造成客观的环境障碍

社会转型时期具有最为重要的两大特征：一是多元化的利益格局和结构定型及贫富分化的社会现实带来全社会“一心向钱看”等自私自利和个人主义甚嚣尘上的功利取向。二是传统的儒家伦理道德价值观遭到巨大的冲击，维系家庭和社会繁荣的价值观纽带正在逐步解体，西方外来的和本土衍生出来的另类价值观正在主导年轻一代的行为。转型时期多元化的利益格局决定社会舆论必然多元化，结构定型和贫富分化必然导致不同阶层、不同群体之间价值思想的日益尖锐化。社会舆论决定着网络舆论的现实背景和发展趋势。“社会转型本质是利益格局与利益关系的转型，同时也是利益需要与利益实现方式的转型。”[⑦]很多调查已

表明“绝大多数市民具有阶层认知，其中3/4的人认为自己是处在一个不平等的社会当中”[8]。孙立平教授认为，“社会结构的定型化过程已经开始在我们的社会生活中呈现”[9]。20世纪90年代以来，中国社会中收入分配的差距迅速拉大，目前已经进入世界上最不平等国家的行列。而且，收入的差距和时富拥有的不平衡，正在定型化为一种两极化的社会结构。在这种两极化的社会结构中，一端是以拥有大量财富为特征的社会强势群体，另一端则是以拥有众多人口为特征的弱势群体，中间阶层则发展相当缓慢。近些年来，强势群体在社会生活中迅速崛起，从90年代初期到中期开始形成经济精英、政治精英与知识精英的结盟关系，这个群体不仅使各级政府政策的制定有着重要的影响力，而且现在已经成为定型社会的基本力量。各阶层都陷入“我的路在哪里”和“我要向何处去”的迷思，功利主义和实用主义价值观甚嚣尘上，人们陷入了思想恐慌和精神荒芜的境地，给价值主义教育思想的普及造成客观的环境障碍。

（二）虚拟、聚合的互联网信息爆炸给不同阶层人群的价值共识带来巨大的认同危机，给价值主义教育思想的普及造成外生的行动困境

随着我国各项改革事业的不断深入，利益的不断分化，利益群体日益表现出利益主体多元化、利益需求多样化、利益差别扩大化、利益关系复杂化、利益冲突显性化的特征，“利益的分化过程也是一个利益聚合的过程，这个聚合过程便是各种利益集团的形成。”[10]正如王沪宁所言：“经济发展使社会上的每一个人，每一个集团，每一个阶层都有了自己的经济利益，由于有了自己的经济利益，他们就会要求参与政治生活，要求了解政治体系的活动过程，尤其关心政治体系的决策，关心政治体系将会给他们带来怎样的后果。”[11]这种迷思与其说是改革带来的一种负面结果，毋宁说是急剧变动的社会转型给人民的价值思想带来了前所未有的冲击。以虚拟、聚合、去中心化等为特征的网络所具有的特殊传播规律进一步放大了舆论的多元化与尖锐化。由于利益表达机制不健全，强势群体利益表达渠道相对比较多，甚至可以凭借其经济上的实力干预公共决策以实现自我利益要求，而弱势群体则利益表达渠道较少，甚至不得不采取体制外的途径以非法的方式表达其利益诉求，因而不得不承担极大的机会成本。正如有人指出的那样："如果常规的体现政府公信力的民意表达渠道出现阻塞，民意表达就会被'挤压'到道德约束、行政约束、社会秩序约束相对薄弱的网络世界中，以网络舆论事件的形式释放出来。"⑫网络媒介的出现自然而然就成为了这部分被"挤压"的民意的最合适的宣泄渠道。在网络这个"去中心化"的无政府主义式的自由空间里，现实社会中的仇官、仇富情绪受"群体集化"规律的影响被任意放大，而且愈演愈烈，网络舆论的多元化与尖锐化造成不同阶层的价值共识瓦解。因此，不同的阶层所要表达的中心和关注的重点不同，就使得不同阶层对国家、社会和经济政治及文化有着不同的认知，最终给价值主义教育思想的普及造成外生的行动困境。

（三）教育的工具化和技术宰制为全社会带来人文思想的匮乏和现代公民意识的淡薄，给价值主义教育思想的普及造成内在的主体困境

教育的工具论曾经饱受西方哲学家的批评。涂尔干眼中的教育就是社会和国家的一种控制手段，他揭示了现代教育的一条基本运行和实际操作的法则，为国家控制教育提供了合理性证明或辩护。如果说涂尔干的教育思维是将教育作为国家和社会的纯粹的工具的话，斯宾塞的教育思维则是一种温和的工具主义的教育。斯宾塞从其实证主义哲学和社会进化论观点出发来推论教育，他猛烈抨击当时英国的保守的古典主义教育，认为古典教育的课程和教育与自由资本主义上升时期的社会需要极不相称，他把教育看作是"为完满生活作准备"的工具，"为我们的完满生活作准备是教育应尽的职责；而评判一门教学科目的唯一合理办法就是看他对这个职责尽到什么程度"⑬。教育活动首先就要进行生理学的教育，其次要进行读、写、算和逻辑、物理、化学、生物、天文和地质等学科的教育，再次要开展抚养教育子女和满足爱好与感情的各种活动的活动，最后要开展与维持社会政治经济关系有关的活动。在他们看来，教育不仅仅是作为工具性存在的，教育在现实中往往仅仅被当作工

具，教育就功利化了。如果说教育体现出其应有的功利价值是无可厚非的话，在教育的现实运作中，教育往往被物化了，这就偏离了教育价值的正常方向了。在教育的“目的—手段”思维中，教育作为工具的逻辑演绎只能是教育的功利化。功利的意思是功效、效益、利益或功用等，我们不是不赞成合理和适度的功利化，因为功利本身就是一种价值。人类追求价值，在最普遍、最根本的意义上就是追求功利，对功利的向往和追求，是任何国家、任何时代的人们的普遍心态。但是问题的关键是教育的功利化导向会直接带来教育的泛经济化和泛技术化，如果教育在当今技术世界仅仅作为个人和社会的自我保存的工具，就会形成技术对人的宰制和教育同质化，这就既异化了人又异化了教育。异化人的直接后果就是带来人文思想的匮乏和现代公民意识的淡薄，给价值主义教育思想的普及造成内在的主体困境。

毫无疑问，当今社会科学技术的发展为世界谋划了一个新的局面，早在20世纪早期，柯耶夫就提出了普遍同质的技术统治的自由民主制社会问题，并认为世界的结局就是自由民主理念和技术统治社会的实现。[14]当人类社会在一个世纪之后进入飞速发展的网络信息时代，自由民主陷入麻烦，技术统治社会变成常态，这个社会还是美好的吗？加之社会转型的艰难复杂程度，我们有理由对既有的矛盾困惑和对症下药的方案保持某种关切和敏感，更有理由对于我们面临的挑战保持一种敢于言说和辟析善论的能力，这是在价值主义教育思想指引下的责任、使命和共鸣。

四、价值主义教育思想普及所面临的机遇

我们认为，教育促进个人价值与社会价值的有机统一，在满足个人发展的需要中体现个体价值，在满足社会存在、延续、发展的需要中体现社会价值。教育使人文价值与科学价值有机统一，形成科学精神与人文精神统一的人类精神境界。教育使人们追求的物质价值和精神价值有机统一，使人们不断进行物质生产，满足物质消费需要，更致力于文化精神的建构，追求精神财富的创造和享受。教育使传承价值与创新价值

有机统一，促进家庭、团体、民族、国家、人类文明的传承和发展创新。教育使人的现实价值与理想价值有机统一，临近致远，立足现实，面向未来，适应生存，发展生活，坚持乌托邦精神，实现教育本体价值。教育价值体现着人类公平、正义、诚信、民主、平等、自由、法制、和谐、幸福的共同价值追求，教育价值是人类基本价值的内核，是国家核心价值的基石。要使价值主义教育思想在启发人类智慧、引领人类文明进步和实现国富民强目标上有所作为，就必须审时度势地发掘和利用一切有利因素和条件。

（一）西方先贤哲人对于现代社会价值危机的理论贡献，为当今世人普及和遵循价值主义教育思想提供了丰富的启发和营养

从胡塞尔（Edmund Husserl）开始的现象学运动，试图运用其现象学融合上面描述的工具理性和价值理性的分裂。由于理性从追求终极价值的价值理性裂变为工具理性的一元独霸，超验的价值体悟被经验的工具价值描述所取代，目的意义被现实目标所遮蔽，科学叙述、经验描述成为现代叙事的主流，人的精神领域要么交给了宗教，要么搁置在传统的人文学科之上而不能内含于人的价值追求之中。马丁·海德格尔（Martin Heidegger）认为，真理和现象不是相互独立或平行的主观与客观的两个过程，而是发生于存在的过程，现代性已经陷入危机之中，他试图找回“存在”，揭去“存在”之蔽，他提供给人们以大智慧式的哲学思维。而麦金太尔则针对现代性道德价值危机问题和以罗尔斯为首的现代政治和社会制度诉求的正义论伦理思想，独辟蹊径，追寻传统美德，提出了回归亚里士多德德性伦理的现代伦理道德建构路径。哈贝马斯的想法是，公正、民主、合理的话语程序和规则可以确保个人话语的自由与平等，程序主义理性能够普遍化地推而广之，不但在一个话语共同体内部，而且可以扩展到持另类话语方式的“他者”，通过话语伦理的普遍贯彻，可以弥合个人与社会之间的裂痕，消解差异，解除社会统治的压制，实现社会的全面公正。最后，一个公正、合理、所有人平等相处的“理想世界”最终将会实现。从胡塞尔到哈贝马斯，都是基于理论上分析现代性问题，为近现代以来人类在价值危机上遭遇的重创寻找出路，力图通过建立某种理论范式来克服这种危机。价值主义教育思想作为对全球化背景下价值危机的回应，作为寻求多种文明形态的伦理精神之间相互沟通，相互对话的共同的语言和共同精神价值，作为人类面对共同的生存和生活的全球性难题寻求伦理策略，有很好的机会从这些理论家那里寻求营养和启发。

（二）全球化促使教育网络由封闭走向开放，由依赖走向自主，多元价值观并存且相互碰撞给价值主义教育思想普及带来了新的机遇

全球化是“双刃剑”，正如它对世界产生双重效应一样，全球化对现代价值主义教育也产生正面和负面的双重影响。它既给价值主义教育提出了许多新课题，也日益冲击着传统价值观念和模式。全球化对我国现代价值主义教育的正面影响主要体现在：全球化促使价值主义教育由封闭走向开放，由依赖走向自主。首先，全球化给我国的价值主义教育一个开放的前提性背景，既导致了社会民主化进程加快，也造成了多元价值观并存且相互碰撞。在这样新的背景下，全社会想要继续保持一元价值的绝对权威性，显然已不合形势，这就需要对教育者在价值主义教育中的地位和作用进行研究和正确定位。确立价值主义教育的目的，关键是应该有一种开放、平等、宽容的精神，从而能进行旨在对话、交流、沟通和理解的活动。其次，全球化和信息化带来了价值主义教育内容和方法的丰富性和多样性。当前，面对不同的价值取向、多元的价值观念并存的事实，面对更加紧密的家庭、学校、社会和世界的联系，价值主义教育必须开阔视野，增加新的内容，采取多种方法。我们不仅要继承我国优良的传统价值资源，而且要汲取一切有利于人类进步的国外价值主义教育中成功的方法和手段，特别是西方许多以实证研究为特色的价值主义教育的模式，这对我国的价值主义教育尽快适应全球化的新形势有直接的借鉴意义。最后，全球化所造成的多元价值共存和瞬息万变的现代生活，促使人们的价值自主选择意识和能力大大增强，人们不再无条件地接受现成的价值和规范，而是要经过自己的思维去认识、判断和取舍。因此，现代价值主义教育要培养的是有高度自尊和自我指导能力、自信和整合型的人，而多元价值观并存且相互碰撞给价值主义教育思想普及带来了新的机遇。

（三）我国具有中国特色的学习型政党和先进性组织两大发展特色，为我们倡导和普及价值主义教育思想提供了坚实的政治保障和组织基础

重视和善于学习一直以来就是中国共产党的优良传统和重要品格。在党的七届二中全会上，毛泽东同志提醒全党：“我们必须克服困难，我们必须学会自己不懂的东西。我们必须向一切内行的人们（不管什么人）学经济工作。拜他们做老师，恭恭敬敬地学，老老实实地学。”这是党的第一代领导人最早倡导全党同志和全国人民牢固树立学习型习惯和品格的典范。改革开放新时期，邓小平同志提出的培养有理想、有道德、有文化、有纪律的“四有”新人目标再次重申了学习的重要性和价值。江泽民同志则通过科教兴国战略，把学习提到了国家发展的重要战略高度。2004 年 9 月，党的十六届四中全会通过《关于加强党执政能力建设的决定》，提出重点“抓好领导干部的理论和业务学习，带动全党的学习，努力建设学习型政党”。第一次阐明了全党同志学习马克思主义理论并将之与中国特色社会主义的具体国情结合起来进行理论创新和工作创新的重要性，把“学习型政党”摆在更为突出的位置。学习型政党是学习型组织的特殊形式，建立学习型政党的根本目标就是为了通过提高政党的社会适应性，更加有效地开发政党的功能，树立科学的用人导向，协调政党内部关系，从而更好地实现政党的奋斗目标。要在全社会范围内更好的倡导和普及价值主义教育思想，就必须全面依靠和吸收学习型政党思想和实践所提供的坚实的政治保障，就必须紧紧抓住“学习”这个核心词汇，将拥有八千多万党员齐心协力创建学习型政党过程中积累的丰富成功经验转化为倡导和普及价值主义教育思想的切实行动力。

2007 年，党的十七大在关于党的建设的部署中，曾明确提出开展两项活动，一是在全党开展深入学习实践科学发展观活动，二是在党的基层组织和党员中深入开展创先争优活动。正如《中组部中宣部对开展

创先争优活动作出部署》所强调的那样：创先争优活动以创建先进基层党组织、争做优秀共产党员为主要形式。从宏观上来看，创先争优活动是富有时代气息和重要实践价值的党建创新战略和举措，创先争优活动体现了党对党员主体地位的高度重视；所要解决的根本问题就是强化党员主体意识、突出党员主体作用、积极参与党内事务、进一步发挥党员主体作用，进而充分调动基层党组织和广大党员的积极性、主动性、创造性、先进性，是不断增强执政意识、忧患意识和责任意识的重要方法，是巩固和扩大执政基础的重要路径，是推动科学发展的经常性动力，是促进和谐社会建设的永久性保证；其根本之策是通过制度化建设来实现常态化。作为一场自上而下的党的建设的伟大事业的开创性的活动，如何在全社会内建设一支高水平、高素质、高层次的先进性政党组织，为全国人民树立楷模，可谓走出了一条新路子。因此，对于倡导和普及价值主义教育思想这样一项人类杰出的无产阶级事业来说，紧紧依靠和学习永葆青春风采和先进性特色的党组织，是取得人类正义、文明事业成功的前提。

五、在价值主义教育思想引领下构建美好社会的思维与策略

美国学者理查德德·斯皮内洛（Richard A. Spinello）尖锐地指出："社会和道德方面通常很难跟上技术革命的迅猛发展。而像中国这样的发展中国家，在抓住信息时代机遇的同时，却并不总是能意识到和密切关注各种风险，为迅猛的技术进步所付出的日渐增长的社会代价。"[15]当国家治理"平衡术"的难题与信息技术革命的巨大社会变迁不期而遇时，我们应该怎样来思考"我们面临前所未有的机遇，也面临前所未有的挑战"这样宏大且显著的历时性与共时性并存的命题；我们又应该怎样来探知社会经济结构在大变动中所生产的"潘多拉魔盒"将会有哪些非常态表现，又该如何降服。因此，我们认为，目前当务之急是需要正本清源，抛开"头痛医头脚痛医脚"的江湖医术，从源头重新思考全社会、全人类在价值主义教育思想追求和建设美好社会的终极关怀下提振民族信心、建立国家共识、找到共荣之道。

第一，我们主张所有人都能够进行价值主义教育的思考和践行。价值主义教育的传播和弘扬本身就没有门槛，也不应该设置门槛。因为一种人类的教育价值高于一切价值，经济价值和文化价值教育是教育价值的发展和延伸而已，我们主张用价值主义教育思想引领教育，回归教育本真，使教育成为发展人的生命、生存、生活，发展人的价值，引领人类文明进步的社会活动过程。所以，倡导和普及价值主义教育是众人之事，与每个人都切身相关，它不应成为少数研究者的专利，任何对教育价值和教育兴国情怀有所追求的人，都可以发表自己的观点和见解，都可以潜心去实践。

知识社会让我们每一个人都有认知教育、理解教育、诠释教育、践行教育的权利，但是并不是每一个人都能够拥归价值主义教育的大潮。价值主义教育思想不是一种随意的饭后或席间闲聊和侃大山的漫谈，这样是非常危险的，既损害了教育思想的严肃性，也会是价值主义教育沦入消费时代的无用窠臼。（1）主张任何人都能够进行价值主义教育思想的研究和践行必须分辨主题问题与理解主题问题的视角之间的区别，即每个人都有对教育的亲身经历，这是一种“亲悉”的知识，没有人能够判断其他人的资格，并不需要由学术来主导评判。（2）每个人对社会的重大问题都可以表示关切，也都有权就价值主义教育思想表达自己的观点，但这并不等同于随意的谩骂或毫无根据的批评或歌功颂德。通过系统的方式来进行资料的收集和处理，通过反复的辩证思考来确定需要展开的研究论域并形成对知识增长的贡献，并不是一件简单的事情。

诚如著名的公共行政学者怀特所言：“任何形式的研究都需要方法与标准，也需要实践推理来说明我们的方法与标准的正当性。”[16]我们主张所有人都能够进行价值主义教育思想的研究和践行，最终是要创造一种使人幸福的教育。爱心无垠，智慧无界。我们在用开放的胸怀拥抱人类的大爱和智慧。信息时代，圆的地球变成平的世界。地球变村庄，个个是村民，村庄变家园，人人是成员。从价值主义出发，人类活动都是价值发展活动，都是以价值创造与价值消费为核心内容的活动，人类社会的一切关系归根到底都是价值关系。人的一切行为、思想、情感和意志都以价值为原动力，追求价值最大化，最大限度和持续性提高每一个人和人类社会活动的价值总量。

第二，我们认为学者、公共知识分子、学者型官员要敢于和勇于思考研究这个时代的大问题。正如狄更斯在《双城记》的开篇所言：这是最好的时代，这是最坏的时代，这是智慧的时代，这是愚蠢的时代；这是信仰的时期，这是怀疑的时期；这是光明的季节，这是黑暗的季节；这是希望之春，这是失望之冬；人们面前有着各样事物，人们面前一无所有；人们正在直登天堂；人们正在直下地狱。我们生活在一个伟大的时代，但是没有产生伟大的思想家，但是我们可以成为这个时代的担当者，敢于和勇于研究和思考这个时代的大问题。试想，如果我们不能对这个时代的重大问题做出建设性贡献的话，我们对这个国家、社会和民众如何交代？

尽管对什么是这个时代的大问题众说纷纭，但是我们相信，本文所要探讨的价值主义教育思想的普及与美好社会的构建完全可称得上是这个时代的大问题。要让学者、公知和一批体制内的学者型官员共同思考这个问题，首先必须摆脱政府或官员狭隘的“对策至上”的理念和局面。如果我们始终以公共官僚机构为关注点，那么我们的重心将只是组织的运作，我们的关注就只是提高组织的效率，这样的思维方式将会给价值主义教育强加上不必要的紧身衣，使得价值主义教育思想的研究和普及只能徘徊在技术性的小问题上，成为刻薄的刺猬。其次，我们提倡价值主义教育思想就是不仅要关注政府或官员行为对社会的影响和意义，更要关心这一思想如何影响社会，才是大问题的支撑点。价值主义教育的关注点放在如何理解并解释民众的感受，并通过分享“主体间的意图”来形成彼此互动的感知能力。我们倡导的价值主义教育思想的主要观点是：教育实现人和社会的主体价值；构建教育的整体、规模、结构、过程和质量相统一的有机价值；教育发展人的生命、生存和生活价值；国际化思维、本土化行动、现代化目标发展人类共同教育价值；应着力彰显女性教育价值、幼儿教育价值、公民教育价值和终身教育价值；注重发挥环境教育功能，改善教育布局结构，形成社会教育合力，提高教育时空价值；加强教育制度价值建设；发展学校现代管理价值。

第三，我们呼吁教育研究者和工作者应该敢于面对真实的世界，将公共价值、公共利益、公共精神等一系列核心范畴的公民教育作为倡导价值主义教育思想的切入点。现代教育追求的是将知识转化为能力，最终进行的是能力教育，而不仅仅是知识教育。中国要将人口大国转变为人力资源强国，必须高度重视公民教育。公民教育是一切教育的基础，公民教育追求的是在现实的生活中传授科学与艺术的共融，浇灌理性与人文的共融，启发知识和未来的连接，在提高现实的能力中培养未来的人。

狭隘的教育工具技术主义与科学职业主义的理解使价值主义教育陷入了严重的身份危机。但是我们要关注的不是教育学和全社会经常提出的所谓“衰败”和“退步”的问题，而是如何能够实现它的最大可能的潜能。如果我们继续依赖政府和官僚的权力来强制地改变社会和世界，企图通过“泛意识形态化”来达到，将意识形态作为价值主义教育的主轴，我们将无法开启人类力图创造美好治理制度的潜能；如果我们全盘改变既有体制内资源生成与发展路径，抛弃多年建构形成的意识形态成果，企图通过“去意识形态”来达到，将意识形态作为谈虎色变的怪杰来审视，我们将无法创造价值主义教育引领作用的新风尚和新价值。相反，如果我们在更广泛的意义上看待美好社会的构建，把价值主义教育思想看作不仅仅是政府机构的事，而视其为政府机构、社会和公民为了改善公共利益而相互作用的过程，那么，我们就能见证一个美好社会的来临。将公民教育作为倡导价值主义教育思想的切入点，首先要实施生命、生存、生活教育，构建每个人的教育价值体系，使受教育者认识生命价值，增长生存智慧，培养生活信仰。通过生命教育，使人知道什么是生命，什么是自然生命、社会生命、精神生命，珍爱生命、敬畏生命；通过生存教育，使人知道什么是有意义的生存，怎样适应生存，学会生存，挑战生存；通过生活教育，使人知道什么是有意义的生活，怎样热爱生活，奋斗生活，幸福生活。其次，将价值主义思想贯彻到教育内容、过程、方法和评价之中，构建价值主义教育体制。最后，通过认知、体验和感悟等教育实践活动，使价值主义教育思想成为现代教育信仰，解决现代教育活动中的工具化、功利化、世俗化等的现实问题。

事实上，我们必须跳出把研究重心放在官僚体系内部的“帝王之师”思路，而将重心转移到对公民和社会身上。因为不同的人有不同的认知局限和专业特长，在置身于社会交往的话语体系中时，尽管不可能立即获得对现实问题的解决方案，但是进入这个过程，就可能会更好地理解所面对的问题，从而增加问题解决的可能性。尽管系统常常具有自我修复和改进的能力，但是教育工作者们必须更为谦逊，不是以挑剔的眼光而是以发现的眼光去寻找现实中的美和创新，从而推动社会的良性发展。换言之，为了建设一个美好社会，我们不仅要有好的理论，好的机构，好的人才，也要拥有培养一代新公民的决心和耐心。“创新性制度+优质人才+圆满心态”三位一体构建价值主义教育思想体系，才有可能激活全社会的力量，从而为构建美好社会作出应有的贡献。

（作者为云南大学公共管理学院在读博士，昆明理工大学质量发展研究院教师。）

注　释：

①［美］约翰·肯尼思·加尔布雷思著，王中宝、陈志宏、李毅译，赵勇校．美好社会——人类议程．南京：凤凰出版传媒集团、江苏人民出版社，2009. 3.

②1990 年 12 月，在就“人的研究在中国——个人的经历”主题进行演讲时，著名社会学家费孝通先生总结出了“各美其美，美人之美，美美与共，天下大同”这一处理不同文化关系的十六字“箴言”。其含义大概是：人们要懂得各自欣赏自己创造的美，还要包容的欣赏别人创造的美，这样将各自之美和别人之美拼合在一起，就会实现理想中的大同美。后来，费先生经过不断的深入思考，又有了更为具体而全面的解释：“我们要学会‘美人之美’，像各群体自己的成员那样欣赏和领悟他们所爱好的价值体系。‘美人之美’并不要求‘从人之美’，而是容忍不同的价值标准体系并存不悖。但要求摆脱本位中心主义，而采取了多元并存的观点。应用到经济上，是不要阻碍有利于双方的竞争，不采

取只图单方面短期利益的保护主义，而坚持相互开放和机会平等；应用到政治上，首先是要不干涉别的主权国家的内政，不以力压人，而以对话代替对抗，平等协商来处理国与国之间的矛盾。这是在人类的各个群体还没有融合成一体，而政治和经济已经密切联系的现阶段，也可能就是即将来临的世纪，我们可以力求做到的现实态度。'各美其美'和'美人之美'并不矛盾，而是相成的。只要我们能够更上一个层次，大家在求同存异的原则上完全可以建立起亲密的共同合作相处。”［来源于：丁元竹：《费孝通：探索美好社会的学者》，《瞭望》，2005 年第 18 期。］我们认为，这就是对当代世界美好社会的最恰当诠释。

③全增嘏主编．西方哲学史（下册）［M］．上海：上海人民出版社，1985：40、489、47.

④苗力田主编．古希腊哲学［M］．北京：中国人民大学出版社，1990：251－252.

⑤阮新邦．批判诠释与知识重建——哈贝马斯视野下的社会研究［M］．北京：社会科学文献出版社，1999：3.

⑥罗素．宗教与科学［M］．商务印书馆，1982：123.

⑦谢金林．网络舆论的政府治理：理念、策略与行动［J］．理论探讨，2010（2）：8.

⑧孙立平．利益关系形成与社会关系变迁［J］．社会，2008（3）：10.

⑨孙立平．社会结构定型与精英寡头统治的初步凸现［J］．新远见，2008（11）：122.

⑩杨光斌．政治学导论［M］．北京：北京人民大学出版社，2000：160.

⑪王沪宁．比较政治分析［M］．上海：上海人民出版社，1987：237.

⑫杨琳．贪腐等 8 方面事件最刺激公众神经．网址为 www. chinanews. com. cn，2009－07－06.

⑬［英］赫·斯宾塞著，胡毅译．教育论［M］．北京：人民教育出版社，1962：7.

⑭柯耶夫的一些观点被福山采用，参见［美］佛朗西斯·福山著、黄胜强等译．历史是终结及最后之人［M］．中国社会科学出版社，2003.

⑮［美］理查德德·A. 斯皮内洛．世纪道德——信息技术的伦理方面［M］．中央编译出版社，1999：2.

⑯［美］怀特、亚当斯编，刘亚平，高洁译．公共行政研究：对理论与实践的反思［M］．北京：清华大学出版社，2005：46.

教育价值高于一切的价值

——“教育三部曲”评述

许晓东

一

《教育的逻辑》一书立足于我国政治、经济、文化和社会发展实际，结合世界教育思潮和实践发展趋势，从“价值取向”、“能力选择”和“制度建设”等三个维度出发，全面深入地分析了当下教育存在的问题，并构建了一个合理的“价值—能力—制度”的教育改革建议框架。本书总共六章，第一章创造性地提出了“价值—能力—制度”分析框架，第二章提出了实践现代教育的三个基点：生命教育、生存教育和生活教育，第三、四、五章从价值教育、能力提升和制度设计等三方面对现代教育改革作了详尽的阐述，最后一章展望了教育的未来走向。

在消费主义、实用主义、功利主义和非理性主义占主导地位的时代，该书作者提出，“教育价值高于一切价值”，实属难能可贵。他认为，经济价值、社会价值、文化价值都是人创造的，而教育使人成其为“人”，成其为有价值的人。教育所具有的理想性、批判性、创造性，使得教育摆脱了社会的垄断性支配，赋予教育价值高于一切的价值。

该书作者认为，对于任何社会、任何时代教育的研究，只要把握住“价值”、“能力”和“制度”这三个要素，就能真正把握教育发展的逻辑。为了方便讨论，作者分别将其命名为“价值教育”、“能力教育”和“制度教育”。所谓“价值教育”，就是要从价值取向上，形成人们对于教育目的的共识。作者认为，现代教育的目标是塑造“有尊严的现代人”。为了实现这一目标，需要通过开展生命教育、生存教育和生活教育才能完成。所谓“能力教育”，就是要通过“能力选择”、“课程设计”等方法和途径，确保教育的实施能够真正体现时代特征与价值取向，使每个社会成员都能获得最大的发展，有效地促进自然与人文等资源向物质、文化及精神财富的转化。所谓“制度教育”，就是要创设一个良好的社会环境，使符合时代特征和要求的“价值教育”、“能力教育”得以完满实现。就三者的关系而言，价值教育是现代教育的灵魂，能力教育是现代教育的核心，制度教育是现代教育的保障，三者相互依存，相互支撑，相互促进。这样一种思想贯穿于全书始终，也是“教育的逻辑”。

作者指出，知识经济时代已经到来，但我们的教育价值取向、课程体系及教育制度的建设均与知识经济不相适应；而中国正处在由传统社会向现代社会过渡的社会转型期，社会转型引发了教育价值取向的冲突、对教育重点选择的冲突、合理教育结构认识的冲突、教育管理体制的冲突、在课程与教育内容选择上的冲突。针对现今教育面临的挑战和存在的问题，作者提出并积极倡导“三生教育”，也即生命教育、生存教育和生活教育。从某种意义上说，“三生教育”是一种教育理念，是一种教育模式，也是针对现实情境的教育改革方案。为了保障“三生教育”的实现，作者从价值、能力和制度等三个维度建立了与生命教育、生存教育和生活教育之间的二维关系。

在著作的最后一部分，作者对未来的教育作了展望。他认为，教育在历史上第一次为一个尚未存在的社会培养新人，我们需要把目光从现实投向更远的将来。在价值取向上，教育将超越主体性的局限，走向万物一体；在学生的能力提升上，将从探究生活转向开启智慧的学习；从教育的物理范围来说，将建立全球化的终身学习体系，实现无边界的教育。

《教育的逻辑》一书立意高远、内容丰富、结构清晰、逻辑严谨，作者具有多学科的问题分析视角、深厚的理论基础、丰富的政府和教育管理经验，全书构建了“以人的自由全面发展为目标，以公平教育为基础，以价值教育为灵魂，以能力教育为核心，以教育制度为保障的现代教育逻辑体系”。该书不仅适合教育理论研究者和教育学专业的学生学习和参考，教育管理人员和所有对教育问题感兴趣的人也一定能从中获益。

二

《教育的智慧》一书汇聚了罗崇敏先生深邃的思想和丰富的实践经验，贯彻了“教育是发展人的生命、生存和生活，促进人类文明进步的社会活动过程”的命题，并围绕这一命题从宏观教育、中观教育和微观教育三个维度，以国际化思维、本土化实践和现代化目标的理念，深刻揭示了现代教育的本质、主体、价值、制度、内容、目标和方法。全书共分为二十二章，涉及的论题相当广泛。从教育学的学科分类来看，有一些是教育哲学类问题，譬如教育主体、教育价值与价值教育、教育公平等；有一些是普通教育学的问题，譬如教育制度与制度教育、教育过程、教育结构、教育体系、教育环境等；有一些是课程与教学论的问题，譬如教育课程、教育评价等；有一些是教育社会学的问题，譬如女性教育、公民教育、普世教育等。此外，该书也讨论了不同层次和类型的教育，包括幼儿教育、职业教育、大学教育、终身教育以及信息教育。值得指出的是，作者还创造性地提出了情智教育、教育合力等论题和概念。

该书肯定了教育在人类发展和社会生活中的重要作用，并强调了教育主体性和人自身的主体地位。在该书的第一章，作者提出，应该确立学生在教育中的主体地位，塑造教师主体尊严，赋予学校办学主体的权力，发挥政府管理教育的主体作用，肩负家庭对孩子教育的主体责任，发挥教育对社会文明进步的主体引领作用。他强调，教育是引领时代的事业，而非适应经济的手段，更不是迎合社会的工具，“教育不是经济的儿子，也不是文化的孙子，更不是政治的奴仆。”教育的引领作用体现在四个方面：一是引领人的思维方式转变；二是引领社会生产方式转变；三是引领社会生活方式转变；四是引领社会管理方式转变。

关于教育制度的重要性，作者认为，制度是社会发展与稳定的根本保障。唯有制度可以兴国，唯有体制可以兴教，唯有机制可以兴校。从教育发展的实际来看，我国的教育制度存在缺位和越位问题，教育改革需要在体制机制上上工夫。为此，需要加强政府对宏观教育管理制度的设计和安排，建立社会广泛参与的办学体制，建设富有生机活力的学校内部管理机制，形成开放兼容的国际化办学体制，建立多元一体的教育评价机制。

教育公平是社会关注的一个热点问题。作者指出，从表现形式上看，国际教育和我国教育的公平存在四方面的问题：从地区差异看，教育差距在不断加大；从城乡差别来看，农村教育仍然落后于城市教育；从阶层差别来看，不同收入和地位的家庭接受的教育程度显著不同；贫困地区的女性教育和少数民族教育始终处在弱势地位。我国教育公平存在的问题主要体现在：一是教育资源配置不公平；二是区域之间教育发展水平差距在不断增大；三是教育体制设计上的不公平。作者认为，教育公平的制约因素可分为本体性因素和条件性因素。本体性因素反映的是社会的主流意志或国家意志，是相对稳定的因素。条件性因素反映的是社会个体或群体的差异，包括内在差异和外在差异。针对我国教育发展中的诸多不公平现象和问题，作者提出一些改革建议，尤其强调政府的责任。政府应该履行促进教育公平的主体责任，应该在宏观管理上创造体制机制以促进教育公平。

在该书的第七章，作者指出，我们以往的教育不注重教育的系统性和有机性，没有形成完整的教育链，主要表现在各个阶段教育在内容上衔接不够、教育内容与学生接受能力衔接不够、教育内容与社会需求衔接不够。实际上，教育结构和教育体系的建设问题，应该引起教育主管部门的重视。譬如，高中教育与中等职业教育之间基本脱节，大学教育与高等职业教育之间的也缺少联系。这种缺乏沟通的双轨制亟待调整和完善，否则不利于整个教育系统尤其是职业教育的发展。

（作者为华中科技大学教授。此文是作者2012年2月25日在“教育三部曲”出版发行暨研讨会上的发言。）

论罗崇敏对教育的反思与重构

徐 彬

教育，作为传扬人类文明、知识和智慧的形式和基础，一直以来受到重视和发展。教育的使命、教育的方式和教育的内容，也随着人类对自身、对自然、对社会的理解和认识而发展、变化和拓展。《教育的逻辑》、《教育的智慧》正是作者站在现代社会的广场，以思想者、管理者和批判者的新视角，以不同与普通领导、学者的思维，对现代教育尤其是中国现代教育的反思与重构，读来深有同感，又深受启发。谈三点肤浅感受。

一、重构教育的价值和体系

在《教育的逻辑》一书中，作者以价值—能力—制度为切入，观察和认识教育，尤其是中国的教育，分析提出了“教育的最根本价值还是在于促进人的发展”，“教育的价值取向体现在教育内容的选择上”和“教育价值和能力靠制度来落实等观点”。从教育为什么，教什么，如何实现来解读现代教育的形式、内容和方法。我作为从事教育相关工作多年的人，为作者透过现象所看到的内容所打动。教育历来是社会的一个主题，教育历来承担着未来的重任，教育也历来是所有的人能说出一二三的命题。当今社会，提及教育，谁都会说懂教育，没有当过老师，起码做过学生。的确，教育看起来是简单的，教学无非是传授知识，你讲我学，教的人有书本为凭，学的人以分数为证。教育管理无非是管加理，管好学校不出事，理好关系保和谐。其实不然，要在科学深刻的思想、理念指导下，把理念转化为科学的方法、制度的措施，去体现教育的价值与取向，真正实现“教真育爱”，还需要下大力气，还需要全社会的共同努力，要解决好多重的矛盾与问题，要经过不懈的探索与改革。

我们在日常工作中，往往会只见树木，不见森林，受困于具体操作和现实，缺乏对教育本真的思考和认识，《教育的逻辑》和《教育的智慧》，无疑是让我们静下心，来重新审视和思考教育，看一下，作为一名教育工作者，我该如何想？我该干什么？通过重构教育的价值和体系，对教育本真更深地反思，我认为正是两本书对我们的最大启示。

二、“三生教育”与终身教育

作者提出，生命、生活、生存是实践现代教育的基本点。教育的根本就在于发展人的生命、生活和生存，使现代人从五彩缤纷、扑朔迷离、错综复杂的世界中清醒过来，使教育回到满足个体成长的根本需求上来。这一观点是对人性本质的回归和再认识，每个人无论自觉或不自觉，有意识或无意识，都必须回答人生的价值和人生活的根本意义，即世界观、人生观、价值观的问题。从当今社会倡导的终身教育、终身学习的理念来认识，在现代社会知识爆炸和信息高速传播的时代，传统意义的先学习后工作、先接受后支出的生活、生存模式已经不适合现代社会对人的要求。边学习边工作，边学习边生活，学习成为生活的一部分，学习是生存的基本要求已经是社会人发展的必然规律，作者在“论终身教育”一节中指出，终身教育具有“终身性、全民性、多样性、实用性、公平性、发展性的特点”，“要发挥受教育者的主体教育积极性和创造性”，“政府要提供终身教育的公平机会，要建立发展终身教育的体制机制，充分运用现代信息科技手段促进终身教育”。树立“为学而教”的思想，从而“共同塑造终身教育的主体”，让终身学习改变人的命运和思想，可以说是点出了终身教育的核心和关键，仔细想来，“三生教育”与终身教育其实有着天然的内在联系。“三生教育”应该在终身教育的概念下诠释，终身教育要用“三生教育”来充实，因此，如何结合人的一生学习和发展，将生命、生活、生存教育更深一步与终身教育结合，是一个值得再继续深入研究和探讨的新命题。

如果说把生命、生活、生存教育仅仅理解为在课堂上讲生命的意义，传授生活的技巧，显然有失偏颇，当然课堂是最直接、最易实现的方式，但是，如果把“三生教育”作为现代教育的基本点来考虑，则需要从形式到内容，从书本到实践，从学校到社会，有一个基本的构架和支点，通过课堂教学去渗透，利用现代媒体去传播，借助社会工作去实践。因此，从某种意义上说“三生教育”的普及和认同还任重而道远。

三、社会信息化下的信息教育

在《教育的智慧》一书中，作者谈到了“论信息教育”，提出加强“四体系”、“五机制”的建设，为信息技术的教育提出了努力目标和方向。作为现代社会科技和文明的成果，信息技术的创新与应用，其发展速度已超出人们的想象，信息技术的应用已经从单一层面的技术应用转变为人的生活、生存方式的变革，信息的传播与应用也已经从生产领域进入社会领域，互联网已经成为社会的形态而非物化形式，网络所带来的虚拟社会已经和现实社会紧密融为一体，值得我们高度关注。

因此，对教育管理者而言，教育要现代化，信息技术的教育和教会学习者对信息合理科学的学习、整合和应用，已经成为教育的一项革命性任务，学习已经不是在传统的课堂完成，我们必须要有清醒的认识与行动，去创造以学为中心的教育。对学习者而言，掌握必须的信息技术手段和技能，已经成为其生活、生存的手段和必须，谁先认识和把握，谁就会在生存的竞争中领先。对社会而言，社会管理的信息化，必然成为促进公平、公开的手段，社会成员获取信息的公平，必然会带来社会管理的公平，一个“平”的世界，将是未来社会的基本模型。

《教育的逻辑》和《教育的智慧》，是作者经过深入思考，集教育管理多年经验与智慧写成，已经形成了一套较为系统的理论思想和体系，核心思想还是通过对教育的反思与重构，倡导以人为本的教育。作者的探索精神值得学习，对问题的独到见解值得借鉴，在此表示钦佩和敬意！也衷心希望作者能有更多的思想和著作面世。

（作者为云南广播电视大学校长。此文是作者2012年2月25日在“教育三部曲”出版发行暨研讨会上的发言。）

罗崇敏价值主义教育思想探讨

——以杜威实用主义教育思想为比较视角

刘青峰

当今世界，政治动荡、战火纷飞、恐怖活动、生态恶化、疾病肆虐、灾害频发，人类社会的各种危机正在不断凸显，而这些危机频发的根源却在教育。民族失魂、人性冷漠、道德滑坡、诚信缺失等现象，足以证明人类教育事业在发展中存在严重的价值缺失。这种缺失主要表现为教育的价值理性不足而工具理性有余，教育对形而上层面的“道”的重视远远不及对“形而下”层面的“器”的重视。因此，罗崇敏教授提出的价值主义教育思想值得学术界高度重视。价值主义教育思想是以价值原则为导向的一种新思想、新“主义”，是在反思批判许多著名教育思想，尤其是实用主义教育思想之基础上超越创新的成果。实用主义教育思想是美国著名哲学家、教育家杜威创立的，该思想不仅在美国而且在世界上许多国家都产生了广泛而深远的影响。本文期望通过实用主义教育思想与价值主义教育思想的比较分析，在批判继承实用主义教育思想的基础上，分析价值主义教育的合理内核，彰显价值主义教育思想对当代世界教育尤其是中国教育的重要意义。

一、两种教育思想理论基础之不同

（一）实用主义教育思想的理论基础：实用主义哲学

实用主义哲学是杜威实用主义教育思想的重要理论来源，理解实用主义哲学对了解实用主义教育思想的形成是至关重要的。实用主义英文原名“Pragmatism”，该词源出于希腊文，原意是行动、行为。美国的实用主义哲学思想是对英国近代经验主义哲学进行改造后，形成的具有美国本土特征的资产阶级唯心主义哲学流派之一。一般认为，实用主义思想是19世纪70年代由美国哲学家皮尔士首先提出，经由詹姆斯发展为一个较系统的实用主义理论体系，后经杜威进一步完善、系统化，将实用主义哲学推向顶峰。杜威是实用主义哲学的集大成者，在继承皮尔士和詹姆斯实用主义理论体系的基础之上，他将实用主义哲学广泛应用于社会的各个领域，特别是教育领域。从而使实用主义，特别是他的实用主义教育思想，在世界各国广为流传。杜威认为思想、观念、理论是人的行为的工具，他们的真理性标准在于能否指引人们的行动取得成功，因此，杜威的实用主义又被称为“工具主义”。杜威认为“所有概念、学说、系统，不管它们怎么精致，怎样解释，必须视为假设……它们是工具，和一切工具同样，它们的价值不在于它们本身，而在于它们所能造就的结果中显示出来的功效”[①]。实用主义哲学是一种实践哲学，鼓励青年人不断开拓进取；是一种行动哲学，它把经验和实在归结为行动的效果，把知识归结为行动的工具；是一种效果哲学，它把真理归结为有用、效用或效果的成功。实用主义哲学强调知识或理论的实用性、有效性和工具性，这种立足于现实生活，倡导积极行动和追求实效的精神对杜威实用主义教育思想的形成具有重要作用。

（二）价值主义教育思想的理论基础：价值主义哲学

价值主义哲学认为，人类社会活动都是以人为主体，将资源转化为财富，进而实现人的自由全面发展的过程。人类社会活动的主体是人，手段是人，目的是人，都是追求人的内在价值的发展和实现主体价值的外化。而教育活动正是顺应人类社会活动的这一本质要求，实现和外化人的价值。罗崇敏教授指出，人类活动都是价值发展的活动，都是以价值创造和价值消费为核心内容的活动，人类社会的一切关系归根到底都是价值关系。人的一切行为、思想、情感和意志都以价值为原动力，追求价值最大化，最大限度和持续性提高每一个人和人类社会活动的价值总量。而教育活动是价值活动的基础，是实现和发展人的价值的活动过程。教育形成人的知识价值、能力价值和品格价值，创造人类的物质价值和精神价值。[②]

就理论基础而言，杜威实用主义教育思想以实用主义哲学为指导，它是垄断经济和政治发展在美国哲学思想领域的反映，同时又是为解决垄断资本主义经济与政治发展带来的社会问题而产生的。罗崇敏教授的价值主义教育思想，着眼于全人类的价值危机尤其是教育价值危机以及中国整个社会教育发展的根本问题，在批判中国与外国的功利主义、工具主义教育思想的基础上形成的，是在中国当代的教育实践中土生土长起来的。

二、两种教育思想的本质观之比较

（一）实用主义教育思想的教育本质观

杜威将教育本质概括为三个方面，教育即生活、教育即生长、教育即经验的改组或改造。

首先，杜威从教育的本源出发，提出了“教育即生活”的观点。“教育即生活”是指教育就是社会生活的延续，社会生活只有在交流和传递中才能生存下去，而教育过程就是生活的过程。“一切教育都是通过个人参与人类的社会意识而进行的，这个过程几乎是在出生时就在无意识中开始了。它不断地发展个人的能力，熏染他的意识，形成他的习惯，锻炼他的思想，迸发他的感情和情绪”[③]。这就意味着教育实质上与生活是融为一体的。因此，杜威针对传统教育中的“教育预备说”提出了“教育是生活的过程，而不是将来生活的预备”[④]。然而在共同生活中所受到的教育虽然重要，但是具有偶然性。因此，随着文明的不断发展，社会的延续和进步需要正规的教育。杜威在“教育即生活”这一论断的基础上提出“学校即社会”的思想，即必须把学校组织成一个雏形的社会，使学校成为社会生活的一种真正的形式，同时，学校也要与儿童生活紧密结合。

其次，杜威提出了“教育即生长”的观点。杜威所说的“生长”主要是指儿童的生长。他说“唯一的真正的教育是通过对儿童能力的刺激而来的”[⑤]，真正的教育必须能够使儿童感觉到学习的需要和兴趣，产生学习的自觉性和积极性，从而去主动地探究和发展。在《民主主义与教育》中杜威曾明确提出：“教育就是生长，在它自身以外，没有别的目的。学校教育的价值，它的标准，就看它创造继续生长的愿望到什么程度，看它为实现这种愿望提供方法到什么程度”[⑥]。“生长”是一种积极的正面的力量，不仅指身体的强壮，也指智力的发展和道德修养的提高。

再次，杜威提出了“教育是经验的改造”的观点。杜威在《我的教育信条》中指出，“教育应该被认为是经验的继续不断的改组或改造。这种改组或改造，既能增加经验的意义，又能提高指导后来经验进程的能力”[⑦]。所谓“经验”就是有机体与环境之间交互作用的过程和结果。它包含“主动的尝试”和“被动的承受结果”这两个因素，并以特定的形式结合着，单纯的活动并不构成经验。经验的改造是双方相互作用的改造，这种改造既包括对有机体身心产生影响，并导致其变化，也包括对经验外部条件的改造，经验过程中有机体对环境有积极的作用和影响。在教育上，经验的改造是指对儿童主观身心的改造，对儿童现有经验的改造，改造的过程就是儿童身心全面生长的过程，不仅仅是单纯的积累知识。塑造新经验需要一定的内部和外在条件，而塑造的目的是为了改造社会。

（二）价值主义教育思想的教育本质观

由于价值主义教育思想是在价值主义哲学之基础上形成的，因此，作为价值主义教育思想的重要组成部分的教育本质观也深受价值主义哲学的影响。价值主义教育认为，教育是实现和发展人的价值的活动过程，是发展人的生命、生存、生活，引领人类文明进步的社会事业。教育的价值功能应该是实现人、发展人、引领人类。简言之，教育即实现，教育即发展，教育即引领。

首先，罗崇敏教授从价值主义出发，提出“教育即实现”的观点。包括以下几个方面的内容：其一，教育促进人的价值自觉和价值自信，实现人的内在价值和外在价值。一方面，价值主义教育使人成为人（社会人），使人成为有责任能力的人（奉献的人），使人成为自由幸福的人（人类的幸福），教育实现了人的内在价值[⑧]。另一方面，教育使人的内在价值外化为经济价值、政治价值、文化价值，进而实现了人的外在价值。其二，教育实现人的个人价值和社会价值。教育塑造人的知识价值、能力价值和品格价值，使人能够将各种资源（包括自然资源、人文资源、人力资源）转为财富（包括物质财富、文化财富、精神财富），在一转变过程中，个人发展的需要得以满足，个人价值得到实现，同时社会存在、延续、发展的需要也获得了满足，社会价值也得以实现。其三，教育“临近致远”，实现人的现实价值和理想价值。教育使人立足现实，面向未来，适应生存，发展生活，坚持乌托邦精神，使人的现实价值和理想价值有机统一并得以实现。概言之，教育实现人的内在价值和外在价值、个人价值和社会价值、现实价值和理想价值。

其次，罗崇敏教授提出“教育即发展”的观点。“教育即发展”是指教育是发展人，而不是适应人；教育是发展人的生命价值，生存价值和生活价值。价值主义教育是要通过生命、生存、生活教育，使受教育者知生理，调心理，守伦理，明事理，晓哲理；通过生命、生存、生活教育，提升学生的情商价值、智商价值和逆商价值，使受教育者在生命、生存和生活中自然地形成自己的生命观、生存观、生活观，进而形成真实的、有生命力的世界观、人生观和价值观。其核心是教人努力奋斗，真爱生命，智慧生存，幸福生活。其本质是使个体在正确认知生命价值、生存价值和生活价值之基础上，实现本我价值、自我价值和超我价值，进而追寻人生的最高意境。

再次，罗崇敏教授提出“教育即引领”的观点。“教育即引领”是指教育要引领人类社会而不是迎合人类社会；教育引领人类文明进步。当前教育工具化、功利化、世俗化愈演愈烈，教育成为了统治者的管理工具、家庭光宗耀祖的工具、个人吃饭谋生的工具、机构赚钱发财的工具。[9]针对教育的功利主义、工具主义、效用主义，罗崇敏教授明确申明，教育是以人为主体的、真理性的、富有大爱之心的社会实践活动，整个教育活动过程应该是爱真理、教真理、懂真理、服真理、尚真实、获真知、行真事、做真人的过程，是培育大爱之心、忠诚之志、智慧之能的过程。[10]教育价值体现着人类公平、正义、诚信、民主、平等、自由、法制、和谐、幸福的共同价值追求，是人类基本价值的内核，是国家核心价值的基石。价值主义教育的目的就是要彰显教育价值，使教育要回归本真，使教育正发挥“根植时代，引领社会，发展人，幸福人”的价值功能。其进一步指出，教育通过转变人类的思维方式、生产方式、生活方式和管理方式，实现引领人类文明进步的目标。

（三）二者教育本质观的异同分析

首先，二者关于教育本质观的相同点。其一，二者都认为教育源于生活，与生活有着密切的关系。生活是教育的灵魂，离开生活就没有生长和发展，也就没有教育。其二，二者都对传统灌输式知识教育进行了深刻的批判，主张教育应更加重视受教育者各种能力和个性的培养。其三，二者都主张教育应遵循受教育者的生理和心理特点，发挥教育自身魅力，激发受教育者学习的自觉性、积极性，让其主动探索求知。其四，二者都非常重视实践活动对于教育的重要意义。实用主义教育主张“从做中学”，即在实践中学，在实践中获取知识；而价值主义教育倡导陶行知的“教学做合一”的教育理念即将“教”、“学”、“做”三者融为一体，在教师指导下使学生自得自动，相对于杜威的“从做中学”，更具有系统性和可行性。其五，二者都倡导一种国际主义教育，这是一种打破国家主义或民族主义教育局限性的现代性教育。杜威和罗崇敏都从国际主义或全球主义的视角反思传统教育的弊端和现代教育的出路，由此得出各自的教育理想和结论。

其次，二者关于教育本质观的不同点。第一，杜威实用主义教育认为“教育即生活、生长”，这种教育过于注重一时的生活之需，必然会陷入工具主义的立场，会因迎合大众心理与社会的需要而丢失教育的本质，同时这种理念的倡导也削弱了教育吸收、传承人类文化财富的不懈努力，更缺乏了超越创新传统文化的创举，其结果必然导致文明社会的崩溃；而价值主义教育主张“教育是实现和发展人的价值活动过程，是发展人的生命、生存和生活，引领人类文明进步的社会事业”。教育是实现人、发展人，引领人类，而不是适应人，迎合社会。“实现人”就是教育要实现人和社会的主体价值；“发展人”就是教育并未物化人或工具化人而是要发展人的生命、生存和生活价值，追求人的本我、自我和超我价值；“引领人类”，则意味着教育要突破民族区别、国界限制，以国际视野发展、整合和利用国际教育资源，推进全球教育治理，促进教育国际化，建构人类共同的教育价值体系，进而引导带领人类迈向更文明进步的世界。总之，价值主义教育追求的是一种人的内在价值和外在价值的有机统一，个人价值和社会价值的有机统一，物质价值和精神价值的有机统一，现实价值和理性价值的有机统一，传承价值与创新价值的有机统一。第二，实用主义认为教育就是经验的改造，正是在这个基础上，点滴生活经验的积累，才赋予受教育者以生活的能力。价值主义教育思想并未使用“经验”一词，其试图通过教育的价值引导功能，使人价值自觉、价值自信，主动积极地开展传承和提升人类优秀传统文化的活动，实现价值传承和价值创新。第三，实用主义教育过分强调“唯实求效”和以学生为中心，使得许多学生在学习方面的努力和刻苦程度不足，也使教师的职业价值被严重贬低，教育尊严受到严重挑战；而价值主义教育克服了极端的以“教师为中心”和以“学生为中心”的弊端，强调教师与学生的互动关系，主张教师和学生都是教育的主体，要充分实现二者的主体价值，同时又兼顾考虑了教育的主体和客体的统一，强调了教育价值的多元统一，体现出明显的进步意义。第四，实用主义认为“善”是基于个人经验所做出的判断和选择，道德判断要以实用和实效为基础，“能满足需要的就是善”，这导致了教育昧于满足当前需要而忽视真、善、美的培养，这也极易造成受教育者信仰的缺失、道德的滑坡、精神的衰减和社会责任能力的下降。而价值主义教育在熟视和反思实用主义、工具主义思想之基础上，提出价值判断的标准是唯真、唯智、唯实、唯和。价值主义教育在探究适应当代人、当代社会需要，引领时代不断进步的、先进的教育思想时，积极倡导由真、智、实、和培养所构成的教育，使教育发挥促进人的价值自觉，实现和发展人的价值的根本价值功能。

总之，价值主义教育思想在提出与形成的过程当中批判、继承吸收了国内外许多优秀的教育思想特别是实用主义教育思想，在扬弃的同时它更在不断创新，逐步彰显自身独特的思想旨趣和理论魅力。

三、两种教育思想的教育目的之比较

（一）实用主义教育思想的教育目的

杜威认为“教育的过程，在它自身以外没有目的；它就是它自己的目的”[11]。即“教育本身并无目的，只是人，即家长和教师等才有目的”[12]。“在教育上，由于这些从外面强加的目的的流行，才强调为遥远的将来作准备的教育观点，使教师和学生的工作都变成机械的、奴隶性的工作”[13]。而传统教育的目的恰恰是外铄的，这种外铄的目的使受教育者无暇无力考虑自己该做的事情，限制了其创造精神，使其只能对教师所教的东西机械地作出反应，从而沦为教师和课本的奴隶。并且，传统的教育目的与受教育的直接、现实的生活无关，不考虑其发展水平和能力，不能引起受教育者积极主动的活动，从而丧失了获取经验的可能。总言之，传统教育目的既伤害了人的价值，又不能使人获得经验，因而无助于其生活和生长。正是基于此，杜威提出所谓的“教育无目的说”。可见，杜威反对的只是外来的不好的强加的目的。事实上，杜威也提出了良好教育目的的特性：“一个教育目的必须根据受教育者的特定个人的固有活动和需要”[14]，“一个教育目的必须能转化为与受教育者的活动进行合作的方法”[15]。这样的目的才能激发人的智慧，使人自由的活动，不断获取经验，从而有助于人的发展和民主社会的进步——这才是杜威实用主义教育真正的目的所在。

（二）价值主义教育思想的教育目的

价值主义教育以实现人的全面发展和人类幸福为其教育目的。这是人类社会的最高价值目标。这是因为人的全面发展是社会发展的动力，人的全面发展体现了崇高的主体性，人的全面发展是社会进步和发展的最终目的。“以人为本”的价值主义教育认为，教育的基础价值在于使人成长成人，教育的根本价值在于使人自我完善，教育的最终价值在于使人自由幸福。教育必须坚持以人为本，坚持以教师为主体，以学生为中心，实现教师“教真育爱”的主体价值，提高教育教学效益；实现学生的主体学习价值，提高学生学习效益，促进学生的全面发展，发展人的生命、生存、生活；构建教师、学生和教学过程和谐的价值关系；保护好、实现好、发展好全民的教育利益，实现教育促进人类文明进步的社会主体价值。⑯

综上可见，实用主义教育思想与价值主义教育思想都把促进人的发展和社会的进步作为教育的旨归。实用主义教育思想从教育的实用主义、工具主义、效用主义出发，推证出教育通过人性的改造来推动民主社会的发展这一最终目的。而价值主义教育思想从反思批判教育的功利主义、工具主义出发，积极弘扬教育的唯真、唯智、唯实、唯和的根本价值，立志实现教育幸福人类社会的最终目的。由此也可看出，价值主义教育不仅追寻教育发展人和引领人类社会文明进步的目的，其更高的境界在于追求幸福人类社会这一终极目标。总之，实用主义教育思想与价值主义教育思想最终是殊途同归。

四、两种教育思想关于教育实践的观点比较

（一）实用主义教育思想关于教育实践的观点

实用主义教育主张通过诸多生动鲜活的教育实践开展教育工作。笔者试通过课程的设置、师生关系的处理、教学方法的使用等实践活动，阐明实用主义教育思想。

首先，关于课程设置。实用主义教育开展了改革传统的课程和教材的活动，重新编制了新的建立在经验的不断改造和改组基础上的课程教材。改革课程和教材所遵循三个原则如下：第一，遵循经验的原则。在杜威看来，儿童的心理、兴趣和能力是经验的联结点，因此，新的课程教材要适应儿童的心理，兴趣和能力，同时课程教材还要和儿童的生活经验相联系。第二，遵循社会的原则。杜威认为，新的课程教材应该具有社会性，应该与社会的发展相适应。如果新的课程教材不能适应社会的发展，也就失去了其应有的社会价值和作用。第三，遵循统一性原则。教材应该是统一的、完整的，而不是支离破碎的。

其次，关于师生关系。实用主义教育提倡学校的生活应该以儿童的生活为中心，儿童就是起点，是中心，是目的，是太阳；教师要尊重儿童的主体性和主动性，给儿童以自由。杜威批评了传统教育中的教师权威主义，认为权威主义是恐吓，是压制，是灌输，是宣传，唯独不是教育。他认为，整个教育和管理过程中，教师已经由一个权威或霸权者转变成为了一个领导者，一个指导者，一个组织者。在这个过程中，教师已经不是权威，但也不是放纵不管，而是和学生一起参与到各种活动中。在课堂教学中，教师和学生处于一个平等的合作的地位。所有的学习都是师生之间交互作用的，是相互平等参与的结果，从来都不是一个单向的教和学的过程。

再次，关于教学方法。“从做中学”是实用主义教学活动所坚持的一个基本原则。他认为，学校教育应摆脱静听死寂的传统教学方法而创设一种活动的情境，使儿童从活动中学习，唤起儿童的已有的经验和兴趣，这样才能使儿童的学习和发展得到顺利进行。他从实用主义哲学出发，主张在知识学习上把“思维”和“直接用实物的作业”结合起来，在行动中“发扬天赋”。这种以儿童为核心，活动与知识兼顾的观点，具有一定的合理性，但显然过分强调了个性的自由发挥，而忽视了教师的主导作用。另外，杜威的“做”也只是适应环境的本能活动而非以现实生活为基础的实践，带有狭隘的经验主义色彩。

(二)价值主义教育思想关于教育实践的观点

笔者认为，罗崇敏教授倡导的“三生教育”是实践价值主义教育思想的一个有效模式。价值主义教育注重人的生命、生活和生存本身的价值，坚持“人是目的”的基本原则。而“三生教育”正是秉承这种价值精髓，坚持以人为本，运用教育的力量，对受教育者全面实施生命教育、生存教育和生活教育，使受教育者树立正确的生命观、生存观和生活观，进而最终树立正确的世界观、人生观和价值观。[17]基于此，我们尝试通过“三生教育”来践行价值主义教育的主要观点。

首先，通过“三生教育”来塑造人的主体价值。“三生教育”把人引向生命领域，引向生存世界，引向生活未来，是真理教育、能力教育、自由教育和尊严教育。它使受教育者知生理、调心理、明伦理、懂哲理、晓事理。[18]所以，我们要通过生命教育、生存教育和生活教育建设人的主体价值。对这一观点可做如下理解。第一，人的生命价值是基础。通过生命教育生发人的生命价值，使受教育者认识生命、尊重生命、珍爱生命，促进受教育者主动、积极、健康地发展生命，提升生命质量，实现生命的意义和价值。[19]第二，人的生存价值是关键。通过生存教育构筑人的生存价值，帮助受教育者学习生存知识，掌握生存技能，保护生存环境，强化生存意志，把握生存规律，提高生存的适应能力和创造能力，树立正确的生存观念。[20]第三，人的生活价值是目标。通过生活教育提升人的生活价值，帮助受教育者了解生活常识，掌握生活技能，实践生活过程，获得生活体验，树立正确的生活观念，确立正确的生活目标，养成良好的生活习惯，追求个人、家庭、团体、民族、国家和人类幸福生活。[21]

其次，通过“三生教育”来追寻人的“三我价值”。“三生教育”通过认知、体验和感悟的教学方式，使个体逐步认识“本我”、“自我”和“超我”，进而追寻“本我价值”、“自我价值”和“超我价值”。第一，人的“本我价值”是“三我价值”的基础。所谓“本我”即生命出生后个体所呈现的一种自然状态，是未经社会化的一种天然形态如人的天赋、秉性等。通过生命教育，使个体正确认知“本我”，进而充分发挥“本我价值”。第二，人的“自我价值”是“三我价值”的核心。“自我”即人在社会化的过程中，逐步树立的、与他人迥然的自我意识、自我行为、自我形象等。通过生存教育，培养并发展个体的各种能力，使其在复杂的社会环境中依然能够坚守自由之精神，独立之人格，进而实现“自我价值”。第三，人的“超我价值”是“三我价值”的最高目标。“超我”即激发人的无限潜能，突破、超越自我局限。生活教育，重在丰富充实个体的精神世界，突破个体的属性局限，追求一种“超我价值”，进而探寻人生的更高境界。

再次，通过“三生教育”来缔造人生的“三种境界”。如上所说，“本我”是人的一种自然状态、“自我”是人的一种社会状态、“超我”则更侧重于人的精神状态，个体的这三种状态决定了人生的“物境”、“人境”和“意境”三种境界。而价值主义教育的目的就在于通过教育不断提升人生的境界。第一，“物境”是人生三境的第一境。“物境”就是出于本能做事，是一种天性，是一种原初的生命状态。从教育视角看，这是一种认知教育。第二，“人境”是人生三境的第二境。“人境”属于人伦生活的范畴，在人的本位上发展人生，实现人类的进步与文明。从教育视角看，这是一种参与和体验式的教育。第三，“意境”人生的最高境界。“意境”属于宗教、艺术、哲学的范畴。以超然与永恒为目的，追求诚、意，是一种顿悟，是一种神圣境界，需要把人的幸福置于对某种信仰的不断追求和永恒向往之中。从教育视角看，这是一种感悟式教育。

综上，价值主义教育思想的实践模式可概括为：融“三生教育”、“三观教育”、“三我教育”于一体，追寻人生三境的一种理想教育模式。如下图所示：

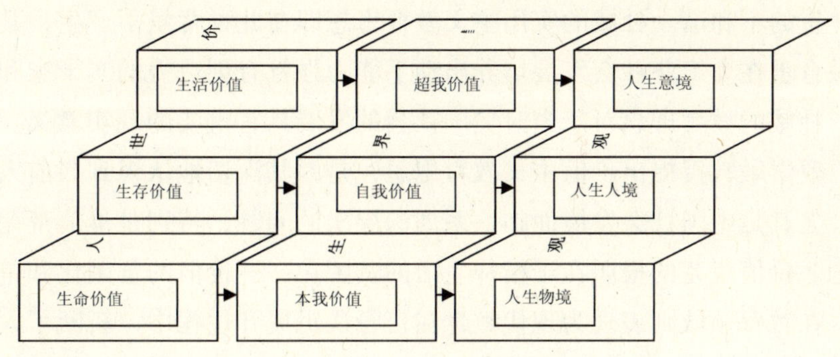

价值主义教育实践模型

价值主义教育是在批判吸收实用主义以及人类其他优秀教育思想的合理内核之基础上，超越创新的一种新思想，其理论体系的建构尚处于初步探索阶段，有些基本理论还不尽完善。如：关于师生观，价值主义教育仅提及要尊重学生和教师的双主体地位，注重实现二者的主体价值，但对二者的角色扮演，关系价值的建构却并未展开论述。关于教学观也只涉及要提高教育教学效益和学生学习效益，对教学关系及其价值建构也并未详细阐明。关于课程观、学校组织观、教育管理观的论述也非常少。因此，笔者认为，未来阶段，价值主义教育急需充实完善这部分基础理论。此外，对于价值主义教育的实践形式，笔者认为，价值主义教育应不断探索实践丰富多彩、灵活多样的价值主义教育形式，如当前价值主义教育实践模式——“三生教育”模式，其精髓在于采用认知、体验、感悟式的“三生教育”、“三我教育”、“三观教育”，塑造人格健全、智慧丰富、全面发展的现代人，进而追寻人生的至高意境。

五、结　论

通过实用主义教育思想和价值主义教育思想的比较研究，不难发现二者在教育理念方面既存在相通之处但也存在一定分歧。分歧的原因主要在于二者所处的时代背景以及哲学基础迥然不同，具体表现为：由于时代背景的不同，导致二者对教育本质及其具体功能的认识产生差异。19 世纪末 20 世纪初，美国以纯粹知识为主的传统教育与社会发展存在着严重的不和谐。杜威的实用主义教育思想即在此种背景下产生，其主张教育重在为工业社会发展培养出动手能力强且有创造力的实干家和工人，杜威的教育理念对于当时美国社会的发展具有重要的现实意义。然而，罗崇敏教授提出价值主义教育思想，是因其深切地认识到当前人类社会尤其是中国社会发展面临一系列深层次的问题，特别是价值荒芜的问题。价值荒芜的根源在于精神生活的贫困化——价值的贫困化和单一化，在教育领域则表现为现代教育在自身逻辑展开过程中，斩断了人与价值的连接，教育被功利化、工具化、世俗化了，进而造成理性猖獗、情意缺失、人本沦丧、物性至尊等，总言之，中国乃至世界面临严峻的“价值危机”。那么如何使异化的理性人、工具人、经济人回归为本真的人、有灵魂的人，如何建构符合中华文化自性的价值体系？这类深层次问题的解决依赖于教育体制机制的改革创新，更需要人民教育观念、思想认识的不断更新。正是基于这种逻辑，罗崇敏教授适时提出了价值主义教育思想，这既是为了开示并实现教育的真正价值，更是为了通过教育而重建中国社会的价值系统，确立真正属于中国的核心价值体系。另外，哲学基础的不同，也使二者对教育本质及其功能形成了不同的观点。实用主义哲学重在强调教育知识和理论的实用性、有效性和工具性，力在倡导积极行动和追求实效的精神。而价值主义哲学同样热爱知识，重视知识教育，但它在主张知识和价值的统一，真理和自由的统一时，反对把人变成“知识人”，反对把知识变成控制和奴役的工具。价值主义教育思想重视工具理性，但更重视价值理性，这一思想切中了当下中国教育弊端之核心。

当然，实用主义教育思想与价值主义教育思想也不乏相通之处。作为一种全新的教育思想，价值主义教育思想也吸收了杜威实用主义教育思想的合理内核，并对其进行了总结与反思、批判与继承、超越与创新。二者的教育本质观不同，但二者倡导的教学方式、教学手段，追寻相通的教育目的和目标却存在相似之处。笔者认为，价值主义教育思想，一方面继承吸收了实用主义教育在增强人的能力、提升社会的效率、提高社会生产力等方面的合理内核，另一方面不断开拓创新，更着眼于个人人性的提升、社会秩序和道德的建构。其妥善处理了教育中

“形而上”层面的“道”和“形而下”层面的“器”之间的关系，实现了教育内在价值和外在价值、个人价值和社会价值、人文价值和科学价值、传承价值和创新价值、理性价值和现实价值之间的有机统一。但在当下，实用主义思潮泛滥所产生的负面效应，极力召唤价值主义教育去解决。客观地讲，价值主义教育的一些优秀教育理念，留给我们的探索空间非常广阔，其未来要走的路还很漫长，还需继续传承中外教育思想中的精华，不断丰实和创新自身的理论体系。

注　释：

①［美］杜威著，许崇清译．哲学的改造［M］．北京：商务印书馆，1989：78.

②罗崇敏．谈谈价值主义教育思想［EB/OL］．（2012 年 2 月 25 日）．［2012 年 6 月 21 日］．网址．http：//www. ynjy. cn/chn201004051544082/article. jsp？ articleId = 8280693.

③赵祥麟，王承绪编译．杜威教育论著选［M］．上海：华东师范大学出版社，1981：1.

④John Deway. School and Society［M］. Southern Illinois University Press，1980.

⑤赵祥麟，王承绪编译．杜威教育论著选［M］．上海：华东师范大学出版社，1981：1.

⑥［美］杜威著，王承绪译．民主主义与教育［M］．北京：人民教育出版社，2007：61 – 62.

⑦上海师范大学和杭州大学教育系编：杜威教育论著选，上海：上海师范大学印刷厂，1977：8.

⑧罗崇敏．谈谈价值主义教育思想［EB/OL］．（2012 年 2 月 25 日）．［2012 年 6 月 21 日］．网址．http：//www. ynjy. cn/chn201004051544082/article. jsp？ articleId = 8280693.

⑨罗崇敏．谈谈价值主义教育思想［EB/OL］．（2012 年 2 月 25 日）．［2012 年 6 月 21 日］．网址．http：//www. ynjy. cn/chn201004051544082/article. jsp？ articleId = 8280693.

⑩罗崇敏．论现代教育价值建设［J］．昆明理工大学学报，2010，（2）．

⑪⑫⑬⑭⑮杜威．民主主义与教育［M］．人民教育出版社，1990：54、114、117、114、84.

⑯罗崇敏．谈谈价值主义教育思想［EB/OL］．（2012年2月25日）．［2012年6月21日］．网址．http：//www. ynjy. cn/chn201004051544082/article. jsp？articleId＝8280693.

⑰罗崇敏．让教育的意义深刻起来——以“三生教育”推进学生的全面发展［J］．人民教育，2010（8）：11－14.

⑱⑲⑳㉑罗崇敏．论现代教育价值建设［J］．昆明理工大学学报，2010（2）．

宏阔之思　诚意之得

熊庆年

2009年5月初，忽接云南省教育厅办公室工作人员电话，问是否愿意为其厅长新著写书评。鄙人向来对政府官员敬而远之，对官员之书心存戒惧，故未肯应承。来电者声言，不写也没有关系，愿寄呈便览。其言也敬，其声亦柔，硬拒之恐失学人风度，大家尴尬，于是不置可否，含糊哼哈。臆想如此应对，大概对方会不了了之。

未料访德归来，竟得云南邮件。拆开一看，新书两本。一为《教育的逻辑》，一为《教育的智慧》，作者均为罗崇敏。打开电脑，在搜索引擎上输入作者之名，"'奇官'罗崇敏"标题跳将出来。忽然想起，此文前两年在《南方周末》上读过。"奇官"新书会不会有什么新奇？于是便坐下来翻翻。浏览一过，忽而有感，且略述如下。

今日著书之人，多为两类。一为学术计，一为稻粱谋。计学术者，欲将研究心得公之于世，求得同行认可，标明知识发展之贡献。稻粱谋者，意将知识为交易，换得所需，而所需各有不同，有为职称晋升，有为了结项目，有为装点门面，有为仕途经济，等等。罗氏著书，当不为稻粱谋。何以见得，作者已具博士学位，官至教育厅长，不至于为俗事劳心。而粉饰装扮、仕途敲门，著书可有多大效能？有理文字的功夫，还不如去"潜规则"一番，更有益于官运亨通。罗氏著书，亦不似为学术计。学术有学术的理路，研究自有一套方法与规范，其书并未见惯常学术套路，而目的亦非为学术发展添砖加瓦。更何况，罗氏非教育学术圈中人，所事非教育学术事。要玩学术，恐非三年五载玩得转。

以笔者之见，罗氏之著乃治事之书。有司秉权，有用心者，有用术者，有用力者。用心者竭精阐思，谋其所事，衡其所当，图其所成。罗氏书乃用心之得。《教育的逻辑》从系统上考察教育体系的构成，作者抓住动力、运行、规则三个基本要素，分析了历史的发展与现实的矛盾，试图把握其发展轨迹与内在的规律，从而为理政提供战略思路。《教育的智慧》则从系统的各个局部入手，论其所涉，揭其所要，权宜所当，从而为施政治事提供理性依据。两书分阅，自成一体，各有其魂；两书合观，相映成曲，相得益彰。足见作者构思，独具匠心，概非枪手遵命或抬轿铺陈所能为。虽难说罗著有多少发人之未发，但可以获知其用心不浅。中国各省教育厅长若皆如此，可谓善矣！

善治者要在远见，治事之书佳在洞察。观罗氏书，不囿成说，而卓有明辨。如其论教育本质，以为“教育是‘引领’和‘继承’、‘适应’和‘创新’的辩证统一，但从本质上讲，教育是引领性事业，而非适应性工作……当人类社会进入‘工业社会’并进而进入‘知识社会’时，教育的‘引领’和‘创新’，第一次超越了‘传承’和‘适应’，成为教育的主要功能”。这种对教育功能历史发展的认识，已经对传统认知有所超越。故其在运用“教育引领发展”思路来考虑教育满足社会发展需要和个体成长需要问题时，认为“还应该加上教育‘价值取向’的第三个维度——‘未来社会的发展趋势’。只有认识到这一点，教育，才算是真正尽到了自己的义务”。掌教育者有此之识，可谓前瞻。罗氏并不空言未来，以一章专论走向未来的教育。其中不是科幻的畅想，有面向未来的反思，有走向未来的路线图。

人们常常把某种作为达到高水准和高境界称之为艺术，而掌握了这种艺术的人视为有智慧之人。智慧是一种超凡的认知力和行动力，智慧是人生的艺术、行动的艺术。智慧何来？智慧来自于人生的修炼，来自于实践中的大彻大悟。罗氏表白：“追求的不是众人未见，而是众人所见但未思更未行”，这算不算得上是智慧？相信读者观书之后自会有结论。《教育的智慧》想要传递的，是对现实教育问题的一种价值思考、一种政策或管理尺度的把握。坦率地说，以笔者观之，这种思考与把握还需要有广阔视界与当下具体环境最有机的汇聚，有对普遍问题与具体实践最贴近的耦合，作者还需要更多变革和创造的实践积累，更多思想交锋的修炼。没有对现实情境、错综复杂矛盾的真实面对，就难得深中肯綮的决断，也不可能游刃有余地处置。哲学是探索智慧之学，但哲学的思考并不等于就是智慧。哲学的思考只有真正触及了当下真实的问题，洞悉了问题的本质，找到了解决问题的钥匙，才会闪现智慧的光芒。当然，我们不必苛求作者，不管他是否达到了艺术的境界，但探究本身就是通向智慧的要道通衢。

哲人有言："知易行难"。罗氏之著，展示了一位教育厅长的治理之思，鄙人更为期盼的是，所思所想化为现实的行动，"三生教育"在云南逻辑地展开，面向未来的教育在南国开出智慧之花。

（作者为复旦大学高教所所长、教授。此文是作者2009年5月29日在人民大会堂中国"三生教育"论坛上的发言。）

“三生教育”　助力一生

——我人生的七个瞬间

纪连海

最近真的是百忙，天天巡讲。但是为什么云南省教育厅一请就到了呢？应该说我还是和咱们云南很有缘的，因为云南是我当年新婚蜜月之旅来的地方。说到这，您肯定得问我了：你做今天报告的题目是什么呀？因为这根本就不是报告，知道吧？领导给属下做的叫报告，属下给领导的那叫汇报。我是一纯粹的中学老师而已，当然是汇报啦。我这个汇报还真有个题目，其实就是自己的人生经历。经过一番思索，我觉得我的人生经历可以用汇报的一个主题目、一个副标题来概括。我汇报的主题目叫：“三生教育”，助力一生。副标题是：我人生的七个瞬间。就是用我人生的七个瞬间来诠释一下这个“三生教育”。

我虽然是搞教育的，但是我一直没有认认真真地研究过自己，直到这次云南省教育厅约我。我之前接触过“三生教育”，才刚刚接触到“三生教育”就发现，我这么多年的教育，尤其是改革开放这么多年的教育，我们学过太多的理论，这么多年理论充斥得呀。你们没有我们接触的理论多，我们是理论最前沿。北师大，所有理论都得从我们那发射到全国，全世界的理论、教育理论都由我们北师大接手，然后北师大那些专家再加工加工、改造改造，按照自己的理解，再通过我们北师大二附中，不断地努力、消化，然后再推向全国，每天我们都在理论当中。这些理论，想一想，是不是过于急躁？这些理论，是不是太脱离我们现当代中国的现实？所以我在想，50、60、70 年代它的教育，包括 80 年代的教育，不能说都是，但是那个时代我们中国有很多的东西，还是到今天，我个人认为还是值得留恋的，这里面其实就有生命、生存、生活。

当了这么多年的老师，一直都在奉行教育育人，到了云南知道了他们的新理念：教真育爱。的确，教书育人的最终目的是为了什么，看来还是为了说真话、做真事、为真人，当然更是要爱自然、爱社会、爱他人。

接下来我就要说到我个人成长的七个瞬间与这“三生教育”的一些关系。

第一个瞬间——1982 年

1982 年发生了什么事儿？我高考。

说高考之前，我有一些话要说。为什么学师范？我跟您说，学师范是为了生计的需要，否则，鬼才想当老师呢！你家里穷吗？我家里穷！我们家有父母，一个哥哥，两个姐姐，我母亲，没我的时候就是残疾人，有我的时候更是残疾人，没有劳动能力。我的哥哥姐姐都结婚另过了，没有人帮助我，真的没有人帮助我。我得挑起家庭的责任，我不能花父母的钱上学。这只能学师范呐，又熬了一个近视，这近视吧，就得学文科。这我不喜欢当历史老师，我喜欢游山玩水，我最喜欢干的，是温家宝一开始干的，搞地质多好呀？不花钱，走遍全世界。一吹牛就说：中国 2000 多个县，我都去过。但是，家穷只能去学师范。咱那年考了 405.2 分，很高的分儿，不客气地说，我当年是可以考上北京师范大学的，但是我没敢报名，为啥呢？听说北师大全国分配，我毕业给我分到云南来，我想我妈！我妈有我的时候都 40 多岁了，所以怕全国分配，就报了北京师范学院历史系。大学四年我都做了些啥？就做了这两件事：第一读书，第二锻炼。

四年大学，每天坚持跑10000米。从此，不去医院。我，从大学毕业以后到现在，总共去过3次医院。第一次是气胸，第二次手术是小肠疝气，第三次手术，牙齿不是都掉了嘛，头两天安了槽没安好，所以这次回去还得摘下面去。为什么锻炼，是寒冷的原因，锻炼是有御寒的能力。现在我爬个山，完全没问题。2009年2月7号为了纪念我结婚19周年蜜月回顾之旅，特地爬玉龙雪山，爬到4680米。我们一行上玉龙雪山，那天玉龙雪山上零下30多度，我们自己爬上去，没用氧气。所以，我深切认识到了，身体是革命的本钱。

读书是因为我买不起书。在大学养成了一个习惯，每天进阅览室，一层是图书馆，二层是阅览室，先进图书馆一层有很多报纸，从人民日报开始读，读完读参考消息，读完读光明日报然后再读其他报纸。读完以后怎么办呢？跟图书馆借一本书，今天要看什么书，借了把书搁柜子里锁上自己装上钥匙直奔二楼阅览室。到二楼看杂志去，有一些杂志它不是书，有些是研究历史的那些是刊物、杂志借不出来，看到晚上九点半，看到阅览室关灯。然后回到一层，把书拿回来，把钥匙还给图书管理员，然后带着书出门，图书馆对面400米操场，把书搁一块石头上，跑25圈——10000米。然后回宿舍。回到宿舍可以打手电把书看完，明天把今天借的书还回去，第二天再接着借，我的四年大学就是这么过完的。所以你说生命教育也好，生存教育也好，我觉得那个时候的教育，可能当时你觉得是痛苦的，如果没有那种教育你会走向成功吗？所以，当我看到“教育是实现人的价值，发展人的生命、生存和生活，促进人类文明进步的社会活动过程”时，我打心里感到震撼，这句话太在理了。

第二个瞬间——1986年

四年大学转眼过去了，第一个瞬间结束，接下来第二个瞬间——1986年。毕业分配，我也没想当老师，说实话，我没想过被分到学校，一个新建的初中校。您不知道进那学校有多困难，8月16号到这学校一报到，学校没食堂！我是农村的，住校，没食堂?！我只能天天出去，跟一帮坏老师一起，我们八个人，四男四女，都没宿舍。为啥说跟一帮坏老师一起呢？人家都在大学里学会喝酒了，我不会。第一天他们就一人咬一啤酒，咱也喝吧，要不然怎么跟人处呀？好，我人生中第一次喝酒是拿到自己的工资，8 月 16 号一分配工作，立马先给钱，拿着一个半月工资，然后到学校说：没食堂，出去吃饭呗！花了，各自 AA 制结账，那是我人生中第一次喝酒。

我们当过老师都知道，得拜山头儿，对不对？我们得跟人那年级组长王老师，1964 年大学本科毕业，我 1965 年 1 月出生，他 64 年大学本科毕业，这老师很有经验。我第一面见他：“王老师，我这也没当过老师，您还得指导指导我。您说我这一来就当班主任，这不是赶鸭子上架吗？实在不会，您得帮帮我。”“哟，这谁能帮你啊？你堂堂大学本科毕业生，孩子，我就帮你 句话。”我说：“您说！”“记住了，这世界，没人能帮你！记住了吗？”我说：“记住了。”我这只能走呀。他一看我还挺乖，“孩子，回来，我再教你一句，记住了，你人生的第一次将是你人生中最精彩的一次，记住了！”这句话是真的。那我找教研组长，教研组长是历史老师，比我大好儿十岁，女的。我说：“张老师，我说我这没教过书，也不爱学历史，这四年是混下来的，您得教教我怎么教。”（当然不是混的，真不是混的，那只是跟人谦虚）“哟，您这堂堂大学本科毕业生，我这一工农兵学员儿，我家里穷没上过学，不像您似的上过学，我教您？糊涂呐！”走啦。

然后紧接着就 9 月 1 日开学典礼，我一进班，看一眼学生：漂亮！那男孩一起来，头发到这儿，精神！？您说这是学生吗？老师得杀杀他们的锐气：“去，把你家长找来！”“我爸南口的，离这儿 20 多里地！”“去！”好家伙，找来了，半个多小时就来了，到了学校，往这儿一戳：“谁找我呀？”我一看我就害怕，头发过屁股，他爹！我这才知道，教书绝对不能教南口，为什么？冯玉祥都打不过南口，你研究北京的抗战史中最精彩的一页，全是南口人干的，现在有很多人研究，叫一个人的抗战，那是血战到底呀！他说：“您找我？”我说：“是！”他说：“什么事儿？”我说：“我看看，您这孩子太精神了，太漂亮了，太英俊潇洒了，我就特别想认识认识他爹谁，你说这长得多潇洒，那胡子长得，真是潇洒。”我真是害怕！“没别的事儿啦?”我说：“没别的事儿了，谢谢您！非常有幸跟你认识。”然后就走了。你看我就教这样的学生，你想，你是喜欢这学校老师还是喜欢这学校学生？后来我就想，我这一生就这样浑浑噩噩地过去？那个时候就想起我父亲，我小时候父亲教育我：人呐，别混知道嘛。过日子，就好好过日子，要不然别过！所以这句话我到现在还用。我想既然改变不了现状，怎么办呢？教吧，努力，改变不了别人，你只能改变自己。所以从那天开始，认认真真，努努力力，先研究怎么当老师，如何生存？

今天回过头来看，人有了生命以后，就得生存，生存靠什么，一是靠能力，而是靠智慧。否则，你就别想幸福生活。所以，为人一生要增长生存智慧。所谓增长生存智慧，就是要学习生存知识，掌握生存技能，强化生存意志，提高生存的适应能力、发展能力和创造能力。

第三个瞬间——1996 年

想出去没出成，为了生存，只能留在学校。其实换一个单位，有时候会发现，孩子在你手下学不好的时候孩子要转学，老师在校长手下不顺心的时候他也要转学，他要换单位。所以，老师换单位其实是每个学校、每个校长都比较关注的。为什么要换单位呢？干得肯定是不舒心。我说实话，您别看我，教 26 年书，马上开学教 27 年书，校长的表扬我还是很爱听的，非常爱听。别的老师也一样！所以当校长的、当老师的，不管是对学生还是对属下都要及时地表扬，一点一滴，点滴的安慰是非常重要的。

后来我要回我高中母校，我要把所有教过我的高中老师都送走回家，我真这么想的，我要眼看着他们退休，把他们都踏踏实实地送走。后来我就调到了昌平二中，我的高中母校。有时候高中母校也挺可恨的，它不一定让你实现你的抱负！咱高中有三个历史老师：高一、高二、高三。我这来了，让我教几年级呢？终于到 1996 年 7 月这三老师全退休了，同一年同一个月全退休了，高兴死我了，终于这高中咱横霸了。这回高中都是咱自己的了，发牢骚，跟学生说：“我这没教过高三，教得不好，您将就听，教得不好，别告状，听见没？咱学校所有的历史老师，就我教过高中，他们还不如我呢！您将就听，要不信任我，自己花钱请家教！请了家教教成什么样，那成绩还算我的。”第一天就给人一下马威呀！当然，说是说，做是做。发牢骚并不意味着咱真真不干事儿，咱毕竟科班儿出身呐，天地良心咱有的。我教书那么多年，教过那么多届高三，我可以确认，我没给学生订过任何高考资料，我从来不订，我只给我自己订，我根据我的学生的需要，把我想要的题挪到我课里去上。第一年，就这么教。我教课从来不让同学记笔记，只挑两个速记员，我们班有学速记的，我每年教书之前，一般之前暑期就培训两个速记员，这两人速记员负责记录，其他人只需抬头听我讲课，不许记笔记，回头笔记我发给你。而且我就教学生学半年！头半年我的课您可以补语文、补英语、补数学，爱补什么补什么，就别学我历史。后半年对不起每个人给我学历史，死记硬背，说实话，教书还得有些窍门儿。就这样儿手把手地教孩子，然后为什么要有这速记？速记那东西吧，最后这学生还给我一套。我好把这一套给其他没教过高中的老师，源源不断地给这些老师，你看，我就是这么说的话，去年就这么说，你回家好好把我这家伙背下来听见没有？就这么说，一个字儿不准差！听见没？昌平二中的历史老师都是我这样手把手带出来的。最后，我一到哪个学校，一年里立马平均分儿、及格率，双超兄弟学校十几个点，那可不是吹牛的，当年奖金一万。所以那时候，我过了一阵很辉煌的时候。

现在都不用，现在因为我出名儿了，都不教高三了；所以没机会跟学生有那么深厚的感情。现在学生跟我最深的感情是什么？到处骗人去。考上哪了，考上云南民族大学了，搞那个竞争啊，他竞争当那个团委宣传委员。人家一问：“你优势强在哪呀？”“哎，我能把纪老师请到咱们这儿来讲课。”就是卖这个，就是出去卖人去。

第四个瞬间——1997 年

第四个瞬间是什么？1997 年，当年的辉煌，一般来讲，当你不用努力，便永远是这个地区第一的时候，我知道，有时候咱就得认命。有了邓亚萍，打乒乓球，算你倒霉。那回我跟那高敏做节目，我就说："跟你这么大一块儿的，你那伙伴儿都特恨你。"我说："你活得最可恨的就在于，你让所有的人都失去了冠军的梦想。"而且他不用努力，就轻松地得冠军了。你再努力，你还是亚军。永远是亚军，只要他不退休。所以，在那个时代，你不用努力教，学生也考得很好。在这种情况下，你怎么办？人会失去自己的！这个时候，我讲的就是高原反应，就是——高处不胜寒啊！人会骄傲，谁都怕你，是怕，确实怕！这样活着，有劲吗？当然我说不后悔。那天，腾讯网，有一个网友，他公开就叫嚣："今年我不准备给老师送礼！"你觉得怎么样？我立马给他私信，我说："请你注意，你给老师送什么礼老师记不住，你没给老师送礼，你放心，老师肯定是记得住的。"你送了什么老师记不住，但是你要没送，肯定记住。这点我可以确认，会毁掉你的，确实会毁掉你的。我不能说我们的老师是错的，我说可以，可以在这种环境下说；我不能跑记者面前去骂我们老师们、朋友们，咱们都是一个战壕里的对不对？咱们一个窝儿里的，咱们哪能当着别人骂自己呀！

但是现在要说的是什么？人已经活成这样了，就得有新的追求。过没有追求，你会怎么办？那你就"饱暖生闲事"、"无事生非"呗。你肯定跟领导跟老师，跟这跟那关系都不好，为什么？没人管得了你呀。真没人管得了，因为这老师太好了。社会都怕你，领导也得对你让三分，对不对呀？所以在这种情况下，我就在想，我的人生应该重新打算，重新设计自己的人生。从那个时候开始我就想，我要离开，我要换一个单位了；但是为这个单位我要做出不懈的努力，我要学三个东西：第一，我要学开车；第二，我要学计算机；第三，我要学英语。前提是那个时候我已经上了研究生主要课程班，我是北京师范学院、首都师范大学第一届研究生骨干。为的就是充实自己，就是不满足，在专业方面要不断地努力，要看更多的书，要让更多的老师教会我。在这个完了，两年，周末周日天天考。然后在这个基础上，我又学了计算机，专科。我家没有计算机，到我毕业我家都没有计算机；我买不起。生生地背那些命令，DOC、past、VB、VB + +、VC、C + +，这些我都行。你设计一些小的玩意儿，那些动画什么的，反正都会，学了很多。学英语、学车，为什么？我就想，开着自己的车，到一个双语学校，用流利的英文，讲着中国历史，然后手上拿着鼠标，展示的都是自己做的 PPT。现在我也是这样的，PPT 课件儿都是自己做的。成名儿了有人就找到我：“嘿，老师，您一个字都不用写，您就在那讲着课，我们给您整理。给您多少钱呗。一百万。”我见过的，我说对不起，我做不了。为啥？我这课就能卖钱啦！不行！“那要不然，那个，我把您这个 PPT 课件儿咱出一套光盘呗？”“这个可以，但是，上面要写上几个字儿，第一，是什么呢？免费赠送。第二，欢迎指正。”我说：“您要给我弄，咱就出，你要做不到，对不起！”现在，诸位，只要去过我们学校的，所有的人，不管你是学生还是其他人员，只要你说：“纪老师，我想要你的一个课件儿。”立马拿走。我这人从来认为，这老师、学生之间交流，还拿这卖钱了！还要给我出一套书，什么玩意儿！这不上当了吧！那人就是坏人。人哪，出名儿可以，不能对不起自己。当一切学完，我就调到了北师大二附中。调到那以后呢，本来想学英语啊，结果没想到阴差阳错出名儿了。

第五个瞬间——2001 年

这就到了我们第五个瞬间，2001 年。到北师大二附中，学校环境不一样，学校都欺负人。每个学校都欺负人，第一天你就会抱怨，确实是这样。有的时候你忍不住，当你换一个环境，你就会抱怨。为什么，我给你讲讲这个学校有多可恨，北师大二附中有多可恨。第一天上班儿，跟一老师见面，比我大五天的，女老师问，我们也教历史的，问：“您哪儿毕业的？这学校没有你们学校毕业生，这学校的老师都是北师大毕业的，没有北师院毕业的。”我说：“妈也！”这事儿你听了不难受啊？然后紧接着开学典礼，校长面对着学生面对着家长：“我们学校很优秀啊！我们学校的老师都是北师大毕业的！”我不是！我不能撒谎！我自己跑到台上说：“对不起，我是北京师范学院历史系毕业的！”说完扬长而去！你说这话说这儿了，你在那地方儿还怎么混？紧接着更可恨，为啥呢？教研组长 4 节课，我新来的 16 节课，他们四个人教 20 节课，我一个人教16节课。哎哟，有带这么欺负人的吗？你要是这么想，那你就跟这学校完全对立了。但是不是这样儿，你要想这多上课不就多挣钱吗？再说，这么多学生，这就是领导对我的信任，对不对？第一节课上学生调皮捣蛋，我抓着本中国史，讲了5分钟，你讨厌那学生站起来："老师，坐！""哟！我想坐，那你来?!"我立马坐那儿："去！我听您的！"他不欺负我么。然后这节课下了，他说："讲的还行！还行！"我说下课你上我办公室去。我说你这谁教你的？没人教！想捣蛋！你干嘛呢？你爹教你、你妈教你的？我爹呗。你爹干嘛的？北京社科院呗！你看看这倒霉孩子，你说是不是倒霉孩子？你害怕，你能不努力看清吗？那咱还是个人？教半年我就申请：再不教这破孩子。人贵有自知之明呐，你不能害了人家，让别人教这孩子吧。把这班儿让出来，正好是一机会，因为那高二第二个学期分文理班儿了不是，我去教俩文科班儿，所以就把这好班儿甩出来，让一老太太教，老太太这嗓门儿大，比我还大，结果让她来教，这算是顺利。当然咱们，在这学校，咱没学英语，本来按咱这计划是在这学校学下英语，糊弄糊弄学生再学点儿英语，然后再学学开车再拿个牌儿，我压根儿就没想过在这儿教死到底。但是这学校不撵我走，我就赖在这学校，生是二附中人死是二附中鬼，这没想过！只有现在想过。确实，后来互相之间都适应了。

第六个瞬间——2005年

所以在这种情况下就进入到我人生中第六个瞬间，2005年，就是这讨厌的闫天，和她爸爸就把我推上了百家讲坛。推向百家讲坛这咱不用说了，那么面对这个你人生的成功与否。换一种活法——原来我想的是双语学校，那是一种活法；按原来过去的是一种活法；现在阴差阳错，所以我说这是第三种活法。这第三种活法就是就是，我成专家了，成学者了！哎哟我的妈呀，这专家不就是挨板砖儿的家伙吗！你看现在专家说的话，有时候还真不敢恭维。所以我就觉得，面对着这种情况，你怎样做。所以我觉得自己的选择，我那回，出第一本书的时候——《历史上的和珅》，我给我们学校送了两本书。我说我喜欢二附中的空气，我们学校校长很愤怒，为什么不说喜欢这里的土壤？我说对不起校长我不是在这里长大的。我这小学、初中、高中、大学，我的初中老师生涯、高中老师生涯都不是这儿，这儿的土壤对我没有意义，我在别的土壤上我也能生存，我只不过喜欢这里的人文氛围，也就是空气。然后跟他表态，我说校长只要你不撵我走，我就烂在这个学校。说话也讨厌，本来挺好的一句话，到校长那儿就觉得……刺耳。这也是我的脾气秉性哈，后来我们跟领导磨合得也很好。所以为什么 2005 年呢，面对着这个，我就坚定了：第一：永远在这个学校教书，而且在课的问题上，永远在北京市前列（在云南省大家也许不清楚我们北京市的课呀，做的公开课呀，这些你不清楚）；第二：绝不放弃电视台这块阵地，因为这个阵地你不占领，别人就占领，而更可恨的是，别人占领，对我们老师是一个莫大的侮辱。我还记得我拍过电视剧，《杨光的快乐生活》，有这么一个镜头：一个小学生，在班里头闹，他闹了以后家长管不了，最后就给这个班主任塞这么一张卡，这张卡里面存着十万块钱。当时的情节是这样定的，这个家长，谈了半天啊，这个家长说：“老师麻烦您了，你看我们这孩子也挺讨人嫌的，这个小意思，不成敬意。”然后老师说：“哟，这是什么？”“这是一个银行卡。”老师的表现是无可奈何地笑了笑。我看到这里的剧本，我说，这老师到底拿了没有？把这个银行卡交了没有啊？没交代。我说这电视剧不能这么拍，我说你听我的，机器别停，下场我来演，你跟我配合，听见没？那家长给我卡，我说：“这是什么？”家长：“这是银行卡。”我说：“多少钱呢？”家长：“一点小意思，不成敬意。”我说：“不，多少钱？”家长：“十万。”我说：“哟，十万就把我打发啦？”家长一听：“啊？十万还……”我说：“哟，你以为多啊？”我说：“这都是昧着良心的，三千亿欧元。差一分钱，不要！要给，给我三千亿欧元，括号，我要现金。不够，以后别在我面前说钱，行吗？”咱叫那孩子：“出去，走！”这才是老师嘛，你要不这么演，这帮编剧带着对老师的刻骨仇恨，把老师描写的什么乱七八糟，一看就是很阴暗，对不对。所以这是我说的 2005 年。

所以这里我很赞同罗厅长关于教育的观点：人类的最大的危机就是教育危机，教育危机使人的主体性异化，使教育价值流失，使教育创造力丧失。但同时，人类的最高价值是教育价值，最高智慧是教育智慧，教育培养和发展了人的生命智慧、生存智慧和生活智慧，创造了人的价值。我们应该坚守教师的本真，学为人师，行为世范，去引领学生，引领社会，这是我要坚持这样描述老师，也是这么要求自己的。

第七个瞬间

现在呢？就是现在，最后的一个瞬间就是现在，有的时候，人在江湖漂，怎能不挨刀？有的时候呢，第七个瞬间你就会发现，这个社会上的知名人士啊，永远都会有负面新闻，没有负面新闻还算知名人士？所以有的时候给我的学生，有的学生认为纪老师太坏。人家炒作了，你自己不能让别人炒作。不需要托词，有的时候，就像我那天的微博，我没发，说完这段就结束了，就抄了一段自己的微博，没发的微博：录了一整天节目，现在才刚刚踏上回家的路，我没看，我没想看你说的那篇文章，没看见我今天早上发的四个××××吗（我那个微博老有四个××××）？关于这件事的来龙去脉及我的想法，过去没有说，现在不表态，将来也不说，清者自清，浊者自浊。总不能人被狗咬之后，反过来对着狗咬吧。对某些地区的某些人，长长心眼儿。

所以最后一句话不解释，就是说，哎呀，今后你会听到，而且每年你都会听到关于纪老师的负面新闻，有负面新闻意味着纪老师还有存在的价值。也许，这就是我的生存、生活、生命之道。

（作者单位：北京师范大学第二附属中学。此文摘自云南省教育厅2012年7月23日“三生教育，助力一生”讲座。）

"三敢厅长"罗崇敏

王旭明

在我接触的教育工作官员之中，罗崇敏先生是一位很特殊的官员。

首先是敢做，这个大家深有所感，他率先在云南省开展了考试制度和招生制度的改革。而且在他的管理区域内创立和实施了"三生教育"，并把"三生教育"推广到了全国，并在全国各地建立了很多工作站等等。

其次，他还敢写，一位教育官员写了十几本书。今天看到罗厅长的三本书——"教育三部曲"（《教育的智慧》、《教育的逻辑》、《教育的价值》），我在思考一个问题，要是我的话，终结一生，我也就写成一本书，我觉得智慧里包含了逻辑，逻辑里含有智慧，当然，价值里也含有智慧……这也许就是作为我一个没有逻辑思维的人，想不了那么深远。"教育三部曲"我翻看完了之后，发现没有重复的，我就在想，他怎么这多话可写！当然，这是一种学养的体现，也是值得我辈终生学习的。

当然，我最欣赏的是罗厅长的敢说。这种敢说在当下的中国人里面是罕见的，我所说的"话"，是指正面的话，不是官话、套话和"伟大的废话"。最近，我看到的罗厅长说的"高三可以取消一个年级，初三也可取消一个年级"，这种做法我们暂且不论对与错，从学制的角度去思考教学的发展，从教育内部来思考，确实令人很惊讶。而罗厅长的敢说，也建立在罗厅长在多年教育管理实践的基础上，对教育本质的深刻思考和研究，创造性地提出了价值主义的教育思想，并以“三生教育”为突破点和切入点，在云南开展这样的改革和探索实践。没有这样的深刻思考和改革实践以及对教育所怀揣的坚持和热爱，对学生和未来的认真负责的情怀，是不会这么敢讲的。

此外，罗厅长的敢说话还体现在他常脱稿演讲，刚才我看见他旁边有讲稿，但他没有用。而且，他很愿意接受记者的采访，近两年，我经常在电视里看见他活跃的身影。我曾经做过教育部的宣传工作，我就希望有一大批这样的官员。当然，现在我也希望有一批干教育、说教育、写教育的人，因为我们现在的教育的确需要罗厅长这样敢干的、敢说的、敢写的官员，罗厅长具备这三个特点。我向他致敬、向他学习！

当然，我还有很多问题需要思考，教育价值我能理解，但是，价值主义对于我这个逻辑思维能力差的人来说，还需要好好思考。我们学过毛泽东思想、邓小平理论、马克思列宁主义，它们之前都是有一个“人”，现在说“价值”是一个“主义”，价值主义的教育思想反映了教育本质，指引我们反思人类教育，对现代教育如何彰显教育价值，回归教育本真，使教育真正发挥“植根时代，引领社会，发展人，幸福人”的价值功能，提出了有益的思考和启示，但在具体实践的领域，还需要我们不断地学习和思考，如何将这样的思想发挥其最大价值，这也许也是它启迪我们向新的领域思考的魅力所在。

（作者为语文出版社社长。此文是作者 2012 年 5 月 26 日在人民大会堂“教育三部曲”出版发行暨价值主义教育研讨会上的发言。）

“三生教育”：让更多的人拥有精彩人生

肖　川

为学生的幸福人生奠基是教育唯一正当的价值追求。我们的教育应该使每一个学生都能够创造和拥有精彩的人生。因为一个能够创造精彩人生的人，他一定会更多地珍惜生活，善待自我，友爱他人，奉献社会。这样的人越多，我们的社会将会变得更安全、更和谐、更有前途和更有活力。

精彩人生可以用24个字来概括，即：见多识广、心想事成、丰衣足食、情有独钟、服务社会和受人尊敬。见多识广是指能够“读万卷书，行万里路”，眼界宽广；心想事成是指“心怀梦想且梦想成真”，丰衣足食是指“物质上比较富有”，情有独钟则是指“拥有稳定而深刻的兴趣爱好”，服务社会是指“有服务社会的意识和能力”，受人尊敬则是指“拥有良好的品格”，因为一个人能否赢得他人的尊敬，并不取决于他的学历、权位，也不取决于他拥有的财富的多少，而只取决于他个人的品格。

一个国家人们的幸福程度并非完全取决于经济的发展水平，也就是说并非完全取决于个人的收入。它在很大程度上还取决于人们的生活态度、生活方式。教育在培养人的生活态度、引导人的生活方式、养成人的生活习惯等方面具有不可低估的价值。研究表明，贫困、犯罪、生活不幸与受教育程度低有很高的相关。

但“受教育”和“上学”是两个相关却并不相同的概念。我们看到学生每天在“上学”，却不一定是在“受教育”。所以，我们需要对“受教育”有一个深思熟虑的定义，从价值追求到内容再到过程，以及这其中包含着的从教者的态度与信念，赋予它确切的含义。

“三生教育”倡导为生命喝彩、为生活添彩，为生存护航。包含了“珍爱生命、欣赏生命、敬畏生命、守护生命、发展生命、成全生命”的理念，力图赋予人们生存、发展和享受的能力。

让更多的人拥有健康，让健康的人拥有智慧，让智慧的人拥有财富，让富有的人拥有美德，让更多的人健康、智慧、富有和高贵。这是教育的价值，也应该成为教育的追求和一个好社会孜孜以求的目标。“三生教育”代表了时代的先进文化，一定会在实践过程中焕发出源源不断的生命活力。

（作者为北京师范大学生命教育研究中心主任。此文是作者2012年5月26日在人民大会堂“教育三部曲”出版发行暨价值主义教育研讨会上的发言。）

关于“教育的价值”的思考

张小杰

一、感　慨

翻阅《教育的价值》一书时，内心不免生出许多的感慨。

正如作者所言，《教育的价值》一书是作者的呕心沥血之作“教育三部曲”（《教育的智慧》、《教育的逻辑》、《教育的价值》）之核心部分。面对这三本厚重的著作，即使普通的读者一定也会心生敬意，惊叹作者何以能完成如此不同寻常的“大事业”。对于涉足教育领域，多多少少与各类教育书籍打过交道，偶尔也在思考要写点什么，同时也端着“这碗饭”的笔者而言，心中的感受就不是那么简单了。

首先，就著作本身的分量来看，要完成任何一本这类书，都不是一件容易的事，何况是完成三本这么厚重的书。不仅每本书均属于洋洋洒洒几十万字之著作，而且作者对教育及其相关问题的思考自成体系。更为难得的是，三本书之间还构成了一个较为完整的、甚为庞大的表达体系，它体现了作者思考问题的深思熟虑以及理论性甚至哲学性探索与尝试之执著。就这一点而言，笔者不敢望其项背，唯有赞叹不已。

其次，该书的内容具有相当强的专业性。不论是书中所涉及的重要话题还是作者所讨论的具体命题，都具有颇为明显的学科与专业特征，非专业人士很难介入这种系统的思考和讨论之中。因此，该书与三部曲中的其他两本书一样，字里行间那些既让人感到熟悉又需要相应的学理训练才能系统体会的学科术语体系不是一般读者可以驾轻就熟地审读和把玩的。尤其是《教育的价值》这本书，甚至还给人一种需要硬着头皮才能坚持读下去、需要硬着头皮才能跟上作者的思路并持续进行思考的感觉。显然，这应该属于专业性的一种表现。

再次，作者对教育价值的讨论具有自身的特点。作者用颇具特色的方式表述了自己对教育以及教育价值的理解。比如，作者在序言中所说："教育是发展人的生命、生存、生活，引领人类文明进步的社会活动过程。教育的基础价值是成长成人，教育的根本价值是教真育爱，教育的最高价值是使人幸福"。应该说，一般的学者很少从这样的角度来看待并分析教育的价值。作者的这种独特表述在某种程度上"捕捉"到了教育这一社会实践活动的价值所可能具有的一些深层次的特征。在人们习以为常的教育问题上，在人们理所当然地看待教育价值之处，作者构建出了一套颇为新颖别致的教育价值论，即"教育的基础价值"、"教育的根本价值"、"教育的最高价值"。这确实让人惊叹不已。应该说，作者所构建起来的这种对教育价值体系的独特理解在教育研究领域显示出很强的个性，不乏新颖独到之处，至少让我们看到了一个致力于系统地思考教育价值问题的个案——对于教育价值还可以这样来理解和表述。（不过，笔者在后面将会提到，作者的观点有值得商榷之处。这是很正常的，因为是学术就需要商榷，只有商榷才能促进学术的发展。）

更为独特的是，作者把对教育价值的理解和讨论与其者一直以来所系统阐述的"三生教育"理念结合起来，这就使得本书的讨论更具活力，更贴近现实生活，更体现出时代气息。作者从"教育是发展人的生命、生存、生活，引领人类文明进步的社会活动过程"这一基本观点出发，阐述了"生命是前提，是根本；生存是基础，是关键；生活是目标，是方向。只有三者统一，人才能成其为人"的思想，表现出颇为独到的眼光，蕴涵着颇为丰富的内容。

二、关于教育的价值及其分类

“教育的价值”是一个古老的话题。人们都知道教育具有重要价值。甚至那些因某种原因没有受过系统教育但却取得了巨大成就的人也不否认教育的价值，而且他们都会毫无例外地要努力让自己的孩子接受系统而良好的教育。但是，在“教育具有什么价值”这个问题上，则仁者见仁。

诚然，在古往今来的教育家眼中，教育所具有的价值有着明显的区别。单从教育价值的分类就可以看到，不同的教育家所重视的教育价值很不相同。比如，在古希腊时期，苏格拉底以及他的学生柏拉图都非常重视德性的培养，致力于探究知识与道德的关系。他们主张“美德即知识”[①]，倡导知识与美德的统一，认为正确的行为来自正确的思想，美德基于知识又源于知识，没有知识便不能为善，也不会有真正的幸福。在此基础上，西方教育史形成了一个重视知识与理性的传统。该传统在自由教育（liberal education）[②]的发展过程中以及从自由教育向通识教育（general education）转变的过程中得到充分体现。到了近代，在这种注重理性的传统基础上，人们还强调一些更具时代气息的东西。美国的实用主义教育家杜威（John Dewey，1859～1952）把价值分为“内在的价值”（Intrinsic Values）和“外在价值”（External Values），后者又可称为“工具的价值” （Instrumental Values）。美国的教育哲学家波德（B. H. Bode，1873～1953）则提出判断教育价值的“社会性标准”（Social Criterion of Educational Values）这一概念。在德国，斯普兰格（Edward Spranger，1882～1963）强调教育的文化价值。此外，德国当代位学者杜尔（Ernst Dürr）则把教育的价值分为现实价值和理想价值[③]。如果对学者们的观点进行归纳，可以看到以下教育价值划分类型：教育的内在价值和外在价值；教育的社会价值和个人价值；教育的人文价值和科学价值；教育中的价值和教育的价值。

这些都充分说明，不同的学者对“教育的价值”做出了各不相同的思考和判断。

相比而言，《教育的价值》一书的作者在针对教育价值的系统思考中形成了别具风格的“三个价值判断维度”——即教育的基础价值、根本价值和最高价值。客观地说，作者的这一表述在教育研究领域或许会引起争议。作者的这种划分方法可能会被视为“把简单问题复杂化”。甚至，有的学者可能会本能地或者固执地拒绝接受这种把“教育的价值”分解为“基础价值、根本价值与最高价值”的做法。不过，笔者认为，作者能够在深入思考的基础上大胆地提出不同于以往教育界传统观点的做法是值得肯定的，至少就学术讨论而言是有价值的。其实，如果抛开一些可能属于成见的传统观点，如果更充分地注意到作者在做这种划分时的出发点以及所依据的判断标准，就能够使我们更客观地看待并理解作者这种做法的理由。

《教育的价值》一书的作者是如何解释为何要这样来思考“教育的价值”这个问题的呢？在书中作者是这样解释的：（人们）在讨论“教育的价值”时至少包含两层意思：一是教育的有用性，二是教育的正当性。所谓“教育的基础价值”实际上是针对“教育的有用性”提出来的。与此同时，所谓“教育的根本价值”则是针对“教育的正当性”提出来的④。如此看来，作者所提出的“基础价值、根本价值和最高价值”这三个判断维度在逻辑上确实具有相当的说服力，而且也能够获得足够的学理支撑。不过，书中并没有沿着这一思路继续展开，即没有用同样明确的文字直接说明“教育的最高价值”是针对什么提出来的。其实，细心的读者对于该思路的展开多半是抱有几分期待的。对于这一问题，笔者认为，似乎可以从古希腊以来“自由教育”（liberal education）传统中去寻找教育的最高价值得以成立的逻辑支撑和学理基础。因为自由教育所追求的目标能够为教育的最高价值提供足够的合理性支撑。

三、“教育的价值”的实现

该书第五章专门讨论了“教育价值的实现”。这是一个很重要的话题。

首先，值得注意的是，作者抓住了实现教育价值的核心——制度。近年来学术界一直在争论——在社会生活中是“制度”还是“文化”更重要？显然，在这个问题上作者选择的答案是“制度”。书中特别从“教育公平与活力实现的关键”、“受教育权”、“改进课程制度”、“改善学习环境”等多个角度思考“如何通过教育制度的变革来确保教育价值的实现”这一核心问题。

应该说，教育价值是多元的，实现教育价值的方式和途径也是多种多样的。作者对于“教育的价值”以及“教育价值实现”这类问题的思考颇为系统，在众说纷纭的学术界树起了一面颇为鲜明的旗帜。不过，在思考这类问题时，有这样几个概念及其相互关系需要给予更多的关注：

(1)“教育的价值”与“教育的独特价值”

正如一些学者所阐述的那样，教育价值还可以分为“理想价值”和“现实价值”，本书作者把教育的价值分为“基础价值、根本价值和最高价值”。不论如何划分，其背后都包含着对教育价值本身的关注，都是在关注教育价值的内涵及其属性界定。实际上，在讨论教育的价值这类话题时，还有一个更值得注意的角度，那就是教育这类特殊的实践活动区别于其他各种社会实践活动的“特殊的、不可替代的、具有唯一性和独特性的”价值。这里姑且把这类价值称为“教育的独特价值”。如果这样来看教育的价值，显然，作者的一些观点就有值得商榷之处了。

比如，作者的代表性观点“教育的基础价值是成长成人，教育的根本价值是教真育爱，教育的最高价值是使人幸福”，就值得讨论。显然，经过进一步分析和思考就可以看到，作为教育的基础价值的“成长成人”，并不一定属于教育之独特价值。通过其他方式也可以帮助孩子成长成人。在迄今为止人类的历史进程中，没有受过教育却实现了“成长成人”而且还取得巨大成就的不乏其人。此外，作为教育的根本价值的教真育爱，也并非教育的独特价值，人们还可以通过其他方式获得“真与爱”的知识，成为“真与爱”的载体，用生命去坚守、传承和实践“真与爱”并使之更加发扬光大。最后，作为教育的最高价值的“使人幸福”，同样不能视为教育的独特价值。在人类发展的各个历史阶段，使人幸福的方式千千万万。在现实生活中，无论是站在受教育者还是教育者的立场看，教育往往难以使人幸福，相反，教育还可能使人感到更多的不幸福。可见，现实有时候确实会令人尴尬和郁闷。因此，关于教育价值的这种划分方式，实际上表达了作者在理性思考教育问题时潜意识里对某些教育价值的强烈期待，因为该价值体系属于作者所希望的也是作者认为值得追求的东西。所以说，作者关于教育价值的言说似乎还没有聚焦到教育的独特价值上面。因此，在笔者看来，分析教育的价值，更需要深入挖掘教育的独特价值。

那么，教育的独特价值是什么呢？

古往今来，教育家们留下来的思想和理论已经给我们足够的启示，那就是自由教育所倡导的通过博雅教育（或曰通识教育或曰综合素质教育）去努力实现的人的自由发展⑤。其中最基本的是：提升理性的力量；提高人文素养；崇尚自由发展。

（2）“教育价值的实现”与“教育资源的制度空间”

讨论“教育价值的实现”时，需要注意资源、时空、环境条件等因素，即需要考虑制度为教育价值的实现提供了什么样的可能性。

在思考“教育价值的实现”这个话题时，笔者想起自己的博士生导师曾经用这样一个非常简洁的类似于方程的方式对教育的核心内涵进行的表达：教育 = A→A’。

在这个表达式中，“A”表示进入教育过程的人（学生、受教育者），“A’”表示经过教育过程之后的人（毕业生）。当然，这里不应该把教育过程看做一个“简单的、静止的、有终点的”过程，而应该看做无限延伸的状态中的某一阶段。换句话说，教育就是帮助学生从“A 状态发展为 A’状态”的过程（或社会实践活动）。显然，A’与 A 之差就是教育的价值。这个价值的确定以及该价值的实现，既与学生本人密切相关，也与该过程所需资源的投入及其效率密切相关，还与包括制度在内的各种环境因素密切相关。这个表达式非常简洁地说明：教育实践活动及其过程的价值在于使“A”成为“A’”。至于这个“A’”（教育的结果）是什么样子的，应该听听“A”的意愿和想法，不能完全由别人来决定，更不能在没有“A”的参与和认同的情况下做出决定。这就是该表达式的最大优点。显然，“教育 = A→A'”这个表达式提醒那些教育意愿非常强烈的人（教育政策的制定者及实施者、教师及家长等）在开展教育活动时，不要代替受教育者（学生）确定他们将要成为什么样的人。更重要的是，教育目标需要得到受教育者的认同，在实现“得到受教育者认同的目标”的过程中，教师以及教育管理者以及全社会都需要把工作重心放在“帮助受教育者实现他们所认同的教育目标”上。各种资源也需要有效为这个目标服务。

因此，讨论教育价值及其实现途径时，需要注意教育价值的边界，需要注意理想价值和现实价值的关系，尤其需要关注包括制度在内的各种环境因素对“教育价值的实现”可能产生的影响。

（作者为云南大学教师，教育学博士。）

注　释：

①虽然近年来有学者认为，苏格拉底并没有明确提出“美德即知识”的观点，但是，在美德与知识的关系问题上，苏格拉底与柏拉图的思想有很多值得深入探究之处。参见：（1）赵猛．美德即知识：苏格拉底还是柏拉图？[J]．世界哲学，2007（6）：13－25.（2）陈真．苏格拉底真的认为“美德即知识”吗？[J]．伦理学研究，2006（4）：47－53.（3）崔微．亚里士多德对苏格拉底“美德即知识”观点的扬弃．哈尔滨学院学报，2010（1）：5－9.（4）张中世．苏格拉底“美德即知识”命题的历史性考察[J]．西北农林科技大学学报（社会科学版），2009（6）：86－89.（5）苏振兴．苏格拉底教育价值思想探析[J]．广西社会科学，2007（2）：180－184.

②参见：维基百科词条“liberal education”：A Liberal education is a system or course of education suitable for the cultivation of a free human being. It is based on the medieval concept of the liberal arts or, more commonly now, the liberalism of the Age of Enlightenment. It has been described as “a philosophy of education that empowers individuals with broad knowledge and transferable skills, and a stronger sense of values, ethics, and civic engagement ... characterized by challenging encounters with important issues, and more a way of studying than a specific course or field of study" by the Association of American Colleges and Universities. Usually global and pluralistic in scope, it can include a general education curriculum which provides broad exposure to multiple disciplines and learning strategies in addition to in-depth study in at least one academic area. (http://en.wikipedia.org/wiki/Liberal_education)

③参见：百科词条"教育价值"（http://baike.baidu.com/view/429309.htm）

④参见：罗崇敏．教育的价值［M］．人民出版社，2012：83－84.

⑤参见：维基百科词条"liberal education"：The American Association for the Advancement of Science describes a liberal education in this way: "Ideally, a liberal education produces persons who are open-minded and free from provincialism, dogma, preconception, and ideology; conscious of their opinions and judgments; reflective of their actions; and aware of their place in the social and natural worlds." (http://en.wikipedia.org/wiki/Liberal_education)

“知识经济”时代的人力资本投资价值倡导

——“教育三部曲”评述

罗 淳

美国著名经济学家、1979 年诺贝尔经济学奖得主西奥多·舒尔茨在 1971 年出版的《人力资本投资：教育和研究的作用》和 1981 年出版的《人力投资：人口质量经济学》两本专著中，对教育之于现代社会发展的重要性做了极富创见的理论阐述。其中阐明：人的知识、技能、健康等是一种不同于“物力资本”的新型资本形态，即所谓“人力资本”(Human Capital)，而人力资本作为一种“稀缺资源”，绝大部分只能通过后天的努力获得，由此揭示出教育及其投资在增进人的知识，提高人的技能，形成人力资本方面的不可或缺性。

继舒尔茨之后，尽管陆续有一些有识之士争相对重视知识、发展教育和尊重人才等提出过明确主张，但在拜读了新近出版的罗崇敏专著《教育的逻辑》和《教育的智慧》后，不能不对作者深厚的教育情怀、睿智的教育卓见及其坚定的教育践行者形象所吸引，透过字里行间，不难看到一个当代教育管理者对知识经济背景下人力资本投资价值的极力倡导与身体力行。恰如作者扉页所言：“我致力于研究的是，根植于知识经济时代，发展人的生命、生存和生活，引领人类社会文明进步的现代教育”；亦如作者扉页所宣：“人类的最高价值是教育的价值”，“人类的最大智慧是教育的智慧”。可见作者对发展现代教育的格外倾心与强力赞同。纵览全文，有如下感悟或启示：

首先，我非常赞同作者关于“教育价值”所做的阐释。认为“教育的根本价值是‘教真育爱’”，“教育的终极价值是使人成其为‘人’，使人成为幸福的人”，继而进一步指出：“教育是以人为主体的、真理性的、富有大爱之心的社会实践活动，是人与人主体间的知识传授、生命本质领悟、意志行为规范和社会文明传承的活动过程”。由此可见，作者对教育的认识确实别有深意，其跳出了传统的“传道、授业、解惑”的概念框架，从更为深层的层面揭示“教育的价值”，给我们以新的启示。

其次，作者通过对教育发展史的全面考察，论证了现代教育的本质与特性。认为现代教育的本质是“以人为根本，以价值塑造为前提，以能力培养为核心，以社会公平为基础，根植于现代社会，引领时代不断进步的教育”。与原始教育的“神化”特点和古代教育的“物化”特点不同，作者认为“现代教育具有‘人化’特点”，即人本化、全面化的特点。据此提出“必须坚持推进全面教育，促进教育公平，人人享有教育的基本权利，提高国民整体素质”的倡导。

再次，作者在“论女性教育”中敏锐地指出：“教育一个男孩只培养一个人，教育一个女孩则关系到一个民族。”因为“女性教育包括对女性的教育以及发挥女性教育的特殊优势两个方面”，这与西奥多·舒尔茨、加里·贝克尔等西方学者关于“提高女性人口素质关乎国家前程和民族兴盛”的观点相对应，表达出同样的真知灼见。据此倡导对女性受教育权利的争取，对于那些“男尊女卑”性别歧视现象仍然普遍存在的发展中国家，无疑具有强烈的现实冲击力。尤其难得的是，作者并不是一味地追求男女绝对平等的教育模式，而是在承认性别差异、尊重女性权益基础上，实现使男女两性都能够平等接受教育的权利。

复次，作者的教育研究视野非常宽广。从教育主体、教育价值和教育制度，向教育过程、教育结构和教育体系延展；从教育课程、教育环境和教育评价，到现代学校管理都凝聚着作者对教育问题的深度思考和独到见解。与此同时，作者还就"情智教育"、"能力教育"、"信息教育"、"幼儿教育"、"职业教育"、"大学教育"、"终身教育"、"公民教育"、"普世教育"等论题进行了专题阐述。其中许多观点都代表了作者的教育观，非常富有真知灼见。

最后，专著中最为引人注目的主题之一就是关于生命、生存和生活的"三生教育"的提出和探讨，并结合"价值—能力—制度"三个维度的教育观察，构建了相应的分析框架。作者认为"三生教育"相辅相成但各有侧重，生命教育是基础，生存教育是根本，生活教育是目标。同时认为："价值取向是教育变革的动力源泉"，"能力选择是教育价值实现的途径"，而"制度建设是教育发展的切实保障"。正是基于上述认识，作者在云南省率先探索并实践了"三生教育"，旨在使受教育者通过"三生教育"树立正确的生命观、生存观和生活观。可以说，"三生教育"的提出与实施充分表现了一个教育管理者在锐意实施教育体制改革方面的拳拳之心和殷殷期望。

观当今世界，科学技术引领着国家之间的竞争，而科技竞争的背后其实是人才的竞争，说到底也就是教育的竞争。我们认为，如果把人力资本与知识经济联系起来，不难发现，两者恰似理论与实践的对应关系。可以这样讲，人力资本学说是对知识经济时代的理论预见；或者反过来说，知识经济的出现正是对人力资本理论的现实回应。所以完全可以说，知识经济就是一种强调人力资本的经济，在"知识经济"（Knowledge Economy）时代背景下，人力资本的积蓄与投资直接关系到国家兴旺与民族强盛，而"现代教育"恰如作者所述——就是这样一条通达人力资本培育与持续扩展的必由之路。

（作者为云南大学发展研究院教授。此稿为作者在《教育的逻辑》、《教育的智慧》、《教育的价值》"教育三部曲"出版发行暨研讨会的发言。）

“三生教育”：教育改革理论与实践的创新

——读罗崇敏的“教育三部曲”

冯颜利　孟献丽

当今中国教育正面临着应试性强、缺乏创新等一系列亟待解决的问题，这些问题给我国人才培养所造成的负面影响也越来越受到人们的关注、引发人们的思考和反省。被称为“奇官”的云南省教育厅厅长罗崇敏在为政履职过程中改革创新，积极探索出“生命即教育、生存即教育、生活即教育”的“三生教育”，创新了当代中国教育改革的理论与实践。由人民出版社 2012 年出版发行的“教育三部曲”：《教育的智慧》、《教育的逻辑》、《教育的价值》正是他的“三生教育”理念的充分体现与实践的展现。“教育三部曲”坚持理论联系实际的原则，紧紧围绕“教育是发展人的生命、生存和生活，促进人类文明进步的社会活动过程”的命题展开，是当代中国教育改革理论与实践探索的佳作。

一、“三生教育”以人为本，成为应试教育转向素质教育的有效切入口

教育本应是按照社会发展的需要培养和完善人，尽可能使人得到全面、自由和充分发展的活动。然而，由于各方面的复杂原因，偏重于通

过考试、以分数来衡量学生的应试教育模式却长期以来屡禁不止、肆虐盛行。罗崇敏所提出的生命即教育、生存即教育、生活即教育的"三生教育"始终以人为本，教会学生珍爱生命、学会生存、体验生活，体现了教育的基本职能，成为应试教育转向素质教育的有效切入口。

胡锦涛同志在党的十七大报告中指出："要全面贯彻党的教育方针，坚持育人为本、德育为先，实施素质教育，提高教育现代化水平，培养德智体美全面发展的社会主义建设者和接班人，办好人民满意的教育。"然而多年来，我国的教育一直摆脱不了应试教育的牢笼，单纯以分数论英雄，唯考试论、唯分数论一再成为我国教育，尤其是中小学教育的主要指导思想。重考试、重分数的应试教育以应付升学考试为目的，抹杀了学生的个性，扼杀了学生的创造性，脱离了社会发展需要，违背了学生的身心发展规律。罗崇敏认为，目前我国教育，尤其是基础教育中应试教育普遍存在，从教学内容、教学方法、教学评价等方面都集中在一个"考"字和一个"分"上，这显然是有失公允的。比如高考，通过一张试卷来评价一个孩子十几年的学习，甚至决定一个孩子的一生。这显然是不合理的，也是不公平的。罗崇敏认为可以把这种一次性选拔考试与综合素质评价结合起来，全面评价学生的学习状况。他觉得应对现行的考试制度进行一次革命，全面改革全国统一的高考制度，把考试和招生两者进行分离，把一次性的结果考试变为学业过程考试，把单一的一张试卷评价变为对学生的综合素质评价。因此，他提出生命即教育，生存即教育，生活即教育，旨在教会学生珍爱生命、关爱他人、强化生存意识、提高生存能力、掌握生活技能，发现生活之美。1972 年联合国教科文组织在《学会生存》一书中就强调："教育的使命正是为了准备未来，使教育对象学会生存。"温家宝在国家科教领导小组会议上的讲话中也要求："学生不仅要学会知识，还要学会动手，学会动脑，学会做事，学会生存，学会与别人共同生活，这是整个教育和教学改革的内容。"在"教育三部曲"中，罗崇敏紧紧围绕"教育是发展人的生命、生存和生活，促进人类文明进步的社会活动过程"这一命题，坚持传承与创新相统一、个性化和社会化相融合、理想教育与现实教育相结合，揭示了现代教育的本质，建构了现代教育的目标、制度、内容、方法和价值。正所谓教育应该把人的生命、生存和生活贯穿始终，教育首先就要唤起人们对生命的认识，提高人们的生存、生活能力，使人们树立正确的世界观、人生观和价值观，实现生命的价值。生命、生存、生活的“三生教育”深入贯彻了“以人为本”的思想，关注和解决了当前我国教育“培养什么人、怎样培养人”的核心问题，成为扬弃应试教育、全面推进素质教育的有效切入口。

二、“三生教育”回归本真，勾勒和构建出价值教育思想体系

教育的根本价值在于形成“人”，实现人的自由、全面和充分的发展。在深刻反思教育的工具化和功利化现状的基础上，罗崇敏提出生命即教育，生存即教育，生活即教育的“三生教育”，教会学生发现生命之真、学会生存之善、感受生活之美，勾勒和构建出回归本真的价值教育思想体系，使教育真正发挥出“植根时代，引领社会，发展人，幸福人”的价值功能。

教育是人类自己形成自己的活动，是人的价值的自我形成。教育的价值就在于发现、挖掘、形成、引导、发挥和实现人的价值。然而，长期以来工具化和功利化的教育却将“人”非人化，压抑和扼杀了人的天性和创造性。在工具理性主义过度张扬的时代，人类面临的最大危机就是价值危机，而教育价值危机则是价值危机的根源。教育价值危机主要体现在教育对人的异化上，工具化、功利化、世俗化的教育将人异化为“物”，使人沦为“物”的奴隶。“学而优则仕”、“书中自有黄金屋”的教育思想逐步使教育演变成人们光宗耀祖、升官发财的工具。教育价值是人类核心价值的基础，高于其他一切价值。教育的“三部曲”紧紧围绕“教育是发展人的生命、生存和生活，引领人类文明进步的社会活动过程”这一教育理念，在反思教育价值与价值教育的基础上，建构了现代教育的基础价值、根本价值和最高价值，使教育真正回归了本真。罗崇敏强调教育应该以人为根本，以价值塑造为前提，以能力培养为核心，以社会公平为基础，真正发挥植根时代、引领社会、发展人、幸福人的价值功能。他认为教育如果不能使人幸福，就没有必要存在。

正如著名教育家乌申斯基所说的：“教育的主要目的在于使学生获得幸福，不能为任何不相干的利益而牺牲这种幸福，这一点当然是毋庸置疑的。”教育的终极目标就是使人成其为人，使人成为有能力的人，使人成为幸福的人。生命即教育、生存即教育、生活即教育的“三生教育”融入到了每个学生成长、发展的过程中，体现了教育的本质，实现了教育的价值。罗崇敏基于“三生教育”建构的价值主义教育思想体系的根本也在于使教育回归本真，使教育真正成为发展人的生命、生存、生活，实现人的价值和幸福，引领人类文明进步的教育。

罗崇敏的“教育三部曲”立足现实与本土，放眼未来与世界，被学界誉为“既仰望星空，又脚踏实地”，不仅对当代中国教育现状进行了深刻反思，而且基于多向度观察，重构教育价值，开启了人们思虑教育本真的崭新视角。

（作者单位：中国青少年研究中心。）

道之所存 师之所存

——学习“教育三部曲”有感

洪 明

一、价值问题是当今社会的核心问题，价值教育是当今教育主要任务

我认为，罗教授提出的问题就是时代的难题，罗教授的困惑，就是这个时代的困；罗教授的思考，代表着这个时代教育者的思考。我们非常感谢罗教授在价值教育方面所作出的努力。价值教育问题之所以凸显，主要由以下三方面所决定的。

第一，从国家来看，价值教育是当今时代发展的产物。一个国家，一个民族，当政治独立，经济发展到一定程度，人们往往就会思考如何生存更有意义的问题，价值问题日益凸显。

第二，从个人层面来看，价值教育是当今国人发展的需求。当一个人解决温饱问题之后，如何活着，为何而活等价值问题就显现出来。在这个时候，如果不加强价值教育，不从根本上努力，很可能会出现社会的信仰迷失、价值失范、道德滑坡、精神衰减等问题。我非常赞同罗教授所言：人类社会最大的危机，不是经济危机，也不是政治危机，也不是生态危机，是价值危机。

第三，价值教育问题的提出，更与我们今天教育出现问题息息相关。罗教授带着心忧天下的情怀，从价值的视角分析时代的去向，是知识分子良知的体现。我非常赞同罗教授指出的，当今教育对人的异化的基本判断。教育的工具化、庸俗化、功利化日盛，为考而学，为升学而学，为“五斗米”而学，对于某些人来说，教育已经彻头彻尾地成为一个工具，实现人们低层次的愿望；因此，教育要引导人，引领人类，而不是迎合人，满足人的最底层需要。

二、价值教育的途径和内容：“三生教育”

如何实现价值教育，罗教授提出了他的“三生教育”：“生命、生存、生活”教育，回答了价值教育的途径和内容问题。在我看来，“三生教育”预示着培养一个完善的人、大写的人、立体的人教育；而不是那种单向度的人、小写的人、干瘪的人的教育。我们知道，人的存在有三个维度：自然生命、内涵生命、超越生命，生存教育主要服务于人的自然生命，种的存续；生活教育主要实现内涵的丰富，体验着生命的质量；而生命教育主要服务于生命的超越。正如印度大诗人泰戈尔曾说：教育的目的应当向人类传递生命的气息。三个维度的教育，又具有各自的价值取向：生存价值教育的价值取向是，生命第一、健康至上；生活教育的价值取向是，博学多闻、知行合一；生命教育的价值取向是，道通天地、追求永恒。

三、价值教育的根本：道之所存、师之所存

说千说万，价值教育还是要靠价值来引导，学生的培养还是要靠教师（包括家长）来引导，因此加强教师的价值素养教育非常重要。因此教师应该高扬理想主义的大旗，理当成为全社会践行高尚价值的主体。

第一，教师是价值的主体，是价值的典范，是价值的楷模，应该具有一种价值自觉。荀子说：“天地者，生之本也；先祖者，类之本也；

君师者，治之本也。”我们要大力提倡教师践行“学为人师，行为世范”的精神。有人说，教师也是人，也有七情六欲。这说法在一定意义上是没有错的，对于维护教师权益、提升教师职业幸福有一定帮助。但是，这绝不是教师职业本质，以此混淆、抹杀教师职业的本质规定性是极端错误的。前北师大附中校长朱正威说，教师是个天生的理想主义者，教师就是要有这样的追求，教师应该成为学生、乃至于整个社会价值追求的风向标。

第二，教师要加强价值教育的能力，明确价值教育的目的，学会价值教育的基本方法。一方面，价值教育的第一目的是达成基本的价值共识，我非常赞同罗教授提出的为真、为智、为实、为和四大价值教育取向，这是我们进行价值教育的基本出发点。另一方面，要注重形成青少年的价值品质，什么是价值品质呢？我想就是对自身价值纷繁芜杂的价值观点、现象和事件进行认识、分辨、批判、建构的能力，也是价值智慧。

第三，要加强价值提升能力。教师应该对人类基本的价值观念、民族传统的价值观念、时代先进的价值观念怀着一颗虔敬之心，不断提高自己的价值修养。对于价值修养，借用前人观念，我想提出四点建议：主敬、穷理、博文、笃行。主敬就是虔敬之心；穷理就是追求价值理性精神；博文就是要勤学善思，像罗教授那样，带有改革家的勇气和理论家的品质思考价值问题；最后主要就是要笃行，思行合一，言行一致，既做语言的巨人，更做行动的高标。

（作者单位：中国青少年研究中心。此文是作者 2012 年 5 月 26 日在人民大会堂“教育三部曲”出版发行暨价值主义教育研讨会上的发言。）

教育实践的价值维度

郝立新　李厚羿

教育是培养和塑造人精神素质的活动。然而在现实中，教育在一定阶段和一定范围内出现了“异化”，教育的价值遭到扭曲：教育从一种提高人精神素质的过程下降为被迫增强谋生手段的途径，从获得整体的知识变成为掌握单一的技术；教育不是促进人的全面发展，而是使人沦为应试的机器。教育如何能够回归其培育和提升人的精神素质的本真意义或价值？这是教育亟须破解的难题。

罗崇敏先生在长期的教育实践中，博学笃志，切问近思，积极探索现代教育的新理念和新方法。他的新著“教育三部曲”（即《教育的智慧》、《教育的逻辑》、《教育的价值》三部著作的合称）的问世正是对当前教育问题的回应和解答，也是对他自己的教育理念的梳理和总结。

三部书具有共同的主题，即超越传统的以技能性、工具性为导向的教育，追求现代教育向人文精神的回归。三部书始终贯穿着“教育是发展人的生命、生存和生活，促进人类文明的社会过程”的主线，而每本书的侧重点又有所不同：

《教育的智慧》剖析了现代教育所包含的层次与结构，从宏观、中观和微观三种视野下聚焦教育主体、教育制度、教育公平、教育环境、教育过程、教育管理、公民教育、大学教育等不同的教育主题。

《教育的逻辑》探讨了教育发展中现实与未来，本土与世界之间的辩证关系，以“三生教育”为基点，从价值、能力和制度三个方面对未来教育的体系提出了新的设想与构建。

《教育的价值》论述了教育发展中最为核心的价值问题，也是“教育三部曲”中最为关键的主题。书中从教育的基础价值、根本价值和最高价值三个方面回答了教育如何发挥“根植时代，引领社会，发展人，幸福人”的功能。

总体而言，“教育三部曲”分别侧重于对教育的形式、内容和价值三个方面的阐释。通过这种阐释，作者深化了对教育的本质和价值维度的理解：教育关涉人的精神素质，文化就是精神素质的体现，教育的价值就是培养和塑造过程中体现出的价值，就是文化的价值，这种文化精神和价值贯穿于教育的各个环节之中。

一

在《教育的智慧》一书中，作者论及了在不同的教育环节或形式中，如何发展和实现教育的人文精神，强调一种整体性的教育模式，发挥教育的合力。例如在课程的设置中，把学生的世界观、人生观和价值观作为教学评价的重要因素；增加艺术教育的内容；减轻学生负担，注重学校的自然环境教育；增强职业技术教育中学生各种能力的综合发展等等理论和措施。

教育形式改革围绕着这样一个重要的主题：即人精神素质的塑造与提高。以前的教育过于强调学以致用，教育服务于生产力的发展，唯科学技术至上，把人塑造成为能手，教育被看成是一种纯物质性的谋生技能和手段，把教育对精神层面上的塑造排除掉。教育服务于经济和政治，没有回归到人自身的精神素质培养之中，没有回归到文化层面中来理解教育自身的本质和发展。其实，理想的教育形式最终是一种文化性的教育，塑造和提高人精神素质的教育。人的全面发展都包括在这种精神素质的内涵之中。人的各种技能、各方面的素质，比如道德、艺术（音乐、绘画、雕塑）、哲学、创造力等等素质都属于人的文化素质和精神素质，不仅如此，人的生产活动中的技能、动手能力都是受这种文化和精神素质支配的。在这种教育理解的模式下，传统的科学化、知识化教育本身应该反映出人的精神、人的情感、人的信念和人的意志等文化的内涵；要从对冷冰冰的客观世界的研究和把握的传统教育转向到关照人类生命、生存和生活的价值教育之中。

二

《教育的逻辑》一书中，作者从“价值”、“能力”、“制度”三个方面观察教育：价值作为教育变革的动力源泉，能力作为教育价值的实现途径，制度作为教育发展的切实保障。在这三种视角的观察下，作者回顾和梳理了中国近百年的教育发展史，同时也展望和期待着中国未来教育将要带来的变革。

该书围绕着“生命、生存、生活”的主题作为基点，不管是从主观心理评价还是客观物质保障都围绕着“三生教育”展开。作者在书中提到：“人类历史的发展，从本质上讲是‘人’逐渐从自然、经济、政治等各种束缚中逐渐解放出来的过程，是人的生命意义逐渐彰显的过程。从16世界文艺复兴‘人’的解放开始，到当代‘以人为本’理念确立并为人们所普遍接受的过程，就是一部人类发展的历史。”① 其实，不论是生命、生存还是生活，都是人类对发展状态的一种描述和解释，然而如何衡量这三种发展状态，人类进步或者发展的标准是什么，是根本的问题，这个问题的有效解决直接影响到教育理念和政策正确产生。

其实，这又要回到人的文化性中来理解，即回到人的精神素质的塑造和提高的视野之中。人类的出现之于整个宇宙的发展来说不过是极其微小的一瞬间，然而人类的产生或者灭亡从一种纯粹客观的物理学角度上来说，就像浮尘沙粒一样起起落落而已，无关紧要。几千年前人类的刀耕火种，到现在的大工业化生产，从这个宇宙的视角来说，渺小到毫无意义，人类造出的核武器也许有一天真的毁灭人类自己。所以很难从一种自然的角度来说哪里是进步哪里是退步。所以，只有从人的角度，从人类精神发展、文化发展的角度上来看人、自然和社会，才会有意义，当然这种精神素质和能力不是传统意义上的与物质截然对立的意识形式，而是一种关涉人的智力水平的哲学范畴，原先只作为纯粹物质过程考察的生产力，通过文化性的考察，要把其中所蕴含的人的思维能力、人的自信、人的感觉与生命体验都揭示出来。

教育作为人类特殊的实践活动，在文化性的理解中，就不能只是满足于获得客观物质世界的知识，而是要建立在人类生命、生存和生活的基础上，深入挖掘背后丰富的精神内涵和文化意义。

三

《教育的价值》一书中，作者倡导的价值教育是其整个教育体系中最为核心和关键的部分。从追问价值的意义和危机，到分析教育的基础价值、根本价值和最高价值，再到探讨教育价值的实现路径和方法，全书都在围绕教育价值的主体和客体之间辩证发展的矛盾关系，以及相互之间需要和满足的运动过程。

教育价值的主体包括“成长中的人”——受教者，学生；也包括处于教与学的现实情境中的“施教者”——教师；而教育价值中的客体，指的是教育进行过程中能够满足教育价值主体成长需要的事物，它往往和人们对教育的认识相关，表现为人们根据“需要”对以“物质”、“经验”、“知识”、“行为”、“思想”等为载体所呈现、积淀起来的客观现象、客观事实的选择和重组[②]。在主体和客体的相互关系中，彰显出了很多层次的价值，作者提到了继承价值和创新价值，内在价值和外在价值，价值和个人价值等等价值之间的联系和区别。然而，作者接着强调了这些价值是具有阶段性、历史性和层次性的，作者指出“若没有教育赋予人的知识和技能，启迪人的智慧和创造能力，人类或个体要生存是不可能的。教育不仅促进了个体适应自然、改造自然的能力发展，而且完成了人的个性的社会化，使人不仅形成与自然物质世界相对应的能力结构，更形成了与社会精神世界相对应的心理结构。这样，人在维持满足自己生存的前提下，就可以去追求较高层次的价值……精神生活能力，显然是人的价值的高层次……他不仅仅是具有精神世界的社会动物，更是拥有主动的创造精神。”[③]

作者在这里区分和揭示了价值的不同层次，同时接着明确指出教育价值高于一切价值。作者在对传统价值分析的基础上，形成了一种对文化精神的追求。虽然作者没有提出文化精神价值是最高价值，但是他提出的教育价值与文化精神的价值是一致的，他提出：“教育提升人的价值是通过形成人的价值、发挥人的价值和引导人的价值实现的，是通过形成、发展和提高人的素质实现的……可以转变人的思维方式，从而引领人类的社会生产方式、社会生活方式以及社会管理方式的转变。教育是人成其为人……教育通过作用于人，改变人的主体价值观，进而影响客观世界……”[④]。

在这些论述中，我们可以发现，作者认为作为主动的创造精神是人的精神生活能力，是人高层次的价值，而这种能力又是人的素质的体现。教育在作者看来就是为了塑造和提高人的这种素质，从而实现人类自由自觉的全面发展。

总之，“教育三部曲”突显了教育的价值维度，强调在教育实践中充分肯定和弘扬人的精神素质和能力，提出了一些富有新意的教育理念，对于当前的教育改革和发展具有重要的启发意义。

（作者：郝立新，中国人民大学校长助理，哲学院院长，教授，博士生导师；李厚羿，中国人民大学哲学院马克思主义哲学专业博士研究生。）

注　释：

①②③④罗崇敏．教育的逻辑［M］．北京：人民出版社，2011：67、9、14、15.

教育的价值与追求

——感受罗崇敏厅长的从“三生教育”到“教育三部曲”

刘　慧

首先，衷心祝贺罗崇敏厅长的《教育智慧》、《教育逻辑》、《教育价值》之“教育三部曲”的出版发行，同时也非常感谢被邀请参加这次活动。感受现场气氛，眼前不觉浮现2009年5月29日的情景：也是在人民大会堂，也是应邀参加云南省教育厅主办的“生命·生存·生活”“三生教育”研讨会。当时这样一个会议引起了社会很大的反响，为已在国内兴起的生命教育注入了新的活力与动力，作为较早倡导与推动生命教育的教育研究者之一，真是非常激动与兴奋，心想：生命教育一定会更进一步地为社会、学校和广大民众所接受与推动，事实也是如此，“三生教育”不仅在云南省稳步推进，还辐射到全国许多省市，极大地推动了生命教育的传播与实践。今天出席罗厅长的“教育三部曲”出版发行与价值主义教育研讨会，更是受到震撼，敬佩之情油然而生。如果说“三生教育”的提出与实施更多地是基于教育现实、教育实践的思考与行动，那么“教育三部曲”则是对“三生教育”的理论诉求，是对教育本质与价值问题的深层思考、回答与追求。从“三生教育”到“教育三部曲”，真切地感受到了一位教育厅长的教育情怀、教育思考、教育实践与教育追求；并引发我对教育的价值、生命教育之教育价值、“三生教育”之关系的再思考。

一、教育价值的理解

教育的价值问题是当代社会变革时期教育研究的重要议题，是影响教育发展的关键所在。《国家中长期教育改革与发展规划纲要（2010－2020)》明确提出了“优先发展，育人为本，改革创新，促进公平，提高质量”的二十字工作方针，明确“把育人为本作为教育工作的根本要求。要以学生为主体，以教师为主导，充分发挥学生的主动性，把促进学生健康成长作为学校一切工作的出发点和落脚点。关心每个学生，促进每个学生主动地、生动活泼地发展，尊重教育规律和学生身心发展规律，为每个学生提供适合的教育”。由此可见，促进学生健康成长成为教育的核心价值所在。

那么，教育如何才能促进学生健康成长呢？罗厅长在他的“关于价值主义教育思想研究”指出，教育必须坚持以人为本，实现人和社会的主体价值，发展人的生命、生存和生活价值，培养受教育者生命价值意识，增长生存智慧能力，树立幸福生活信念。[①]这样的主张可以说很好地诠释了教育要促进学生健康成长的核心价值。教育要以人的健康成长为方向，对一个人而言，知识学习、能力训练固然重要，但如果没有人性的教育，没有关爱生命的意识与能力教育，这个人也难成为人。近年来在网上转载、杂志上刊载、课堂上讲授频繁的一个令人深思的故事——美国一位中学校长（曾在“二战”期间的德国纳粹集中营中遭受过非人折磨的幸存者）给新教师的一封信，就是在强调教育的这样一个根本性价值所在。教育不是训练只有知识、技能而没有人性、没有思想的工具，而是培养具有人性之人，具有关爱生命的意识与能力之人，具有追求、实现生命价值造福社会、过幸福生活之人。

二、生命教育的教育价值

世纪之交，在我国诞生的生命教育，既可以说是“以人为本”教育理念的产物，也可以说是这一理念的落实与深化。对“以人为本”教育理念的进一步理解，需要思考与回答“以何人为本”、“以人的什么为本”。对此所站的角度不同，给出的答案也有所不同。从生命的角度看，“以人为本”就是以现实的、具体的每个人的生命为本，“以人为本”的教育就是要“以人的生命为本”。而生命教育是以生命为基点，开发生命潜能，唤醒、培养生命意识与生命智慧，引导人们追求生命价值、活出生命意义的活动。

生命教育是“以生命为本”之教育的集中体现。目前，尽管对生命教育内涵之界定还没有达成共识，但对教育与生命的关系之认识、对生命教育价值的认识却有着高度的一致性，即，生命是教育的基点，生命教育凸显了教育对生命的关注，是本真教育的归回，是当代教育的价值追求。还有一点，我认为也值得关注，即生命教育关注了个体生命的存在与发展，也是立足于个体生命来帮助其学会生存、更好生活、实现自身生命价值的教育。

当然，这样的理解不是忽视或放弃民族、国家、社会的立场，不考虑民族、国家、社会的利益，而是蕴含其中或一体共在。这里的关键是如何理解生命、人的生命、个人生命与类生命之关系等。生命不可能孤立存在，而只能存在于关系之中。没有关系，就没有生命的存在。每个生命本身都是其个体生命与周遭生命、所处环境的共在。生命世界是一个整体，各种类生命及其与环境之间彼此协调，形成一个整体的生态性存在。每一个体生命都属于类生命，个体生命与类生命之间是一个整体性存在。一个人的生命也是一个整体，是身心灵之间相互作用，相互影响的整体。因此，教育要促进人的生命健康发展，帮助人实现生命的价值与意义，一定是在具体的社会环境中，在生命的关系世界中的，促进个体生命的健康发展进而也是促进类生命的发展。

生命价值是教育的最高价值所在。生命同时具有功用价值和内在价值，而且生命的内在价值更为重要。所谓生命的内在价值是指生命主体所具有的优越性质和能力，也可以称为生命的本体价值。长期以来，人们过多地关注了生命的工具价值，忽视生命的本体价值。分析现实中存在的一些戕害生命现象之根源正在于此。[②] 只有充分认识与理解生命的本体价值，才能真正认识与理解生命价值。如果忽视或抛弃了对生命本体价值的认识，必然会导致生命价值的失落。所以，教育以生命价值为其最高价值所在，必然要重视生命的本体价值。只有这样，才可能解决本体问题则涉及的生命与功、名、利、禄的关系，才可以明晰教育中的生命健康成长与知识学习、能力训练之间，谁为本、谁为末，或谁为体、谁为用的问题，才有利于克服现实教育中存在的课业负担过重、重考试、重分数等顽症。

三、“三生教育”之间的关系

2008 年，云南省在幼儿园和大中小学广泛开展“三生教育”。这是国内首次将生命、生存、生活之教育并列提出，引起了社会广泛关注，同时也引来了对这三者之间关系的思考与追问。从现实学校教育实践的角度看，有的将生存教育、生活教育纳入生命教育之中，有的将生命教育、生存教育纳入生活教育之中，还有的将另两者纳入生存教育之中，以云南省为代表的一些省市学校则将三者并列。那么，三者之间关系到底应怎样理解呢？从三者诞生的时间来看，是有先后的；从其倡导的主旨看，也是有各侧重的，那么，为什么现实操作中会将三者混同、合并呢？

对此，首先需要回到生命、生存、生活三个概念本身来理解。从词义上看，生命是指生物体所具有的存在和活动的能力；生存是指保存生命而活在世上；生活是生存、活着和生物为了生存和发展而进行的各种活动之义。由这些解释来看，三个词的含义是不同的，生命一词落脚于能力，生存一词表示一种状态，而生活一词则强调的是活动。在英语中，表达生命、生存与生活的词都有多个，而且有相同的。如表述生命的词主要有：anima、Being、life。表达生存的词主要有：breathe、exist、subsistence、survival、survive、survivorship。表达生活的词有：exist、existence、get along、life、live、living、subsistence、vita。从这些词的含义看，对生命的理解，至少应有这样几层含义：生命为人生之本；生命内涵灵魂、精神、理智、真实人格、能量；生命具有有限性，有一定的期限。生存是存在、呼吸、活着；生活的含义包含生存、活着、过日子。许多时候表达生命、生活是同一个词 life。

这样看来，生命、生存、生活之词所蕴涵的意义，既有交叉或共同又不尽相同。生命所指不仅包括个体人的生命，而且也包括同类的生命及其他类的生命；不仅指生命的存在，而且指生命的生与死；不仅包括过程，而且也包括状态；不仅指向现实的生命，而且也观照未来的生命。生存意在存在与活着，而不在于对存在和活着的意义追问，它是生命的最基本的状态；它不仅指人的生存，而且包括动植物的生存。生活是指人的，侧重于追问生活方式、状态、意义、质量等。从范围和程度上看，生命既指向一个“无限”的时空，“无数”的质量，也可以指向有限的时空和有限的质量。生存所指向的是有限的时空和无数的质量，或有限的时空和有限的质量。而生活只能指向人的生活，而且是现实的存在，因而是指向有限，落实在每一个具体的现实的个人。这样三种之间的关系是，人之生命是生存、生活的前提、基础，生存、生活是人之生命的不同存在样态与表现形式。也就是说，一个人的生命状态以生存与生活来表征的。生存是生活的基础，一定程度上，生活包含生存。因为生活的“底位”或前提是活着、生存，在此基础上才能追求“更好地生存”。③

按上述理解，生命教育包含了生存教育和生活教育。这也是生命教育诞生以来，在现实学校教育推广、实施的主要状况。许多学校在实施生命教育时，将生存教育、生活教育纳入其中。但这其中也存在一些问题，主要问题是重视了生存技能的教育、忽视或弱化了有关生命自身、生命价值与意义的教育；或将既有的学校德育内容，如心理教育、生理教育、道德教育等内容直接作为生命教育内容，等等。由此也造成了一些思想认识与行为方面的混乱。“三生教育”的提法，具有一定的现实意义。从实践的角度看，“三生教育”分别而并列存在，对学校而言，不但便于理解、操作，而且还有利于推动生命教育的实施，使生命教育得以实现。

总之，不论是倡导生命教育，或生存教育或生活教育，最为重要的一点是找回教育中“失落的人”。教育中的人不是物，不是机器，教育面对的不是“死”的知识、“标准化”的技术、“冷冰冰”的机器；而是在生活中存在与发展的具体的、独特的活生生的人，不论是教师还是学生都是鲜活的、灵动的、有血有肉的生命。教育的价值在于促进他们的生命健康发展进而促进社会的和谐发展。

（作者为首都师范大学初等教育学院副院长、教授、博士生导师，儿童生命与道德教育研究中心主任。此文是作者2012年5月26日在人民大会堂“教育三部曲”出版发行暨价值主义教育研讨会上的发言。）

注 释：

①2012年5月26日，罗崇敏厅长在人民大会堂主办的“教育三部曲”出版与发行暨价值主义教育研讨会上的讲话稿“关于价值主义教育思想研究”，第4-5页。

②刘慧．基于生命特性的生命价值及其教育［J］．郑州大学学报（社会科学版），2011（3）．

③刘慧．陶养生命智慧——社会转型期教育的一种价值追求［M］．北京：教育科学出版社，2008：57-58.

“三生教育”与教育的智慧

葛晨虹　袁和静

俄国哲学家车尔尼雪夫斯基讲：人不受教育就不免陷于愚蠢、贫穷和不幸，教育是人的最大的幸福，也是人民幸福、民族强大的重要手段。早在几千年前，苏格拉底与孔子就已经深刻诠释了教育的重要性，奠定了西方教育与中国教育发展的传统脉络与思想根基，为世界教育提供了重要的价值源泉。苏格拉底与孔子都认为教育是立国治国的重要因素，要培养人的德、智、体全面发展，苏格拉底倡导“认识你自己”的理性命题，提出了“知德合一”的道德教育模式，教育的目的在于培养人们具有智慧、正义、勇敢、节制四种美德，而人的德行是教育的结果。孔子首次提出“性相近，习相远”的命题，从而奠定“有教无类”的理论基础，教育的目的在于培养志道和弘道的志士和君子，以“学而不厌，诲人不倦”的教学精神创造了因材施教与知行统一的道德教育方法。古代教育思想对当今世界教育理论与实践的发展有着深远的影响。

目前全世界各国都把教育置于优先发展的重要地位，教育的发展与一个国家的政治、经济、文化呈现良性互动关系。一方面，政治、经济、文化的发展推动着教育的革新，另一方面，教育的发展又反过来促进了政治民主，经济繁荣与文化昌盛。被誉为西方文化摇篮发源地的古希腊，其经济的繁荣，奴隶主民主政治的确立，文化科学艺术的昌盛，为古希腊教育思想的产生发展革新创造了良好的外部条件，同时教育思想的形成与教育实践活动的开展也促进了古希腊社会的全面健康和谐发展。而当今教育更成为强国之路，兴国之要，对个人来讲，如古希腊哲学家柏拉图所讲：“与其不受教育，不如不生，因为无知是不幸的根源”，对国家而言，教育水平是一个国家是否强大的重要依据。德国曾经四分五裂，被称为“欧洲战场”，二战后被摧毁为废墟，而德国每次都能够迅速崛起，重新站立的真正之谜在于教育，德国统一后几十年内国家实力跃居欧洲第一，世界第二，二战后几十年德国就成为了世界第三大经济强国。教育成为德国经济发展的首要保障，日本同样如此，战争可以销毁一个国家的建筑，却永远摧毁不了国家的软实力，教育的功能不容忽视。而在当今现代化进程当中，伴随社会利益逻辑演变与多元文化整合，教育面临前所未有之挑战，如联合国教科文组织国际教育规划研究所首任所长菲利普·H. 库姆斯在19世纪六七十年代就指出：现在教育面临有史以来的第一次“世界性危机”，其核心内容可以用三个互相联系的词来加以概括，即“变迁、适应、不平衡”。

综上所述，教育的思想源流久远，现代价值日益凸显，罗崇敏教授新著“教育三部曲”系列，以教育的智慧，逻辑和价值为选题和研究旨趣具有重要的理论价值和现实意义。作者在写作中体现出了强烈的社会使命感和责任感，能够立足于当今中国教育发展的真实图景，针对中国教育危机的实际状况，真实刻画中国教育的客观情形，在自我文化传统和文化传承方式的基因谱系中探寻教育发展的真谛，为教育的深化改革与未来远景服务。作者独特的研究视角不论对理论学人还是实务工作者都具有相当启示意义。

三本著作主题明确，形式简约，内容深刻，全方位解读教育体系，很好地反映了教育主题的研究脉络与变革方向，为人们提供了一把理解乃至进一步探究教育本质的钥匙。作者始终围绕着“教育是什么”这一逻辑主线，结合自身的教育实践背景与教育感知理念，准确、系统地把握教育的命题与意涵，进而提供了视角独特的分析路数与诠释体系，切实回答了教育发展中的系列困惑。《教育的智慧》一书是对教育内涵的全面梳理与再度阐释，以多方位的研究视角，清晰的逻辑思路详细诠释内容丰富的框架体系，通过对教育主体、价值、制度、公平、过程、结构、体系、合力、课程、环境、评价和情智、能力、信息、幼儿、职业、大学、终身、女性、公民、普世教育等具体微观视域的进一步考察，把教育的智慧鲜活立体多维地呈现在读者面前，以形成全景式概览。《教育的逻辑》一书从价值取向，能力选择与制度建设三个维度考察中国的百年教育，提出实践现代教育的基点在于生命、生存、生活教育，“三生教育”是作者提出的独特理论命题，对于中国今天的家庭、学校以及社会教育意义深刻。全书贯穿的核心主线即建设以人的自由全面发展为目标，以公平教育为基础，以价值教育为灵魂，以能力教育为核心，以教育制度为保障的现代教育逻辑体系。《教育的价值》一书提出“教育的价值高于一切价值”命题，在此前提下对教育的价值即基础价值，根本价值与最高价值作了深度阐释，并总结了实现教育价值的制度建设机制。教育在个人成长发展与国家崛起的过程中都扮演着极为重要的角色，特别是在社会转型进程中，教育更是功不可没，作者对相关问题的细致深刻讨论，为我们更好地完成教育使命提供了依据，也为进一步加强教育理念的升华提供了支撑，使该书体现出很强的时代感及现实意义。

特别强调的是，作者提出的涵盖生命、生存、生活的“三生教育”理念，应当说更契合现代教育发展的规律和当代教育实际以及目的需要。美国学者费洛姆曾说过：“19 世纪的问题是上帝死了，20 世纪的问题是人死了。”“上帝死了”是指人的价值信仰失落，“人死了”是指人的生命精神，生存精神与生活精神失落，而如何拯救人们失落的精神世界，如何应对现实世界中的生命困顿漠视，精神抑郁焦虑，生活迷惘错乱，不堪忍受的生存压力，不断凸显的教育弊病等现象及问题成为教育发展亟需解决的重要议题，也是教育自身完善的功能使命。正如作者在书中所言，教育可以引领人类思维方式、生产方式、生活方式和社会管理方式的转变和发展。教育使人们既能驾驶个人和家庭轻盈奔驰的游艇，也能驾驶国家和人类稳健远洋的客轮。因此，“三生教育”理念的提出及实施具有重要的现实价值，我国著名教育家陶行知也讲“生活即教育”，生活教育具有生活的、行动的、大众的、前进的、世界的、有历史联系的等特点，全面提倡“三生教育”对于拯救人们的信仰危机与价值失落，改良社会教育大环境，营造健康积极的社会成长环境至关重要。亚里士多德讲：教育的根是苦的，但其果实是甜的。“三生教育”重在落地实施，深入到教育系统的方方面面，注重隐形教育与显性教育的互动契合，同时还应意识到“三生教育”不仅仅是教育系统的任务，也是全社会的事，是全社会长期的系统工程。家庭、学校以及社会应该一起努力，重视“三生教育”！

（作者：葛晨虹，女，中国人民大学哲学院教授、博士生导师，教育部伦理学重点研究基地主任；袁和静，女，中国人民大学哲学院伦理学专业博士研究生。）

在“教育三部曲”暨价值主义教育研讨会上的致辞

黄书元

罗崇敏先生是官员，更是学者。他在为政履职的过程中，积极探索，改革创新，更难能可贵的是，他善于把丰富的实践经验积累进行思考升华，发表了二十多部理论专著。特别是近年来，他履职云南省教育厅厅长期间，借鉴国内外教育的先进经验，在云南倡导和试验生命生存生活“三生教育”，并在全国推广，产生了广泛的影响，“三生教育”已经成为中国当代品牌性的特色教育。

基于“三生教育”实践探索和对当代中国教育现状的关切和深刻思考，罗崇敏先生陆续创作发表了《教育的智慧》、《教育的逻辑》、《教育的价值》这三部教育理论专著。“教育三部曲”，是我国近年来教育理论研究领域的重要收获，它对于中国教育现代化、中国教育改革发展创新具有特殊的意义。

《教育的智慧》以专题的形式对教育主体、教育价值与价值教育、教育制度与制度教育、教育公平、教育过程、教育结构、教育体系等现代教育的基本问题进行了分析和阐述，明确指出了教育的本质与价值，是作者现代教育观之方法论的具体运用，是在反思与批判现代教育的基础上寻求解决现代教育危机的理性思考，是对现实教育中功利化、工具化、物化等问题的深刻批判。

《教育的逻辑》是罗崇敏同志现代教育观的逻辑起点，是其开展教育研究的逻辑基础。作者独创性地提出了观察教育的三个维度：价值、能力与制度，并深入阐述了实践现代教育的三个基点：生命教育、生存教育与生活教育。以“三个维度”和“三个基点”为逻辑前提，分别论述了价值教育、能力教育与制度教育的理论要点，并对未来教育进行了展望和思考。

《教育的价值》讨论的是三部曲的核心内容，专著从教育价值的追问、教育的基础价值、教育的根本价值、教育的最高价值、教育价值的实现等方面出发，在深度阐释教育本真的同时，着重分析了影响教育价值实现的因素、条件以及探索教育价值的具体路径。

“教育三部曲”，坚持理论与现实紧密相结合，紧紧围绕“教育是发展人的生命、生存和生活，促进人类文明进步的社会活动过程”的命题展开，具体阐述了作者价值主义教育思想，初步构建了现代教育价值体系的理论基础和思想支撑。给教育工作者开启了新的思考教育本真的视角，给应试教育向素质教育的转型提供了理论与实践的借鉴。

罗崇敏先生一直提倡“生命生存生活”的教育理念，“教育三部曲”正是他的“三生教育”理念的理论精华与实践探索的完美结合。这三本书的价值不仅会体现在教育专家的研究中，也体现在教育工作者的实践中，还体现在社会各领域人士的自身教育和生活中。

罗崇敏先生在繁忙的政务中仍然保持着仰望星空的热情和理想，为我们带来了智慧的结晶，让我们感受了思想的精彩和魅力。在这里，我们由衷地向他表示祝贺，也真诚地向他表示感谢！

（作者为人民出版社社长。此文是作者2012年5月26日在人民大会堂“教育三部曲”出版发行暨价值主义教育研讨会上的发言。）

关于教育价值领导力的若干思考

潘光伟

一、为什么提出教育价值领导力

《国家中长期教育发展规划纲要》明确提出“把育人为本作为教育工作的根本要求。把促进学生健康成长作为学校一切工作的出发点和落脚点。关心每个学生，促进每个学生主动地、生动活泼地发展，尊重教育规律和学生身心发展规律，为每个学生提供适合的教育。”教育“育人为本”理念的提出是对以前教育过度工具化、功利化、实用化的深刻反思的结果，是使教育克服异化，回归本真的基本要求，为未来十年教育如何改革和发展指明了正确的方向，是教育理念的重大创新。

与此殊途同归的是，罗崇敏先生基于价值哲学的立场，通过深入观察教育实践，揭示当前的教育实践存在着工具化、功利化、世俗化、庸俗化的价值危机，这是人类危机中最深刻的危机。教育价值危机主要体现在教育使人异化，将人异化为“物”，从而使得教育偏离了本真，成为某种工具。

例如，教育实践中的许多教师缺失应有的自主性，再加上社会过度的功利化、经济化，从而在教育行为中出现违背教育伦理要求的行为。教育培育出来的人本应是具有丰盈精神、自由心智、独立个性的人。但我们当前的一些学校教育却是在相反方向持续前进，要他们放弃独立思考，自主探索，只需死记硬背，全盘接受；要他们驯顺乖巧，只需绝对服从；个别教育工作者甚至要他们为了赚大钱娶美女而读书，放弃德性培育和精神涵养。这种教育丢失了灵魂、远离了育人使命，不断造就只关心利欲满足的人，他们束缚于实用性的知识和技能，从而体验不到生命的价值、生活的幸福。另外，从宏观层面看，新中国成立后几十年来我们的教育价值取向体现出比较明显的社会本位论的思维，教育以社会为本，是社会需要的工具，社会要求什么，教育马上必须给予回应。而罗厅长提出的价值主义教育思想的首要观点就是“教育必须坚持以人为本，坚持以教师为主体，以学生为中心。”提出的目的在于彰显教育价值，回归教育本真，使教育真正发挥“植根时代，引领社会，发展人，幸福人”的价值功能。

显然，教育价值危机不可能自动消除，必须通过有效的价值领导来克服，这在以前的教育领导中往往被忽视，以至于中国教育发展的巨大成就中还存在不容忽视的价值危机。例如当前教育管理的异化导致权力过于集中、民主不健全，形成了高度集权的教育治理模式；管理理念的偏差，导致教育资源分配不均，公平机制失衡，形成了“择校热”、过度竞争等怪现象；管理机制体制的僵化，导致一些教师不能安心育人，反而极力通过拉关系、走后门实现个人私利；正确价值观不能凸显，导致素质教育一直无法实施，唯分数至上的错误教育理念压抑了学生的自主性、创造性，导致教育偏离了育人为本的原点，陷入了功利化、工具化的泥沼。

蔡元培先生20世纪初曾说过，“教育就是帮助被教育的人，给他发展自己的能力，完成他的人格，于人类文化上尽一分子的责任，不是把被教育的人造成一种特制的器具……”办教育要有一切为了学生发展的人本化价值取向，也即以价值主义教育思想为引领，实施“三生教育”，以使教育实践不偏离正确方向。

其实，国家教育规划纲要把“坚持以人为本，全面实施素质教育”确定为教育改革发展的战略主题。其核心也是着力解决好培养什么人，怎样培养人的问题。重点是提高学生的社会责任感、创新精神和实践能力，推进思路是坚持德育为先、能力为重、全面发展。我们务必把这一主题内化为把握教育规则、引领教学方向、研判教育理念、涵养教育精神、浸润文化育人、提升教育价值、恢复教育荣誉、维护教育尊严的价值依托，因而必须深入学习和研究价值主义教育思想，加强对教育价值的引领。否则，我们就不能有效地领导和组织好这一场深刻的以理念重塑、精神重构、价值重建为本质的“三生教育”实践。因此，为更好地实现教育育人为本的价值革新，就有必要提出教育价值领导力的概念供大家批评指正。

二、什么是价值领导力

从哲学的角度来看，“价值”是指客体满足主体需要的关系。也可以通俗地表达为，主体基于自身的需要、偏好与理想，对客体某种特性的肯定、接纳或欣赏。

基于价值的领导理论（value based leadership）是沃顿商学院豪斯（House）教授在综合了20世纪70年代以来的领导理论后于90年代初提出的。

基于价值的领导的定义是：领导与其下属之间是以价值观为基础的关系。以价值为基础的领导者通过明确表达愿景，向组织和工作注入价值观，他们与跟随者所持有的价值观和情感发生共鸣，从而唤醒跟随者对集体和集体愿景的认同，导致跟随者自我功效和自我价值的提高，促进组织效率的全面提高。

豪斯教授认为，这种领导方式优于传统领导理论，因为传统的领导者对下属的激励主要是以应急式的物质和经济报酬以及处罚为基础，而基于价值的领导会导致跟随者高层次的动机和承诺，并且其组织业绩远超过平均水平。

对知识型组织的员工不适合采用应急的外部报酬和处罚，因为，员工的业绩目标不容易详细说明和度量，领导者难以把外部的报酬与个人业绩相联系，而宜采用基于价值的领导。我们把这种有意识地运用人类基本价值、社会主流价值和组织特殊价值，即价值主义思想去规范、引导和整合组织成员的个体价值观念，以解决管理中存在的问题、实现组织目标和愿景的能力，称为价值领导力。这种领导理念尤其适合学校这种知识型组织的教育管理工作。

三、教育价值领导力由哪些方面组成

教育领导者的价值领导力不是单一的一种能力，而是一组能力，是一个有机的系统。根据价值领导所面临的任务和实施的过程，我们可以把教育领导者的价值领导力划分为如下几种。

1. 价值识别力。主要是指教育领导者能识别出隐含在师生员工观念与行为中起支配作用的价值观念及其来源的意识和能力。这是实施价值领导最基础的能力。教育领导者如果连支配师生员工日常思想与行为的价值观念都不了解或了解得不够准确，就谈不上对他们进行正确而有效的价值教育和领导，至多只能进行盲目的价值宣传和灌输，缺乏自觉性。

2. 价值引导力。价值世界总是多元的。无论什么时候，在价值观问题上都存在着正确与错误、主流与非主流、高尚与低级、新与旧的区分。人们形成什么样的价值观，既与他们受到的价值观教育有关，也与个人的成长经历有关。

教育领导者要实施价值领导，就要能够在价值识别的基础上，帮助师生员工客观地分析自己所持有的价值观念以及它们对自己行为的支配作用，引导他们选择那些能够体现人类基本价值、社会主流价值的价值观念。

3. 价值辩护力。教育领导者对师生员工实施价值引导并不是一件容易的事情，并不像说服师生员工接受一件事实那么容易。每个人都天然地赋予自己所信奉的价值观念以某种程度的合理性、正当性。别人要想让他们放弃其原有的价值观念，改信其他的价值观念，自然会遭遇思想的抵触。解决思想抵触的前提条件是教育领导者本人的价值立场是正当的，经得起质疑。这就要求教育领导者在实施价值引导时要能够并善于为自己或教育组织所崇尚的价值观念进行辩护，帮助干部、师生员工充分地了解和认同学校组织价值的合理性与正当性。

4. 价值整合力。在一个价值多元的时代，教育管理面临着复杂的价值环境。例如：有的教师把工作看成是谋生的手段，有的教师把工作看成是自我实现的途径，有的教师把工作看成是履行自己的社会责任等。不同的价值认识自然会影响他们的工作态度和工作方式。如果这三种教师在一起工作的话，可能有的教师就会斤斤计较、敷衍塞责，有的教师会追求自我表现，有的教师则任劳任怨。他们彼此之间就会产生怨言、隔阂、分歧乃至争执。面对这种情况，教育领导者应该明察秋毫，抛开人际关系的因素，站在正确的价值立场上进行价值整合，在尊重价值观多样性的前提下引导师生建立正确的价值共识。

5. 价值实践力。价值领导的过程也就是将某种经过选择和辩护的正确价值观念付诸实践，体现在教育组织理念、制度、行为乃至环境建设的过程中。这一过程并不是一帆风顺的，会遇到各种各样意想不到的困难和阻碍。对不同的困难和阻碍要区别对待。如果属于价值观本身的问题，那么应该通过检讨和重新确立价值观得到解决。如果属于政策制定或人际沟通方面的问题，那么可以通过提高政策制定的民主性、科学性以及更加充分的思想交流来解决这些问题。具体的办法多种多样，可以讨论和选择，但是将正确的价值观念特别是教育价值观念付诸实践的立场、意志和决心不能改变。

四、如何提高教育价值领导力

应该说，优秀的教育领导者都能够并善于把价值领导作为一种重要的领导方式，在日常管理中自觉或不自觉地运用价值领导的艺术，也具备一定的价值领导能力。但是，相对于日益复杂的价值环境而言，教育领导者的价值领导能力可能还不足以应付时代的挑战、满足现实工作的需要。因此，今天的教育领导者应该积极学习价值主义教育思想，主动地通过多种途径来增强自身的价值领导意识，提高价值领导能力。具体来说，有以下几种主要途径。

1. 通过广泛的阅读提高自己的价值领导意识。教育领导者应通过阅读传统文化、价值哲学和教育哲学方面的书籍，掌握价值主义教育思想，系统和深刻地领会社会转型大背景下教育价值领导的内涵，意识到价值领导在教育领导方式中的核心地位以及价值领导与学校文化建设的内在关系。

2. 牢牢把握人类的基本价值共识。一个价值领导者，必须遵循和维护人类基本的价值共识，如诚实、信任、理性、自由、公正、尊重、责任、俭朴、廉洁、快乐、合作、和平、宽容、团结、幸福、平等、体恤弱小等。这些价值共识是超越时间、超越文化和超越社群的，应该为所有的人所认同。如果教育领导者在教育管理过程中善于把这些人类基本的价值共识体现在日常讲话、行为和制度中，那么他就能够赢得师生员工的支持、理解与赞赏。

3. 系统掌握、深刻理解社会主流价值。社会主流价值是指社会成员在处理重大社会关系特别是社会利益问题时所应坚持的价值原则，它是社会理解、社会团结和社会合作的基石。社会主流价值具有鲜明的社会性、政治性，在阶级社会里还具有阶级性。如果一个社会的成员在主流价值方面不能达成共识，不同社会群体持有不同甚至相反的主流价值观，那么整个社会就会充满不信任、争论、歧视，甚至出现大规模的社会冲突。所以，世界上任何国家都非常重视主流价值观教育，并将其作为公民教育的重要内容。我国现阶段的主流价值观或核心价值观是：马克思主义指导思想，中国特色社会主义共同理想，以爱国主义为核心的民族精神和以改革创新为核心的时代精神，社会主义荣辱观。作为教育领导者，应该对这些社会主流价值观有系统的了解和深刻的认识，这不仅是教育领导者的政治责任，也是教育领导者领导整个教育系统开展社会主义核心价值观教育的客观要求，更是引导和重塑干部、师生员工价值观念的重要条件。

4. 树立正确的现代教育价值观。教育领导者的价值意识和价值信念最终需要转化为教育价值观才能发挥实际的领导作用。现代教育价值观事实上也是以人类基本价值和社会主流价值为基础的，与它们有着高度的一致性，并且教育价值应该体现人类的共同价值追求，成为人类基本价值的内核。“三生教育”就是这样一种体现了人类基本价值共识和社会主流价值要求的现代教育理念，它包含了以人为本、和谐发展、自主发展、终身学习、让每个孩子都自由幸福等丰富的价值内涵，深刻认识到教育的终极价值是使人成为“人”，所以应得到准确的理解与务实的实践。当前其他的一切赢得人民群众拥护的教育改革举措，从价值主义教育思想来观察，无不体现了现代教育价值观的内涵。

5. 建立一个平等、开放的价值讨论空间。教育领导者在运用价值领导艺术管理工作的过程中，可能会碰到不同价值观之间的分歧和冲突。面对这种情形，不能简单地以个人的权威或行政权力来解决问题，而应该建立一个平等、开放的价值讨论空间，鼓励干部、师生员工就不同的价值观念特别是教育价值观念进行交流、讨论。在交流和讨论的过程中澄清每个人的价值立场，寻求基本的价值共识。如果缺乏这种交流和讨论的空间或阻碍其形成，教育领导者就会失去价值识别的机会，也就谈不上价值引导和整合。在平等、开放的价值讨论空间中，教育领导者或教育机构所信奉与追求的价值观念可以得到充足的宣传与解释，得到检验，从而被不断地丰富与深化。在此过程中，教育领导者的价值领导力也会得到持续的提升。

最后，教育价值领导是一个系统、复杂、全面的领导方式，它是价值主义教育思想的有机组成部分，没有正确的教育价值领导，价值主义教育思想就难以落实到教育实际工作中，“三生教育”的基本要求也就难以获得实践。“三生教育”的伟大实践只有在价值主义教育思想引领下，依靠坚定正确的价值领导才能不偏离我们共同的“三生”理想，即促进每个学生的自由全面发展，提高生存能力，彰显生命价值，实现幸福人生。

（作者为云南省教育厅“三生教育”处处长。此文是作者在“教育三部曲”出版发行暨价值主义教育研讨会上的发言。）

"三生教育"：逻辑必然　智慧必然　价值必然

——"教育三部曲"评述

杨立雄

云南省教育厅罗崇敏厅长的著作《教育的逻辑》、《教育的智慧》、《教育的价值》由人民出版社完整出版发行了，这是继2008年实施"三生教育"以来，云南教育的又一喜事、又一盛事！

"教育三部曲"共11章22论720页60万字，贯穿在三部曲中的"三生教育"和现代教育，尤其是罗厅长首先提出的价值主义教育思想，清晰地勾画了罗厅长阐述的教育是有灵魂、有爱心、有责任、有良知的教育，是遵循逻辑、积淀智慧、追求价值的教育，是为了使人成为幸福的人的教育，是为了实现人的价值的教育。

今天有幸参加由人民出版社主办的研讨会，在神圣、庄严、敬仰、未曾梦想的人民大会堂，把我阅读学习这三部书后震撼内心、激发思绪、驱动行为的体会，以及在具体工作实践中的点滴体会向大家汇报，我感到万分荣幸！我汇报的题目是：《"三生教育"：逻辑必然　智慧必然　价值必然》。

一、逻辑是历史起点，智慧是文明积淀，价值是理想追求，“三生教育”是逻辑必然、智慧必然、价值必然

罗厅长“教育三部曲”中的 Logic（逻辑）、Intelligence（智慧）、Value（价值）中的第一个字母，加上 Education（教育）的第一个字母，组成的词汇为 Live，Live 一词基本含义是生活、活着、创造生活、享受生活，即含有生命、生存、生活教育的意思。一方面，人需要通过教育获取逻辑、智慧、价值，成为一个有价值的人；另一方面，逻辑、智慧、价值是哲学概念，即教育本身有其内在的逻辑规定、智慧生成、价值取向的主体需求。学生的生命、生存、生活是最直接的自然事实；珍爱生命、学会生存、幸福生活是学生最需要的教育智慧；生命权、生存权、生活权是学生最基本的教育权利。罗厅长举起了“三生教育”的大旗，发出了教育回归本真的呼唤，向悲哀、悲壮、悲惨的“高考吊瓶班”等一系列反教育现象挑战！教育三部曲的出版发行昭示着：“三生教育”是人类教育的逻辑必然、智慧必然、价值必然。

二、中小学校长要以“三生教育”为逻辑起点，设计学校的学习地图并帮助学生设计生命地图、生存地图、生活地图

罗厅长《教育的逻辑》一书（P203）有这样两句话：“教育既应提供一个复杂的、不断变动的‘世界的地图’，又应为我们提供在这个世界上航行的‘指南针’。”罗厅长著书立说，首倡“三生教育”，可以说是设计了全省教育的学习地图。一名负责任的中小学校长，就要敢于冒着丢掉帽子的风险，放下升学率的单纯追求，全力帮助学生设计生命地图、生存地图、生活地图。要设计好全校的让学习像呼吸一样自然的“学习地图”，为学生提供幸福成长的“指南针”。

要按照教育本身的内在逻辑规定性让教育教学首先基于学生生命、生活、生存的内在需求。建设学生开心快乐学习、教师健康舒心工作、家长骄傲自豪陪伴的个性化学校。

"三生教育"是教育的新生事物，是教育体制、机制逻辑发展的必然，一定会以强大的生命力，突破旧的教育体制、旧的评价机制，突显自我超越、自我发展的生机与活力。

"三生教育"在2008年提出、实施，"教育三部曲"2012年出版发行，有历史的必然性，也有偶然性。人类及中国教育成就的取得，教育新问题、新矛盾的出现必然产生新的教育，"三生教育"在这样一个新的历史逻辑起点上，体现了必然价值；偶然价值是在云南边疆在罗厅长个人的教育智慧积淀下，使教育价值的追求进入新的理想追求。

三、中小学校长要在实施"三生教育"中彰显实践智慧，全力开掘教育民生幸福感

罗厅长《教育的智慧》一书（P238）中在美国普林斯顿大学演讲（2010年10月28日）谈到"学校是人们心中永远的丰碑，教育是全社会挥之不去的情感。我们没有理由不感恩教育，不敬畏教育，不发展教育。""教育三部曲"是罗厅长教育智慧的结晶，教育情怀的释然！我们要做一个有实践智慧的校长，探讨科学管理的智慧之道、教真育爱的智慧之道、幸福学校的智慧之道。一方面应该从读书学习中感悟教书育人的幸福感，提升教师工作的幸福指数，增加学生学习的快乐指数；另一方面也要从学习反思中强化误人子弟的罪恶感。没有危机感，不敢担当，不去创新，不敢于挑战困难和问题，就会成为误人子弟的罪人。

罗厅长在《教育的智慧》（P15）谈到："教育的终极价值是使人成为人，成为幸福的人。"教育是最大的民生，"三生教育"是幸福的教育，是认知生命、学会生存、幸福生活的教育。基础教育阶段，智育的核心任务不是单纯学语文、数学、外语、物理等知识，而是培养训练学生的思维能力，特别是逻辑思维能力。知识教育的广度、深度能够满足思维能力训练的要求就可以了，更重要的还在于把学生培养成为有智慧的人。滇池度假区实验学校2007年落成开学，可以说是出生在云南实施"三生教育"的大好时代，一直全力通过"三生教育"的共识、共振、共进来开掘教育民生幸福感。小学三（1）班学生"虫虫"家长感

言："庆幸我们的孩子选择了昆明市滇池度假区实验学校，庆幸我们的孩子赶上了'三生教育'的好时代!"

四、中小学校长要以实施"三生教育"为契机提升价值领导力，实现教师幸福教育人、家长幸福陪伴人、学生幸福成为人的价值追求

罗厅长在《教育的价值》（P15）谈到："教育的价值是人类的最高价值，教育价值高于一切价值"。教真育爱是教育的根本价值，爱的智慧在教育中培养，真的能量在教育中释放。"三生教育"、"教育三部曲"集中体现了罗厅长价值主义教育思想，也是云南教育生态发展、长远发展、持续发展、科学发展、和谐发展、跨越发展的价值必然。

中小学教育改革和创新的核心和关键在于价值领导。要把社会主义核心价值体系贯彻于教育教学全过程。培养什么样的人？怎样培养人？用什么样的价值标准来检验培养的效果？

"三生教育"的价值是中小学价值领导的中心思想。"三生教育"是人最需要的基本教育，"三生教育"价值高于知识教育价值、高于技能教育价值。一个学校办得好或办得坏，大部分的责任在校长身上，核心和关键问题在价值领导上。价值领导是新时期校长应具备的核心能力，就是用生命价值观、生存价值观、生活价值观改造我们的教育、改造我们的学习，使之成为老师学生共同的现实价值取向、未来价值理想追求。这就是罗厅长为云南两万多名中小学校长提炼的价值领导的中心思想。

"三生教育"是基础价值与塔尖价值高度一致的教育。"三生教育"是人类共同的教育价值和价值教育的必然取向，教育的终极价值是幸福人生，"三生教育"是事半功倍的教育，"三生教育"是高附加值的教育。生命价值、生存价值、生活价值既是作为个体人以及社会的最基本的价值存在，也是最高的价值追求。

"三生教育"是起点价值与终极价值高度一致的教育。人的一生是教育的一生，从生命孕育的胎教开始到生命结束前的两种关怀，就是一

个教育的过程，这个过程中，唯一不变的教育特质是生命教育、生存教育、生活教育，所以说，“三生教育”是启蒙价值与终极价值高度一致的教育。

这几年，云南教育有了自己的声音，作为一个云南的教育工作者，深感骄傲与自豪。罗厅长的“教育三部曲”，逻辑、智慧、价值三个主题词，罗厅长首倡的“三生教育”和价值主义教育思想，是云南教育站在高原向业界发出的响亮的声音，更是云南教育历史与逻辑的必然，是罗厅长人生智慧的必然，是教育价值追求的必然。中小学校长要全面把握“三生教育”理论价值的精髓，全力实现“三生教育”的实践价值。学习是鲜活的教育艺术，学习是唯一持久的竞争力，学习是校长劳动的新方式，我一定百倍珍惜这次机会，把三本书的学习成果转化为工作的动力，把昆明市滇池度假区实验学校建设成为学习化生存的学习共同体、生命共同体、幸福共同体。

（作者为昆明市滇池度假区实验学校校长、特级教师。此文是作者2012年5月26日在人民大会堂“教育三部曲”出版发行暨价值主义教育研讨会上的发言。）

教育一定要为人生做好准备

杨东平

很高兴来参加罗厅长的“教育三部曲”的发布会和关于“价值主义教育思想”的研讨会。我认为“教育三部曲”的价值和最大意义在于，它引起了社会对教育价值观的注意和重视、讨论和研究。的确，中国教育发展到现在这个阶段，比以往的阶段更有可能去追求好的教育、理想的教育。但对于什么是好的教育、理想的教育，我们缺乏共识。另外，学龄人口大量减少、教育投入大量增加，而我们的价值的迷失和混乱却非常明显，出现了很多匪夷所思的现象。比如，本来我们的教育更应该施行人性化的、小班小校的教学，但事实相反，学校的规模越来越大，很多学校的规模在历史上从来没有出现过，我称之为“规律失灵”的现象。这些现象的背后很多是制度层面的问题，正是我们缺乏一个有效的价值引领，才使这些问题变得更加深刻。

其实这个新的价值观已经有了，就是“以人为本”的科学发展观。但是，我认为这个“以人为本”的科学发展观，在教育领域，还缺乏一个有效的构建，就是怎么能够落实，成为可以把握、操作、应用的一种教育理念。我认为在这个问题上，我们有前车之鉴。在20世纪90年代我们提出了素质教育的这一概念，我认为它在理论构建上是有问题的，也就是说到今天为止，我们还很难形成一个清晰的理论共识。在

1998 年和 1999 年，党中央国务院推行素质教育的时候，给它做了一个官方的结论，叫做“素质教育培养实践能力，培养创新能力”。但我们今天对素质教育的评价是不是准确和科学的呢？素质教育没有把人格培养作为一个基本价值。所以在这个意义上，罗厅长在云南做的“三生教育”都是为了让新的价值观能够操作，能够落地，能够施行。

所以，要重新建立教育和生命、生存、生活的联系。一个孩子，十八岁以后，他可能上大学，也可能去打工，可能回家务农，无论他怎么选择，我们基础教育都要为他做好准备！很多学校提出“为十八岁做准备”，我认为这都是很好的口号。不管什么教育，它不一定要教会你怎么养猪或种葡萄，尤其是在现代社会发展的背景下，一个人的选择和出路可能是多样的，但我们的教育一定要为他们做好准备！

罗厅长的价值主义教育思想紧紧围绕“教育是实现人的价值，发展人的生命、生存和生活，促进人类文明进步的社会活动过程”的教育本质，以生命教育、生存教育、生活教育为载体和切入点，论述现代教育的内涵和实践途径，以期达到彰显教育价值，回归教育本真，使得教育真正发挥“植根时代，引领社会，发展人，幸福人”的价值功能。书中的教育理论不仅从一个前所未有的高度来进行理论指导，同时不失可操作性，并在云南进行了有积极意义的探索。我非常希望通过今天的讨论能使我们面向未来的新的教育哲学、以人为本的教育价值观更加细化、深化，变成一个适用范围更广、可操作性更强的教育理论，用于指导我国的现代教育。

（作者为 21 世纪教育发展研究院院长。此文是作者 2012 年 5 月 26 日在人民大会堂“教育三部曲”出版发行暨价值主义教育研讨会上的发言。）

今天的会是为30年后开的

齐大辉

一个半月以前，我去拜访罗厅长。罗厅长送给我这套“教育三部曲”。看过他的生平经历之后，我很受感动，一个人的生平就是他的人生轨迹。

我非常敬重罗厅长，因为第一，他的勇气可嘉。在今天这种现实社会中，敢说真话是要付出代价的。在教育的很多方面，我发现国人不爱说真话是一个最大的问题。为真实生活而学习就必须要说真话。我们教育工作者，不管是多大的官都应该正视这一问题。人生不过百年，你究竟留下了什么给后代。我认为我们应该做教育的百年回顾，行为的后面是思想，思想的后面是价值，价值的后面是教育。今天大家都在讲为孩子而教育，我认为这是方向的错误。国民素质要从娃娃抓起，这是邓小平同志讲的。但娃娃的素质要从家庭抓起，在座各位很多都是年长者，都有孩子。我们作为家人、成人，还存在不成熟现象。我很敬重罗厅长能洞悉这些问题并先人一步书写出来，开创性地提出价值主义的教育思想，给人以深刻的启迪。我认真拜读过这三本书，这三本书的理论高度和实践思维深度都令人惊叹，读的过程中做了很多批注，有很多地方还想跟罗厅长进行深入的探讨。

第二，人民出版社出版发行“教育三部曲”是非常可喜的事，这是有质量的书。它从价值主义教育思想的高度，反思教育价值，并以“三生教育”为基点和载体探讨实践价值主义教育思想的途径，最终达到彰显教育价值，回归教育价值本真的目的。例如，在“三生教育”的生活教育中，不仅仅有理论支撑，更贴近生活，从生活出发，以生活中80%的常识来指导教育，比如说如何做爷爷奶奶，如何做爸爸妈妈，如何做丈夫妻子，如何做男人女人，如何做男孩女孩，这五个台阶都是人生第一次，都是生活中的细微问题，但却回答了价值主义教育的本质问题。从战争理念上讲，叫做不打无准备仗。人民出版社出了这三本好书，是真正能懂的书，让我们有了真正可以用以指导教育实践和思想探索的利器，是真正值得上工夫去读的书。

第三，历史可鉴。我敢断言，今天这个会议的命题，三十年后谈，一定会有很大的价值。我认为人生不是一百年而是三百年，几代人才能概括定论。我认为家长教育是国民素质的源头，是家庭教育的基础。我们的德育工作到底怎么搞？毛主席说过，谁是我们的敌人，谁是我们的朋友，这是革命的首要问题。德育的主战场应该是家庭。但我国目前只抓教师，因为家长我们抓不住。值得庆幸的是，这本书的出版给我们指明了教育的本质、方法和切入点，所以中国的教育真正去做好，要在“教育三部曲”上进行理论探讨。

（作者为北京大学公学教育研究院院长。此文是作者2012年5月26日在人民大会堂“教育三部曲”出版发行暨价值主义教育研讨会上的发言。）

文章合为时而著

——“教育三部曲”评述

李世华

今天，能够参加《教育的智慧》、《教育的逻辑》、《教育的价值》“教育三部曲”的出版发行暨研讨会，我深感荣幸。我代表玉溪市教育局对罗厅长三部力作的出版发行表示热烈祝贺！刚才，聆听了各位专家的发言，我深受启发和教育，进一步加深了对“教育三部曲”的理解和认识。

作为罗厅长家乡的一名基层教育工作者，罗厅长是我的老领导、老前辈。20世纪80年代，我刚参加工作就认识了当时江川县分管教育的罗副县长，在20多年或远或近的接触中，罗厅长一直是我钦佩的良师和好领导。长期以来，无论在什么岗位上他都集激情、理性、意志力于一身，持之以恒地挥洒热情，以“高原情怀、大山精神”的远见卓识创造了骄人的业绩。他干一行、爱一行、钻一行，秉承“为官一任、造福民生”的宗旨，真心诚意为群众谋福祉，深受百姓爱戴，得到上级首肯。在全国范围内引起强烈反响，吸引了各类媒体广泛关注，被誉为“改革铁人”、“奇官”，成为“全国十大改革派官员”和“影响中国·第十一届十大新闻人物”。罗厅长到云南省教育厅工作后，响亮地提出“落后不是云南教育的代名词”，“使云南的教育与全国教育共同发展、使云南的孩子与全国的孩子共同成长、使云南各族人民与全国各族人民共享教育改革发展的成果”等催人奋进的口号，致力于改变云南教育现状，以只争朝夕的紧迫感、责任感和使命感，勇于担当，敢于创新，锐意改革，奋起直追，全面实现了“两基”战略目标，实施中小学校舍安全工程，推行减负增效，在全国首创“三生教育”，有力地推动了全省教育事业的健康快速发展。他用人格魅力、教育思想和工作实绩，赢得了全国同行的尊重和信任，迅速提升了云南教育的地位和影响力，成为众口皆碑的现代教育理念和实践的引领者。这些成绩的取得，云南教育战线的广大干部职工不仅耳闻目睹，更是感同身受、直接受益。尤其令人敬佩的是在工作百忙之余，罗厅长勤奋好学，笔耕不辍，始终置身于发展前沿，精心收集整理资料，潜心投入研究，在政治、经济、社会等领域著作颇丰，充分体现了教育家要有哲学家的理性思维、政治家的博大胸怀、企业家的务实风格、艺术家的创新激情这样的价值取向和人生追求。

教育是心灵与心灵的沟通，灵魂与灵魂的交融，人格与人格的对话。教育是引导不是去左右，教育是影响不是去支配，教育是感染不是去教训，教育是解放不是去控制。教育是为育而教，非为教而育；教学是为学而教，非为教而学。透过这些观点的字里行间，我们实实在在体会到，许多以人为本的教育理念在“教育三部曲”中得到深刻的阐述。“教育三部曲”把人类教育的价值和社会主义价值体系有机地结合起来，深刻揭示了教育的本质特征和内在规律，对实现教育目标有很强的指导性。

“文章合为时而著，歌诗合为事而作。”今天出版发行的“教育三部曲”，罗厅长以特有的哲学思维、理论高度和现实视角，对教育智慧、教育逻辑、教育价值作出了系统诠释和深刻论述，是一套视角新颖，具有时代性和开拓性的现代教育力著。罗厅长着力构建以人的自由全面发展为目标，以公平教育为基础，以价值教育为灵魂，以能力教育为核心，以教育制度为保障，顺应当代经济、社会发展需要，引领时代不断进步的“价值主义教育思想”体系。同时，坚守了传承与创新相统一，本土化与国际化相承接，个性化和社会化相融合，理想教育与现实教育相结合的研究理念。拜读之后深感见解独到，论据充分，论证有力，言简义邃，启迪心智，令人耳目一新，受益匪浅。对如何推进素质教育提供了较为翔实的理论依据，对探索和推动现代教育必将产生积极而深远的影响。

“教育三部曲”全面系统地展示了罗厅长的现代教育思想和真知灼见。我们从中不仅品读了云南教育近几年来走过的不平凡历程，还真切感受到他对教育事业的热爱与执著，感受到他对教育挥之不去的情感，感受到他作为教育管理者真挚的社会责任感、丰富的实践经验、深厚的理论功底。

“教育三部曲”可读、可学、可研、可用，既有厚实的理论支撑，又有很强的针对性和可操作性。我们将认真做好学习、宣传、推广工作，努力使罗厅长的研究成果在玉溪生根、开花、结果，及时转化为教育生产力，更好地惠及师生、造福家庭、服务社会。

（作者为玉溪市教育局党委书记、局长。此文是作者 2012 年 5 月 26 日在人民大会堂“教育三部曲”出版发行暨价值主义教育研讨会上的发言。）

价值主义教育思想对人生的价值建构

云　波

本文是对价值主义教育思想的指向、范畴、载体及其与社会主义核心价值体系关系的一些粗浅认识。教育的根本指向是人，人生在世可以概括为两件事：活着，活得有价值。本文从三个方面讨论人生价值的问题。首先，人生不能没有价值；其二，人生价值需要建构；其三，构建人生价值需要适合的教育载体。“三生教育”是建构人生价值的有效途径和载体，通过“三生教育”可以实现人生的价值学习、价值实践、价值提升、价值行动。

一、人生不能没有价值

人生价值的基本内容。人生价值是对于他人、社会、自身的物质和精神需求的满足与肯定，包括自然价值、社会价值、精神价值。古希腊大数学家刁藩都的墓志铭：“过路人，这里埋葬着刁藩都的骨灰，下面的数字可以告诉你，他的一生有多长。他生命的六分之一是愉快的童年。在他生命的十二分之一，他的面颊上长了细细的胡须。如此，又过了一生的七分之一，他结了婚。婚后五年，他获得了第一个孩子，感到很幸福。可是命运给这个孩子在世界上的光辉灿烂的生命，只有他父亲的一半。自从儿子死后，他在深切的悲痛中活了四年，也结束了尘世的生涯。”仅从表面上看，这是一个完整的自然人生价值的描述，经历了出生、成长、成家、育儿、成熟、离世的过程。透过表面，每个人都可以去认知和感悟数学家刁藩都对人类社会的贡献，对他人的积极影响，以及逝者乐观豁达、从容淡定的精神，让我们能够从灵魂深处去关心人的时空价值。

每个人的价值观念有所不同。人生价值就是对人生的估价，是一个人的存在和活动能否或在多大程度上满足他人、集体、社会及个人的需要。不同的人，有不同的价值观念，例如“人生最终的价值在于觉醒和思考的能力，而不只在于生存。”（亚里士多德）“芸芸众生，孰不爱生？爱生之极，进而爱群。”（秋瑾）每个人对人生价值的目标、意义、评价标准都会有所区别。人生价值观是价值观与人生观相互结合的统一，是在一定的社会环境下，是人们在选择和追求人生价值目标的过程中形成的，既是一种社会价值意识，也是一种个人价值意识。因此，个人的人生价值观既是对以往经验的凝练，又是对社会倡导的人生价值观的认同。

和谐社会需要核心价值观念。中国“80 后”独生子女从小倍受长辈溺爱，由于部分家长的错位施教和受学校应试教育的影响，一些青少年逃避生活现实，孤僻懦弱，缺乏抵御挫折和社会不良行为的独立性与辨识力，反映出部分青少年生命观、幸福观、仁爱观、义利观和公德观核心价值的缺失，这将对民族振兴及发展构成威胁。核心价值观是一个人对社会事物是非、善恶的认知主体评价，即每个人对自由、幸福、公平、正义等在自己心中轻重主次的认知标准。这种主次的排列，构成了个人价值体系的认知系统。价值观和价值体系是决定人们期望、态度和行为方式的心理基础。[①]每个公民都需要引入平等、诚信、宽容、互助、竞争、合作、共处的价值追求，需要树立积极健康的人生信念，要重建社会责任感和诚信守约。

二、人生价值需要建构

自然界的一切事物都有自己运动和发展的规律，人生价值的建构也有其规律。人生价值的实现需要经历人生的认知、体验、感悟，以致实现的过程。人生价值的实现就是使人们创造物质财富和精神财富的能力表现出来，将人们内在的能力表现为外在的现实价值。

罗崇敏先生倡导的价值主义教育思想认为，从价值主义出发，人类活动都是价值发展活动，都是以价值创造与价值消费为核心内容的活动，人类社会的一切关系归根到底都是价值关系。人的一切行为、思想、情感和意志都以价值为原动力，追求价值最大化，最大限度和持续性提高每一个人和人类社会活动的价值总量。笔者认为，价值主义教育思想的提出，就是要构建积极、健康、丰富的人生价值。

人生价值的认识。拜金主义、享乐主义、个人主义都是狭隘的人生价值观，都没有把握好个人和社会的关系，无视了人的全面发展和人生的全面需要。构建人生价值需要清醒地看待生活，积极认真地面对生活，从人生的实际出发，真实地面对人生的逆境和顺境，以科学的态度看待人生，使人成为自然的人、社会的人、有理想的人，这样的人才是真正的人。价值主义教育思想就是要使人成其为这样的人。

人生的社会价值是人生价值的基本取向。人生价值的内容十分丰富，由自我价值与社会价值、物质价值与精神价值、内在价值与外在价值、现有价值与应有价值等构成。个体对社会和他人的生存和发展贡献越大，其人生的价值越大，反之，人生的社会价值就越小，如果个体的人生活动对社会和他人的生存和发展不仅没有贡献，反而起到某种反作用，那么，这种人生的社会价值就表现为负价值。价值主义教育思想就是要使人健康地融入社会。

构建人生价值的条件。人生价值的实现需要条件，人生价值目标与人类社会发展规律的社会核心价值体系相一致，这是社会条件，就是要以社会主义核心价值体系为条件。人生价值的实现还需要个人条件，就是要不断提高自身的道德素质、知识素质、能力素质。价值主义教育思想就是要创设实现人生价值的实现条件。

构建人生价值的环境。每个生命个体都处在一定的环境中，人生是一个不断地适应环境和改变环境的过程。只有协调好与自我、他人、社会、自然之间的关系，才能与环境和谐存在和发展。价值主义教育思想就是要对教育环境的科学把握和有效创设。

积极实践人生价值。人生价值必须在实践中得以实现，要把个人价值置于国家、社会、集体的价值体系中实现，就要遵循社会发展规律和要求来实现个人价值。价值主义教育思想就是要引导人们努力学习，珍爱生命，智慧生存，幸福生活。

积极评价人生价值。评价人生价值不能以权力、地位、荣誉、金钱为标准，也不能以是否得到社会的公认为标准，个人的创造力和对社会的贡献大小是评价人生价值的基本尺度。只有不断提高评价者的素质，完善社会评价机制才能合理地评价人生价值。价值主义教育思想就是要促进社会实践和历史对人生价值做出公正的评判。

三、“三生教育”构建人生价值

教育部发文要求开展的专题教育很多，主要涉及思想道德、身体健康、安全、环境、职业引导、人生规划、社区服务与社会实践等内容。云南省教育厅推行的“三生教育”整合了这些专题教育内容，以实现对人生价值的建构。

（一）“三生教育”的含义

“三生教育”是生命教育、生存教育、生活教育的简称。通俗地讲，“三生教育”就是珍爱生命、学会生存、快乐生活的学习和实践活动。“三生教育”是以生命、生存、生活作为教学内容的人生教育，以正确生命观、生存观、生活观的形成为目标，三者之间互为条件、紧密联系、整体实现人生价值。这是一个认知、体验、感悟的过程。

生命教育就是要帮助学生认识生命、尊重生命、珍爱生命，促进学生主动、积极、健康地发展生命，提升生命质量，实现生命的价值和意义，树立正确的生命观。生存教育就是要帮助学生学习生存知识，掌握生存技能，保护生存环境，训练生存意志，把握生存规律，提高生存适应能力和创造能力，树立正确的生存观。生活教育就是要帮助学生了解生活常识，掌握生活技能，实践生活过程，获得生活体验，确立正确的生活观。

（二）“三生教育”的目标和边界

1. “三生教育”就是要使人成其为人，实现人生价值的整体建构

人是教育的核心。教育以人为中心开展活动，促进人在自然、社会、精神三种属性中和谐发展，使人成其为个性发展和全面发展的人。对生命、生存、生活的教育探索，就是对人生的探索。

人生是生命、生存、生活的有机统一。人的一生，生命的存在是前提，没有了个体生命的存在，就失去了构建人生的基础；人的一生，在社会中的生存实践是过程和关键，没有了社会生存，就失去了构建人生的意义；人的一生，幸福生活是目标，没有了生活追求，就失去了人生的价值。

人生不能缺少价值追求。人生价值是对人生的估价，是对于他人、社会、自身的物质和精神需求的满足与肯定。构建人生价值需要正确的态度，需要价值观念的引领。“三生教育”就是要使人成其为人，使人成其为更有价值的人，坚持全面、客观、发展地看待人，培养人。实施“三生教育”就是要引导正确的价值方向，开展对人生的价值学习、价值实践、价值提升和价值行动。

人生价值的核心是信仰。信仰是对人生观、价值观和世界观的选择和持有。有了信仰才会有人生价值的追求，才会有自己的行为准则和活动指南，才知道该做什么和不该做什么，才会有丰富的人生。“三生教育”引领人们追求信仰，珍爱生命，智慧生存，幸福生活。

2. “三生教育”塑造自然、社会、精神三种属性健全的人

“三生教育”从生命、生存、生活三个方面，对照自然、社会、精神三种属性，观照人生。

（1）生命的属性

生命是活的有机体，通过新陈代谢，完成出生、成长、成熟、衰老、死亡的生命周期，这是自然生命。生命不是以单个形式存在的，人的生命还存在于一定的社会环境之中，人与人之间要发生一定的关系，每个人会形成自己的存在价值和价值追求，每个人都需要履行生命的责任与权利，这是社会生命。人都有理想、会崇拜、有表达自己生命方式

的多种抽象形式，会形成自己的价值信念，这是精神生命。人生需要认知生命、理解生命、敬畏生命、欣赏生命，要积极地发展生命、提升生命的品质。要按照生命存在，生命平等，生命有序，生命尊严的人生需求，珍爱生命，构建自然生命、社会生命、精神生命。

（2）生存的属性

了解生存环境，学习生存技能，面对生存危机，培养生存的适应能力，这是自然生存。知道自己在生存活动中的角色，懂得生存规律和生存法则，学会选择正确的生存方式，学会合作生存，这是社会生存。学会诚实的生存，培养生存意志，锻炼良好的心理品质，这是精神生存。人生要为生存而努力，智慧地生存，学会自然生存、社会生存、精神生存。

（3）生活的属性

解决衣食住行的问题，学习生活技能，懂得生活礼仪，养成良好生活习惯和健康的生活方式，这是自然生活。人的社会性决定了人在生活过程中需要对物质和精神的分享，需要团结互助、诚实守信、遵纪守法、理顺社会关系，这是社会生活。幸福的生活需要感受，需要不断提高生活境界，追求个人幸福、家庭幸福、团体幸福、民族幸福、国家幸福、人类幸福，这是精神生活。要追求和谐幸福的人生，感受自然生活、社会生活、精神生活。

3. 实施“三生教育”提升人生的境界

人的自然、社会、精神三种属性，决定了人的物境、人境、意境三种境界。教育的目的，就是要不断提升人生的境界。

物境是出于本能的做事，不需要学习，是一种天性，是一种原初的生命状态。生物界经过40亿年的演化，产生了人类，这一过程，在人的胚胎发育中我们还能看到，从受精卵这个细胞开始，经过细胞分裂、分化，形成组织、器官、系统，并逐步发育成完整的人，这个过程可以视人犹物。物境是自然生命，是本能的生存，是物质生活，需要认知式的教育。

人境是人伦生活的范畴，在人的本位上发展人生，实现人类的进步与文明。为学日益、为道日损。人境是出于社会道德和社会服务的做事，需要学习和实践，是一种体验过程。人境是社会生命，是技能型生存，是一种道德生活，需要参与和体验式的教育。

意境是宗教、艺术、哲学的范畴，物亦犹人。意境以超然与永恒为目的，追求诚意，是一种顿悟。意境体现的是多元的精神文化，是出于宇宙法则和人类利益的做事，是一种神圣境界。意境是精神生命，是超物质的生存，是一种出神入化的生活，需要感悟式教育。

人生境界的大小决定一个人的思维方式，"三生教育"就是要开启心智，觉悟人生，形成智慧和宽容的大境界。遗憾的是人生境界的教育被当下教育的功利化遮蔽了，物质财富的多少、发展、竞争成为主流，生存问题、发展问题为社会所关注，但是，过于关注生存，而忽视了存在。教育（主要指应试教育倾向）也跟着进入了狭隘的功利化和工具化，教育局限于升学和职业竞争，导致教育本该作为的人生教育，缺失、缺位。

"三生教育"是有边界的，就是"三生教育"的概念和内容，要符合时代的要求，符合事物发展的规律，符合人的全面发展和个性发展；围绕人的自然属性、社会属性，精神属性，树立正确的生命观、生存观、生活观；坚持德育为先，融入社会主义核心价值体系。

（作者单位：云南省教育科学院。）

注　释：

①孙志强．中国青年研究．2010（11）．

教育价值的哲学思考

郭云龙

教育价值是一个十分深奥、复杂和难以完全确定的东西。由于教育对于成就人类之伟大是必要的乃至须臾不可或缺的，所以教育之于人类其价值应是客观存在，但遗憾的是人类的主观难以完全把握，甚至是见仁见智，包括在不同的视野下就可能有不尽相同的教育价值观。这里从“什么是受过教育的人”这样一个看起来似乎浅显、简单的层面和角度入手谈谈看法。需要说明的是，这仅仅是一种学术性探索，现呈现出来供批评指正。

一、教育价值的重要载体

教育，从比较广泛的意义上说，是一种有意识、有目的的影响。由于任何人都会接受这样一种影响，因此，从这个层面上来讨论“什么是受过教育的人”，应该是没有太大意义的。所以，这里所谈论的“什么是受过教育的人”，是从特殊的教育即有目的、有计划、有组织的教育也即人类目前仍在使用的学校教育层面来谈的。

教育活动是教育者按照一定的社会目的（一般情况）以一定的内容、方式向受教育者施加影响的活动。教育的目的贯穿在教育内容中，受教育者所接受的内容方面的影响相对于教育方式方面的影响来说，是更为根本的。因此，所谓受过教育的人，在很大程度上说，就是接受过教育内容影响的人；总体而言，受教育程度越深，接受教育内容的影响也就越深，或者说教育价值的重要载体是教育的内容。

二、整个人类视野下教育价值观的思考

教育内容无非是有关自然、社会、人的一些认识和价值取向。一般来看，学校教育的内容尤其是有关自然方面的内容，是经过较为严密地论证、精心地选择和组织的，尽量以一种高效的方式传递给受教育者。所以，受过教育的人，一般而言，能够在较短时间内，对自然、社会、人有比较广泛的、比较深入的认识；比较倾向于接受社会（主要是社会的实力集团）的价值观。因此，一般来说，能够比较有效地改造自然、适应社会、改造人自身，能够在一定条件下有益于人类个体及整体的生命、生存、生活。

从整个人类来看，教育本应是教真育爱的，但是，由于传递给受教育者的教育内容尤其是其中对社会的认识这方面的内容往往与某种价值观问题结合在一起，并且，从某种意义上说，人类的认识能力是有一定局限性的，因此，就可能出现为了某种特定价值观的需要，或因为人类认识的局限性，而导致教育内容远离真理性认识，或背离一种本该有的深沉的人性之爱。因此，此时受教育者接受某些方面教育反而不利于受教育者认识与改造自然、人，尤其是不利于认识与改造社会。

纵观人类教育发展史，似乎有这样一个明显但又极易被忽视的特点：社会中受教育面越广，受教育程度越深，人与人之间的依赖关系、人对自然的依赖关系也越严重。这通常被认为是人类发展的一种表现。但容易被忽略的是，实际上，从某种意义上说，这也导致了人类个体独立生存能力的不断弱化，这容易引起整个人类生存能力、生命活力的弱化。这似乎是永远值得人类深思的一个两难问题。

因此，如果以整个人类作为思考或关注的对象，基于以上的认识我们认为，在一种十分广阔、高远的视野下，尽力增强人类的认识能力，

确立一种人类的基本价值观，特别是教育价值观（因为教育在塑造人类的灵魂），是再重要不过的事情。

三、非整个人类视野下教育价值观的思考

一个人的视野包括教育价值的视野如果不是以整个人类作为思考或关注的对象，就这个两难问题可以再多说几句。这个两难本来客观存在，但又可以说，这不是一个两难问题。

从一种角度看，教育是整个人类的教育，但当人类以国家分割的形式存在的时候，教育首先是国家的教育，国家这个立足点帮助解决了人们思维中的两难，这个两难在处在国家时期的人们的思维中似乎不存在。因为个人、国家首先要生存，然后才有一切。当人类还以国家分割的形式存在的时候，客观存在的教育包括民族教育对国家、对民族群体、对个人的生命或生存是有十分重要作用的。国家、少数民族教育如果没有达到一定的客观要求，是很不利于国家、民族群体、个人生存的。如果是一个有强烈国家观、民族观以及个人生命、生存、生活意识的教育工作者，那么他教育工作的首要与全部出发点就在于国家、民族的生存与强大，以及在此条件下个人的存在、尊严与价值，他终身的价值追求就在于此，这是他价值观的出发点与落脚点，没有思想上的矛盾，更没有所谓两难的纠结，只有全心全意、义无反顾地为此努力，这至少是值得这个国家或民族称许和铭记的。

四、中国当代教育的一种重要价值

罗崇敏先生在《教育的价值》（人民出版社，2012 年 1 月第 1 版）第 43 页写道：“人既是个体的存在，同时又是社会的存在；他（她）的后天成长受其所面临的自然和社会的影响。其生命特征中体现着很强的社会性、民族性；他（她）的善恶本性带有整个人类本性色彩。”“自我人格的塑造带有很强的社会时代性，你的成功在于是否正确地认识了你所处的这个世界，并且造就出与之适应的性格特征，顺应其发展。

个体生命的意义是：在既定条件下创造和完善自我。”胸怀一种人类的视野，为所在国家、民族的生存与强大而不断提高自身能力、展现自身价值从而获得自身尊严，不失为当代中国人的智慧选择。从这个意义上说，中国当代教育的一种重要价值就在于对此进行引导、帮助和强化。

（作者单位：云南省教育厅。）

一切价值的核心是人

李宏伟

非常有幸能参加今天的研讨会，今天虽然是我与罗厅长的第一次见面，但感觉很亲切。我是学哲学出身，我感觉罗厅长的教育思想体现出了对人类终极关怀的哲学意味，同时也饱含着诗人一般追求理想境界的浪漫情怀。刚才很多教育专家从学问的角度谈了很多感想，因为我现在中央党校教授生态文明，所以我接着大家的话题，主要从罗厅长的“三生教育”中的生命、生态方面谈一些我的感想。

我们要在道德教育当中倡导生态道德教育。我们谈论价值主义、价值观，那到底我们应该秉承什么样的价值观呢？我们之前已经从人类社会、孩子的生存发展等社会系统角度进行了谈论，现在我想就外部性，也就是人与自然方面谈一下我的看法。就这个角度来看，我们应该树立两个价值观。一个是生态伦理关，一个是生态价值观，可能有些专家不能完全赞同这一观点。

我们一提到价值，它的核心就是人，人应该秉承什么样的价值观。而提及伦理，也是在谈人与人之间的关系。改革开放以来，我国现代化的发展和进程面临着的问题已不单纯是人类社会如何往下发展，经济如何增长发展，而最重要的是我们应该反思，我们到底应该追求什么样的生活。罗厅长在书中所提到的生命的意义、生存的意义，我觉得都应该回归到人与自然关系的认识上。人与自然究竟是什么关系呢？我们总是提生产力这个概念，生产力是人类改造自然、征服自然的能力。在今天如果我们还这样看待生产力，已远远不够了。因为随着经济的发展，特别是经济发展方式是高增长、高投入，同时带来严重污染的今天，我们应该多关注人与自然怎样和谐发展。人与自然应该建立一种伙伴的关系，在此意义上，人的价值才会有根基，因为人来自于自然，自然也是人赖以生存的根基。如果抛开这种根基，就如同官员大量地追求 GDP，高考指挥棒迫使孩子追求分数，这就造成了价值观的失误。我们就此看到一些现象，例如经济的快速发展带来的环境污染，我们想要为孩子营造一个良好的学习生活环境，却不得不遭遇铬中毒、铅中毒、空气污染等等这些不该发生的事情。在谈及人类的生生不息，中华民族的繁荣昌盛，教育的顶层设计就应该回归到生态教育这一环节。我自己也是一名小学生的家长，希望在孩子的课堂上不光只有语文、数学、英语，能让孩子们更多的走近自然、观察自然，罗厅长所倡导的“三生教育”才能够真正得以实现，对自然能有一个本真的认识，它才能形成热爱生命、热爱生活的一种健康向上的正向引导。如果就像当才谈到的只是把孩子们关在屋子里面，上各种补习班，那孩子就不能够健康地成长。

（作者为中共中央党校教授。此文是作者 2012 年 5 月 26 日在人民大会堂“教育三部曲”出版发行暨价值主义教育研讨会上的发言。）

教育价值应回归教育本真

张建新

一个人，还是母亲腹中的一枚胚芽，就开始了教育这个“万里长征”：首先是胎儿教育，随后是幼儿教育，然后是小学教育、中学教育、大学教育，再后是成人教育、在职教育，最后是老年教育。然而，所谓“教育价值”，一直是权威者的掌中物，普通大众的声音之低弱，其话语之微细，其发言之曲解与过滤，却是一个难以否认的事实。这也就是作者在《教育的价值》扉页上语重心长的话：“我追求的不是众人未见，而是众人所见但未思更未行。”

什么是教育价值？什么是教育的基础价值？什么是教育的根本价值？什么是教育的最高价值？教育价值如何实现？在当今“快餐教育”泛滥的信息时代里，罗崇敏博士所著之《教育的价值》层层深入、步步紧逼的五大追问，逼迫循规蹈矩、惰于思考的教育者生出节节败退、困于一隅之感。

《教育的价值》是一部具有学术价值的哲学思辨类书籍。本着“彰显教育价值、回归教育本真”的目的，作者试图从“价值取向—能力选择—制度建设”与“生命、生存、生活”两个维度，采用理性思辨研究方法，围绕“教育是发展人的生命、生存和生活，引领人类文明进步的社会活动过程”这一核心论点，在已有知识积累和实践经验的基础上，阐述对教育价值、教育基础价值、教育根本价值、教育最高价值以及教育价值实现五方面的问题，采用概念、判断和推理等形式进行理性思考。

“发展人的生命、生存、生活”，乃作者“教育价值”一问之解。毫无疑问，教育指向就是一个字——“人”，一个个的个人，活生生的个人，自由发展的人，有意识活动的人，不断获得新知的人，在自己创造的世界中直观自己的人，作为历史第一前提的人……于是，教育乃“发展人的生命、生存、生活”，就是要学会珍惜人之“生命”，掌握“生存”之本领，提高人“生活”之品质。自然，教育价值就成为“人类基本价值的基石”，成为高于经济价值、政治价值、文化价值等“一切价值”之价值。

“成长成人”，乃作者“教育基础价值”二问之解。作为一种生活的存在，人，每一天，每一刻，都在“成长”，以便“成人”。生命，是成人成长的根本；生存，是成人成长的基础；生活，是成人成长的目标。只有在“家庭”这个成人成长的摇篮里，在“学校”这个乐园中，在“社会”这个舞台上，人才能从幼儿起步，走过人生的花季，在创造中实现自我，最终达到生命的辉煌。

“自我完善”，乃作者“教育根本价值”三问之解。自我完善第一步是“悦纳自己”，提升自己的智商、情商、挫商，第二步是“适应环境”，学会善待他人，第三步是“懂得生活”，学会尽责，走向社会化。最终达到“真爱”：爱人、爱己、爱家庭、爱国家、爱全世界、爱整个宇宙。悦纳生命，因为它给我们去爱的机会，给我们去学习的机会，给我们去工作的机会，给我们仰头看星空的机会。

“使人幸福”，乃作者“教育最高价值”四问之解。直面“教育信息化”、“教育价值危机”的挑战，倡导生命、生活与生存之“三生教育”，超越自我能力，开启无边界教育的智慧学习，融合“社会发展”与“个人成长”，从“适应”、“传承”走向“引领”、“创造”、“万物一体”的幸福境界。生活的意义在于发展，幸福生活如诗、似画、比歌。

“发展人”，乃作者“教育价值实现”五问之解。“学习环境”是发展人实现其教育价值的条件，“受教育权”是其制度性保障，“教育制度设计”是其关键。教育目标就是发展人，使人体验、认知、感悟生命价值、生存价值和生活价值，树立正确的生命观、生存观和生活观，最终确立正确的世界观、人生观和价值观。

《教育的价值》中议论风生、可圈可点的话语、论点可谓俯拾即是。比如教育的价值在于“把握生活智慧，理解生活意义，追求幸福生活”，“动物生存，而人则生活”，“人的生命力是在‘存在’与‘意义’之间寻找平衡”，生存教育的价值追求在于“理解生存环境，提升生存能力，强化生存意志”，都称得上是剀切明辨、切中情事。实话说，从一个学者角度讲，“理论能走多远，看他与谁同行”；对于普通读者而言，此书的问题意识，可让人开卷有益。

浩浩宇宙，茫茫大地，绵绵岁月，履履长河，丰富多彩的大自然恩赐给每一个生命走向快乐、走向幸福的权利，赋予每一个人生命美丽如诗的意义，给予每一个人接受教育的权利。在教育“万里长征”这个永不倦怠的长途跋涉中，每一个教育者的自我修炼需要经过五阶段：用嘴做教育—用脑做教育—用耳朵做教育—用手做教育—用心做教育。在这个一步一步提升境界、“上下求索”的漫长过程中，更需要每一个教育者像屈原大师那样，“问天问地问祖先”，不懈地追问教育的价值，最终才能回归教育价值的本真。

（作者为云南大学高等教育研究院教授，《学园》副主编，第一届云南省教育咨询委员会专家，民盟云南省委文教委员会副主任。此文是作者2012年2月25日在“教育三部曲”出版发行暨研讨会上的发言。）

教育在于使年轻一代系统地进行社会化

——“教育三部曲”评述

王彦斌

《教育的逻辑》一书开宗明义地强调，教育的根本是要使个体从自然人变成一个于国家、社会有用同时也能通过在社会中实现自我成功的人。可以说，作者以敏锐的眼光和深刻的见地把握住了当代中国的教育问题。从社会学的角度讲，教育的过程就是社会化的过程，是社会通过各种教化方式把社会中既有的知识、道德准则、行为方式等传授给社会人员，并使其从自然人成为社会人的过程。法国社会学家迪尔凯姆认为，“教育在于使年轻一代系统地进行社会化”。

近些年来在教育领域中出现的一系列问题折射出了当前我国教育体系中存在的一些弊病——学生价值观的迷茫，大中学生杀人与自杀事件时有发生，说明引导学生树立正确的价值观，珍爱生命、敬畏生命方面的教育迫在眉睫；大学生眼高手低、动手能力差、就业遭遇困境、社会适应性差、生存能力滞后的问题，表明了生存教育的重要性；学生学习的功利化、生活追求的物质化突出，说明了生活教育的重要性。人们在苦苦思索，大量的回答莫衷一是。

正在这个需要对教育进行深刻反思的时候，罗崇敏先生在《教育的逻辑》一书中提出了关于“生命、生存、生活”的“三生教育”体系。

生命教育，就是要“认识生命、敬畏生命、发展生命”；生存教育，就是要“强化意志、掌握技能、主动适应”；生活教育，就是要“立足现实、注重体验、追求幸福”。作者强调了要通过社会化及终身社会化的过程来完成完善这一目的和过程，反映了教育的社会化规律，适应了当前社会对教育的根本性需求。

实际上，生命，抑或生存与生活的概念，单独地讲，对于我们每一个人都不陌生，甚至是许多人常挂在嘴边的词语。难能可贵的是，《教育的逻辑》从形成教育体系的角度把这几个词做了逻辑的提升和展开，这就使得这三个词不是简单三“生”，而是一个完整的“三生”了。这“三生”的逻辑提升和展开，使人们明白了我们的教育究竟是出了什么问题，我们的教育究竟应该去做什么。

教育的逻辑是从让学习者知道学习的意义到最终的自觉学习，从而完善人格，成为与社会相适应，对社会生活充满热爱的社会人。而要达到这样的目的，唯有从“价值教育”、“能力提升”和“制度设计”的教育体系考虑才能实现。为此，作者把目光放到了体系的设计与建立的讨论上面，为我们展现了他对教育体系的理解。教育的体系不仅包括接受教育和施行教育的各种主体和角色、各种教育组织的运行，也包括了教育的制度、教育体系与社会的关系。因此，教育理论体系的构建也必须反映这些不同层面的规律。良性的教育体系必然是不同教育主体在个体人格和角色方面的完善、教育制度合理、教育与社会实现良性互动的体系。

作为一个读者可以看到，该书具有这样两个最为突出的特点：

第一，高屋建瓴，体系完整。该书确立的体系是值得称道的，这一方面得益于作者的立意高远，由于作者对现代教育理解的基点是生命教育、生存教育和生活教育，这就使得人的生命价值得到了尊重，人的生存能力的提升成为必然，更使得追求幸福及其落实变得现实。那么这种三位一体的教育理念能否落实？该如何落实呢？作者以一种逻辑推演的方式步步深入，为我们构建出了通过价值教育塑造有尊严的人，通过能力提升促进国家社会和个人的可持续发展，通过制度设计为现代教育发展提供根本保障的教育体系。特别是在“制度设计”部分，作者更是大量地结合当代社会科学发展和当代公共管理的新趋势，分别从公共治理与服务、自主管理机制，以及多元运作等等方面为我们勾勒了适应当代社会发展需要的现代社会教育体系。体系的完整性，实际上意味着思考的缜密性，这是一部具有较高理论价值的学术著作。

第二，面对生活，解决问题。纵观全书，其缜密性是值得称道的，其思考的缜密性对于生活实践的指导意义也是不言而喻的。该书不是作者无病呻吟的产物，不是坐而论道的结果。它的出现是及时的，是为回答现实需要回答的问题而成的，作者通过深入浅出的分析，向我们娓娓道来了今天我们的教育缺少的是什么，我们的教育需要的是什么，我们的教育需要怎么做的关键问题，使许多人对曾经的迷茫豁然开朗。为此，作者不仅从理念上讨论了教育的目的，更重要的是从操作层面对课程体系和保障性的制度的设计作了阐述，并最终提出了既有现实性又具畅想性的“云教育”概念。作者的设计不是建立在虚无缥缈的幻想之上，而是脚踏坚实大地的实践策略，这就为解决当前许许多多中国人特别是为人父母的人和教育工作者面临的困惑而探索出了一种可能选择的方法。

《教育的逻辑》一书提出的观点，体现出了作者“以人为根本，以教育公平为基础，以价值教育为灵魂，智德教育为保障，能力教育为核心”的教育主张，既是对教育规律的深刻领悟，更是对教育体系进行的高瞻远瞩的规范性概括，必将在建构现代教育理论体系方面做出积极贡献。

值得附带一笔的是《教育的逻辑》的姊妹篇《教育的智慧》一书。该书是前者的拓展也是细化，作者通过在教育领域方方面面细致入微的思考，使其主张和观点对于每一个生活于当代社会的人都有了切实通过教育这种人的社会化最有效的途径，从而找到使自己或是他人成为适应现代社会的栋梁的切入点，都能够在阅读后从中受益。

（作者为云南大学公共管理学院教授。）

关于教育的独特思考

——“教育三部曲”评述

张　磊

一、关于《教育的智慧》与《教育的逻辑》

（一）作者的人生经历

说起某书，自然要提到其作者。最近读到《教育的智慧》和《教育的逻辑》两本书，最先感觉到的是作者所具有的较为独特的人生经历。

在两书版权页之后目录之前关于作者的介绍性文字中读者可以清楚地看到，作者当过下乡知青、乡村医生、工厂职工（工人?）、中学职员、代课教师、党校教员、机关秘书等。曾经先后任职于各级政府重要部门和重要职位。更令人叹服的是，作者还是中国作家协会、书法家协会、哲学学会、经济学学会等中国国家级学者组织的成员（会员）。这只是作者提供的非常简略的个人信息。其实，作者还有不少可以让人惊叹的阅历，将之称为“传奇”并不为过。笔者虽然也有过当知青的经历，但是，因为缺少对社会生活的系统思考，不可能达到作者在书中所展示出的那种宽度、深度与高度。

（二）两书的独特风格

作者在两书比较突出的位置（版权页之后目录之前，个人照之下）告诉读者："我追求的不是众人未见，而是众人所见但未思更未行。"

这句话不仅在语言表达上具有独特的风格，而且还包含着相当丰富的哲理。或许不少读者会感觉到，对这句话无法只读一遍，因为只读一遍很难完整地理解其中的深刻含义。

此外，作者这两本书的书名《教育的智慧》和《教育的逻辑》体现出一种独特风格。书名非常"板扎"，使用了"智慧"和"逻辑"这样的词汇，给人堂堂正正、简洁干练的感觉。说得再夸张一点，作者在某种意义上"垄断"了这类词汇，让人不禁生出几分羡慕与嫉妒之情，甚至让人感到作者在为自己的书取名时太"霸道"了。如果今后谁还想写"教育的智慧"或"教育的逻辑"这类书，且不说时间上已经无法领先，就是在气势上也会软去好几分。

（三）两书的内容与结构

先说《教育的智慧》一书。

一般来说，"智慧"（wisdom，wit）是指对事物能迅速、灵活、正确地理解和处理的能力[①]。"智慧"一词与教育放在一起，大体上是指在教育活动中表现出来的"能迅速、灵活、正确地理解和处理的能力"。再说具体一点，教育的智慧就是针对教育领域或教育实践活动中的各种情境与问题能够迅速、灵活、正确地理解和处理的能力。一般人处理不了的难题（比如，孩子不听话、学不好、不会与他人合作、无法克服学习上的各种困难、不能顺利地成才，等等），在拥有教育智慧的人面前，都是可以解决的，都不成其为问题。上海教育出版社在2009年曾经出过的那本《教育的智慧》（张平著）一书，就是从这个角度来讨论教育情境中的智慧问题。

与这些常规的思路不同的是，该书的作者另辟蹊径，站在一个更高的角度来讨论教育的智慧问题，比较充分地体现了一种整体的、宏大的思考教育理论问题的智慧。比如，作者在书中重点讨论了什么是教育的主体，论述了教育价值和价值教育的异同，探讨了教育制度与制度教育的区别，讨论了教育公平问题，讨论了教育过程、教育结构、教育体系、教育合力、教育课程、教育环境等教育学领域的基本问题，对学校现代管理、教育评价、情智教育、能力教育、信息教育、幼儿教育、职业教育、大学教育、终身教育、女性教育、公民教育、普世教育等一系列热点问题进行了无拘无束的讨论。显然，作者已经不只是在思考具体层面的教育智慧问题了，而是在充满智慧地思考教育理论或教育原理的问题。如果作者的观点能够得到教育学界同仁的广泛认可，那么这本书所展示的思考及其结果（即作者的思想）或许将给教育学界带来极大的甚至是“革命性”的冲击，至少如作者所言，作者在奋力追求着“众人所见但未思更未行”的问题。笔者还要补充的是，作者的这本《教育的智慧》，在某种程度上与安徽教育出版社2008年出版的《教育学的智慧》（李政涛著）有着异曲同工之妙。

再说《教育的逻辑》一书。

一般地，“逻辑”（Logic）一词意指“人的一种抽象思维，是人通过概念、判断、推理、论证来理解和区分客观世界的思维过程”。它包含这样几层意思：思维的规律；客观的规律；指处理事情的方式、规矩的意思[②]。再具体一点说，教育的逻辑是指“在教育领域或教育实践活动中的客观规律以及正确处理问题的方式或规矩”。

如果按照通常的教育学理论与观点来看待教育，就会形成一些关于教育问题的理论体系。这些各不相同的理论体系的构建者都有自己的逻辑与思路，都会声称自己可能找到了或更加接近了教育的内在规律与逻辑。

显然，与这些传统的教育理论体系或教育逻辑不同的是，作者的这本《教育的逻辑》为读者展示出颇为新颖独特的逻辑。作者在《教育的逻辑》一书中确立了观察教育的三个维度：价值—能力—制度。并阐述了为什么要通过这三个维度来看待、分析和讨论当今社会所面临的各种教育问题。作者特别指出：价值取向是教育变革的动力源泉；能力选择是教育价值实现的途径；制度建设是教育发展的切实保障。作者还提出了一个颇具理论色彩的框架："生命、生存、生活：实践现代教育的三个基点"。并从多个角度阐述了对"三生教育"（即生命教育、生存教育、生活教育）的理论思考。在该书后面的章节中，作者运用这"三个维度"和"三个基点"深入讨论了教育领域中的一些热点问题，提出了与主流学者及主流著作等不完全一致的观点。这是非常难能可贵的。如果有更多的学者也来这样思考和讨论问题，或许中国的教育理论研究能够取得意外的突破。

二、《教育的智慧》一书的价值与可商榷之处

（一）该书的价值

1. "观点不同"就是一种价值

作者从不同于传统教育学与教育研究者的角度阐述自己对教育的思考。学术界最忌讳千篇一律和千人一面。在学术圈内，如果大家都说一样的话，唱一样的歌，提倡和支持一样的观点，这种情形是非常可悲的，也是非常可怕的。因此，作者能够从独特的人生阅历与思考中提炼出独特的观点与看法，这本身就是一种价值，也是对教育研究的独特贡献。

2. 充分肯定"开发情商与智商"的"情智教育"

在《教育的智慧》一书第128－138页，作者系统阐述了"情智教育"的思想。近10年来，不仅教育理论界而且教育实践第一线的广大教师都普遍接受了开发情商的重要性，并在实际工作中努力去实践这类将智力因素与非智力因素有机结合的"情智教育"理论。本书作者较为系统地思考了"情智教育"理论，对该理论的内涵与本质、该理论付诸实践所需要注意的重要方面等进行了颇为系统的阐述。该理论及其实践对于基础教育质量的稳步提高以及人才培养质量的大面积提升具有非常重要的意义。

3. 强调"大学修养"

在《教育的智慧》一书第180－188页，作者专门针对近10年来大学教育发展的诸多问题进行了深入的思考，不仅树立了大学发展的现代

理念，分析了大学发展的基本矛盾和根本动因，还探讨了中国大学应该选择的发展战略。尤其值得肯定的是，作者提出“大学修养”这一颇为新颖的概念，并通过对这一概念的系统阐述，指出了中国大学存在的诸多弊端，以及如何提升大学素养的途径与方法。作者所提出的加强大学修养的七个方面（人本立校、以道观校、以品铸校、职能兴校、民主治校、机制励校、环境冶校），提法颇为新颖别致，对于当今的大学管理者具有非常重要的参考价值。如果读者充分了解了作者的人生经历与工作背景，就会更深地感受到作者对这类问题的思考是特别难能可贵的，虽然作者所提出的加强大学修养的七个方面在顺序上可以有不同的排列组合。在笔者看来，应该把民主治校（学术民主）放在第一位，因为大学的基本特征就在于 universitas。如果离开了行会组织的基本原则，如果背离了行会原理，大学就不可避免地会变得面目全非，甚至失去自身存在的价值。

（二）本书的可商榷之处

1. 如何理解作者的教育思想与人类教育思想之关系

如何理解作者独特的思想与智慧，如何站在人类文明史的角度来评价作者的独特思想与贡献，这是一个值得讨论的问题。也就是说，阅读了两书之后，一个不得不说的感觉就是：书中所表达的作者对于教育问题的思考颇为丰富、颇为独特、颇有价值，但是，稍显遗憾的是，作者没有积极地为读者着想，即没有充分考虑到如何帮助读者（尤其是那些受教育程度以及文化水平不够高的读者）更好地把握和理解作者的思想观点与人类教育思想与教育智慧的相互关系。换句话说，这两本书拥有众多的读者，他们之中有不少人在阅读与思考以及人生阅历等方面都可能具有各种局限，很难深入地理解作者的思想和智慧与人类教育思想及教育智慧的相互关系。对此，作者应该事先有所考虑。客观地说，假如出现了这类问题，其责任一方面在读者身上，另一方面也在作者身上。

2. 如何理解思想观点的“刚性”与“柔性”特征

书中某些观点和判断带有明显的刚性特征，至少在表达上缺乏一定的回旋空间。比如，“人类最大的危机是教育危机”（《教育的智慧》第18页），这句话给人的感觉有几分杜子美“语不惊人死不休”的味道。毫无疑问，这个判断蕴涵着很深的哲理。尤其是“一个国家、一个民族最可怕的是价值危机。……一个国家的核心价值的基础是教育价值。”这些句子给人极大的震撼和启发。但是，借助作者这些引人深思之语再深入思考的话，或许会认识到，教育的作用方式是多元的、多层次的、多阶段的，同时也是有局限的。对于教育的失误或失败所带来的危机，需要从几个方面去剖析。政治危机、经济危机、文化危机等社会性危机的背后有着深刻的社会原因，是多种势力或利益体之间相互作用的结果。这些势力或利益体的代表人物与他们所能影响的民众之间在教育程度和教育思想以及教育理想等方面存在着巨大差异。因此，要应对各种社会危机，继而将之消弭于无形，管理者需要把眼光聚焦于不同人群，需要针对不同人群“分而治之”。坦率地说，这样的认识在很大程度上受益于作者的相关判断。其实，《教育的智慧》一书第20页就表达了类似的观点，“教育对人的作用具有层次性，教育既要关注不同层次的人的发展，关注不同品质的能力的发展，还要关注所有人的发展，关注人的整体素质的发展。”遗憾的是，作者未能在涉及“人类最大的危机是教育危机”这一极为重要的话题上进一步阐述该深刻认识。

3. 如何看待高考状元最终未能成为“顶尖人才”现象

在《教育的智慧》一书第32页，作者特别提到“我查阅了1977年到2009年32年间全国144名高考状元，一个都没有成为职业所涉及领域的顶尖人才”。这个话题近年来比较热。特别是某课题组所做的《1999～2007中国高考状元调查报告》的出炉（2008年）引起了全国的关注。笔者在这里想补充一些不成熟的想法。

首先，不能单纯地、片面地追求分数，进而不能继续搞应试教育，应该全面地综合地看待学生的成绩与成长。

其次，高考状元只代表一次考试中取得优异成绩，并不能说明其他。“高考状元”只是进入高校的待造之材，还处于专业性培养训练的入门阶段，离成为顶尖人才还有很大距离。

再次，“状元”并不意味着一定能够取得“顶尖成就”。为何要用这个缺少依据的标准来衡量取得高考优异成绩的十七八岁的孩子呢？

最后，笔者想强调一点，“教育对人才的培养作用”与“人才最终能够取得什么样的成就”之间，存在着巨大的社会性变数。这一点每个有一定社会阅历的人都能理解。在讨论高考状元最终能够取得什么样的成就这个话题时，需要特别注意这一点。

（作者为云南大学教授。）

注　释：

①参见“百度百科”的“智慧”词条（http：//baike. baidu. com/view/2649. htm）。

②参见：“百度百科”的“逻辑”词条（http：//baike. baidu. com/view/1838. htm）。

从人的生命成长进入最本质的教育真实

——“教育三部曲”评述

李天凤

价值观作为一种客体属性与主体需要之间的关系在主体观念上的反映，会由于客体属性以及主体需要的不同而各异。随着今天教育改革与发展深化，教育价值观念的也在不断地更新与变革。纵观改革开放以来我国教育价值观发展历程，我们不难发现，教育价值观的总体发展呈现出以“人”为魂、以“人”为本的精神。这既符合人类文明的发展趋势，又体现了“人是目的”的时代精神。由此可见，突出人的主体性，构建高度重视人的发展和人的解放为特征的教育价值观，是新时代的呼唤，也是历史发展的必然。

近日有幸仔细阅读了云南省教育厅厅长罗崇敏同志的所著，2012年2月人民教育出版社出版的《教育的价值》一书，颇为欣喜，感触颇深。该书是其“教育三部曲”封笔之作，每本都拥有一个诗意且可听可读的名字:《教育的智慧》、《教育的逻辑》、《教育的价值》。尤其是《教育的价值》一书作者用自己的真挚的教育情怀和人生智慧营造出一个澄澈清明的教育哲理世界，仿佛天空熠亮的星斗，抑或大地潺潺的溪水，春风化雨，清音独远。同时，作者从教育学、心理学、社会学等学科立场，集教师、官员、研究者、家长等多重身份，全方位、多角度、分层次地研究审视了时代转型发展的各种教育现象，使人感受到一种沁人心脾的教育理念，形成了一本特点突出，极具价值的好书。

人生最离不开“教育”二字，提起教育，人们似乎都很有发言权，因为人人都受过教育，还必须教育子女。教育最不应当有什么玄虚的理论和高深的“话语”。“子不教父之过，教不严师之惰”。不清楚古人面对教育是否焦虑过，长久地焦虑过……如今教育与其他行业相比真的很尴尬。一方面，她崇高神圣，“业内人士”的强势学术话语更让她披上了一层光环；另一方面，它又饱受指责，对教育责难的言论尺度最不受控制。在我们已经习惯了很多教育类书籍连篇累牍、叠床架屋式枯燥论述的今天，《教育的价值》一书立足人的生命成长进入最本质的教育真实：作为个体的人受教育的价值是什么？人的生命成长中教育的基础价值是什么？遵循社会发展规律教育的根本价值是什么？着眼于幸福平安地度过自己的一生教育的最高价值是什么？如何才能实现教育的这些价值呢？本书悉心研究与探索，统摄以上五个话题，架构五章，从追问教育的价值、教育的基础价值、教育的根本价值、教育的最高价值到教育价值的实现，每一章之下又缀集了诸多简洁节目段落，用 18 万字的篇幅围绕教育价值探讨了当前教育所面临的一些重大战略问题，观点新颖，资料翔实，视野开阔，立意高远，体现了一位教育研究者和教育管理者强烈的社会责任感和高深的理论思维修养。该书内容涵盖面宽，真正做到了纳众家之言，集精粹之评说，全面系统，资料性强，可供借鉴的东西多，形成《教育的价值》一书的特点之一。

语言艺术从某种意义上讲是一种想象与再现的艺术，文字只是一种符号，依赖于人的想象才能还原为真实实在的情景。《教育的价值》一书另一特点是思路独特，形式不落窠臼。正如作者在序言中所言：“教育就是发展人的生命、生存、生活，引领人类文明进步的社会活动过程。教育的基础价值是成长成人，教育的根本价值是教育真爱，教育的最高价值是使人幸福。教育的价值在发展人、根植时代，引领社会的过程中得以彰显。教育的价值高于一切价值。经济价值、政治价值，文化价值等，都是人的价值的外化，教育创造了人的价值。”这种表达形式，本身即大有兴味，这些文字，细细绎之，既精悍可喜又文脉井然，若珠玑美玉而又不予人以破碎之感，深度解析和全景式地透视了教育价值的真谛，令人豁然开朗、颇受启示，宛然成了生命与教育的对话，激情与智慧的交融一方独好风景。德国哲学家康德曾言，世界上只有两件东西最能深深地震撼我们的心灵，一是我们心中的道德法则，一是我们头顶灿烂的星空。本书的写作旨在唤起人们对于教育价值忧思与使命感，让我们抬头仰望苍穹之上那片纯净的星空，重新反思有关人的生命成长到回归最本质的教育真实。同时，作者将自己的教育理念用拷问与思辨结合的方式呈现出来，给予了读者更多思索的空间，从中难掩作者深厚的文化底蕴、广博的人生视野，以及对芸芸众生的切切的人文关怀。因此，无论从教育的角度，还是从人生哲理的角度来看，这本书都堪称精警耐读的优秀之作。

纵观中国教育史，大凡有吸引力、有影响力、有生命力的教育书籍都是从教育问题出发，针对教育问题、研究教育问题、解答教育问题的，古往今来，概莫能外。爱因斯坦说："发现问题和系统阐述问题可能比得到解答更为重要"。科学哲学家库恩在《科学革命》一书中说：科学始于问题。本书扑面而来还有一个突出的特点是从追问教育问题开始，问题是激发教育创造的活力，更是教育探索的强大动力所在。《教育价值》一书对于当前教育症候有着深刻理解与反思，超前与跨越，观点鲜明，鲜有套话。围绕社会时代发展对教育提出的新要求、新方法、新使命这一主题，阐述了一系列具有很强说服力的观点，突破了以往一些被认为是不言自明的命题束缚，体现了独具的学术视野和思维方式。正如作者在最后一页所指出撰写本书的意义所在："'信息化时代'，已经不能完整表达当今的时代特征了。我们已经进入'概念化时代'"（P226）。"概念化时代的特征和追求，最核心的就是价值概念和价值追求。无论一个民族、一个国家、整个人类，都需要以教育的价值为基础和主导的正确价值引领和价值行为。"（同上）如此灼见，在此书中时时体现，262 页的书稿，离不开"价值"二字，不是歌功颂德，而是像沙漏一样，把自己多年对教育价值所作的一些力所能及、身体力行的观察和思考以一个教育理论与实践者的角度筛选下来，不是镜中花、水中月，体现出一种批判质疑的学术精神和实话实说的学术勇气，正是由于学术精神和学术勇气的引入，使得本书的写作充满了智性的活力。

《教育价值》是为教育工作者服务的书，须得承认，该书不仅对于久违了课堂的读者感到无比亲切，重要的是这种亲切在提醒着人们以前某种东西的缺失。即便每天与教育理论与实践打交道的工作者，对成长成人与教育真实的本质深刻认识也会如同草木灰中的火种，稍稍吹拂就能复燃。今天在实施课程改革的实践中，教育研究者和一线教师研读一下《教育价值》，会对教育改革的认识增加几分清醒，减少几分迷惑，会激发每一个教育工作者的教育信念和实践智慧，不仅有助于培养完整的人（学生成长成人），且有助于为师者（成长成人）的自我完善和教育人生的丰富完整。读罢此书，我们笃信也由此而生发出一种强烈的愿望：无论对于学生、教师、教育工作者还是那些承担教诲之责的父母来说，与此书邂逅，都将是一次极为愉悦的心灵旅行。也衷心希望本书的出版，能够促进学术界对教育理论的深入研究，形成适合我国国情云南省情的教育价值体系。

和许多好书一样，从不同的角度看《教育价值》，还是有令人遗憾的地方：一是第四章教育的最高价值三个节目的写作风格与前面三章有悖，也与前言所表述教育的最高价值内涵有不相契合之处，再版时，希望作者克服困难，统一风格，前后呼应；二是第五章教育价值的实现，着眼点是立足于理念、途径、策略还是方法，有些模糊。当然也许这对作者是过于苛刻，评述不妥之处深表歉意。

最后，我借此机会，向该书作者表示的真诚谢意，并把这本好书推荐给广大的教育工作者，相信认真阅读后一定能够从中获得收益。

（作者为云南师范大学教育科学与管理学院教授，此稿是作者2012年5月26日在人民大会堂“教育三部曲”出版发行暨价值主义教育研讨会的发言。）

教育原动力

——“教育三部曲”评述

余正涛

有幸拜读罗崇敏先生的“教育三部曲”感受颇深，联系当今中国教育现状，思考云南近年教育现状，心里为之一喜：这两本书的问世，似灯塔、如明星，必将指引着云南教育走上一条更加科学合理的创新改革之路。

《教育的逻辑》、《教育的智慧》两本书立足于本土教育的现代教育研究，既体现了云南这个少数民族集聚地教育多元化的特征，同时又植根于现代教育的“知识经济时代；发展人的生命、生存和生活；引领人类社会文明进步”基本形式和特点。二者紧密结合，以人的自由全面发展为目标，以公平教育为基础，以价值教育为灵魂，以能力教育为核心，以教育制度为保障，逻辑严密，论点新颖，论据充分，论证有力。

“人类的最高价值是教育价值”；“人类的最大智慧是教育智慧”；“人类最大的危机是教育的危机”。

这三句话，凸显了作者对现代教育的理解，基于这样的观点，作者理论联系实际，在基础研究与应用研究相结合的高度上对教育的各个方面进行了详细的思考和论证，为大家了解现代教育提供了一个深入浅出的学习平台。尤其是对教育危机的论述，读后让人陡增忧患意识和教育紧迫感，刺激教育者的教育原动力，使之为此拼搏奋斗。

“艰难的日出”：价值—能力—制度视角下的中国百年教育，多角度多方位多层次地阐述了中国百年教育的内容与形式以及核心价值观，通过对百年教育的分析和研究，剖析了百年教育的功与过、是与非、得与失，再针对中国现状，提出科学客观的符合中国国情的现代教育观点，在意识形态里扭转了人们对教育的认知。在作者的“现代教育”观中，“三生教育”是实现现代教育的三个基点，这三个基点分别是“生命、生存、生活”，这个提法，基于社会发展的最基本因素——人的发展。只有注重人的最终发展，社会才能发展进步，人类文明才能节节攀升，走向另一个高端。

塑造有尊严的现代人，是作者提出的现代教育的目的之一。实施“三生教育”，认识生命的价值，认识生存教育的价值，认识生活教育的价值，追求幸福生活，理解生存环境，把握生活智慧，理解生活意义，这样教育目的下塑造的人，才应该是推动社会发展的人才，才应该是可持续发展的人才。而要发展现代教育，必须有良好的制度作为根本保障，社会必须走向“公共治理”，实现教育的公共服务，制度必须“活而不乱和专业化成长”，实现人力资源开发的相互转换。管理必须从“外在监控”到“自主管理”，实现质量保障机制转换，布局必须从“计划配置”到“多元运作”，实现动态中优化的布局结构。这样一来，现代教育将会稳步健康的走向成功，走向人人希望的未来的教育。

教育的主体是人，人是动态的，正确认识人的动态性，才能真正把握教育的脉。公平教育，教育的公平性，是人民的心声，是社会稳定并稳步发展的关键，教育的公平性增加增强，才能让社会各角落各层次的人接受良好的教育，这些良好的教育结果必将返回到社会的各角落各层次，最后成为推动整个社会发展的强大力量，这才能体现现代教育的光彩之处。

教育的过程，是一个完整的生活过程，它是以人为本的有机统一体，教育活动永远是行动的过程、创新的过程，任何一种凝滞固结的模式，都将对教育对孩子对家庭最后对社会造成巨大的浪费和人才的缺失。对这个问题的深入思考和准确把脉，定然会促进教育过程的进一步完善。

掩卷凝思，感动犹在，思绪万千，蓦然想起罗崇敏先生的那句话，我把它写下来，作为一个完满的句号放在心里——“我所追求的不是众人所见，而是众人所见但未思更未行”。

（作者为昆明理工大学信息工程与自动化学院教授。）

构建现代教育逻辑体系的又一新成果

和少英

“悟”者，我之心也。大凡能悟者，不仅对事物的认识有自己独特的见解，而且在行动上也能够无视市井物议地勇敢践行，这样也就能最大化地实现自己的人生价值。我认为崇敏同志就是这样一位奇人！我十分有幸能认识这么一位在当今之世已近乎绝迹的理想主义者，这么一位改革型的官员和杰出的思想者。对于崇敏同志来说，与其称他是一名“作家型官员”，或者是“官员型作家”，我认为倒不如说他是一位杰出的思想者和改革者。多年来，罗崇敏同志致力于教育学相关理论的建设和实践，在教育行政管理工作中迭出奇招，频现奇观，确实取得了令人瞩目的显著成就。早在担任云南民族大学党委书记期间，他就以自己对高等教育发展与改革的独特见解，率先对全校的内部体制机制进行了大刀阔斧的改革，使全省高校的改革有了一个可资参考的蓝本。他到教育厅担任一把手工作后，很快就提出要从云南开始，开展“三生教育”即生命教育、生存教育、生活教育的新主张，为举国上下谈论了多年的“素质教育”，找到了一个可以落到实处的着力点和依附点，以及能够充分展开的平台。

崇敏同志虽然工作很忙，却非常好学并勤于思考，已有许多本与旅游、经济、农业、大学教育等有关的论著问世。最近读他的《教育的逻辑》，感受到作者以深邃的眼光和独特的思维，以理性的品格和批判的精神，结合他多年来在工作、学习中的体会，对现代教育的一些重大问题进行了深入的研究与反思。崇敏同志一直大力提倡以生命、生存、生活为三个基点的现代教育，并身体力行，坚信建立创新型国家必须要解决两个问题，一是建设创新型机制，二是培养创新型人才。而国家人才的涌现取决于教育，取决于全民族素质的提高。他认为，一个人或一个民族要加强哲学修养，而不是长期沉浸在对物质的追逐中。因此，一个人的哲学修养，标志着他的文化品位；一个政党的哲学思想，关系着他的事业成败；一个民族的哲学理论，关系到他的前途命运。《教育的逻辑》是他创造性地进行研究的成果，这部论著全面、系统地阐述了教育逻辑的基本理论，构筑了教育逻辑理论大厦的基本框架，为云南乃至全国的教育史写下了难忘的一页。全书分为六章十九节，为读者展示了一个以人的自由全面发展为目标、以公平教育为基础、以价值教育为灵魂、以能力教育为核心、以教育制度为保障的现代教育逻辑体系。

一、现代教育逻辑体系以人的自由全面发展为目标

现代教育是植根于知识经济和知识社会，以人为根本、以教育价值为灵魂、以能力教育为核心、以制度教育为保障、以教育公平为基础，引领人类社会文明进步的教育。现代教育是以现代生产和现代生活为基础，以现代科学技术和现代文化为内容，以人的自由全面发展为目的的教育。构建人的主体素质，发展人的主体性，完善人的本质，促进人类的文明进步是现代教育的本质。作者将“三生教育”，即生命、生存、生活作为实践现代教育的三个基点。坚持以人为本，运用教育的力量，对受教育者全面实施生命教育、生存教育和生活教育，使受教育者树立正确的生命观、生存观和生活观，最终树立正确的世界观、人生观和价值观。在建设社会主义核心价值体系的共同思想基础上，实现现代教育价值建设过程化、系列化、制度化的有机统一，促进人的全面发展。教育即生命、教育即生存、教育即生活。“三生教育”把人真正引向生命领域，引向生存世界，引向生活未来，是真理教育、能力教育、自由教

育、尊严教育。它使受教育者知生理、调心理、明伦理、懂哲理、晓事理。所以，我们要通过生命教育、生存教育和生活教育建设人的主体价值，从而实现人的自由全面发展的目标。

（一）生命教育

生命教育就是使受教育者认识生命、尊重生命、珍爱生命、敬畏生命、发展生命。这里的关键是“珍爱生命”和“敬畏生命”。作者认为，我们要通过生命教育促进受教育者主动、积极、健康地发展生命，提升生命质量，实现生命的意义和价值。通过生命教育，使受教育者认识人类自然生命、精神生命和社会生命的存在和发展规律，认识个体的自我生命和他人的生命，认识生命的生老病死过程，认识自然界其他物种的生命存在和发展规律，最终树立正确的生命观，领悟生命的价值和意义；要以个体的生命为着眼点，在与自我、他人、自然建立和谐关系的过程中，促进生命的和谐发展。

（二）生存教育

生存教育的本质是使人学会生存。生存是生命在时间中展开和发挥的过程。人的生命活动与其他生命活动最根本的区别，就在于其他生命活动只是在“复制”自己，而人的生命活动则是在“创造”自己。从这个意义上讲，只有人的生存才具有历史性，而其他事物的生存则跟历史无关。因此，生存教育的核心在于帮助受教育者理解人的生存活动的创造性和历史性，而不是关于现实生存活动的具体知识。作者在文中指出，我们要通过生存教育帮助受教育者学习生存知识，掌握生存技能，保护生存环境，强化生存意志，把握生存规律，提高生存的适应能力和创造能力，树立正确生存观念。通过生存教育，使受教育者认识生存及提高生存能力的意义，树立人与自然、社会和谐发展的正确生存观；帮助受教育者建立适合个体的生存追求，学会判断和选择正确的生存方式，学会应对生存危机和摆脱生存困境，善待生存挫折，形成一定的劳动能力，能够合法、高效和较好地解决安身立命的问题。

（三）生活教育

作为生命和生存的统一，人的生活表现为不断地创造和提升人生意义的过程。生活教育的关键在于，用人类创造的各种文化去“敞开”人的生活的极为丰富的内涵和令人迷醉的意蕴，以此激发人的生活想象，开启人的生活智慧，丰富人的生活情趣，唤起人的生活良知，增强人的生活意志，提升人的生活境界。作者强调，我们要通过生活教育帮助受教育者了解生活常识，掌握生活技能，实践生活过程，获得生活体验，树立正确的生活观念，确立正确的生活目标，养成良好生活习惯，追求个人、家庭、团体、民族、国家和人类幸福生活。通过生活教育，使受教育者认识生活的意义，热爱生活，奋斗生活，幸福生活，确立正确的生活观；使受教育者理解生命的终极意义就是追求幸福生活；让受教育者理解生活是由物质生活和精神生活、个人生活和社会生活、职业生活和公共生活等等组成的复合体；帮助受教育者提高生活能力，培养其良好品德和行为习惯，培养他们的爱心和感恩之心，培养他们的社会责任感，形成立足现实、着眼未来的生活追求；教育他们学会正确的生活比较和生活选择，理解生活的真谛，能够处理好收入与消费、学习与休闲、工作与生活的关系。

总之，作者在著作中的第一、二章中向读者阐释了“三生教育”是人的能力教育，旨在提高人的生命能力、生存能力和生活能力，重在培养人的兴趣能力、思维能力、语言能力、适应能力、发展能力、创造能力、合作能力和责任能力，培养人的广泛兴趣，使兴趣成为人成功的基石，培养人的形象思维、抽象思维、辩证思维、直觉思维，培养人在适应中发展，在发展中创新的能力，培养人的合作竞争意识和公平正义能力，最终实现人的自由全面发展。“三生教育”的产生背景、内涵及相互关系等问题，都源于教育的实践，是作者从教育活动中抽象概括出来的，所以对当前的教育工作具有普遍的指导意义。而且书中的论述，有的是作者的亲身体会，有的是他人的经验之谈，所以读起来格外亲切，有重要的实用价值。

二、现代教育逻辑体系以公平教育为基础

推动教育事业科学发展，必须促进教育公平。教育公平是社会公平的重要基础。坚持教育的公益性和普惠性，把促进公平作为国家基本教育政策，是促进社会公平的重要基础性任务。教育公平的关键是机会公平，基本要求是保障公民依法享有受教育的权利，重点是促进义务教育均衡发展和扶持困难群众，根本措施是合理配置教育资源。近年来，我国在保障教育机会公平方面迈出重大步伐，我们要在这个基础上继续促进公民受教育机会公平，推动教育公平不断迈上新台阶。作者认为，公平教育要着力促进公共教育资源配置公平，加强薄弱环节和关键领域，加快缩小城乡、区域教育发展差距。要健全国家资助政策体系，逐步对农村家庭经济困难和城镇低保家庭子女接受学前教育予以资助，提高农村义务教育家庭经济困难寄宿生生活补助标准，改善中小学生营养状况，建立普通高中家庭经济困难学生国家资助制度，完善普通本科高校、高等职业学校、中等职业学校家庭经济困难学生资助政策体系，设立研究生国家奖学金，完善助学贷款体制机制。要进一步加大农村、边远贫困地区、民族地区教育投入，启动民族地区、贫困地区农村小学生营养改善计划，改善农村学生特别是留守儿童寄宿条件，努力不让一个孩子因家庭经济困难、就学困难或学习困难而失学。同时，促进教育公平，要着力促进教育制度规则公平，全面推进依法治教和依法治校，坚持用规范管理维护教育公平，探索教育行政执法体制机制改革，完善督导制度和监督问责机制。要实施好高校招生“阳光工程”，建立和完善高校毕业生就业服务体系，坚决治理教育乱收费。要依法落实民办学校、学生、教师与公办学校、学生、教师平等的法律地位。推进教育公平是复杂的社会系统工程，也是一个需要逐步实现的历史过程。要坚持在经济社会发展的基础上，以发展促公平，以改革促公平，以政策支持促公平，不断满足广大群众日益增长的多层次、多样化教育需求。作者提出，为实现教育公平，必须要坚持教育面向全体学生和全体教师，面向全体公民，提高全体师生、全体公民的整体素质。坚持实施全民教育

战略，坚守教育公平，使人人享有受基本教育的权利和机会，实现好、发展好、保护好人民群众的教育利益。遵循教育规律，引进市场竞争机制，形成公办教育、民办教育公平竞争、共同发展的机制，提高教育开放水平，促进国际化教育发展。依法规范办学行为，坚持教育管理的民主、科学与法制化，努力提高办学的经济效益、政治效益、社会效益、文化效益和生态效益。

三、现代教育逻辑体系以价值教育为灵魂

价值教育主要是教育实践活动的一种类型，是人们在正确的教育价值观的引导下所从事的教育实践活动的一种称谓。价值教育作为教育实践问题的出现，是与当代科学技术的进步和人文精神的失落所形成的强烈反差是有着密切的关系的。也就是说，人们倡导实施价值教育，从根本上来看，就是为了克服唯科学主义倾向带来的弊端而采取的教育措施。在今天的教育研究中，探讨当代教育的价值和价值教育已成为人们关注的热点问题。当前，我国正面临着新世纪教育发展的良好局面，审慎而积极地开展价值教育对深化教育改革、推进素质教育、提升国民素质、弘扬人文精神、实现全面小康社会的奋斗目标，都具有明显的时代意义和现实价值。因此，抓住时机，进行价值教育的基本理论问题研究和实践探索，是繁荣教育理论研究和推进教育改革的突破口之一。

作者致力于价值教育问题的理论研究和实践探索，并在《教育的逻辑》一书中第三章做了详细的论述。作者认为我们要围绕建设社会主义核心价值体系的目标建设现代教育价值。现代教育的根本价值应该是：教真育爱，教育的终极价值是使人成其为“人”，使人幸福。所谓教真，就是教育要教导真理，追求真理，传承真理，使受教育者热爱真理，求取真知，做真人，做真事。所谓育爱，就是教育要培育受教育者的爱心，爱自己，爱他人，爱团体，爱党，爱国家，爱民族，爱社会，爱人类，爱自然。追求教育终极价值，必须从家庭教育、学校教育、社会教育全面展开，要从每一个老师、每一个学生、每一个家长自身的追求开始。要广泛开展生命教育、生存教育和生活教育。通过生命教育，

使受教育者认知生命、尊重生命、珍爱生命、敬畏生命。不但认知和珍爱自然生命，更认知和珍爱社会生命和精神生命。不但认知和珍爱人类的生命，还要认知和珍爱自然界其他物种的生命。不但认知生，也要认知死，不但认知生的意义，也要认知死的价值。通过生存教育，使受教育者知道什么是有意义的生存，怎样进行生存，提高适应能力、生存能力、发展能力和创造能力。通过生活教育，使受教育者知道什么是生活，怎样去有意义地生活，从而热爱生活，奋斗生活，幸福生活。不但追求个人的幸福，还要追求家庭的幸福、团体的幸福、国家的幸福、民族的幸福、世界的幸福。通过以“三生教育”为主题的现代教育价值体系建设，使教育认识世界、改造世界、幸福世界的价值功能融为一体。使教育的理想价值、实用价值、个人价值、社会价值有机统一。

四、现代教育逻辑体系以能力教育为核心

知识经济时代迫切需要具有综合素质、实践能力和创新能力的人才，这就需要我们从根本上改变传统的应试教育模式，切实走向以培养人的综合素质为基础的能力教育模式，素质教育的本质即能力教育。能力教育以人的素质与能力为基础和核心，同时强调重视学习和掌握知识，更需要学会获取知识的方法，学会运用知识进行的创造性思考，学会把知识有效地转化为素质和能力。

作者认为，能力提升是促进国家、社会和个人的可持续发展的重要途径。因为教育本身追求的目标就是提高人的素质，提高素质是教育的题中应有之义，能力教育则是注重学生综合能力素质的提高。现代教育全过程的任务，都应该是提高受教育者的能力，包括学习能力、适应能力、实践能力、合作能力、发展能力、创造能力和社会责任能力。这就要求把能力培养贯穿在知识传授的全过程，使课堂教学走向世界生活，使学校教育走向人类社会。家庭教育的主要任务在于培养孩子的爱心、兴趣、行为。而学校教育的主要任务在于培养学生爱心、兴趣、能力、理性和意志。现在我们的教育内容、教育方法、教育目标注重的是书本知识的灌输，忽视掌握知识的能力培养；注重整齐划一的考试成绩的目

标评价，忽视学生个性能力培养的价值追求。

现代教育追求的是将知识转化为能力，最终进行的是能力教育，而不光是知识教育。中国要将人口大国转变为人力资源强国，必须从能力教育抓起。我们现在的培养模式是培养现实的人，教现在的知识，而现代教育追求的是在现实的生活中传授未来的知识，在提高现实的能力中培养未来的人。

五、现代教育逻辑体系以教育制度为保障

教育制度是指一个国家或地区各级各类的教育机构与组织的体系及其管理规则。首先，教育制度是指一个国家或地区的各级各类的教育机构与组织的体系，而不是指一些非教育机构或组织及处于分散和孤立状态的教育机构或组织。其次，教育制度是指教育机构与组织体系赖以存在和运行的一整套的规则，如各种各样的教育法律、规则和条例等。而制度教育则是指依靠教育制度设计安排和通过对受教育者进行国家制度教育，实现振兴中国教育和使受教育者全面发展的社会活动过程。其中，教育制度设计和执行是根本，对受教育者进行国家制度教育，培养合格公民是目标。

作者认为，教育制度的设计为现代教育发展提供根本保障。因为发展现代教育，需要创造有利于各种教育资源充分涌流和科学整合，有利于教育主体的积极性、创造性充分发挥的体制机制。教育制度的设计和执行，必须顺应知识经济和知识社会的要求，必须适应市场经济和社会发展的需要，必须遵循现代教育规律。正确处理中央政府与地方政府的关系、市场与学校的关系、政府与市场的关系，这就要求教育体制改革应该选择的目标模式是：政府宏观管理，社会广泛参与，市场适度调节，学校自主办学。教育具有社会公共服务事业和产业的双重属性。承认教育的公共服务事业属性，就要确认教育具有同经济运行不同的规律，肯定政府对教育负有主要责任，教育不能完全进入市场，不能产业化和市场化；而承认教育的产业属性，就要肯定教育是人力资源和知识的生产部门，教育通过人力资源和知识同市场的交换，会增加社会财

富，产生社会效益，也就是要肯定教育在一定范围和一定程度上可以运用产业运作方式和市场调节机制。从教育的历史发展进程来分析，政府承担的应该是基本的、大众的、公平的教育，而社会承担的应是高端的、精英的、非均等的教育。我们的教育体制改革应该推进办学结构多元化，民办、公办和股份制办学平等竞争，共同发展；推进教师身份社会化和职业专业化，变学校人为社会人，促进人才资源的流动和整合；坚持基础公平、效率优先原则，推进收入分配绩效化；推进政府管理法制化，依法确立政府与学校的关系，政府依法对学校进行教育区域规划及对学校办学方向、办学质量效益评价和办学资金拨付进行管理；推进学校内部体制机制创新，取消学校行政级别，落实学校办学自主权，建立健全党委领导、校长负责、专家治校的领导机制。同时，作者还强调，制度教育的另一个方面是要加强对受教育者进行国家宪法和法律教育，进行国体和政体教育，进行教育方面的法律法规教育，增强国家制度意识和法律观念，营造良好的社会教育环境，增强公民自豪感和自觉性。

总之，《教育的逻辑》一书见解深刻，阐述新颖，有较高的学术品位，读后令人有耳目一新之感！相信本书再版时，将会以更精湛的内容、更完美的形式跟广大读者见面。

（作者为云南民族大学副校长、博士生导师。）

艰难苦恨　玉汝于“思”

张斌贤

在我的印象中，教育行政官员总是忙于出席各种会议，忙于视察学校，或忙于做报告、下指示。因为行政事务的繁忙，他们通常很少系统阅读（至少是政策法规之外的文献），很少持续地潜心思考（至少是工作层面之上的理论问题），很少独立地著书立说。拜读罗崇敏先生的大作《教育的逻辑》和《教育的智慧》（人民出版社2011年），很大程度上改变了我多年的印象。在这两部著作中，作者分别对中国教育的发展历程、基础教育、职业教育、高等教育、终身教育、教育制度与结构的改革、教育公平、公民教育、价值教育等问题，进行了广泛的探讨，提出了一系列重要的见解。令我印象最为深刻的是，罗崇敏先生对一些基本的教育理论问题进行了系统和深入的思考，并阐明了颇为独到的主张。这对于一位多年从事教育行政工作的官员而言，确实是难能可贵的。当前，由于经验主义、实用主义和伪科学主义盛行，教育界普遍迷信实用，轻视价值，崇尚实际，贬低理论，其结果是造成对教育基本问题的认识日渐肤浅和模糊，从而导致教育发展失去方向和目标，教育日益成为一种“事务”而非一种崇高的价值追求。

在我看来，当前中国教育所面临的形势是极其复杂和特殊的，其复杂性和特殊性都是前所未有的。在这样的形势下，更需要有系统的理论思维，更需要对制约教育发展的深层次重大理论问题进行深入系统的思考，更需要对教育的基本价值开展讨论。遗憾的是，目前还很难看到这样的自觉。就此而言，罗崇敏先生所做的工作具有重要的示范作用，这种示范对于从事教育实际工作的人士和教育学术界都同样重要。

在罗崇敏先生所做的关于教育基本理论问题的一系列探讨中，给我印象最为深刻的是他提出的“三生教育”观。在《教育的逻辑》中，罗先生对“三生教育”进行了系统的阐述。尽管仍可对这些论述开展进一步研讨，但至少有一点是需要特别加以肯定的。根据我的理解，“三生教育”观点的本质在于，在现代经济社会和文化发展的国际大背景下，注重个人的多方面发展，并努力协调个人发展与国家和社会发展的关系。我以为，这正是我国教育改革与发展当前尚未解决但又必须很好解决的带有根本性的基本问题之一。

教育中的个人与社会的关系问题，是人类教育所面临的具有永恒性的根本问题。在某种意义上，不同时期和不同国家的教育之间的差异，主要表现在教育价值之间的不同，而这种不同其实反映了对个人发展与社会发展二者关系的认识和理解的区别。在社会主义市场经济体制建立近20年后，我国教育实际上仍然没有很好地处理好个人发展与社会发展之间的关系。确切地说，在我国教育的实际运行中，存在着“民间”与“官方”两种不同教育价值观的冲突。“官方”的教育价值观强调教育为国家经济社会发展服务，教育的目的在于培养社会主义事业的建设者和接班人。而在民间，对于学生和学生家长而言，教育的主要功能和目的在于对未来的投资，在于获得更好的发展和成功机会，在于提升个人和家庭的社会地位。为了达到这个目的，许多家庭可以节衣缩食，为子女的课外补习花费大量的金钱；一些家庭可以为子女择校一掷千金，大量的父母则无可奈何地忍受孩子沉重的学业负担。教育行政部门的许多政策（例如“减负”、通过合理配置优质教育资源减少择校等）之所以难以取得理想的实效，原因并不完全在于学校和教师的不作为，也不在于家长的不配合，而在于教育行政部门的政策导向与父母的教育价值观存在着出入。要使诸多教育政策行之有效，更好地协调两种不同的教育价值观显然是势在必行。而这首先需要从理论上深入探讨现阶段社会的教育价值和个体的教育期望，全面分析二者之间存在的契合之处和矛盾焦点，并根据这些认识形成科学的教育政策。罗崇敏先生从实际工作出发，结合自己对现实教育问题的深入思考，提出了一个非常重大的问题，并对此进行了独立的探讨。我相信，随着更多的有识之士对这个制约教育改革与发展的重大问题展开深入思考，这个问题在理论上的澄清和实践中的解决是可以期待的。

最后，我还想提请读者注意的是本书作者的经历。作者先后从事的职业包括乡村医生、工人、教师、干部等，先后在不同地方的党委和政府以及高校、教育行政部门任职，并且是中国作协等专业组织的成员。丰富的经历和阅历是深刻认识人与社会的重要前提，也是深入理解教育的必要基础。更为重要的是，作者不仅具有常人难以企及的丰富经历，而且对自己的经历进行了非常系统深刻的审思，因而使得经历真正成为经验，成为理论思考的重要材料，成为行动的出发点。正如作者所说：“我追求的不是众人未见，而是众人所见但未思更未行。”我以为，这句话对于富有经验的教育实际工作者是富有启发意义的。在教育界，我们经常能接触到工作时间很长的教师和教育管理干部，通常我们会认为他们具有丰富的实践经验，但有时问题也恰恰在于，有些教师和管理干部的经验会成为阻碍他们进一步发展的障碍，使他们故步自封，裹足不前。其中原因之一，就是缺乏对经验的自觉的、系统的反思和提炼。在这方面，罗崇敏先生身上确实有许多是值得许多教育实际工作者学习和效法的。

（作者为北京师范大学教授、博士生导师，全国教育专业学位教育指导委员会秘书长。）

在中国生命、生存、生活教育论坛上的致辞

顾伯平

成功举办奥运会之后的五月的北京姹紫嫣红，准备隆重庆祝中华人民共和国成立60周年之前的5月的北京生机盎然。在这美好的日子里，我们高兴地来到北京在人民大会堂参加中国生命生存生活教育论坛。在此，我和我们云南省政协副主席倪惠芳女士共同代表云南省政协向论坛的举办表示热烈的祝贺，向参会的各位领导、各位专家和同学们、朋友们表示真挚的问候，向长期以来关心、支持云南教育工作的朋友们表示衷心的感谢！

今天的论坛，将围绕着云南省实施的生命教育、生存教育、生活教育进行讨论。云南省自去年提出“三生教育”以来，在社会上引起了积极的反响，受到了学生、家长、专家普遍的好评，也受到了上级部门和领导的高度重视，各种媒体也都进行了许多报道。5月25日，就在这个星期一的早上，中央人民广播电台就进行了专门报道。经过初步的实践我们有理由认为，“三生教育”能够让学生们认知生命的可贵、生存的不易、生活的美好，进而珍惜生命、尊重生命、学会生存、互助生存，热爱生活，幸福生活，这对于我们教育系统全面贯彻落实科学发展观具有特别重要的现实意义。

首先，实施“三生教育”，是教育系统全面贯彻落实科学发展观“以人为本”的具体实践。众所周知，少年兴则国家兴，少年强则国家强。少年儿童是一个国家和民族的未来与希望。教育系统全面落实科学发展观“以人为本”就是要以少年儿童、青少年学生为本，为他们提供良好的成长环境，特别是积极向上的思想、道德、心理、伦理等精神文明环境。我们的党和国家领导人历来都高度重视少年儿童的健康成长，胡锦涛总书记曾多次强调，要让孩子们健康快乐地成长。“三生教育”注重体验、认知、感悟的方式，注重在实践中促进学生的心智成长，注重从珍爱生命，实现生命的价值这一教育本质出发对学生进行引导，把教育的理念、方法、目标、价值放在学生身心的健康发展上，就是抓住了教育的根本。

第二，实施“三生教育”，是我们深入推进素质教育的有效途径。素质教育实施了这么多年，取得了一些成效，但还必须引起我们深入思考的是：究竟什么是素质教育的有效载体，怎样才能有效地、全面地提升学生各方面的素质？“三生教育”的实施目标，首先是让学生们在实践中产生心灵的触动，引起思想的共鸣，进而把珍爱生命、快乐成长、幸福生活内化为自身的需要；把掌握生存的技能、提高生活的品质内化为自身的需要；把全面提升个人的思想、品质、能力、特长等素质内化为自身的需要；从而主动学习、积极提高、科学发展，最大限度地发挥生命的主动性，丰富了生命的内涵。贴近生活实际，贴近学生心灵，贴近学生需要，让孩子们乐于接受，内化于心，外化于行，这种方式和收获是最真实的，也是最有效的。

第三，实施“三生教育”，是我们实现现代教育价值的有益探索。当前，我们国家正在抓紧制定中长期教育发展规划纲要，温家宝总理要求不仅要让学生学到知识，还要让学生学会生存，学会交往，学会与别人共同生活等。我们今天论坛的主题是“三生教育”。“三生教育”把生命教育、生存教育、生活教育有机融合，形成体系，对学生的教育具有引领性、整体性和针对性，对培育学生的健康心智，培养学生的实践能力和创新能力，促进学生的健康、主动、快乐成长具有重要的积极意义，更是一种有益的探索。

我们衷心希望“三生教育”能进一步探索、创新和完善，在深入实施素质教育方面取得成效，形成经验，并能进一步加以推广，为我们下一代的健康快乐成长，为培养中国特色社会主义事业的合格建设者和可靠接班人作出积极贡献。

（作者为云南省政协副主席。）

建基于生命价值基础上的教育价值论思考

骆锦芳

教育的目的何在？教育的价值何在？教育的意义何在？这是长期以来人们反复追问的问题。同时，在对上述问题进行思考的时候，我们从什么样的方位或角度来进行思考？也很重要，因为角度和方位不同，其结果也大异其趣。

罗崇敏同志以其《教育的智慧》、《教育的逻辑》和《教育的价值》三部皇皇巨著，对之进行了充分的思考。尤其在《教育的价值》一书中，围绕其一贯倡导的“教育是发展人的生命、生存和生活，引领人类文明进步的社会活动过程”的思想主旨，阐述了教育的基础价值、根本价值、最高价值和教育价值如何实现的问题，使教育价值得以彰显从而推进了人们对其如何回归教育本真，“植根时代、引领社会、发展人、幸福人”的观念的认识。

教育活动是以知识传播为目的的一种人类的社会活动，知识传播是教育活动的核心。人类的教育活动在原始时代是粗放的、随意的，但随着人类活动的丰富，人类知识的积累，那种师徒父子授受的口耳相传的方式已经不能满足这一需要；知识成为少数人的专利，知识的传播需要专门的地方专门的人通过教学组织方式加以实施，于是学校就出现了。

学校因为是知识传播的专门场所，因而获得了神圣性。他成为一些人特别是贵族子弟的专利。中国在商周时代就出现了学校这样一种专门传授知识的场所，并有了专门的名称，称之为“庠序”。孔子作为春秋时代伟大的教育家，他推进了教育的平民化，创办私学，强调有教无类，是中国教育新时代的开创者。孔子以《诗》、《书》、《礼》、《乐》、《易》、《春秋》教授弟子，贯彻其“仁”学理想，重视人生规范的形成。不学礼，无以立。通过规范的建立，习得礼仪，成就人生。所以在孔子看来，教育的目的就是要成“君子”，养成君子的品格，造就君子的风范。君子要行仁聚义，真的君子之于天下，“无适也，无莫也，义之与比”[①]。就是对天下的事情，没有规定要怎么做，也没有规定不要怎么做，只要是符合义的精神的，合理的，就可以做。君子追求道义，舍生忘死，不顾一切，甚至“朝闻道，夕死可也”[②]。教育的目的在于成人，所以，反对为功利的目的而学习，反对一般的为知识而知识，所以讲“知之为知之，不知为不知，是知也”。就是不要因为想要显示自己懂得多而炫耀，因此孔子更看重学习的过程，譬如“学而不思则罔，思而不学则殆”[③]。通过学习和修养要到达“一箪食，一瓢饮，在陋巷，人不堪忧，回也不改其乐”的道德精神的超越而忘记物质的贫乏的境界，所以说，君子忧道不忧贫。要怀抱高远的志向，而不汲汲于名利，达到“君子不器”的高度。这就是教育的价值，造就君子，造就人的精华，而不以具体的人生得失来看价值。

但是，在现代教育的发展过程中，在教育大众化的时代背景下，本该进一步彰显的人的目的性及成人的价值追求，为片面的“成才”观和企求进入更优质的学校的愿望所遮蔽。知识的记诵，高分的获得，成为唯一的目的。教育因而走入误区。如何纠正这些弊病，单靠提供更多优质的教育资源并不现实也不能根本能解决问题。

作为一省教育行政部门的负责人，罗崇敏同志身怀教育理想，担当时代赋予的责任，深感责任重大，他开始了反思和改革的进程。他推动减负，规定学生具体学习和在校的时间。但是，学生离开了学校，负担并没有减下来，而且可能更重。因为家长怕减负了，成绩下来了。孩子的身心负担并没有得到重视。减负的理由何在？就是基于对人的生命意义、生命价值的思考与追问。从对人的生命价值、生存意义、生活的意义与价值的思考出发，进一步开始了对教育目的与教育价值的思考。

教育的目的何在？教育的目的就是成人，造就具有健康的身心，健康的体魄，能够幸福地去工作、去思考的人。知识只是教育目的达成的一部分而不是全部。科学技术只能解决物质层面的问题，解决不了人的精神的需求。知识就是力量是西方文化人文主义以来的口号，强调了人们可以通过知识的学习来提升自我，改造世界。但是，一味地追求和强调知识的无限力量与合理性，往往遮蔽了人生的其他目的性和价值追求的意义。更为重要的是，由于竞争，由于对获得优质教育资源的渴求，人们往往将知识的获得与追求，作为进入好学校的敲门砖，而不是对知识本身的追求。所以，当下家长和学生不能减负，往往不是因为真正对知识追求的热情所至，而是另有所求。这样一种对知识的追求，连“为知识而知识”的“唯知识至上论”都不如。孩子们被逼入各种补习班、小课堂，牺牲休息和体育锻炼，最后是牺牲他们的健康和幸福。这样的知识学习，这样的教育，是违背教育的初衷，违背教育的成人亦成才使人幸福的目的的。

罗崇敏同志以其对人的全面发展的思考，以其对人的生活的关注，立足生活意义的追寻，站在对生命的尊重、对人的生存发展的更高境界的设计，从价值哲学的意义进行了思考。特别值得重视的是，在对“教育的价值”的思考中，他对教育的主客体进行了深入的辨析。在对教育主体的探讨中既强调了受教者——“成长中的人”的主体价值的彰显，更强调了施教者——教师这一主体的成长——很好地将中国传统教育思想中孔子“教学相长”的思想的意义和价值进行了新的解读。所以他说：“教育的过程，也就不仅需要满足‘受教育者’的需要，也要满足‘施教者’的需要。”④由此，将教育教学活动中教师主体的价值意义凸现出来。在讨论客体价值实现的时候，进一步强调施教者和受教者的互动关系与作用的互相转化，人的主体性被重视。

罗崇敏同志的《教育的价值》一书中，从教育价值论的不同层面进行了追问，对教育的内在价值与外在价值、人文价值和科学价值、继承价值与创新价值、社会价值与个人价值、专门价值和巩固价值、长远理想价值与现实功利价值等几对价值关系的意义进行了梳理与辨析，从而得出“教育价值是人类的最高价值，教育价值高于一切价值”的认识。因为教育发展人、培养人，使人不断地超越自我的局限性，达到更高的层面，最大限度地实现了人生的价值目标，使人生达于完美，使人的生活达于完满的境地。所以，他的关于教育的根本价值的论述正是从人的自我完善的角度进行全方位思考，建立了起点，指出了方向、路径，提供了具体的行动策略，它对人们的自我设计和进步有重要的启示意义。

面对教育的困境和矛盾，面对时代的危机与挑战，作者带着对教育的责任，强调使命感，强调直面危机的勇气和智慧，强调如何在困境中获得成长，如何在时代的需要下进行更好的价值选择，倡导“三生教育”，使“三生教育”这一命题获得了更高的认识高度和坚实的教育哲学的基础，深化了这一命题的理论价值。

在对教育的价值进行深入探讨的基础上，作者进一步对如何实现教育的价值进行了规划，从制度设计、制度保障、课程体制的改革乃至学习环境的预设等方面进行了具体的思考，体现了一位教育改革者的勇气和实践者雷厉风行的实践精神。

总之，罗崇敏同志作为一位教育行政部门的领导，作为一位亲历教育改革与实践的改革家，作为一位执著于教育理论探索的探索者，他以他的著作，为今天中国的教育改革，献上了他的赤诚、他的智慧、他的教育哲学的深刻的价值思考。他的讨论还有尚待进一步完善和有待商榷的地方，甚至有些观点还将引起争议。但商榷和争议的，真是富有新意，不人云亦云的独立思考的结果。更值得注意的是三部书的写作，始终贯穿着对生命、生存、生活的强烈关注，构成了其对教育问题思考的独特的方位和全新的角度。他善于思考、敢于立说、敢于为天下先的勇气都足堪敬佩！随着实践的深入、时间的推移，它的价值和意义将会进一步被人们认识到。

2009 年，在罗崇敏同志大力倡导减负的背景下，我曾经写了《减负为罗崇敏同志鼓与呼》的文章，并写了一首《“减负”兴教颂》的诗，现附在文后，以飨读者，并与崇敏同志共勉。

《“减负”兴教颂》

学校教书且育人，科学人文勤传承。

书山原为快乐地，何必一味求高分。
分数如从高压出，必然高分多低能。
民族未来在掌中，应试教育岂能成。
创新思维在兴趣，灵活探索且求真。
精力充沛身心健，理想培养道德醇。
自学能力有提高，求知能力自养成。
德智体美均发展，知识丰富专且能。
寄语名校师长们，静心思想且自问：
若是名从补课来，知识教育何有本。
教育公平须推进，名校光环属何人？
内涵发展显功夫，科研水平应提升。
引领教育开新圃，素质发展为人生。
家长应思己之责，子女教育有多层。
自来自去上学校，独立能力可养成。
接送岂能成借口，教育缺位谁责任？
学校万事全包办，依赖偷懒实可恨。
思想若不彻底改，素质教育难达成。
应试教育孕毒瘤，去毒新民国飞腾！
为救天下施猛药，病梅馆中铲恶根。
直教百花齐烂漫，教育园圃四季春！

2012 年 2 月于翠西苑

（作者为云南师大教授、中文系主任，云南省中学语文研究会会长，云南省美学学会副会长。）

注　释：

①②③杨伯峻．论语译注［M］．北京：中华书局，2006.
④罗崇敏．教育的价值［M］．北京：人民出版社，2012.

教育：人之大器，人之大道

——“教育三部曲”评述

吕昭河

教育学非我学之长，对于《教育的逻辑》与《教育的智慧》这样的洋洋大作、恢弘大论，我难以整体上融会贯通，准确把握其思想内涵。本着学习的态度，努力体会其庞大知识结构的要点，深奥的思维逻辑性，以及闪烁着作者的教育思想与智慧的闪光点，作者的思考与论述深深地吸引了我，也由此引发我对教育的一些肤浅思考。

本文的教育，多指人类自早期以来一直存在的一种学校教育，据说缘起于奴隶社会，盛于现代社会。教育的重要性不用赘述，正如《教育的逻辑》所标榜的：“教育价值高于一切价值”。今天，教育之于每一个人，恰似“成人礼”，未接受教育，何谓“成人”，何谓社会之“有用之才”，接受教育是每一个人安身立命之道。上至国家发展谋略与民族存亡大计，唯教育为大，唯教育为先为重。“科教立国”不是装样的说教，而是一切先发国家实实在在的举国体制、宏图大略，更是后发国家实现赶超的“灵丹妙药”。“人之大器”所展现的教育逻辑，非单指个人，亦指总体之人类。

器，谓之于物，指用具；谓之于人，指人才，指才能。两者均属“有用”的概念范畴，人之存于世当“以其器食之”，更以成“大器”

为安身立命之本。教育之逻辑，是人之“成器”，人之“成大器”的通道，古往今来，莫不如此。

教育传播文化、教授知识，而“知识改变命运”，古今中外无不崇尚这一教育的逻辑，实践着这一教育的价值。“知者不惑”，通过教育获得知识与智慧，获得生存于大千世界的能力，实现对利益的追求，对名望的崇尚。对于个人而言，与生俱来的是对于大千世界的迷茫，面对一个无知的、陌生的世界，是教育赋予每一个人可以立足于世的知识、智力与技能，也是教育将人类从动物的生存本能中进化过来，人之为人在于其教育本质，在于其传达经验、积累知识、增长智力的教育功能，在于教育理念中始终贯穿和传承下来的文化自觉、理性传统与价值统一。对于国家民族而言，教育肩负着强国富民的使命。孔子携贤士弟子游学，儒学始成国教，成就了绵延不断的中华文明；依赖于现代国民教育之良好基础，德国、日本在战后废墟上迅速发展成为经济大国，教育回报国家、反馈社会的价值于此可见一斑。教育之成人之美，为社会之大用，乃人类文明延续、升华之良器，他源源不断地为人类文明提供可用之才，培养为社会所用的劳动者。教育就像魔术师手中的魔棒，可以“点石成金”，还可以“化腐朽为神奇”。

教育之逻辑当授人以器，使人成为社会的有用之材。古之中国，奉行“学而优则仕”，仕途有成是教育的最高价值，在“士农工商”的“差序格局”中提升身份名望，获取人格的优良定位。传统教育价值的评判准则是：仕为上，大器之成；百工为下，当属市井末流。整个教育体系维护着传统社会的道德大统，谋官道仕途，贬百工为“奇技淫巧”，严重阻塞了学以致用的通道。近代中国，外辱内困交织，教育当以救国救民为使命，奉行“科学救国”，现代知识如理工医农、经史商法等学科均为救国于水火之大用，授人以器的教育内容由“之乎者也”的八股文，全面转变为现代科技之知识，洋务运动所彪炳的“中学为体，西学为用”湮灭在新文化运动的民主、科学大旗之下。“中兴业，须人杰”，教育之首要责任是为国家培养经世济民之栋梁之材，抗外辱、反压迫的革命战士。在“文化大革命”中风雨飘摇的学校，在所坚持的“学工学农学军”革命教育方向中，教育的价值是传输革命理想，以工农实践活动和阶级立场为教育之根本目的，社会所张扬的教育思想曾充满着“知识反动，知识越多越反动”的阶级斗争逻辑，教育之器填塞的是“反知识”、“反权威”和“反科学”，标榜的是“读书无用”，一代人被流放在无知的荒野上，实践着反教育的逻辑，践踏着教育的价值。是改革的春风重新扬起了我国教育快速发展的风帆，教育的价值重新得到重视，教育的逻辑重新回复到既重视其工具价值，又珍视其本体价值的理念上，但是教育发展从其一产生就存在于对其存在价值、服务功能的反复探寻和多番质疑，行进在快车道上的中国教育，多了几分功利谋划，少了几分真理追求，成了很多“器用”，却败了不少“道行”。深究其前因后果，多为教育的工具价值彰显过度，本体价值没有得到充分倡导之缘故。

“君子不器”，指君子不应拘泥于某种才能，实为强调“君子学以致其道”。就教育的工具价值而言，可以认为教育是一种满足人之社会需求的“器具”，但未必是有利于行之于大道的公平“器具”。正如《教育的逻辑》所阐明的：“教育之成为教育，可由历史塑造，也可文化导航，有体制规制，存利益驱动，不那么纯粹，也非先天的高尚，它需要改造，需要新的定位，更需要时时的纠偏。”因为，教育不能是自洽系统，教育价值的设定不是教育系统内生的，不存在教育本身的“固有立场”，它必定由人类需求引发和价值导向。在物质主义，资本崇尚的环境中，教育存功利追求，私利熏陶；有不公平，不地道。因此，教育若只重“工具价值”而轻教育之“本体价值”，必将“道不行，乘桴桴于海”。教育之于人之大道，以杜威的立场，是指教育“使行动的力量化为个人内在的理智与性格”，使现代民主具有的实践可能，使平等自由获得了持久的动力。教育于人类，不啻是实现个人理想、抱负和成家立业的孵化器，更是建设公平公正、自由平等社会的本源性动力。以教育而完成人的“自我完成”，推进“社会改造”，实现人在自然系统中的“自省”。

教育，人之大器，人之大道也。

（作者为云南大学发展研究院教授。）

在智慧中融贯古今、针砭时弊

汪　忠

罗崇敏教授从跨学科角度对我国的教育理论和实践进行了深刻的反思，著成20多万字的《教育的智慧》一书。该书具有以下几方面的特点。

其一，内容系统全面。罗教授在《教育的智慧》一书中所探讨的二十二个主题看似形散，实则神聚。这些主题由两大类组成：作者首先从发展的观点研究了教育的主体、客体、媒介及其辩证关系（第一至第六部分），接着便以专题形式深入剖析了各级各类教育及其亟需解决的关键问题（如第七至第二十二部分）。前一大类偏重于结合实践进行理论分析，而后一大类则明显偏重于运用理论对实践进行多角度的剖析。可见，鉴于教育实践"横看成岭侧成峰"，作者对教育的审视以分步骤、合乎逻辑的立体分析为显著特点。

其二，注重教育价值。《教育的智慧》一书始终贯穿着对教育价值的重视。这不仅体现在作者对教育价值的认识上，还体现在作者不遗余力探讨教育价值的实现途径上。在对教育价值的认识上，作者认为"教育价值高于一切价值"。在教育价值的实现途径上，作者既主张促进教育公平，强调完善教育体制，又注重遵循规律。这些都非常有利于我们澄清对教育的认识，最大限度地实现教育的价值。

其三，见解深刻独到。诚如其言，罗崇敏教授追求的是“众人所见但未思更未行”。这种思想深深地渗透到了他对教育制度的研究中。针对当下的教育制度，罗教授本着求真务实的态度认为，不论是国家宏观管理，还是学校微观管理都存在假、大、空，以及缺位和越位等问题。为解决此类问题，罗教授正致力于从我国的制度、法律等视角寻找突破口，他对制度教育及其与教育制度关系的论述尤为精辟。例如，罗教授认为“教育制度设计和执行是根本，对受教育者进行国家制度教育，培养合格公民是目标”（第28页）。

其四，具有战略远见。为探讨“教育的智慧”，通过教育推动我国的整体发展，罗教授不仅将教育战略纳入国家发展战略的框架来审视，提出“任何国家都应该把教育作为发展战略的基础”（第243页），还对我国教育的发展提出了整体战略建议——“中国教育发展应选择规模扩张、结构调整、机构转型、机制转型、纵横联动、素质提升的整体发展战略”（第112页），以及局部战略建议——中国高等教育的发展应当是“内涵式发展与外延式发展的有机统一”，是“规模、速度、结构、质量、效益协调发展的综合型发展战略方式”（第183页）。这些见解发人深省且极富建设性。

其五，融贯古今中外，且针砭时弊。罗教授不仅对古今中外圣哲先贤的教育思想熟谙于心，还将其融会贯通。在第五部分“论教育过程”中，罗教授将不同时代、不同国别的思想家、哲学家、教育家（如孟子、亚里士多德、卢梭、苏赫穆林斯基等）的教育思想融合起来论述教育是以人为本的完整过程，而论述又是紧紧围绕现代教育的特点和问题展开的，能针砭时弊。《教育的智慧》的很多论述都有极强的现实针对性。在该书中开门见山地指出，现代人对科技的过度依赖致使科学价值无限扩张，这进而使得“原本自然完整的人的发展，演变为以工具理性为核心的发展，教育的主体性日渐式微”（第1页），从而造成人被教育异化的人类最大危机。罗教授还多次探讨了应对此类危机的方法和途径。如在对“教育过程”的论述中，罗教授坚持认为“现代教育的目的就是使人具有活跃的智慧，教育的使命在于促进教育的完整性和造就具有完整性的人”（第51页）。在科技日新月异的今天，这种论断更具有普遍意义。

罗崇敏教授在《教育的智慧》中几乎探讨了教育的所有核心问题，其中有很多独到、精辟的论述。虽然，从专业教育研究者的角度看来，《教育的智慧》中，除“附录”以外的二十二个部分，几乎每个主题都需要大量研究者进行长期持续的跨学科合作研究。同时，一个人的时间和精力毕竟有限，而教育问题众多，且千头万绪。这使得《教育的智慧》一书的二十二个主题给读者以意犹未尽之感。但是，总体而言，罗教授以其开阔的视野、果敢的勇气和求真务实的精神分门别类且简洁明快地论述了很多关键教育理论和重要教育问题。所以，《教育的智慧》一书既不乏对教育本体的深入探讨，又充溢着对教育实践的理性反思。该书实为一本对教育进行深刻反思的力作，值得精读细嚼。

（作者为浙江教育出版社社长。）

教育价值的取向——向“人”的回归

——“教育三部曲”评述

余　松

立功、立德、立言一直被古代文人士子视为自己毕生的追求与人生价值意义的所在，而在此三者中，尤以“立言”载道有用于社会而被古人所重，曹丕在《典论·论文》中说道：“盖文章，经国之大业，不朽之盛事。年寿有时而尽，荣乐止乎其身，二者必至之常期，未若文章之无穷。是以古之作者，寄身于翰墨，见意于篇籍，不假良史之辞，不托飞驰之势，而声名自传于后。”因而在中国古代社会一直传承着身在仕途、仍坚持著书立说的优良传统。著书立说于己声名自传于世，于社会则承载着治国平天下的经验智慧与理想。

作为经济学博士、博士生导师、云南省教育厅长罗崇敏先生，不仅是一位对教育有深刻思考并立志改革的教育管理者，而且他也是一位为孜孜不倦的著书立说者，至今在他履职生涯中一共出版了 18 部涉及到社会各方面的优秀著述，记录着他对人生、社会、教育等方面的思考，也承载着他为政、理政的理想。在其著述中，其中有三部是关于思考教育的著作，它们是《教育的智慧》、《教育的逻辑》和《教育的价值》，这三部呕心之作不仅凝聚着他对教育的思考，而且也是他对自己工作经验结晶的总结，传达出了他对教育事业的关心与热爱，也表现出了他深邃的智慧所思索出来的卓越见识，被誉为“教育三部曲”。“教育三部曲”围绕着“教育是什么”这一核心聚焦点展开，他认为“教育是发展人的生命、生存、生活，引领人类文明进步的社会活动过程。教育是关乎到每个人的生命、生存、生活，它把人具体的生命、生存、生活，与整个社会的文明进步统一起来。它最终的目的，就是发展了人，文明了社会。”所以也可以这么认为：三部曲是对“三生教育”内涵的充实、丰富与提升。

“教育三部曲”中的前两部着眼于教育体制与建立以人为本的教育问题的思考，这是从比较具体的现实层面来探讨“教育是什么”的问题，而《教育的价值》一书则是在哲学的层面思考“教育是什么”的问题，作者站在哲学的高度上提炼出切实于人生、社会现实的教育哲学观。他认为“教育的基础价值是成长成人，教育的根本价值是教真育爱，教育的最高价值是使人幸福，并且坚持主张教育价值高于其他一切价值”。从中不难发现作者所强调的教育价值的核心取向在于人，对具有生命的人进行教育是教育的出发点，使人得到发展最终获得幸福是教育的终极目标与归宿。提倡教育的终极目标是使人获得幸福，这种声音是一种失落已久的声音，

教育价值要得以体现就必须要作用于人，教育只有通过对人全面地培养与塑造才能充分促进人的全面发展，使人具有更高的生存意义和更高的生命境界和目标，这样才能充分地显现出教育的价值，换句话来说也就是教育的价值在于教育对人价值的提升。

《教育的价值》是国内对教育价值取向认识转向的重要著作，它把教育的价值取向回归到对人的价值升华的本质上来。在以往探讨教育的著作中总是把人作为功利性教育价值实现的工具来塑造的，教育被局限地定位在培养合格的劳动者，为经济的发展而工作的错位之上，教育人、塑造人的教育本质受到蒙蔽，致使教育失去了它的“本位”——育人树人成人，走向了歧途，在这样的教育价值观指引下产生了许多“伪教育学”，“伪教育学观”总是在看似合理的意义上指引着不同层面上的教育实施者用异化的教育体制、手段、知识塑造着一批批深受其害的学子，最终也就导致了人的异化，偏离了马克思塑造全面的人的指

向，出现了只有高分没有能力，只有思维逻辑没有感情，只有能力没有人性，只有欲望的满足而没有原则的异化人，这是教育的悲哀，更是对学子伤害。因而要求教育必须回归，回归到人的本位上来，作者身在其位，以其敏感的触觉洞见了这一历史的必然，这是罗崇敏先生对教育哲学的最有意义理论贡献，同时也是对现实教育的一种反思。

教育本质价值观向“人”的回归，需要对教育对象进行合乎规律的评价。但是，教育对人价值的激活与提升并不是一个简单的理论问题，而是一个更具有实践意义的问题，这是一个在切实于人生与社会实际基础上的教育哲学观指导下的社会实践。在《教育的价值》一书中专辟一章来探讨这一问题，他认为要设计合理的教育制度来保障教育公平与教育权，改进课程制度来实现教育价值，改善学习环境来促进教育价值的实现，这是一位教育管理者从宏观角度提出的教育价值实现的途径与方法，是一种外在于人的途径，遗憾的是缺失了微观角度的探讨与研究。教育对人价值的激活与提升并不仅仅是一项从外在而宏观地就能实现价值的工程，而且应该研究探讨教育对人性自由而全面舒展功能。现代我国的教育对人性在教育中的活化与升华产生了一个巨大的忽略，教育在某些程度形成了违反人性规律的局面，钳制了人的发展，真正的人才反而形成了某种程度的消耗与埋没。所以在教育价值取向中不能忽略的应是教育的启蒙明性、树德育人、健全人性、促进人性舒展与能力提升的本质价值取向。

教育学生形成对生命的敬畏珍重、对生存的执著、赋予生命以意义的世界观与人生观一直是罗崇敏先生毕生的追求，也是他著作中的核心所在，他所提出的这些具有卓越建树的教育哲学观必定能引起相关人士的关注，期盼着早些时日能见到教育真正向“人”回归的时刻，亦不枉罗崇敏先生对教育竭尽全力的拳拳之心。

（作者为云南师范大学文学院教授、硕士生导师。）

教育就是为了人的幸福

张伟建

新近，我拜读了罗崇敏同志的《教育的智慧》、《教育的逻辑》两书，深深感受到了作者的激情和学识，对教育的用心感悟和深入考察，作者勤于学习，勇于思考、探索和实践，在书中提出了不少真知灼见，令人回味与思索。

《教育的智慧》实际上是一本教育哲学的专著。既从元教育的角度，又从实践的层面，全面阐述了教育的一些根本性问题，诸如教育价值、教育主体、教育公平、教育制度、教育过程、教育结构、教育体系、教育环境、教育管理、教育课程、教育评价等。《教育的逻辑》从独特的视角探索中国教育的百年历程，以犀利的眼光寻求现代教育的理想与真谛，以生命、生存、生活三个基点来实践现代教育，构建以“三生教育”为核心的学校课程体系，从价值—能力—制度的视角来审视未来教育。这两本书的学术价值与实践价值是并举的。

我感受最深的是这样一段话：教育价值是教育的灵魂，灵魂不灵，魂不附体是教育的最大危机。教育的根本价值是教育真爱，教育的终极价值是人成其为“人”，使人成为有价值的人，使人成为幸福的人。教育价值贯穿在人的生命、生存、生活全过程。教育价值彰显在人的生命价值、生存价值、生活价值之中。我觉得这是作者最为呐喊的观点，这一教育理念构成了两书的灵魂。人是教育的客体，也是教育的主体，人类的教育活动是为了人的发展，社会的进步，对于个体来说，就是为了人一生的幸福，教育过程是人的社会化的过程，也是人不断完美的过程，这就是以人为本的教育。人的生命价值是毋庸置疑的。人，首先是一种生命的存在，没有物质，就没有精神；失去生命，将失去一切，珍惜生命是人类发展的基本要求。生存智慧也是必不可少的，人的生命，只有在一定环境中才能茁壮成长，适应环境、改造环境是一种生存智慧，教育离开对人的生存智慧的开发，还成其为教育吗？人的生命只有在一定环境中，通过人们生生不息的活动才有意义和价值。人的生活是真实的生活，生活质量是人所追求的，生活能力是人要不断提升的，生活乐趣是人应该享受的。正如作者所指出的，人的发展是生命成长、生存改善、生活发展之间相互影响和相互作用的整体运动过程。“生命、生存、生活”这一“三生教育”是促进现代教育的切入点、支撑点和基本点。生命教育就是要认识生命、敬畏生命、珍惜生命；生存教育就是要适应自然、磨炼意志、掌握本领；生活教育就是要立足现实、注重体验、追求幸福。教育的终极价值就是为了人的幸福，教育使人健康成长、能力发展、生活幸福。教育使人聪明、使人伟大、使人幸福。那么使人幸福的教育通过什么来实现呢？作者给了我们答案，这就是“三生教育”，“三生教育”引导人们关注生命、学会生存，成为生活的强者。作者构建了从幼儿园到大学的“三生教育”的课程体系，大力推广“三生教育”进课堂，努力使其成为学校课程体系的重要组成部分乃至于核心。作者在论述实施“三生教育”的途径时，引经据典，提出了很多可供实践操作的经验。

教育是人的教育，教育是为了人的幸福，要大力开展生命教育、生存教育、生活教育。这是作者大力倡导的教育理念。我想，值得世人重视和反思。

（作者为浙江教育出版社副总编辑、编审。）

教育与智慧的珠联璧合

——“教育三部曲”评述

晏　妮　和少英

长期以来，我们的教育往往只给学生以知识，学生知识堆砌，而智慧贫乏，接受的是意义失缺的教育，生活在意义缺失的世界里。在对“塑造知识人”这一教育信条反思的今天，我们追求着教育的智慧，追求着智慧教育，从塑造“知识人”，走向培养“智慧人”，这是一场深刻的变革。我们该怎么想，又该怎么做？其中，孕育着智慧的思考，充满着智慧的选择。多年来，崇敏同志致力于教育有关学科的理论建设，取得了显著的成绩。他以哲学家的头脑，改革家的气魄，未来教育学家的眼光，出神入化的教书育人艺术，民主科学的管理经验，新人耳目的思想观念，出版了这部感人至深的新著《教育的智慧》。捧读之余，受益良多，不揣浅陋，为了嘤鸣，以求友声。这部著作暨不缺乏学术专著的深沉与厚重，更有在轻灵与明快之间时时闪耀着的思想火花，读来十分耐人寻味。为教师的成长与发展提供了科学依据，同时，也为学校教育工作者提供了实践指导。

一、教育智慧的内涵

（一）教育的内涵

教育是一个永恒的、常谈常新的话题；教育是一个塑造人类灵魂的育人工程；教育是实现社会平等的伟大工具。教育的内涵有广义和狭义之分。广义的教育泛指一切有目的地影响人的身心发展的社会实践活动。狭义的教育主要指学校教育，即教育者根据一定的社会要求和受教育者的发展规律，有目的、有计划、有组织地对受教育者的身心施加影响，期望受教育者发生预期变化的活动。

作者在《教育的智慧》一书中将教育定义为是发展人的生命、生存和生活，促进人类文明进步的社会活动过程。教育活动的主体是每个人和全社会的人，教育伴随每个人的生命、生存和生活过程，发展着每个人的生命、生存和生活。教育在发展每个人的同时，促进全社会的发展，在幸福每个人的同时，促进人类社会的幸福。教育使人成其为“人”，使人成其为有价值的人。从这个意义上讲，人的生命价值、生存价值和生活价值都是教育价值的外化和延伸。正因为这样，任何国家都应该把教育作为发展战略的基础，坚定不移地发展以人为根本、以价值教育为核心、以制度教育为保障，适应当代经济社会发展的需要，引领时代不断进步的现代教育。

（二）智慧的内涵

亚里士多德在《尼各马可伦理学》中认为，智慧是“就那些对人类有益或有害的事情采取行动的真实的、伴随着理性的能力状态”。1912 年，美国专家对什么是智慧给出了五项定义：抽象思考能力；适应环境能力；适应生命新情境的能力；获得知识的能力；从既有的知识和经验中获取教训的能力。尽管亚里士多德更多的是对实践智慧的描述，但和美国专家一样，核心概念仍是“能力”。说智慧是能力，提示我们智慧是实实在在的，是可以培养的。但是，这种能力，主要是一种“状态”，即智慧这种能力是综合的，而且伴随着理性，即智慧有着理性的支撑，智慧追求合理性。由此，当我们把智慧定义为能力时，不应把它当做一种具体的能力，而应视作激情与理性结合的综合的“能力状态”。

从这个意义上来说，智慧的内涵可以初步概括为：智慧是以美德为支撑的、以能力为核心的、科学素养与人文素养相结合的综合体。智慧，有虚有实，虚中有实，实中有虚，虚虚实实，演绎着人世间一切美妙无比的事物，让人们时时感受到智慧之光的绚丽多彩。

（三）教育智慧的内涵

教育的智慧从哪里来呢？普遍认同的观点是教育的智慧首先来源于爱，没有爱就没有真正意义上的教育。教育之爱首先应是尊重和信任，尊重和信任是激活教育智慧的因子。其次，认为历练是拥有教育的智慧的关键。在教育行进之路上，成功和挫折往往是结伴而行的。成功可以给人带来荣誉和喜悦，而挫折或许能给人更多的思考，往往孕育超凡的智慧。经过挫折的历练，教育智慧才会生成，教育品质才会升值。在现实生活中，每一个成功者都曾经过挫折的历练，他们的脚下也曾经泥泞不堪，然而正是不堪的“泥泞”，才滑出了他们的智慧灵光、丰盈了他们的智慧之囊。最后，认为博学是汲取教育智慧的渠道。于永正老师之所以能成为优秀老师的秘诀就在于他的四个习惯和一个爱好：一是读书的习惯，二是看和听的习惯，三是观察和思考的习惯，四是“操笔为文”的习惯，一个爱好是唱京戏。于老师的成功经验对我们不无启发——教育的智慧正源于点滴的学习和深厚的积淀。学习是生命的有机组成，学习是汲取教育智慧的渠道。我们不能总是习惯于抱怨没有时间读书学习，而应该从我们自身的状态反省一下，把学习渗透到工作和生活中去，让教育智慧流淌于我们教育生活的一点一滴、每时每刻。要炼铁成钢，就要学会选择合适的教育方法。直接而粗糙的管教方式不但把学生管“毛”了，还会使学生丧失做人的上进心，所以，任何一个教育者，必须追求教育的技巧，用智慧的教育来点醒我们的学生，从而让教育体现一种艺术美。作者认为，人类的最大智慧是教育智慧。教育培养和发展了人的生命智慧、生存智慧和生活智慧。人类的政治智慧、经济智慧、军事智慧、生活智慧，甚至爱情智慧都主要来源于教育智慧。在《教育的智慧》一书中，作者指出教育的智慧体现在，由于教育是心灵与心灵的沟通，灵魂与灵魂的交融，人格与人格的对话。教育的主体是人，反映到现实的教育过程中，教育的主体首先是学生。因此，教育应以学生为中心，以学生为主体，教学过程就是以教师为主导、学生为主体的互动过程。美国教育学家杜威充分肯定儿童在社会生活和教育生活中的主体地位，提出教育即生长、学校即社会，主张儿童在做中学，在活动和交往中获取经验。教育是引导不是去左右，教育是影响不是去支配，教育是感染不是去教训，教育是解放不是去控制。教育是为育而教，非为教而育；教学是为学而教，非为教而学。教育应该陪伴学生成长，而不是取代学生成长；应该支持学生发展，而不能控制学生发展。

作者在《教育的智慧》一书中用大量实例充分论证了应针对每一个学生进行个性化施教是教育的智慧的关键点之一。学生的个性特征是客观存在的，教育的真正对象是所有的人，是处在各种环境中的人，是担负着各种责任的人。教育主体是具体的，不是抽象的。把每一个学生都作为教育主体对待，针对每一个学生进行个性化施教，这才是真正的因材施教。我们不能追求抽象的全体学生全面发展而屏蔽具体的主体教育，否定学生的教育主体地位。但是，整齐划一的教育活动与教育管理，使一个个具有生命活力的学生个体被规整为“千人一面”，这不仅使学生失去了个性特征，又破坏了他们个性发展的平衡。学生不是由那些先验的、主观的或抽象的人所规设，而是学习于具体的教学情景中，经验于真实的社会生活中。人具有未特定性，学生的发展是一个永无止境的不断完善的过程。作者进一步指出针对每一个学生进行个性化施教是多层次的，因而也具有相对性。像这样不容忽视的论述，都表明了作者关于针对每一个学生进行个性化施教问题的辩证思维。鉴于我们长期忽视学生的个性特征以及针对每一个学生进行个性化施教问题的研究，作者的上述论点就更值得人们关注了。

二、大力发展现代教育

在教育价值概念上，人们普遍认为，教育价值是指作为客体的教育现象的属性与作为社会实践主体的人的需要之间的一种特定的关系，对这种关系的不同认识和评价就构成了人们的教育价值观。教育价值是一种内涵于教育活动中“好”的属性，它客观地存在于教育现象之中，正因为教育是有价值的，所以，它自产生以来，一直是影响人类社会生活的重要方式。由于有了教育，人类文明才得以传承、创造和转化。教育价值在本质上反映的是一种积极的、向上的、肯定的、好的方面的含义，也就是说，研究探讨教育价值，就是在“真”的基础上去追求教育中的“善”与“美”，使人们在教育实践中通过改造教育客体最大限度地满足主体的需要。尽管在教育研究过程中，可能要分析某些负面价值或消极价值，但其宗旨在于揭示人们积极的价值意向活动规律，从而使人们对教育价值有一个比较清醒的认识，并在教育实践中、社会生活中去自觉地维护教育价值，坚持不懈的追求美好的教育价值。显然，在这一过程中，人的需要不断得到满足，客体的属性不断得到认识和改造，人类社会也就不断趋向于文明和进步。因此，全部教育价值研究，就在于使教育价值关系中的主体和客体在教育实践活动中趋于一致，并向积极的、肯定的和完善的方向发展。

作者在《教育的智慧》一书中所探讨的教育价值是教育的正向价值，包括教育对促进经济、政治、文化的发展，促进人类社会的进步，促进人的自由全面发展的实用价值和理想价值。认为教育的根本价值是“教真育爱”，终极价值是“使人幸福”。所谓“教真育爱”，就是运用教育的力量，使受教育者认识真理、追求真理、崇尚真理、捍卫真理，讲真话、做真人、行真事；养育爱心，爱自己、爱他人、爱家庭、爱团体、爱民族、爱国家、爱人类、爱自然。所谓使人幸福，就是运用教育的力量，使人成其为“人”，使人成其为有价值的人，使人成其为幸福的人。作者所说的幸福，包括自身的幸福、家庭的幸福、团体的幸福、国家的幸福、民族的幸福、人类的幸福，乃至人与自然的和谐幸福。

作者同时还指出，人类社会最大的危机是教育危机。人类社会存在的政治危机、经济危机、文化危机、生态危机都可以在教育危机里找到根源，预防和消除人类任何危机的思想和办法，都可以在塑造教育价值和发挥教育功能中得到。人类的教育危机主要表现在：教育使人的主体性异化、教育价值流失和教育创造力缺失；世界教育不断激化资源的有限性和人的欲望的无限性之间的矛盾，使人的占有欲愈加强烈，使人异化为物；教育价值流失主要表现在教育的功利化、工具化、庸俗化不断膨胀导致人的异化，这是世界教育共同面对的现实问题。

面对诸多人类自身发展的冲突和矛盾，反思人类现代教育，为进一步保证人类教育价值中的正向价值能充分发挥，尽可能地预防和消除教育危机，作者在《教育的智慧》一书中通过对教育制度、教育公平、教育过程、教育结构、教育体系、教育合力、教育课程、教育环境、学校现代管理和教育评价共十个章节的充分论述，向读者展示了发展现代教育必须坚持教育的公平性、民主性、大众性、开放性、兼容性和法制性，必须全面加强现代教育理念建设、现代教育体系建设、现代教育设施建设、现代教师队伍建设、现代教育体制建设、现代教育价值建设和学校现代管理，使教育始终成为促进国家发展与创新、促进世界和平与发展的不竭动力。作者在科学地揭示这一命题中抓住事物的本质反映在理论表述上是论述的深刻性。这种内容和形式两个方面的深刻性的结合形成一种颇为醇厚的理论风格，这是这部学术专著所以扣人心弦的一个重要方面。同时也体现出作者在科学问题上不随波逐流，而是坚持科学立场的独立精神。我认为正是作者表现了这种可贵的理论勇气，从而进一步促使现代教育科学建立在它的坚实的基础上。

三、多层次、全方位地发展现代教育体系

在《教育大百科全书》描述各国“教育体系”的基本内容中是这样来规定的：基本背景、教育政策与目标、正规教育体系（初等教育，中等教育和第三级教育，学前教育，特殊教育，职业、技术或商业教育，成人和非正规教育体系）、行政管理的结构与运行、教育财政、师资、课程开发与教学方法、考试和升级以及证书体系、教育评价和评估以及教育研究、主要改革、主要问题。现代教育体系是相对于传统教育体系而言的，应当具有全面性、普遍性、开放性特征，能够解决传统国民教育体系无法解决的难点、盲点问题，适应经济与社会发展和全体社

会成员自身全面发展的需要，适应人才需求的多样性。能够激发中华民族的教育创造力，合理配置现有教育资源，充分开发利用潜在的教育资源，形成教育资源优化配置和有效再生、扩大的机制。它应当具有严谨的体系和合理的结构，包括普通教育和职业教育两翼，初等、中等、高等教育各个层次，成人教育和继续教育各个阶段。

目前，我国的现代教育事业总体由五个方面教育和三项保障机制所构成。五个方面教育包括义务教育、基础教育、高等教育、职业教育和成人教育。三项保障机制包括国民教育经费保障机制、国民教育教师保障机制和国民享受教育权利保障机制。2006 年，中国共产党第十六届中央委员会第六次全体会议通过了《中共中央关于构建社会主义和谐社会若干重大问题的决定》，其中提出了要“建设现代国民教育体系”。现代国民教育体系以终身教育思想为导向，以普通教育和职业教育为基础，以初等、中等、高等教育为层次，以成长教育和继续教育为阶段，以提高全民族思想道德素质和科学文化素质，形成全民学习、终身学习的学习型社会为目标。

作者在《教育的智慧》一书中将多层次、全方位地发展现代教育体系作为发展现代教育中最主要内容。中国根据国情提出现代教育体系由八个教育类别组成，即：学前教育、义务教育、高中阶段教育、职业教育、高等教育、终身教育、民族教育、特殊教育。作者在此基础上用十个章节的篇幅分别向读者详细论述了如何开展好情智教育、能力教育、信息教育、幼儿教育、职业教育、大学教育、终生教育、女性教育、公民教育和普世教育，从而进一步实现多层次、全方位地发展现代教育体系的宏伟目标。作为马克思主义学者，作者坚持理论联系实际的方向，并始终保持饱满的政治热情与理论热情，这就赋予他的理论工作以某些根本特色。即在整个论述中罗崇敏同志的文字优美、自然、含蕴丰、耐人寻味，无不充分显示出作者密切关注教育现状的务实精神，并透露出他为改进教育的现状，进一步充分发挥教育的智慧而殚精竭虑。《教育的智慧》一书深刻揭示了现代教育的本质、主体、价值、制度、内容、目标、方法以及多层次、全方位地发展现代教育体系，这是我国现实社会生活的需要，因此，此著作不仅具有极高的学术价值，更具有现实的社会价值。

综上所述，我以为这本学术专著不愧为一部马克思主义的教育学专著。当然，并非说这本专著已臻完美之境。无论在布局谋篇、材料运用、还是某些论点上容或有可商榷之处，但从总体上说，我认为它取得目前这种内容与形式高度结合的状态已经是很难得的了。我盼望本书的问世将引起广大教育界同行们的重视，并且群策群力，充分发挥教育的智慧，从而进一步把现代教育工作从规模上和质量上推向新的水平，把现代教育真正变为群众性的事业。

（作者晏妮为云南大学民族研究院民族学专业博士研究生，云南民族大学党委组织部副部长；和少英为云南省民族研究院暨云南大学西南边疆少数民族研究中心学术委员会主任、特聘教授、民族学专业博士生导师，云南民族大学党委委员、副校长。）

教育家的智慧和视野

张武升

《国家中长期教育改革和发展规划纲要（2010～2020年）》提出了“造就一批教育家，倡导教育家办学”的战略任务。关于教育家问题，曾经有争论，焦点之一是我们有没有教育家？有的认为，新中国成立60多年、改革开放30多年来，教育发展成就举世瞩目，但缺少的就是教育家。对于这一看法，我是不能苟同的。读了罗崇敏著的《教育的智慧》和《教育的逻辑》两本力作之后，更坚定了我的看法。在我们的教育现实中，罗崇敏就是典型的教育家。他的这两本书体现了他独立的系统的教育思想，反映了他组织、管理云南教育取得的卓越成绩，展示了他在国内外的影响。

首先他具有教育家的智慧。教育家的智慧是人类最高级的智慧，最具有创造性、应用性和普遍性。因为这种智慧产生于人类最复杂最高级的活动——教育实践，教育实践是“心灵与心灵的沟通，灵魂与灵魂的交融，人格与人格的对话”。能够把高级复杂的教育实践不断开拓创新，取得成就，并且从中认识必然，掌握必然，形成智慧，这样的智慧就是教育家的智慧。

罗崇敏在《教育的智慧》中用“众人所见但未思更未行”的思维追求和方式，对教育的基本理论与实践问题进行了难能可贵的探索和实践，提出了独到的令人启发的见解。他纵论教育主体，从哲学的世界观和方法论的高度，把形而上的理论求索与形而下的实践求索结合起来，强调了学生的主体地位、教师的主体尊严、学校的主体权力、家长教育孩子的主体责任和教育引领社会文明进步的主体作用。这些思想视角是新颖的，把教育中主要的复杂的因素关系清楚地分理和表达出来；他论教育价值与价值教育，提出教育的根本价值是教真育爱，教育的终极价值是使人成为“人”，成为幸福的人，并把这一价值观成功运用于“三生教育”实践；他论教育制度与制度教育，提出唯有制度可以兴国，唯有体制可以兴校，这些观点在教育文献中是比较少见的，体现出了一个教育智者的求索历程与结果；他论教育公平，提出统筹发展是核心，发展义务教育是基石，政府肩负着主要责任，在竞争中发展公平，有着人犹未言、未能言和未能行的深刻意味；他还对教育过程、结构、体系、合力、课程、环境、管理、评价等问题，发表了令人深思的见解。所有这一切，均体现出罗崇敏不仅是一位教育实践家，更是一位教育思想家，二者有机统一于一身。真正的智者，真正的教育家不是人云亦云的，不是回避矛盾的，而是善于直面分歧与争论，善于运用弁证法的智慧解决矛盾。例如，关于竞争与公平的问题，他不是只强调公平，而是强调在教育竞争中发展教育公平。这显示了他头脑的清醒、思维的独立和见解的深远。这些都是教育家智慧的特性。

其次，他具有教育家的视野。在《教育的逻辑》一书中，罗崇敏通过回顾总结百年中国教育的历程和经验教训，具有了历史视野，又着眼于现实和未来，对教育理论与实践的若干基本问题进行探讨，表现出了“面向现代化、面向未来”的前瞻视野，同时，他又审视世界教育发展的特点和趋势，对教育的全球化背景作出了精彩描述，从而表现了国际视野。历史的、现实的和未来的视野，民族的和世界的视野，这些都是教育家所具备的视野。

教育家是走在时代前列，引领教育改革与发展的先进，是先行者，因而比一般教育工作者更能全面而深刻地把握教育规律，更能站得高、看得远，更能从繁杂的教育现象中抓住本质，从细节末叶中抓住根本，对教育提出真知灼见。从《教育的逻辑》中，罗崇敏以教育家的视野，探讨了“价值—能力—制度”三维度逻辑，论述了“生命、生存、生活”的三个基本点逻辑，这些观点和分析都体现了独立性和独到性，不是人云亦云、“六经注我、我注六经”的老做法。一个多年从教育实践和组织管理的人做到这一点是难能可贵的，体现了他学者型干部的本色。

作为教育行政组织、管理者，他强调政府的转型，这就是从行政管理走向公共服务，转变行政方式，完善教育资源配置模式，建立自主、多元、开放的现代教育体系。这些看法都符合《国家中长期教育改革和发展规划纲要（2010～2020年）》的基本精神，同时反映了他个人独到的见解，或者体现云南地方特点的见解。

教育家的视野支撑的精神是教育家的激情。罗崇敏之所以能不仅是教育实践家，推动教育发展取得出色成就，而且进行科学探索，形成了系统独立的教育思想，其重要原因是他有教育家的激情，这是他的精神支撑和动力支持。他对未来教育的描绘和设计就充满了这种激情，他对“三生教育”的追求与探索，使他这种激情挥洒得更为淋漓尽致。

读完《教育的智慧》和《教育的逻辑》，我们面前呈现一位教育家不断前行的足迹和不断探索的思想历程……

（作者为天津市教科院院长、研究员、国家督学。）

慧心巧思　教学相长

赵晓澜

品读罗崇敏先生的《教育的智慧》与《教育的逻辑》两本佳作，不由得随作者的教育思考，进入到了一个教育博览及理论的宽广殿堂。神游其间，感触教育，不论从逻辑框架或内容集成、从宏观视野或微观实践、从制度设计或环境创造……你都能感受到作者的博闻强识，慧心独创。纵谈教育，海阔天空，对于“业外人士”自然不敢信口雌黄，然而教育为本、教育明智，教育就是“光”与“水”，当今文明社会每个人都必须与之相依随行，获取勇气与力量。所以，在拜读《教育的智慧》与《教育的逻辑》后，当然收获不小，有许多的启迪与感悟：

首先，书中所论之教育主体。我以为这是科学发展观“以人为本”教育理论具体化陈述，是对现代中国式教育定性、定位思考的深化。围绕当代教育发展，作者为教育主体的定性提出了自己的重要观点：“教育作为政府提供的公共服务，越来越普及化、大众化，体现和促进社会公平、公正”，让国家公民“共同享有人类教育资源”。这种“民本教育”理念，突显出教育在人类社会活动中的核心关键作用。由于种种历史原因在过去很长的时期，我国的教学供给远不能满足求学需求。在教育供不应求的客观条件下，接受教育，特别是高中以上教育是多数民可望不可及的事，那时教育欲惠及社会民众主体是有局限的。跨入 21 世纪，随着我国教育事业的蓬勃发展，教育基础设施条件明显改善，师资力量显著增强，教育供给的客观环境不断改善。但时代进步了，条件好了，并不等于我们的教育理念就能根本改变。特别是见物不见人，人作为教育主体的地位被忽略、被异化的现象仍较突出。为此，作者在书紧扣教育是促进民众自身全面发展这个主题，有针对性地阐述了作为政府管理教育的出发点是“合理配置教育公共资源，推进教育公平发展，人人享有受教育的机会”，必须“体现教育的公平、公正原则”，就“以人为本”的教育服务，提出了较明确的定性要求。在主体定位的解析中，作者从教育的不同层面，就学生、教师、学校，以及政府、社会和家庭的角色定位做出了具体表述，整体思路清晰，逻辑结构科学，充分把握住了教学相长的辩证关系，对教育主体的定性与定位有着独特的见解。

其次，书中所论之教育价值。教育是人类社会知识创造与财富聚积的源泉，也是每个人实现自身生命价值、生存价值、生活价值的途径与载体。作者以新的视角提出的教育价值取向及生成规律的观点，引导读者去关注教育价值这一重要议题。就社会整体而言，教育的价值在于它可以把人力资源转化为知识资本，在当今“知识爆炸”的时代，以知识经济为主导的社会活动，使创造知识的人才已经成为了一个国家或地区发展的“第一资源”和核心竞争力。在中华振兴的变革实践中，人才强国已摆到优先实施的战略高度，提出了“培养造就规模宏大、结构优化、布局合理、素质优良的人才队伍，确立国家人才竞争比较优势，进入世界人才强国行列，为在本世纪中叶基本实现社会主义现代化奠定人才基础。”的人才工作思路。所以，要大胆探索“宜教育才”的新路径，通过教育把我国的人力资源优势转化为人才资本实力，使之成为体现教育价值的重要评定标准。就社会个体而言，作者提出“教育使人类进化，教育使人类发展，教育使人类智慧，教育使人类崇高”，人的价值必须通过价值教育，体现在“人的全面发展”及成为“有尊严的现代人”上来。作者认为“教育价值高于一切价值”的观点，我完全赞同。

第三，书中所论之教育制度。以 1985 年 5 月 27 日颁布《中共中央关于教育体制改革的决》为起点，我国的教育改革已经进行了二十多年头，时至今日，教育改革仍然面临着在现实的政治体制和社会制度中，如何建立政府与学校的正确关系；在市场化的社会环境中，如何确立政府与市场在发展教育上的不同定位和功能；在利益多元化的格局中，如何建立协调中央与地方管理教育的权限和关系，促进教育的地方化与个性化；改善学术与政治的关系，形成学术"百家齐放、百家争鸣"的自由民主氛围，以保障学术研究的创造性；在各级各类教育中，建立以人为本的全新管理制度等错综复杂的问题。面对教育体制改革的种种难题，作者通过对现行教育制度缺位与越位的分析，开门见山地点出"在现行教育制度下，教育管理宏观不顺，中观不灵，微观不活的问题同时存在"的弊端，有的放矢地提出"国家应由对学校的直接行政管理，变为运用立法、拨款、规划、信息、服务、政策指导和必要的行政手段，进行宏观管理"；大胆提出在中观层面应将部分公立大学进行非国有化改造，校长实行公选，教师身份社会化等；在微观领域则是通过学校内部管理的机制创新，"坚持民主管理、依法管理、科学管理的方向"，不断完善或建立适应时代发展的"学校基础管理、系统管理、全程管理、精致管理的机制，确立师生员工的管理主体地位，充分调动师生员工的积极性和创造性"，"让教育权力在阳光下运行"等重要论断，找到了破解云南教育体制改革难题的切入点。我想，只有与时俱进，大胆变革，通过不懈地实践探索，在错综复杂、任重道远的教育体制改革列车，终将会驰上符合我国现阶段发展要求的正确轨道。

崇敏先生的《教育的智慧》与《教育的逻辑》多视点、多角度地涉猎到教育的方方面面，聚沙成塔，集成系统，其中多有闪光点与精彩处，让人读后必有所思、所悟，这种观念上的交相辉映，大概是求知者所期待的。

（作者为云南人才促进会副会长、《云南大百科全书》副总编。）

智慧与逻辑的辩证统一

欧黎明

读罢摆放在案头的罗崇敏先生的两本专著《教育的智慧》和《教育的逻辑》，使我陷入了深深地沉思。正像我们生活在阳光下一样，我们也沐浴在智慧之中。我们爱智慧，追求智慧。但是，长期以来，我们的教育往往只给学生以知识，学生知识堆砌，而智慧贫乏，接受的是意义失缺的教育，生活在意义缺失的世界里。如何从单一的，多年一贯制的塑造“知识人”的教育模式的阴影中走出来，走向更高的以能力素质为主要培养目标的彼岸，的确是需要智慧的。从“知识人”的培养走向“智慧人”塑造，是一场深刻的变革。然而，这又必须遵循教育的逻辑，在国外，逻辑教育一直被作为一种面向全体受教育者的素质教育。欧美一些国家以及亚洲一些国家，在中小学教育、大学教育中，都十分重视逻辑素质教育，认为逻辑教育和逻辑训练，对于提高受教育者的科学素质、思维素质、文化素质、思想素质等，都有不可缺少的重要作用。

《教育的智慧》贯彻“教育是发展人的生命、生存和生活，促进人类文明进步的社会活动过程”的命题，并围绕这一命题从宏观教育、中观教育、微观教育三个维度，以国际化思维、本土化实践和现代化目标的理念，深刻揭示现代教育的本质、主体、价值、制度、内容、目标、方法。作者坚守传承与创新相统一，本土化与国际化相承接，个性化和社会化相融合，理想教育与现实教育相结合的研究理念、品格和方法，论点独到、论据充分、论证严密，笔法独特、文字洗练、引人入胜。形散而神不散、文尽而情不竭、言简而义深邃，是作品的一大特征。《教育的逻辑》立足现实和本土，着眼未来与世界，努力构建与知识经济和知识社会相适应，以人为根本，以教育公平为基础，以价值教育为灵魂，以能力教育为核心，以教育制度为保障的现代教育理论体系。深刻揭示了生命教育，生存教育、生活教育的教育价值与价值教育有机构成的现代教育价值建设内涵。充分表达现代教育的切实性和引领性有机统一的现代教育功能特征。

亚里士多德认为，智慧是“就那些对人类有益或有害的事情采取行动的真实的、伴随着理性的能力状态”。可见，智慧是能力，是需要通过培养，也是可以通过培训而获得的。《教育的智慧》和《教育的逻辑》，正是抓住了这一要义，从生命、生存、生活入手，将智慧这种能力的培养，贯穿于教育逻辑的全过程，尤其是把智慧的获取作为认知和实践的重要环节，把实践智慧作为是一个动态的过程，使学生积极投入学校生活、热爱学习和创造愿与他人进行心灵对话的魅力，折射出人的学识、气质、风度，折射出智慧，有魅力的人总是有智慧的哲学理念。尽管这样的认识和理解尚值得研究和探索，但作者敏锐的思维，独特的视觉，理论与实践有机结合的能力，都是令人敬佩的。

人追求智慧就是力图从一种无限的超越的视角来观看和关注人自身的生活，追求生存状态的良好、生活的幸福。智慧教育的目的正是如此：超越知识化生存和规范化生存，而追求智慧生存。这也是《教育的智慧》和《教育的逻辑》的一个重要立论根据。教育的智慧和教育的逻辑是互为补充、相辅相成的，按照教育的逻辑，追求教育的智慧，让受教育者自己认识自己，自己对自己充满信心，去发现、唤醒和开发受教育者的内心世界巨大的、无限的潜能，引领他们不断地解读人的存在之谜，不断地发现自己，充满着美好的感觉，充满着发展的力量，这种教育是充满智慧的。正因为这样，《教育的智慧》和《教育的逻辑》是辩证的、互补的，教育的智慧是一条路，是一条通往正确认识和把握生命、生存、生活的必由之路，只有受教育者获得真正的智慧和能力，才能有效把握自己的命运，让智慧之光照耀着人生的全程，并从中获得自信和美好。

创新是知识经济时代的显著标志，创新教育越来越受到人们的重视，尽管实施创新教育的措施、途径和方法是多层次、多方面的，遵循教育的逻辑，从中获得生命、生存、生活的智慧，正是创新的价值体现。这是《教育的智慧》和《教育的逻辑》的再一特色。教育无疑是培养人们创新思维、提高人们创新素质与创新能力的根本方法，但是，如何实施创新，则不是所有的教育科学研究者都正确的回答了这个问题。我们今天的时代，呼唤创新人才的涌现。培养具备生命、生存和生活能力的大量的创新人才，就要从提高受教育者的创新能力或创新素质着手。从这个有意思说，我国公众的整体创新素质是不容乐观的，提高人们的创新素质刻不容缓。作者以高度的责任感和使命感对于有效探索如何实施创新，培养人们创新思维，提高人们创新素质与创新能力进行了结合实际的研究，观点不能说是尽善尽美，但是抛砖引玉和敢为人先的精神，在今天的时代，是令人敬佩和令人赞赏的。在21世纪，素质教育在世界各国成为提高国民综合素质的重要举措，其基本思想是：教育的根本目标是培养专才与通才并重，而创新精神与创新能力是需要高度重视的素质。对于创新精神与创新能力的培养，必须加强对受教育者的学习能力和科学研究能力的培训与训练，这既要注重教育的逻辑探索，更要注重教育智慧的开发和深化。这就是21世纪人类社会发展的必然逻辑，也是知识经济时代的必然要求。

（作者为云南行政学院科学社会主义教研部教授）

“逻辑”与“智慧”：一种新的现代教育观

罗明东

由罗崇敏先生所著的《教育的逻辑》与《教育的智慧》是两本颇具特色的著作。两书一脉相承、结构完善、内容丰富、论点独到、理论联系实际，即立足教育现实与本土经验、又着眼于未来与国际经验，充分阐述了现代教育的逻辑线索与理论要点，充分展现了罗崇敏先生对现代教育的所思、所想、所感，是一种新的现代教育观的构建。《教育的逻辑》提出了观察教育的三个维度：价值、能力与制度，并深入阐述了实践现代教育的三个基点：生命教育、生存教育与生活教育。以“三个维度”和“三个基点”为逻辑前提，分别论述了价值教育、能力教育与制度教育的理论要点，并结合未来学的研究成果，对未来教育进行了展望和思考。《教育的逻辑》阐述了罗崇敏先生的现代教育观的逻辑起点并奠定了其方法论基础，是进一步探讨现代教育问题的思想武器，是研究和探讨现代教育的逻辑线索和方法论。《教育的智慧》以专题的形式对教育主体、教育价值与价值教育、教育制度与制度教育、教育公平、教育过程、教育结构、教育体系等现代教育的基本问题进行了分析和阐述，明确指出了教育的本质与价值，它是《教育的逻辑》一书的自然延伸，是作者对其现代教育观之方法论的具体运用。两书以“逻辑”与“智慧”的形式共同构建了罗崇敏先生的现代教育观。通读这两本著作，有如下感悟与思考。

第一，罗崇敏先生提出了一种新的现代教育观，丰富和发展了现代教育理论，为研究现代教育提供了新的方法论和研究视角。现代教育是伴随着现代社会而出现的人类历史上一种崭新的教育形式，是社会经济、政治、文化发展到一定阶段的产物，现代教育具有生产性、公共性、国际性、科学性和未来性。对现代教育不同的认识形成了不同的现代教育观，罗崇敏先生从价值、能力和制度三个维度出发，将生命教育、生存教育和生活教育贯穿全书，形成了一种新的现代教育观，为广大教育工作者提供了新的理论研究视角。

第二，基于新的现代教育观，罗崇敏先生对教育基本问题（教育主体、教育价值、教育制度、教育公平、教育评价、普世教育等22个专题）进行了阐述，明确指出"教育是发展人的生命、生存和生活，促进人类文明进步的社会活动过程"，"教育的根本价值是教真育爱"，"教育的本质是以人为本下的教真育爱"，"教育的终极价值是使人成为'人'，成为幸福的人"等命题，丰富了人们对教育基本问题的理解。此外，对未来教育、女性教育、公民教育以及普世教育的论述体现了作者开阔的教育视野和广博的知识素养，充分体现了罗崇敏先生的"教育智慧"。

第三，两本著作蕴含着作者对现代教育危机的深切忧虑与反思。从某种意义上讲，《教育的逻辑》与《教育的智慧》是罗崇敏先生在反思与批判现代教育的基础上寻求解决现代教育危机的理性思考，是对现实教育中功利化、非人化、物化等现象的深刻批判，是化解现代教育危机的良方与妙药。"人类最大的危机是教育危机"，现代教育忽视了人的存在，人被异化为金钱和分数奴仆，人与人的关系被遮蔽，教育的工具化和庸俗化不断强化，教育的引领性和创新性不断流失。正是现代教育的这种危机，引发了作者对现实教育问题的种种思考，将作者引入了深深思考当中，对应试教育、"目中无人"等现象进行了深入批判，并创造性地提出了化解现代教育危机之道——生命教育、生存教育和生活教育。

第四，两本著作涉及管理学、经济学、未来学、哲学等多门学科的知识，旁征博引、论证有力，体现了作者丰富而广博的文化知识素养，以及独特的人生经历所引发的教育之思。

第五，两本著作为“三生教育”的本土化实践提供了理论支撑，为“三生教育”理论奠定了基础。生命教育、生存教育、生活教育是实践现代教育的三个基点，也是云南省践行新的现代教育观的本土化实践。“三生教育”要走向全国、融入世界，必须要有坚实的理论基础和不断创新的行为方式。《教育的逻辑》与《教育的智慧》正是这种理论基础的深刻表达，体现了作者深邃的教育思想和一以贯之的严密逻辑。

《教育的逻辑》和《教育的智慧》一脉相承、结构严谨、内容丰富，共同构成了罗崇敏先生的现代教育观。作者提出的观察教育的三个维度以及实践现代教育的三个基点，丰富和发展了现代教育理论，对广大教育工作者具有重要的参考价值。对教育主体、教育价值、教育制度、教育公平、教育过程、教育结构、教育体系、教育合力、教育课程等22个专题的论述，正如作者所言：“我所追求的不是众人未见，而是众人所见但未思更未行”。

（作者为昆明学院副院长、教授。此文是作者在《教育的逻辑》、《教育的智慧》、《教育的价值》“教育三部曲”出版发行暨研讨会的发言。）

"三生教育"：价值主义教育思想的新发展

王永全

2008年2月，为应对现代教育价值的流失，云南省在全国首先实施了以科学发展观为指导、以建立现代教育价值体系为目标的"三生教育"，其标志是围绕生命教育、生存教育与生活教育编写了幼儿园、小学三年级、小学五年级、初中、普通高中、中等职业学校、高等学校7个分册的全省通用素质教育基础工程系列教材，通过中共云南省委高校工委，云南省教育厅关于实施生命教育生存教育生活教育的决定在全省各级各类学校开设了"三生教育"课程。四年多来，"三生教育"、价值主义教育思想的实践探索取得了新突破，理论研究取得了新成果，呈现出了以下一些方面的新特点。

一、影响力日益广泛、关注度日益提高

目前，"三生教育"呈现了从云南走向全国，从教育走向社会的良好发展趋势，在国内外产生了广泛的影响，受到了国内外各界人士、特别是教育界的广泛关注、支持和参与。在中国知网（www. cnki. net）输入"三生教育"主题词，可查询到公开发表的相关学术论文有近200篇。构建现代教育价值的生命、生存、生活教育得到了社会的广泛认

同，“三生教育”在全国27个省市的有关地区和学校得到推广，“三生教育”已经成为中国当代品牌性的特色教育。

二、“三生教育”和价值主义教育是对教育价值思想的传承与发展

“三生教育”、“教育三部曲”是对古今中外教育价值思想的传承与发展。《说文解字》对教育的内涵解释是“教，上所施，下所效也”；“育，养子使作善也”。孔子：“大学之道，在明明德，在亲民，在止于至善。”鲁迅：“教育是要立人。”蔡元培：“教育是帮助被教育的人给他能发展自己的能力，完成他的人格，于人类文化上能尽一分子的责任，不是把被教育的人造成一种特别器具。”陶行知：“教育是依据生活、为了生活的‘生活教育’，培养有行动能力、思考能力和创造力的人。”马克思、恩格斯：“教育是促进个人的独创的自由发展。”雅斯贝尔斯：“教育是人的灵魂的教育，而非理性知识的堆积。”国际21世纪教育委员会向联合国教科文组织提交的教育研究报告说：教育是“保证人人享有他们为充分发挥自己的才能和尽可能牢牢掌握自己的命运而需要的思想、判断、感情和想象方面的自由”。可以看出，“三生教育”和“教育三部曲”的主体思想，正是在科学继承与发扬以上先哲思想的基础上对教育价值思想的发展，它实现了从生命教育到“三生教育”的升华，实现了根植云南而对教育真谛的哲学思考与升华，实现了从关注解决社会问题转向关注全人生发展，从追逐教育外在价值转向实现教育内在价值的转折。提出并系统阐述了教育实现人和社会的主体价值；构建教育的整体、规模、结构、过程和质量相统一的有机价值；教育发展人的生命；生存和生活价值；国际化思维、本土化行动、现代化目标发展人类共同教育价值；应着力彰显女性教育价值、幼儿教育价值、公民教育价值和终身教育价值；注重发挥环境教育功能，改善教育布局结构，形成社会教育合力，提高教育时空价值；加强教育制度价值建设；发展学校现代管理价值等价值主义教育思想的主要观点。

三、与时俱进，充分顺应了时代发展的要求

“三生教育”、价值主义教育充分顺应了新时期教育改革发展的要求。《国家中长期教育改革和发展规划纲要（2010—2020年）》把“育人为本”作为教育工作的根本要求，把“坚持以人为本、全面实施素质教育”作为教育改革发展的战略主题，这既是“以人为本”社会发展的外在要求，更是每个人生命发展的内在需要。中国传统教育以社会为本，为了社会的利益，不惜牺牲个人的生命；改革开放后，随着经济发展成为第一要务，教育随之变成“人力”的教育，成为人力资源开发的工具。无论是社会教育对生命的蔑视和抹杀，还是人力教育把人仅仅当作工具，都没有在教育中重视人的价值，更妄谈致力于人的完整发展。新时期提倡素质教育，素质教育发展人的全面素质，就是要回归生命的完整性。“三生教育”从生命、生存、生活三个层面，体现了生命的系统性和完整性，使之成为素质教育的当代表达。

“三生教育”是真正的完整人的教育。“三生教育”是一种全人生指导的教育，不仅唤起人生命的意识，教人生存的本领，而且引导人进行生命意义的思考。不仅使人活着，而且活得有意义、有价值。“三生教育”，关爱人的自然生命，引导人的社会生命，激扬人的精神超越，是一种生命整体的全人教育；“三生教育”，立足于现实存在，但不止于功利的谋生，而追问人生的意义，提升人生的境界，达至幸福的人生。“三生教育”以“生”为核心，以生活境界为追求，体现了生命系统发展的整体性。

“三生教育”以价值观为内核，是“生”的知识、技能与价值观三位一体的教育。“三生教育”中，既有生命知识的教育，生存技能的教育，更有生活意义的教育，它们共同构成了教育的系统和阶梯。以“生”为原点，知识、技能和价值观是一个同心圆。在这一同心圆中，最内核的是价值观，包括生命的价值观、生活的价值观。一个人为什么活着，一个人追求什么样的生活，这是生命的定向，也是生命发展的动力。生命生生不息，就在于价值观的召唤和追求。

实施“三生教育”，其价值取向或者说目标定位就是要构建现代教育价值体系。通过生命教育，使受教育者知道什么是生命，什么是有意义的生命，知道自然生命，更知道社会生命，精神生命，从而热爱生命，尊重生命，珍爱生命，敬畏生命；不但珍爱自己的生命，还珍爱他人的生命；不但珍爱人类的生命，还要珍爱自然的生命。通过生存教育，使受教育者知道什么是生存，什么是有意义的生存，怎么来适应生存，挑战生存，提高生存能力、发展能力、创造能力。通过生活教育，使受教育者知道什么是生活，什么是有意义的生活，怎么来热爱生活，奋斗生活，幸福生活。这样的幸福不仅是个体的幸福，更是社会的幸福，也包括他人的幸福。通过“三生教育”建设这样一个教育价值体系，将为国家核心价值体系的建设提供有力的支持。

四、“教育三部曲”形成了较系统的现代教育价值理论体系

在由云南省教育厅组织专家学者、基层学校校长和教师以及家长代表等共同编写的7个分册“三生教育”系列教材的基础上，通过实践探索和对当代中国教育现状的关切和深刻思考，罗崇敏厅长分别于2010年11月研究出版了著作《教育的智慧》和《教育的逻辑》，于2012年1月研究出版了著作《教育的价值》，三部著作被中国教育界称为“教育三部曲”。《教育的智慧》贯穿了“教育是发展人的生命、生存和生活，促进人类文明进步的社会活动过程”的命题，并围绕这一命题从宏观教育、中观教育、微观教育三个维度，以国际化思维、本土化实践和现代化目标的理念，深刻阐述了现代教育的本质、主体、价值、制度、内容、目标和方法等观点。《教育的逻辑》一书则立足现实和本土，着眼未来与世界，努力构建与知识经济和知识社会相适应，以人为根本，以教育公平为基础，以价值教育为灵魂，以能力教育为核心，以教育制度为保障的现代教育理论体系，揭示了生命教育、生存教育、生活教育的教育价值与价值教育有机构成的现代教育价值建设内涵，充分了表达现代教育的切实性和引领性有机统一的功能特征。《教育的价值》一书是“教育三部曲”中的核心内容，它对教育价值与价值教育

进行反思，阐述了教育基础价值、根本价值、最高价值及教育价值的实现的一些根本观点，目的在于彰显教育价值，回归教育本真，使教育真正发挥“植根时代，引领社会，发展人，幸福人”的价值功能。“教育三部曲”，坚持理论与现实紧密结合的原则，紧紧围绕“教育是发展人的生命、生存和生活，促进人类文明进步的社会活动过程”的命题展开，在价值哲学基础上，以国际化视野、本土化行动、未来教育趋势，分析现代教育，形成了较系统的现代教育价值理论体系，初步构建了价值主义教育思想体系。而所提出的整个价值主义教育思想，既有理念依据，又有实践基础；既契合当代人的心理需求，又解决了当前特定时期的教育问题，为教育工作者开启了新的思考教育本真的视角，为应试教育向素质教育的转型提供了理论依据与实践指南，是我国近年来教育理论研究领域的重要收获，它对于中国教育现代化、中国教育改革发展创新具有特殊的意义。

五、对高等教育深化教育教学改革的指导性作用日益凸显

（一）提高了高等教育对价值主义教育的认识

教育是实现和发展人的价值的活动过程，是发展人的生命、生存、生活，引领人类文明进步的社会活动过程。从本质上讲，现代教育应是排斥教育的工具性和功利性的教育。但是现实的人类教育都存在教育理性工具主义、实用主义过度张扬的情况，导致教育理性价值严重失落，教育价值迷茫和教育价值危机。因为教育价值危机，教育使人异化，将人异化为“物”，因教育使人创造“物”，又因教育使“物”征服人，使人变为“物”的奴隶；教育工具化、功利化、世俗化、庸俗化愈演愈烈，教育成为统治者的管理工具，成为家庭耀祖光宗的工具，成为学生吃饭谋生的工具，成为机构赚钱发财的工具。在我国现在普遍存在的与党和国家推行的素质教育相悖的片面的应试教育、绝对的知识教育、单纯的生存教育，以社会消融个人的思维方式来认识和培养人，在教育过程中把人与生活相割离，把人抽象化、静态化、同质化，忽略了“人”自身作为社会主体的独立性、动态性、自由性和发展要求，束

缚、限制甚至窒息了人对自身生命、生存和生活主体性的发挥和发展。教育价值危机还使教师的职业价值严重贬低，教育尊严受到严重挑战；使受教育者信仰缺失，道德滑坡，精神衰减，社会责任能力下降。在各国教育领域也还存在不同程度的学术腐败、经济腐败、权力腐败的问题，学校的行政化、学术的金钱化、学习的情绪化。教育价值是一个国家、一个民族的时代精神和文化精髓，我国的教育价值建设是社会主义核心价值体系建设的基石。教育价值的流失会导致教育本真的丧失，动摇民族价值体系的根基。重建教育价值，是人类教育活动顺应人类社会活动的，实现和发展人的价值本质要求，是清除教育腐败，正本清源，回归教育本真，塑造教育尊严的逻辑必然。

基于以上分析，价值主义教育思想应运而生已是必然，“教育三部曲”旗帜鲜明地呼吁，教育要发挥“植根时代，引领社会，发展人，幸福人”的价值功能，这是时代的召唤。教育价值高于一切价值，教育内在价值是使人成为人，使人成为有责任能力的人，使人成为自由幸福的人。教育的外在价值是使人的内在价值外化为经济价值、政治价值、文化价值。教育促进个人价值与社会价值的有机统一，在满足个人发展的需要中体现个体价值，在满足社会存在、延续、发展的需要中体现社会价值。教育使人文价值与科学价值有机统一，形成科学精神与人文精神统一的人类精神境界。教育使传承价值与创新价值有机统一，促进家庭、团体、民族、国家、人类文明的传承和发展创新。教育“宁静致远”，使人的现实价值与理想价值有机结合，立足现实，面向未来，适应生存，发展生活，坚持乌托邦精神，实现教育本体价值。

（二）对高校下一步推进“三生教育”和“价值主义教育”的思考

按照《教育部关于全面提高高等教育质量的若干意见》的要求，高等教育要“全面实施素质教育，把促进人的全面发展和适应社会需要作为衡量人才培养水平的根本标准。”高校要深刻领会“三生教育”和“价值主义教育”的深邃思想和丰富内涵，提高认识，加强领导，结合实际，深入研究，抓好落实，以提高教育质量。要把价值教育和教育价值有机结合起来，把人类社会的现实价值和理想有机地结合起来，把个体价值和集体价值有机地统一起来，通过教育的力量，使大学生接受生命教育、生存教育和生活教育，树立正确的生命观、生存观和生活观。首先，加大“三生教育”、价值主义教育的总结和宣传力度，提高认识，配合相关部门进一步完善组织机构和投入保障机制，完善管理考核制度和运行机制，进一步在各高校做好深入推进“三生教育”和价值主义教育的各项工作；其次，适应经济发展方式转变和产业结构调整的要求，以促进人的全面发展为目标，以质量为核心，以体制机制改革为切入点，转变高校固有的、模式化的教育观念和模式，建立科学的人才培养评价制度，实现高等教育人才培养质量的全面提高，为生产建设、管理服务一线培养大批适销对路的高素质专门人才；再次，以“教育三部曲”为载体，进一步完善高校“三生教育”和价值主义教育的课程体系，提高人才培养质量，为社会主义核心价值体系构建做出应有贡献。

（作者为云南省教育厅高等教育处处长。）

直指教育核心的创新力作

木基元

2009年世界读书日期间，我读到了罗崇敏先生的《天鉴》一书，走进了他博览群书、神采飞扬的精神世界，由此引出了发自内心的一些感慨。两年过去了，在繁忙的勤政之余，罗崇敏又捧出《教育的逻辑》《教育的智慧》两本新著以飨读者，在云南学术界不禁让人投去惊羡的目光。

逻辑就是思维的规律，由古希腊思想家亚里士多德创立的逻辑学便是思维形式及其规律的学科。忆及当年读大学时，云南逻辑学权威专家袁方忘情地传授“白马非马”的理论时，年少轻狂的我们一脸茫然，甚至还认为逻辑学不过是“诡辩之术”罢了。随着年龄的长大，社会阅历的增加，我也逐渐对这门思维形式的学科有了新的认识。罗崇敏的新著《教育的逻辑》，用逻辑学的方法与理论，诠释和破解了教育学的许多难题。尤其难能可贵的是，该书为在建构现代教育理论体系中加入了“云南元素”。

首先，《教育的逻辑》纵论教育发展的重要维度。罗崇敏以“价值”、“能力”、“制度”为切入点，深刻揭示了三者的关系，回眸了中国百年教育历程，用三个重要维度对面临知识经济挑战的中国教育进行了深刻反思。他精辟指出价值教育是现代教育的灵魂，能力教育是现代教育的核心，制度教育是现代教育的保障。

德国教育哲学家布雷钦卡曾经指出：“教育是成年人向成长中的一代人的关怀。”针对当前教育中应试、教育价值危机等热点问题的讨论，国内一批专家提出了英才教育、终身教育体系问题。教育的改革应该与社会经济的改革同步，教育的改革绝不能离开整个社会和经济的改革和进步。在率先实现现代化的同时，也率先实现教育的现代化，特别是教育理念、制度和机制的现代化。罗崇敏指出：“教育，是发展人的生命、生存和生活，促进社会文明进步的社会活动过程。教育作为一种培养人的实践活动，总是把促进人的全面发展作为最根本的追求；而社会的发展需要建立在人的发展基础之上，通过人的发展来实现。”

其次，《教育的逻辑》进一步建构了“三生教育”的理论框架。“三生教育”的概念是学校德育范畴的概念，其包括“生命教育”、“生活教育”、“生存教育”。为了正确面对教育价值危机的热点问题，构建现代教育价值体系，云南省率先从2008年起在幼儿园、小学、中学、大学中广泛开展“三生教育”的活动，受到了国内国际的广泛认同和高度评价。2009年5月29日在北京人民大会堂举办“中国生命·生活·生存教育论坛”，继后又于2010年7月14日在香港举办具有国际意义的“中国生命？生活？生存教育高峰论坛”，作为这一学说的始作俑者，罗崇敏均到场作了精彩的演讲，并在全国校长峰会、中国人民大学和云南省大学生形势报告会上做了不断完善。一系列的推进活动，犹以空谷传声之势，起到了振聋发聩之效，彩云之南的教育新貌和“云南经验”引起了国家层面和各省区的广泛关注。罗崇敏纵论实施“三生教育”的重要意义，指出它是国民素质的基本要求，是现代教育的基本任务，是促进学生全面发展的基本途径，是实现家庭幸福、促进社会和谐的必然要求，是推进教育国际化、发展普世教育的重要基础。进而他从价值、能力、制度的维度，深刻探索了实施“三生教育”的内涵及相互关系，指出生命教育的真谛在于认识生命、敬畏生命、发展生命，生存教育的目的在于强化意识、掌握技能、主动适应，而生活教育则要立足现实、注重体验、追求幸福。他秉承了陶行知“生活教育理论”，并在此基础上力求不断创新和发展。

第三，《教育的逻辑》充实壮大了现代教育的理论体系。罗崇敏以“三生教育”为贯穿始终的主线，从价值教育、能力提升、制度设计等重要层面进行剖析研究，针对时下教育热点问题进行大胆的探索，提出了要塑造“有尊严的现代人”，促进国家、社会和个人的可持续发展，为现代教育发展提供根本保障等等。对培养精英人才、实施公民教育、实现教育公共治理、达到教育人力资源开发转换等问题都发表了自己的真知灼见，同时还憧憬了走向未来的教育，坚定了我们的无悔选择——遵循教育逻辑，走向教育未来。由此，他高屋建瓴地界定了现代教育价值体系的基本内涵，即以人为根本，以教育公平为基础，以教育价值为灵魂，以制度教育为保障，植根当代知识经济和知识社会，引领时代不断进步的教育。在综述相关重要论点后，罗崇敏富有哲理地指出：“教育是国计，也是民生；教育是今天，更是明天；教育是人类创造力和社会生产力之源，谁赢得了教育，谁就将赢得未来。”

（作者为西南林业大学民族生态文化研究中心副主任、校党委宣传统战部副部长、教授。）

让教育的智慧之花开遍红土高原

陈宝昆

崇敏先生的教育专著《教育的逻辑》和《教育的智慧》由人民出版社出版了，这是自其出任中共云南省委高校工委书记、云南省教育厅党组书记和教育厅厅长以来在思想和理论方面对云南省教育工作的又一重大贡献。作为一名教育管理者和工作者，崇敏先生在对云南省乃至全国的教育工作规律和特点准确把握的基础上，对云南教育改革发展存在的关键性问题做出如此鞭辟入里、细致入微的剖析，并能对症下药提出自己独到、客观、严谨的见解，实属可贵。

拿到两本大作后，连夜拜读。生动的文字，精妙的构思，开阔的视野，缜密的思维，严谨的理论，深邃的思想，引发了我浓厚的阅读和学习兴趣。读完之后，掩卷沉思，不禁让人眼前浮现出中国近百年教育筚路蓝缕的演进轨迹。自近代以来，中国开始了追求现代化的艰辛历程。革命家通过建立先进制度救国救民，实业家通过开厂、兴业藏富于民，教育家则通过言传身教、著书立说来开启民智以图富国强民。“十年树木，百年树人”，近代中国教育的现代化之路更加充满荆棘和无比漫长。时至今日，教育家依旧在思索和反省中国的现代教育。崇敏先生的这两本近著就是站在全球的高度，以教育管理者和研究者的双重视角，全面地阐释现代教育的本质、主体、价值、制度、内容、目标和方法。作者以博大的人文情怀，探讨了现代教育的三个重要方面问题，以价值教育为灵魂，以能力教育为核心，以制度教育为保障，并在此基础上提出了实践现代教育的三个基点：生命、生存和生活。作者最终的目的是要通过教育来寻求人的全面解放，使人类通过教育自我来实现更加美好的生活愿景。可以说，崇敏先生的这两本专著，对于阅读者特别是教育工作者了解我国教育的现状，探明存在的问题，用新的视角、新的思路、新的方法来构建现代教育体系，有着极其重要的学习和借鉴价值。

对于读者来说，我个人的建议是应先阅读《教育的逻辑》，而后再读《教育的智慧》。为什么这样说呢？因为《教育的逻辑》一书通过严密的逻辑思维构建起了一个完整而又严谨的有关现代教育的理论体系。作者在开篇的前两章当中，对中国近百年的教育史作了简要回顾，一针见血指出了当前我国教育存在的问题。为了应对现实的挑战，作者主张从价值—能力—制度三个维度来进行教育变革。同时，作者提出了现代教育的三个基点：生命、生存、生活，即“三生教育”。三个维度和“三生教育”作为该书的立论基础和理念核心，为全书确定了基调，起到了统领全局的作用。第三章到第五章作者分别从价值—能力—制度三个方面展开论述。价值教育的目的是塑造“有尊严的现代人”，能力的提升是促进国家、社会和个人可持续发展的关键因素，制度的设计为现代教育的发展提供了根本保障。在第六章中，作者畅想了未来的教育，这实则是价值、能力和制度的不断发展和完善。最后的结语虽然只有寥寥数笔，但却字字珠玑。作者强调了教育的重要性，“教育是人类创造力和社会生命力之源，谁赢得了教育，谁就将赢得未来。”对于教育的重要意义，作者将其置于追求人类美好生活的高度上：“教育这个‘指南针’将以其超越现实生命、现实生存和现实生活的价值引领我们这个复杂而多变的人类世界家园去认识和尊重生命，更生态地生存在这个星球上，走向更幸福的生活。”通过对该书的阅读，我们可以对当前我国的教育现状有一个基本的了解，并大致可以掌握到作者的教育理论和教育思想。所以说，《教育的逻辑》应该首先来阅读。

崇敏先生的另一部专著《教育的智慧》则是用二十二个专题分别

论述了有关教育的方方面面，从教育的主体到教育的结构、内容，从教育的环境到教育的管理，从幼儿教育到大学教育，从教育的价值到公民教育、普世教育等，均做了详尽、透彻的论述。作者以洗练的笔法，独到的见解，充分的论据，让读者全方位了解教育的智慧。比如在第一个专题“论教育主体”当中，作者提出要“塑造教师主体尊严”，呼吁“把教师纳入国家公务员序列，以提升教师职业的社会尊严”。师道尊严虽然是一个老生常谈的话题，但作者从理论的高度和思想的深度出发，提出塑造教师主体的尊严，这实在更具科学性和说服力。又如，在第十八个专题“论大学教育”里，作者提出了大学的基本矛盾和根本动力，这种说法让人耳目一新。“高等教育发展的基本矛盾是：高等教育机构所能提供的教育机会与公民接受高等教育的需求日益增长的矛盾。这对矛盾的协调和解决构成高等教育的发展动力。”这本书命名为“教育的智慧”，不仅仅是关于教育的深刻论述，也是崇敏先生自己多年来对教育思索和总结的结晶。因此，阅读这本书，读者收获的不仅仅是有关教育的知识，更多则是有关教育的“智慧”。

除了对教育的专论之外，值得一提的是，在两本书的附录当中，崇敏先生的八篇演讲也饱含了他对教育长期的思考和入木的见地。细读这八篇演讲，我们不难发现其中包含着的崇敏先生的教育思想。例如在中国人民大学的题为“我的现代教育观”演讲中，崇敏先生谈到了教育的本质、特性和功能，发展现代教育面临的机遇和挑战，构建价值教育、能力教育和制度教育三位一体的现代教育目标等诸多问题。透过这八篇演讲，崇敏先生在对中国教育整体现状的把握基础上，针对中国教育存在的具体问题，以价值、能力和制度三个方面为切入点，从生命、生存和生活三个路径为中国的教育开出药方，希望由此寻找现代教育新的出路。这可以说是崇敏先生教育理论和教育思想的基本轮廓。

马克思曾经讲过，教育是促进“个人的独创的自由的发展”。崇敏先生的这两本专著正是以人的全面发展为目标，为人类追求更加美好的生活开出灵丹妙药。“工欲善其事，必先利其器”。粗览一遍后，只是掌握了这两本书的一个梗概，要想对中国的教育问题有更深、更全面的了解，精读《教育的逻辑》和《教育的智慧》是绝对必要并且值得的。但愿我们每一位教育工作者都能像崇敏先生这样，把智慧和力量、心血和汗水浇注到云岭大地的教育中，让教育的智慧之花开遍红土高原。

（作者为西南林业大学校长、教授。）

开价值主义教育之先河，弘教真育爱之思想

——“教育三部曲”之《教育的价值》书评

吴晓亮

美国著名作家约翰·奈斯比尔在其著作《MIND SET》中总结，“很多事情变了，但大多数事情没变”，“变化的是方式，不变的是内容”。只有通过清晰的思维模式，才能从根本认识世界，从而解决表面混沌、杂乱的问题。云南省教育厅罗崇敏厅长在价值哲学基础上，以国际化视野、本土化行动、未来教育趋势，分析现代教育，抓住教育之本质，首创价值主义教育概念，并通过“生命、生存、生活”（简称“三生教育”）教育来构建现代教育价值体系，从而消除教育危机，是对人类教育史的一大贡献。此次出版发行的“教育三部曲”——《教育的智慧》、《教育的逻辑》、《教育的价值》，正是他基于“三生教育”实践总结的理论专著。其中，《教育的价值》一书是作者对“教育三部曲”中的核心内容——教育价值命题的讨论，阐述了教育基础价值、根本价值、最高价值以及教育价值实现的观点，目的在于促使教育真正发挥“根植时代，引领社会，发展人，幸福人”的功能。作者在书中运用哲学、管理学、教育学、心理学、社会学等原理，解析了人成长成人的轨迹，科学地论证了“自我完善”的关键要素，从而明晰地指出了

培养人才必须走向“社会化的方向”，提升“情商”的路径和学会善待他人的做人策略，是一部启迪智慧、发展能力、完善自我、充满对人本真的关怀和指引的佳作。

当今社会物欲横流，人情冷漠，见利忘义之事比比皆是，现代人在追逐物质财富的过程中迷失了自己，丧失了信仰，找不到人生的价值所在。《教育的价值》溯本追源，指出现代人价值危机的根源在于教育价值危机，“人类最大的危机不是经济危机、政治危机，而是教育危机”。雅斯贝尔斯在其教育名著《什么是教育》中提到：“每一种社会改善的先决条件要求每个人都要受教育，以便能自我教育。教师要唤醒人的潜在的本质，逐渐自我认识知识，探索道德。”《教育的价值》开章明义，追问教育的价值所在，以“人”为中心，关注个体的价值，认为“教育的价值就在于提升人的价值”，“教育的终极价值是使人成其为人，使人成为有能力的人，使人成为幸福的人”，“教育，就是要通过自己的努力，引导、促进每一个‘人’的发展，从而满足以‘社会性’为基本生存依托的人类的发展，实现人类和谐可持续发展。”进而提出：“教育的价值是人类的最高价值，教育价值高于一切价值。”这将教育的地位提升到引人深省和前所未有的高度。

在本书的主体部分（二三四章），作者以生命教育、生存教育、生活教育构建现代教育价值体系，通过大量实例，并结合哲学、管理学、教育学、心理学、社会学等科学原理，分层次阐述了教育的基础价值、教育的根本价值和教育的最高价值。其中，教育的基础价值是成长成人，讨论了教育价值的“有用性”，即如何“使人走向成熟”；教育的根本价值是教真育爱，讨论了教育价值的“正当性”，即如何“使人走向完善”；教育的最高价值是使人幸福，倡导通过实施和发扬“三生教育”，建设现代教育价值体系，使教育价值达到“引领”和“继承”，“适应”和“创新”的辩证统一，最终实现“人的全面发展”与“社会的和谐发展”两者的融合。在这三部分的论述中，贯穿了“三生教育”理论思想，将人的物质存在与精神追求融为有机整体，教导人们尊重生命存在，选择正确生存方式，明确生活目标，并指出“只有通过对求真、向善、唯美、自由、尊严的追求，人才能实现其生活的意义与价值，也才能证明其生命存在的价值”。“三生教育”理论于2008年提出并通过云南及全国部分省市地区的多年教育实践，强有力地证实了它的科学性、前瞻性、可行性以及必须性。它凝聚着教育的精华，体现着教育的核心价值，是对现代教育理论体系的创新和完善，也是对传统教育思想的传承和反叛，为价值主义教育思想体系的构建奠定了坚实的实践基础，也为实现教育的价值提供了重要途径。

完成了对教育价值三个层次的阐述后，作者在本书最后一章“教育价值的实现”中指出影响教育公平与活力实现的关键是教育制度设计，并围绕着“教育价值的实现”这一艰巨而有深远意义和无限价值的命题，直击当代教育存在的种种弊端，精辟地提出“受教育权”的制度性保障，将教育价值的实现视为一个系统工程，阐述了教育价值永恒实现的原则和途径。其中涉及的教育所有制结构的调整和教育体制的改革、课程制度的改进以及学习环境的构建等措施，都是作者在通过多年的社会观察、施政总结与反复思辨后，站在人类发展的高屋建瓴之上所研究出的教育科学的发展观和方法论，无论对政策制定还是教育实践都具有切实可行的指导意义。

一本书的价值所在，不在于其文字本身，而在带给读者怎样的感悟和改变。掩卷长思，胸中充溢的是作者对教育事业的满腔热忱、对教育价值流失的切肤之痛、对教育价值普世的执著情怀。如同作者在题记中所说：“我追求的不是众人所未见，而是众人所见但未思更未行。”作者在教育价值迷乱与教育思想纷杂的现状中，以其敏锐的目光和深刻的思想抽丝剥茧，寻根溯源，以纵观全球、博古思今的广阔胸怀建构了“价值主义教育”这一全新的教育思想体系，并在思索中不断践行。《教育的价值》一书紧密联系国内外教育的时态和本国国情，没有政治说教，没有虚空生涩的伪理论，深入浅出解析出教育的核心价值，引领读者走进教真育爱的行列，论述精辟、结构严谨、令人深省，处处闪烁着教育的智慧，是作者身体力行的教育改革的优秀成果，也是引领和指导教育改革发展的经典之作。

（作者为昆明理工大学管理与经济学院博士生。）

认识《教育的逻辑》的逻辑

诸锡斌

教育有逻辑吗？逻辑也即logic，对其内涵进行考证，逻辑主要的含义有三个方面：一指思维的规律，二指客观的规律，三指处理事情的方式。看来教育是有逻辑的，从逻辑的三个含义出发，教育的逻辑应该是从教育的客观规律出发，对教育进行理性的思考和研究，进而找出合乎规律的教育方式和行为活动。那么教育的逻辑起点是什么？在哪里？也即如何找到认识教育的切入点？有了教育的逻辑起点，又如何从这一出发点出发来认识教育和实践教育，进而形成教育的逻辑体系呢？对此，罗崇敏先生以其深厚的教育理论功底和丰富的教育实践经验及丰富的教育管理经验为依托，从实际出发，认真分析我国现今的教育状况，结合现代社会发展对教育改革的呼唤，针对我国教育中存在的利弊，以其睿智的辩证哲学思维，深刻地做出了自己的探索性理论论证，并由人民出版社出版了以《教育的逻辑》为题的研究成果。这一创新性研究，尽管有着为世俗的思维方式所冷淡的倾向，但毕竟新生事物总是从幼弱开始而最终成长壮大的。正如罗崇敏先生于书中坦言的：“我追求的是，以国际化思维、本土化行动、现代化的理念，深刻反思，理性批判，积极探索，勇于实践，不丢失肩负促进中国和世界的现代教育发展一个机会和一份责任。”也正是基于这样一份责任，罗崇敏先生走到了教育改革的前沿，成为一名为真理而奋勇前行的工人阶级斗士。

罗崇敏先生撰写的《教育的逻辑》全书，分别从观察教育的三个维度，世界现代教育的三个基点，塑造“有尊严的现代人”，促进国家、社会和个人的可持续发展，为现代教育发展提供根本保障，走向未来的教育六章对教育的价值和价值的教育以及教育制度的设计、构建和实施进行了全面的论证。体现了罗崇敏先生无所畏惧，敢于面对我国现行教育中存在的时弊，实事求是地进行分析和反思的无畏态度，并以一名党的高级干部和教育工作者和管理者的高度责任心，提出了自己的理论观点和实践总结，在我国改革开放发展到今天的时代条件下，实是难能可贵。

既然是探讨教育的逻辑，罗崇敏先生以其犀利的眼光和深刻的教育实践体验，十分准确地把握了教育的逻辑起点就在于教育的价值。正是教育价值的存在，从而才有了教育的目标，才有了为实现教育价值而进行改革的动力，才有了为实现教育价值而设计的各种制度，以及为实现教育价值而实施的教育方式和手段。显然，教育价值的存在决定了不同时代条件下的教育必然是价值教育。我国是社会主义国家，教育的目的就是要培养符合社会主义建设需要的德、智、体、美全面发展的合格人才，以最终实现人的全面发展。为了实现这一教育价值，在推行教育的过程中，就必须认真思考和探索确实有效的教育方式和方法，探索有利于保证这一价值实现的教育体制。而对这一具有价值教育特征的探索和实践，可以充分体现于由罗崇敏先生所倡导的“三生教育”的实践和探索中，“三生教育”为如何实现教育的价值做出了很好的表率，也为如何实施价值教育提供了很好的借鉴。事实说明，从幼儿到大学生，从普通公民到国家管理干部，从不同民族到不同国家，人们都必须面对一个共同的现实，那就是认识生命的真谛，掌握生存的能力，创造幸福的生活。事实还说明，自从“三生教育”开展以来，受到了社会各不同群体的普遍欢迎，产生了积极的影响，“三生教育”在得到人们拥护的同时，体制也在不断深化的实践中日趋完善。

可以相信，本着“教真育爱”的原则，本着对人民和党的教育事业高度负责的态度，从教育的逻辑出发，以人为本，敢于创新，实事求是地开展教育改革，那么不管已经遇到或即将什么样的困难，只要符合教育发展的客观规律，符合人民的根本利益，就一定会得到人民群众的拥护和支持，并最终通过价值教育而实现教育的价值。我想，这应该就是罗崇敏先生所撰写的《教育的逻辑》的逻辑结论吧。

（作者为云南农业大学教授。）

深入探索教育的价值
引领教育的改革与发展

——“教育三部曲”评述

朱锦余

何谓教育的价值？教育的价值有层次性吗？不同层次的教育的价值有何标志和目标？如何实现和提升教育的价值？等等，我坚信，这些与教育的价值相关的问题，不仅是每个教育工作者和被教育者，也是普通老百姓（普通老百姓曾经作为学生是被教育者，为人父母后就成为自己孩子的教育者）都在思考并有自己一些见解的问题。但我也同样坚信，对这些问题进行深入、全面的探索，形成系统的理论或观点的，则不多；将自己的探索形成系统的理论或观点，进而形成著作的，则更少。在这个别人中，罗崇敏先生就是其中一个。他对教育的价值之系列问题的探索而成的专著《教育的价值》于2012年1月由人民出版社出版。至此，他也完成了对“教育三部曲”（《教育的智慧》、《教育的逻辑》、《教育的价值》）进一步探索和整理。

正如罗先生自己所言，“我追求的不是众人未见，而是众人所见但未思更未行。”罗先生从对经济学中的重要概念“价值”分析入手，界定了教育的价值，并认为教育价值具体而言有内在价值和外在价值、人文价值和科学价值、继承价值和创新价值、社会价值和个人价值、专门价值和公共价值、长远理想价值和现实功力价值等；认为教育的基础价值是成长成人，教育的根本价值是教真育爱，教育的最高价值是使人幸福；认为生命、生存、生活分别是成长成人的前提、关键和目的，家庭、双亲，学校、班级，社区、社会作为成长成人的环境，在成长成人过程中发挥着重要的教育作用，对实现和提升教育的价值至关重要，教育的根本价值是自我完善，教育的最高价值是从“适应、传承”走向“引领、创造”，教育价值的实现与提升的关键是教育制度设计。这些问题，我相信，包括我自己在内的广大的教育工作者都有思考，但深入、系统探索的就不多。

关于“教育的价值”，罗先生认为“价值，即人作为‘主体’和他所要面对的‘客体’所构成的价值关系”（第6页）。进而认为“‘教育价值’是教育主体对教育活动及其结果是否满足自己需要的评价和自己的教育需要、理想的对象化”（第9页）。他在此对“教育的价值”的界定是很抽象的哲学层面的，不易于理解和把握。“教育的价值就在于提升人的价值。教育提升人的价值是通过形成人的价值、发挥人的价值和引导人的价值实现的，是通过形成、发展和提高人的素质实现的”（第14页），则相对易于理解。他还进一步细分，教育的价值至少包括两个层面：一是“有用性”概念，能是人成为一个成熟、有用的人；二是“正当”的概念，是使每一个人都能在考虑自己的行动时，都能自觉地做到对自己、对他人、对社会尽责，做一个“负责任”的人，使人走向完善。前者属于教育的基础价值，后者属于教育的根本价值。

教育如何使人走向完善呢？罗先生分析认为，自我完善的起点是悦纳自己、聚集潜能，适应环境、安身立命，懂得生活、主动发展；自我完善的关键是走向社会化、提升情商、学会善待他人；自我完善的标志是个人与社会之间学会选择、学会尽责，并提高尽责的能力。罗先生不仅进行了理论分析，还找到了一些行之有效的办法来教育我们如何完善自我。如就如何提升情商而言，他给出了在与人相处中提升情商的五大建议：人际相处忌撒谎；交往中不宜讲过多的恭维话；笑声能够增进友谊；用积极、肯定、支持、建设性的眼光看待周围的人们，善于发现并最美别人的优点，愉快地接受别人的批评与建议；沟通时学会倾听等。

这些论述不仅是理念和指导思想层面的，更是可操作层面的。

关于实现教育公平与活力的教育制度设计方面，罗先生提出了应当坚持以人为本、促进公平、促进竞争、促进发展、促进和谐的方向，即坚持"一本四促进"的方向，并从办学体制、管理体制和评价体制等方面探讨了教育制度设计与改革的关键环节，并分析了当前课程制度、课程体系等方面存在的主要弊端以及改进建议等。

著作中充满新意和智慧之处不能一一列举。但纵观全书，作者综合运用了经济学、教育学、哲学、社会学、历史学等学科的基础理论与方法，纵横古今中外，以宽广的视野分析了教育的价值，能够使不同层次的读者受益：教育管理工作者可以根据著作中提出的分析框架和具体内容以及提出的教育体制改革的方向思考我国整个国家、一个地区或者一个学校的教育中存在的问题，并提出改革措施；教育工作者可以据此反思自己的教育思想和行为，从实现和提升教育的价值的视角思考如何实施自己的教育教学改革；家长可据此反思教育观念和自己在教育孩子过程中存在的不足，为孩子成长成人创造良好的家庭环境。

罗崇敏先生说过，"写作是一个学习的过程，一个反思的过程，也是一个升华的过程。不管是很短的讲话，还是出版一本长篇著作，实际都是我工作的经历，思考的结果，探索的过程。"我相信，"教育三部曲"，特别是《教育的价值》是他自 2007 年 12 月起担任中共云南省委高校工委书记，云南省教育厅党组书记、厅长以来的"思考的结果，探索的过程"。阅读《教育的价值》，我们就更能够理解这几年来云南教育界的改革以及所取得的巨大成就。

（作者为云南财经大学教授、博士。）

探索教育本质　追求教育理想

张建国

百年大计，教育为本。教育是民族振兴、社会进步的基石，是提高国民素质、促进人的全面发展的根本途径，寄托着亿万家庭对美好生活的期盼。改革开放以来，伴随着经济社会的快速发展，我国的教育事业也以前所未有的速度向前迈进，教育投入大幅增长，办学条件显著改善，教育改革逐步深化，办学水平不断提高，教育公平迈出重大步伐，我国正加快从教育大国向教育强国、从人力资源大国向人力资源强国迈进。但与此同时，我们也面临着教育观念相对落后，素质教育推进困难，教育体制机制不完善，教育发展不平衡等问题的困扰。特别是教育观念落后的问题已成为影响我国教育质量从根本上得到提高的关键。因此，如何从理论的高端层面对教育的本质、对教育在人的全面发展中的重要作用等问题进行深入系统的研究，在当今中国教育快速发展中就显得尤为重要。云南省教育厅厅长罗崇敏同志的《教育的逻辑》、《教育的智慧》两书，凝结着本人多年来对教育问题的系统研究和深刻思考，有许多独到的见解，读后发人深省。

纵观两书，在以下几个方面有自己鲜明的特色：

第一，立足从创新的视角讨论问题。创新是人类特有的认识能力和实践能力，是人类主观能动性的高级表现形式，人类社会的每一个进步，都是人类自身理论创新和实践创新的结果。正如党的十六大报告所言："创新是一个民族进步的灵魂，是一个国家兴旺发达的不竭动力，也是一个政党永葆生机的源泉。"面对当前中国教育从传统教育向现代大教育的急剧转型，以及由此所带来的各种困惑和难题，唯一的破解之道就是在继承传统的基础上大胆突破传统，对教育的思想和观念、教育的体制和机制、教育的结构和体系、教育的方法和途径等一系列关系教育全局发展的重大问题进行创新的思考和分析，以便从根本上找到摆脱当前中国教育困境的途径和方法。尽管作者在《教育的逻辑》、《教育的智慧》两书中谦虚所言"我追求的不是众人未见，而是众人所见但未思更未行"，但作者在围绕教育的本质、主体、价值、制度、内容、目标、方法等重要内容来讨论相关的教育问题时，不仅有大家熟悉但却没有认真思考和认真践行的问题，也有一些过去讨论不多的问题，如提出教育的价值是人类的最高价值、教育的智慧是人类最大的智慧、教育的危机是人类最大的危机的命题，提出现代教育逻辑体系应该从以人的自由全面发展为目标、以公平教育为基础、以价值教育为灵魂、以能力教育为核心、以制度教育为保障五个方面来构建，等等，都不落窠臼，充分体现了作者的创新性思考，读后让人耳目一新，回味无穷，形成一定的思想冲击力。

第二，理论联系实际，讨论问题有理论深度和较强的针对性。尽管《教育的逻辑》、《教育的智慧》两书主要是从理论的宏观层面讨论教育问题，但其讨论的问题基本上又都是对当前中国教育的实践有着重大影响的问题。如《教育的逻辑》所涉及的六个问题，《教育的智慧》所涉及的二十二个问题，以及两书附录所收集的作者在不同场合所进行的一些演讲，实际都是关系中国教育发展的一些重大理论问题和现实问题。作者在讨论这些问题时既十分注重理论的严肃和严谨，做到重点突出，说理充分，分析透彻，逻辑清晰，论证严密，又对这些问题在中国教育的实践中面临的挑战不回避躲闪，敢于面对现实，针砭时弊，观点独特，把握准确，有着很强的针对性，表现了作者深厚的理论功底和对现实问题的深刻洞察。

第三，能够站在世界与中国、传统与现代有机统一的高度思考问题。《教育的逻辑》、《教育的智慧》在分析当前的教育问题时，能够大胆地借鉴人类在发展教育上所创造的优秀遗产，对西方国家在发展现代教育中形成的科学理论、成功经验和有益实践，对中国传统教育中的优秀元素能够海纳百川、充分吸收。这样，作者在阐述问题时既表现出开阔的视野和世界的眼光，又有着文化的传承和历史的厚重，这无疑加重了两书的理论分量。

第四，文风平实，资料丰富，数据翔实。《教育的逻辑》、《教育的智慧》两书在阐述中国教育改革和发展的问题时，并没有像有些理论著作那样仅注重理论的分析和概念的演绎，而是在阐述理论问题时语言平实、生动鲜活，娓娓道来，处处用事实说话、用翔实可靠的数据说话，读后有很强的说服力。

（作者为云南民族大学马列部主任、教授。）

探索教育的逻辑　追寻教育的智慧

李　兵

教育作为一项关乎人类终极命运和价值的事业，自然有其内在的发展逻辑；教育作为人类数千年来最重要的自我创造活动，无疑蕴涵着极为丰富的智慧。探索教育的逻辑，追寻教育的智慧，既是人类深化自我认识和理解的重要途径，也是人类面向未来，实现自我突破和自我超越的必由之路。逻辑者，思维之规律，事物之法则，行为之根据也。教育的逻辑，存在于教育实践及其对这种实践的理解之中。从这个意义上讲，它并没有什么神秘和深不可测的地方，只要悉心研究、深入反思、认真总结，总是可以揭示出该活动所具有的一些带本质性、必然性、普遍性的属性。诚如马克思所说："凡是把理论引向神秘主义的神秘东西，都能在人的实践中以及对这个实践的理解中得到合理的解决。"（《马克思恩格斯选集》第1卷，人民出版社1995年版，第56页）然而，由于教育活动的历史几乎跟人类的历史一样久远，教育活动之于人类生存与发展的极端重要性和密切相关性，教育活动与人类其他活动错综复杂的互动关系，以及教育活动本身的时代性和复杂性等等，又使许多人包括被称为教育家的人，不敢轻易去触碰教育的一般"逻辑"，多是基于一定的时代背景和实践水平就教育活动的某些方面或环节，发表一点自己的看法和观点。因此，直到今天，除了凝结在"教育学"教科书中的那些教育“逻辑”外，还较少见到关于一般教育逻辑的探讨。智慧者，知识之融通、应变之能力、创造之源泉也。教育的智慧，既包含了教育中所传授的智慧，也包含了开展教育活动的智慧。“教育是使人成为‘人’、成为‘幸福的人’”的事业。如此这般的事业无疑要求教育活动的参与者，包括教育者、被教育者和教育管理者等必须具有很高的智慧。教育的智慧源于对教育实践的总结和教育思想的反思，没有对教育实践的整体把握和教育思想的深度辨析，并在此基础上达成对教育的本质性理解和规律性认识，是不敢奢谈教育的智慧的。也许正是由于这样的原因，许多人在谈及教育的智慧，甚至在触及“智慧”这个概念本身的时候，总是心存敬畏、敬而远之，于是，错失了与“智慧”结伴而行的机会，不仅自己与“智慧”终究无缘，而且也丢失了与他人一同分享自己人生感悟和实践心得的乐趣。

拜读罗崇敏先生的三部大作，深为罗先生勇于探索、敢于创新的学术胆识和精神所感染，也为他宽广的视野和活跃的思维所打动。诚如罗先生在书的扉页中所说的那样：“我追求的不是众人未见，而是众人所见但未思更未行。”现实中，的确不乏各方面的高手“达人”，也不缺各种实践家和理论家。但令人遗憾的是，我们的实践家太专注于实践本身，成天忙于应付各种急迫琐屑的事务，把所做事情的合理性当成了理所当然、不证自明的东西，几乎完全丧失了对事情背后的根据、逻辑、前提的反思能力和批判精神，陶醉和满足于事情本身不断制造出来的事情，以至于无视事情内在的悖论和事与愿违的效果。我们的理论家太执著于理论本身的严密和逻辑的自洽，追求话语的稳妥和观点的“正确”，导致产生了太多的重复话语和文字垃圾。要么是用一些生硬的译文和似是而非的表述，拾别人之牙慧；要么是用一些故弄玄虚、不知所云的“学术语言”表达了一些人人都明白，甚至近乎常识的道理，得意和自足于字数的增长和部头的攀升，以至于现实的一切完全逸出了其“理论思维”的视野。惟其如此，那些敢于直面现实，富于批判精神、勇于开拓创新的思想和行为，无论其存在多少这样那样的缺憾和不足，总是更能引起人们的关注，触动人们的神经，也更能够对人们习以为常的观念和不断重复的行为构成挑战和冲击。大科学家爱因斯坦认为，对于科学研究来说，提出问题比解决问题更重要，想象比知识更重要。如是观之，只要能够将人们的注意力引向了值得认真思考、深刻反省的领域，只要对问题的揭露、批评和建议，是出于内心的真诚和理性的省思，都有其不可忽视的思想价值和启迪意义。

逻辑是人的思维对事物本质的概念把握和观念再现。当代科学哲学家波普尔认为，“人们尽可以把科学的历史看作发现理论、摒弃错了的理论并以更好的理论取而代之的历史”，并进一步认为“任何科学理论都是试探性的，暂时的，猜测的，都是试探性假说，而且永远都是这样的试探性假说”（波普尔：《科学知识进化论》，中文版序）。在此基础上，他提出了“P1→TT→EE→P2……”的著名“公式”。因此，即便是被称为什么什么“逻辑”的理论，我们也不要苛求它一步到位或者一览无遗地穷尽某一事物的本质和规律，理性地说，它不过是某一思维的头脑对该事物的存在特性和演进趋势的一种理解和诠释。人们对相对稳定的自然现象的认识尚且只能是“猜测”，对比自然现象要复杂得多得多的社会现象的认识，就更只能是“意见”了。因此，一种理论的价值不在于它在何种意义上反映了事物的“本来面目”，因为这个所谓的“本来面目”离开了理论的中介是无法向我们直接显现的，而在于它在何种程度上深化了我们对事物的认识，敞开了事物更多的向度和层面，展现了事物发展更多的可能性。“以人的自由全面发展为目标，以公平教育为基础，以价值教育为灵魂，以能力教育为核心，以教育制度为保证”，不失为理解和把握当代教育，尤其是当代中国教育的一个系统全面的逻辑框架，它不仅为人们从理论上审视中国教育提示了几个重要的维度，引导人们从教育理念、教育内容、教育制度等方面去思考中国教育存在的问题、改革的思路和发展的方向，而且为人们从实践上推进中国教育改革提供了有益的见解和深刻的启迪。

智慧是对知识的贯通和升华。人们把知识和智慧区别开来，本身说明人们并不满足于获得关于各种对象性事物的具体知识，还希望通过对知识的反思和超越，以达到对某种“统一性原理”的把握，使全部的知识在这一“原理”中获得自我理解和相互理解，实现黑格尔所言的“全体的自由性”与“环节的必然性”的统一。恩格斯对人类思维的特性作了这样的阐释："人的思维是至上的，同样又是不至上的，它的认识能力是无限的，同样又是有限的。按它的本性、使命、可能和历史的终极目的来说，是至上的和无限的；按它的个别实现情况和每次的现实来说，又是不至上的和有限的。"（《马克思恩格斯选集》第3卷，人民出版社1995年版，第427页）从这意义上讲，人类对智慧的追求，永远是处"在通往语言的途中"（海德格尔语）。因此，任何特定历史阶段上的人类智慧，都只能是在对以往的实践和思想进行辩证否定基础上所形成的"合题"，而且，即便如此，也是一件极其不容易的事情。亚里士多德将智慧区分为"理论智慧"和"实践智慧"，前者是针对普遍性的智慧，它以某种绝对、必然和无限为指向性，人只能以沉思的方式去实现对这种智慧的追求，它不具有实践性。后者是针对个别性的智慧，它体现为人在面对不同环境和对象时的应变谋略和掌控能力。《教育的智慧》，无疑属于后一种智慧，有如人们在伦理活动和政治活动中所表现出的智慧一样，它建立在人们对某些原则和规范的理解和认识的基础上，取决于人们对某种具体情势和对象的把握和判断，不可能像数学公式一样可以直接套用。因此，无论是关于教育主体的分析，还是教育价值的认定，抑或教育制度的设计，还是关于其他教育问题的思考，都应当理解为是对现行教育思想和实践的批判性反思和理想性诉求，它最重要的价值在于为人们搭建了一个关于当代中国教育问题对话和交锋的话语平台，不管你认同还是不认同这些观点，你都必须以同样理性的方式对之作出回应。

由于本人才疏学浅，平时关注的又仅只是自己狭窄的专业领域，虽身在教育系统，但对宏观教育问题缺乏研究和思考，加之学习罗先生大作的时间非常有限，一时半会儿还很难全面理解书中的深意和精神，除了感到颇受启发和教益外，实在没有能力妄加评论，只能从外在的方面，结合自己的专业背景发点肤浅的议论和拙见。不当之处，在所难免，还望海涵！

（作者为云南大学人文学院教授。）

探寻教育改革发展的智慧和逻辑

耿　嘉

教育从来都是社会关注度最大的事业，也是从来都被寄予太多的希望乃至幻想的事业。北宋皇帝赵恒所写诗句“富家不用买良田，书中自有千钟粟；安居不用架高堂，书中自有黄金屋；出门莫恨无人随，书中车马多如簇；娶妻莫恨无良媒，书中自有颜如玉；男儿若遂平生志，六经勤向窗前读”，北宋学者汪洙编纂启蒙儿童的《神童诗》“天子重英豪，文章教尔曹；万般皆下品，惟有读书高……朝为田舍郎，暮登天子堂”，所反映的并不仅仅是古人对读书教育终极目标的认定，直到当世，这种寄托于教育之上的功利性目标，也只是换成了诸如“知识改变命运”之类不那么直接的表述，其实隐含其中各种以利为统领的期望，不仅没有丝毫减少，反而比以往更多更重。所以，尽管多年来我们倾注了很多力量来发展教育，而且教育也确实得到了很多发展，城乡普及了免费九年义务教育，高等教育实现了从精英教育向大众化教育的转变，但是社会对教育的满意程度却呈现逆向下滑的趋势，各界对教育的批评越来越多。因而在当今之世，应该办什么样的教育、如何办好教育，就成为众所关心、涉及每个人和每个家庭的社会话题。罗崇敏先生的两部新著《教育的智慧》和《教育的逻辑》，正是对这一话题的深入思考和研究探讨。

在当今这样一个经济体制深刻变革，社会结构深刻变动，利益格局深刻调整，思想观念深刻变化的时代，要对“办什么样的教育、如何办好教育”这样一个众所关心关注的问题作出回答，注定是困难重重的，甚至有人认为根本没有任何人能够回答这样的问题。然而，“办好人民满意的教育”已经写进党的十七大报告，写进国家“十二五”规划纲要，亿万家庭都把美好生活的期盼寄托于教育的发展上，那么，这样的问题，就成为无法回避，也不能回避的问题。或许，这正是身为云南省高校工委书记、省教育厅党组书记、省教育厅厅长的罗崇敏在“十二五”开局之年，同时推出《教育的智慧》和《教育的逻辑》的初衷吧。

“教育是发展人的生命、生存和生活，免进人类文明进步的社会活动”，“人类的最高价值是教育价值”，“人类的最大智慧是教育智慧。教育培养和发展了人的生命智慧、生存智慧和生活智慧”。罗崇敏在《教育的智慧》卷首写下这些纲领性的话语，首先就对“教育是什么，什么是好的教育”的问题，作出了自己宏观的回答。当然，作者撰写和两部专著，并不是要对教育事业作赞美，而是清醒地看到“人类最大的危机是教育危机。教育危机使人的主体性异化，使教育价值流失，使教育创造力丧失”。新中国成立以来，特别是改革开放30多年来，我国的教育事业取得了巨大成就，举办了世界上最大规模的教育，然而，不仅“上学难”、“难上学”问题在全国城乡均有反映，56.5%的人认为存在教育不公，而且用人单位和社会对近些年各类学历人员的素质均有今不如昔之论……种种现象其实都在预示着从未有过的教育危机正在形成，或者说已经形成。危机当前，当然得以智慧的良策来应对。基于对教育地位使命的重新认定和教育危机的警惕，罗崇敏在《教育的智慧》中，以“论教育主体”、“论教育价值和价值教育”、“论教育公平”、“论教育体系”、“论教育课程”、“论学校现代管理”等二十二论，立足现实，瞄准问题，回望历史，借鉴国外，通过宏观与微观结合、理论与实践结合的归纳分析、研究探寻，对推进教育改革与发展的思想、思路、措施，进行深入的剖析疏理。如在“论教育制度与制度教育”中，既直指问题：中国教育制度存在缺位和越位问题，在现行教育制度下，教育管理宏观不顺、中观不灵、微观不活的问题同时存在；国家对党校包得太多、管得太死，教育部是总公司、母公司，下属各级教育部门和各类学校是分公司、子公司；又研究提出从根本上解决教育中存在的教育价值流失，教育创造力丧失，教育工具化、功利化、庸俗化、官场化问题的具体措施——通过改革创新教育体制机制，并从实践的角度分析了政府对宏观教育管理制度的设计和安排、建立社会广泛参与的办学体制、建设富有生机活力的学校内部管理机制、开放兼容的国际化办学体制、多元一体的教育评价机制等。而且在二十二论中，有十论具体地讨论情智教育、能力教育、信息教育、幼儿教育、职业教育、大学教育、终身教育、女性教育、公民教育、普世教育，充分显示了《教育的智慧》这部著作立足地探寻解决教育改革发展现实问题的智慧的特性。

教育是一项面向现代化、面向世界、面向未来的事业，因而“办好人民满意的教育”，不可能仅仅通过对存在问题修修补补的改良来实现，而必须通过改革发展来努力。《教育的逻辑》正是本着以“风物长宜放眼量”的精神，研究植根于知识经济时代，发展人的生命、生存和生活，引领人类社会文明进步的现代教育。作者首先从古今中外教育发展的脉络及其各种纷繁复杂的教育观察评价视角中，找到了价值、能力、制度三个关键，以历史的、现实的、未来的、本土的、国际的眼光思绪，对教育的改革发展的走向趋势、思想观念、方法步骤进行积极深入的梳理探寻，建构起以人的自由全面发展为目标，以公平教育为基础，以价值教育为灵魂，以能力教育的核心，以教育制度为保障的现代教育逻辑体系，为当今教育事业的改革发展提供一份找准方位的“世界地图”和指向未来的“指南针”。

《教育的智慧》和《教育的逻辑》是一方教育主政者以“不丢失肩负促进中国和世界的现代教育发展的一个机会和一份责任”的自警自觉，以纵横多学科多领域的学养，对教育历史、现实、未来进行深切的研究探寻，形成了许多富有启示性、实践性的思想观念、思路举措和规划构想，有志地促进教育改革发展的领导者、从事教育工作的实践者、正在学校接受教育者以及寄希望于教育为人父母者，均能在这两部著作中，得到不少启示，在共同的交流与交锋中，形成推进教育改革发展的共识，以赢得教育来赢取未来。

（作者为云南日报高级编辑、理论评论部副主任。）

现代教育基点的构建与前瞻性研究

明庆忠

植根知识经济时代，发展人的生命、生存和生活，引领人类社会文明进步的现代教育，力图构建：以人的自由全面发展的目标、以公平教育为基础、以价值教育为灵魂、以能力教育为核心、以教育制度为保障的现代教育逻辑体系，是罗崇敏先生近年来在“不丧失肩负促进中国和世界的现代教育发展所予机会和一份责任”进行深刻批判、积极探索、勇于实践的重要追求。

一

“教育三部曲”首先建立起观察、思考、研究教育的三个维度：价值—能力—制度，深刻认识了教育价值和价值教育的地位与作用，论证价值取向是教育变革的动力源泉，旁征博引地分析了中国百年教育的“阵痛”，痛定思痛，提示我们充分认识教育“教化”人的本质和功能，努力提升作为促进国家、社会和个人可持续发展的现代教育；价值取向有了，欲将其引领实现其价值，发挥其功效，将其落实到实处，即所谓“必利其器”，提升和优化人力的能力，使之具备强的学习能力、适应能力、实践能力、合作能力、发展能力、创造能力和社会责任能力，从而达到可持续发展要求的“人的全面发展”，这也就构成了现代教育的“核心”理念并指导其行动；有了正确的价值取向，要实现能力优化，需要进行资源整合和制度优化，为现代教育提供切实的制度性实施保障。以此构建起进行现代教育研究的“三维基点”。

教育的基本功能是引领人类思维方式、生产方式、生活方式和社会管理方式的转变和发展，教育是以人为主体的、真理性的、富有大爱之心的社会实践活动，被罗崇敏先生称之为“引领性事业”，引领实现人的自由全面发展。针对现代社会中存在的教育危机和价值取向的重识，为塑造“有尊严的现代人”，鲜明地提出了教育即生命、教育即生存、教育即生活的现代教育价值基本内涵及其主要内容，不仅率先倡导并力推“三生教育”，并得到国内外众多的认同和赞誉，而且构筑了实践现代教育的三个基点。通过教育，认识生命意义，提升生命质量，实现生命价值；通过教育，理解生存环境，掌握生存技能，强化生存意志；通过教育，生活智慧，理解生活意义，追求幸福生活，真正地体现了“以人为本，以教为本”的根本理念，让现代人掌握知识经济时代，区域一体化和全球化背景下安身立命的本领，使之能形成个人成才与社会需要的相互统一，形成“我为人人、人人为我”的氛围，促进现代教育以个人的“三生”本领肇始个人为社会、社会为其成长提供条件与环境和个体与社会共同发展的良性发展及全面提升人的素质、全社会和谐发展的能力。实现教育促使人类进化，教育使人类发展，教育使人类智慧，教育使人类崇高的本质要求。

以“三生教育”为现代教育的基点，以能力教育为核心，将促进现代教育质量的提升，实现人力资源的开发转换。“我的未来不是梦”，学习是人的生存本领，学习生命教育，学习生存教育，学习生活教育，教育创造人的生命价值、生存价值、生活价值，帮助人的个体能力提升和素质的发展，也促进人类社会的可持续发展，“天地与我并生，而万物与我为一”。树立起正确的世界观、人生观和价值观。教育开启未来，教育引领未来，“生命、生存、生活”融合和谐，共构美好的未来。实现教育的终极价值：使自然人成为社会人，成为有价值的人，成为幸福的人；充分发挥教育创造财富和人类文明主体的作用。

教育的对象是人，是人的精神世界；教育是现代的，更是未来的；教育让人能够更好的生存和生活，更是让人类社会发展的原动力，诚如《教育的逻辑》一书在结语中所说：教育既应提供一个复杂的、不断变动的“世界的地图”，又应为我们提供在这个世界上航行的“指南针”。教育这个“指南针”将以其超越现实生命、现实生存和现实生活的价值引领我们这个复杂而多变的人类世界家园去认识和尊重生命，更生态地生存在这个星球上，走向更幸福的生活。立足于现代现实，着眼于将来未来，以人为基，以人为本，创造更为美满和谐的世界。

二

乍看罗崇敏先生的《教育的智慧》一书，以为是一本普通的向人们介绍学校或家庭教育的方法和技巧的科普书籍，打开书扉页之后，罗崇敏先生的教育理念即映入眼帘：教育是发展人的生命、生存和生活，促进人类文明进步的社会活动过程。教育使我们不断认识人类世界和有别于人类的另一个世界，教育创造可人类世界，也创造了有别于人类的另一个世界。他所倡导的“三生教育”理念跃然纸上，从教育主体研究入手，纵论教育价值与价值教育、教育制度与制度教育、教育公平、教育过程、教育结构、教育体系、教育合力、教育环境、学校现代管理、教育评价，综论教育课程、情智教育、能力教育、信息教育、幼儿教育、职业教育、大学教育、终身教育、女性教育、公民教育、普世教育等，不仅充分展示了罗先生对现代教育的认识，更重要的是深入浅出地说明了人类最大的智慧是教育智慧。

教育不仅提高了人口的素质、人力资源的智力水平，更重要的是继承了人类文明、弘扬了人类文明、发展了人类文明，使之成为了发展物质文明的源泉和动力，也是人类精神文明发展的催动剂，更是建设社会主义生态文明的主要支撑和智力根基。教育培养和发展了人的生命智慧、生存智慧和生活智慧。人类的政治智慧、经济智慧、文化智慧、爱情智慧都肇始于教育的智慧。教育的智慧是人类建设物质文明、精神文明、生态文明的根本力量。

《教育的智慧》从宏观教育、中观教育、微观教育等三个层次展开论述，全面系统地论述了教育主体，教育价值与价值教育、教育制度与制度教育、教育公平、教育过程、教育结构、教育体系、教育合力、教育课程、教育环境、学校现代管理、教育评价、情智教育、能力教育、信息教育、幼儿教育、职业教育、大学教育、终身教育、女性教育、公民教育、普世教育等，几乎囊括了教育的方方面面，涉及学校教育至终身教育，幼儿教育和青少年教育到全民教育……是一部系统全面的教育学研究的专著。《教育的智慧》以国际化教育、现代化目标为主要视角，结合本土化实践的经验，展开了充分论述，并认为现代教育植根于知识经济和知识社会，以人为根本、以教育价值为灵魂、以能力教育为核心、以制度教育为保障、以教育公平为基础，引领人类社会文明进步的教育。现代教育是以现代生产和现代生活为基础，以现代科学技术和现代文化为内容，以人的全面发展为目的的教育。视野开阔，纵横自如，对我们搞好现代教育颇具启迪性。

在坚持产业富国、制度兴国、素质强国的战略思想基础上，倡导选择促进思维方式、生产方式、生活方式、社会管理方式转变和发展教育基本途径的国家发展战略观，强调教育为国计、教育是民生、教育培养人才、人才兴国强国的现代理念；认为：教育不仅是现代，更是未来，教育价值高于一切价值，教育智慧大于一切智慧，人类社会的经济价值、政治价值、文化价值都是人类创造的价值，教育创造的是人的价值。国家的繁荣和强盛根源于教育和教育造就的人才。突显了“教育为本，科教兴国”的国家发展战略观，从更高层次说明了教育的智慧和教育的价值。

无论是现代教育的本质、主体、价值、制度、体系、内容、目标、方法，还是教育的环境、教育课程、教育管理、教育评价，抑或是情智教育、能力教育、信息教育，还是幼儿教育、中小学教育、大学教育、职业教育、女性教育、公民教育、普世教育……总体上强调教育价值与价值教育的有机统一、将个人价值与社会价值有机统一、将现实价值与理想价值有机统一，“三个有机统一”可以说是在努力探索和建立现代教育价值体系，多方位、多类型、多层次、多维度的“四多”全面论述，重点强调教育功效的发挥、教育能力的提升、强化教育“教化”人的本质功能，使人们更加能认识教育的价值及其智慧，以及教育促进现代社会文明的进一步发展，促进现代政治文明的进一步发展，促进现代物质文明的进一步发展，促进现代生态文明的进一步发展，以传承人类既有的文明，进一步创造以教育的智慧为基础的人类共有的文明。

（作者为云南师范大学教授。）

读罗崇敏先生《教育的逻辑》、《教育的智慧》随感

杨丽华

拜读罗崇敏先生新近出版的《教育的智慧》和《教育的逻辑》的两部大作，被罗先生锐意进取、勇于创新、大胆实践的精神所深深打动。这两本专著不仅是罗崇敏先生对教育深刻观察和用心感悟的优秀成果，更是引领和启迪广大教育工作者对教育本质、教育价值、教育的基本功能深刻认识和理解的优秀范本。

专著集中反映出罗先生所具有的深厚的教育理论功底和深邃的教育思想和理念，倾注着罗先生对教育事业执著的追求和赤诚的爱，体现出罗先生对教育所特有责任感和使命感，也是罗先生多年的教育实践、研究探索、辛勤耕耘的结晶。诚如罗先生在书的扉页中所说的那样：“我所追求的是，以国际化思维、本土化行动、现代化目标的理念，深刻反思，理性批判，积极探索，勇于实践，不丢失肩负促进中国和世界的现代教育发展的一个机会和一份责任。”

《教育的智慧》一书贯彻“教育是发展人的生命、生存和生活，促进人类文明进步的社会活动过程”的命题，并围绕这一命题从宏观教育、中观教育、微观教育三个维度，以国际化的视野、本土化的教育根基，深刻揭示了现代教育的本质、主体、价值、制度、内容、目标和方法。论点独到、论据充分、论证严密、文字酣畅，逻辑思维严密，是广

大教育工作者不可多得的优秀读物。专著以博取古今中外大教育家的思想精华，从多维度、多文化的视角，对不同教育类型做了深刻精辟的论述，感人至深。

或许是受本人职业生涯的影响，书中“论幼儿教育”对我的感触颇深。罗先生高度重视幼儿教育的理论研究与实践，并教诲我们：人生百年立于幼学。一个人的情商和智商以及一个民族的素质高低主要取决于幼儿时期的影响和教育。一个人的人格缺陷和一个民族的文化缺失都能在幼儿教育中找到根源。因此，幼儿教育机构要践行道法自然的幼儿教育观，使每一个富有个性的幼儿得到快乐学习、健康成长的机会，使每一个孩子在自然情景和真实情景中得到思维、智力、情感、行为的教育。

罗先生崇尚道法自然的幼儿教育观，科学设计幼儿教育课程模式的理论，幼儿家庭教育观，幼儿“三生教育”（生命教育、生存教育、生活教育）的理念，渗透着罗先生教育思想的创新性，对幼儿教育具有重要的指导意义。

《教育的逻辑》一书，罗先生力图建构的是，以人的自由全面发展为目标，以公平教育为基础，以价值教育为灵魂，以能力教育为核心，以教育制度为保障的现代教育逻辑体系。作者所追求的是，以国际化思维、本土化行动、现代化目标的理念，深刻反思，理性批判，积极探索，勇于实践，不丢失肩负促进中国和世界的现代教育发展的一个机会和一份责任。

从两本专著内容看，内容充实，教育理论丰厚，实践经验丰富，是为广大教育工作者献上的一份厚礼。我们对罗先生为撰写此书所付出的一切辛劳表示崇高的敬意和深深的谢意！

由于本人学疏才浅，其专业领域知识面的狭窄，对深层次的教育理论缺乏系统的思考和研究，加之深入学习理会罗先生大作的时间有限，对其专著的深邃和精神实质的领悟是不够的。本人深感：拜读罗先生的大作是我们教育工作者的荣幸，受益匪浅。真要对罗先生的大作加以评论，确显资历浅薄。因此，衷心感谢省教育厅对我的关心、信任和支持，借此机会发表点滴肤浅拙见，不妥之处，不吝赐教！

（作者为昆明学院教授。）

中国教育"从原点再出发"的新探索

——"教育三部曲"评述

周本贞

当下，大多数教育研究学者普遍认为，我国目前的教育存在着一种非常矛盾的现象：一方面教育事业迅猛发展，全面普及了城乡免费义务教育，高等教育已经实现了从精英化到大众化的转变，教育教学的整体质量和水平持续提升；另一方面社会各界对教育的满意程度越来越低，批评越来越多，中小学教育唯分数论、高等教育唯就业论的死结越缠越紧。

回顾1911年以来我国现代教育发展的历程，我们认为，要化解我国教育发展的矛盾，要解开我国教育发展的死结，"从原点出发"研究并呼唤教育的重新启蒙和更大解放或许是比较理智的选择之一。罗崇敏同志新近出版的著作《教育的智慧》与《教育的逻辑》，就可看作"从原点出发"深入研究和思考我国教育现代化发展问题的不可多得的重要成果。

《教育的智慧》从始至终都贯彻和体现着"教育是发展生命、生存和生活，促进人类文明进步的社会活动过程"的主题。作者以这一主旨作为统率全书的灵魂，从宏观教育、中观教育、微观教育三个维度，以国际化思维、本土化实践和现代化目标的理念，深刻地研究和揭示了现代教育的本质、主体、价值、制度、内容、目标、方法。

在行文过程中，作者以一个研究者的冷静和睿智，牢固坚守着传承性与创新性、本土化与国际化、个性化与社会化、理想教育与现实教育相融合的研究理念，纵横捭阖，探幽烛微，用独立的学术品格、科学的研究方法、独到新颖的论点、丰富充分的论据、严密审慎的论证，构建了“教育智慧”研究的某种体系。全书笔法独特，文字洗练，饱含着一个教育主管领导或者说一个专家、学者对促进我国教育事业科学发展的深厚情怀！

细细品读《教育的智慧》的每一个章节，你或许都会发现，该书“从原点出发”研究和呼吁教育改革发展的拳拳之心随处可见。比如，作者的这些论述就能给读者带来触动心灵的震撼：“教育是发展人的生命、生存和生活，促进人类文明进步的社会活动过程。教育使我们不断认识人类世界和有别于人类的另一个世界，教育创造了人类世界，也创造了有别于人类的另一个世界。”“人类的最高价值是教育价值。教育创造了人的价值，人创造了一切政治价值、生存价值和文化价值，所以，教育价值高于一切价值。”“人类的最大智慧是教育智慧。教育培养和发展了人的生命智慧、生存智慧和生活智慧。人类的政治智慧、经济智慧、文化智慧、爱情智慧都肇始于教育智慧。”“人类最大的危机是教育危机。教育危机使人的主体性异化，使教育价值流失，使教育创造力丧失。经济危机、政治危机、文化危机、生态危机都可以在教育中找到根源，预防和消除人类任何危机的思想和办法都可以在塑造教育价值和发挥教育功能中得到。”“教育的基本功能是：引领人类思维方式、生产方式、生活方式和社会管理方式的转变和发展。教育使人们既能驾驶个人和家庭轻盈奔驰的游艇，也能驾驶国家和人类稳健远航的客轮。”这些论述，也是本书最吸引人最不容忽视的创新成果，值得读者反复领悟和揣摩。

说罢《教育的智慧》，我们再来谈一谈罗崇敏同志的另一本新著《教育的逻辑》。

从总体上看，《教育的逻辑》立足于现实和本土，着眼于未来与世界，“从原点出发”，努力构建以人为根本、以教育公平为基础、以价值教育为灵魂、以能力教育为核心、以教育制度为保障的现代教育理论体系。深刻揭示了生命教育、生存教育、生活教育的教育价值与价值教育有机构成的现代教育价值建设内涵，充分表达了现代教育的引领性和实践性特征。

从细节上审视，《教育的逻辑》论据选择十分用心，语言充满人文情感与理论魅力，文字凝练精粹，几乎很难发现时下习以为常的文字性差错（对“无错不成书”的说法是一种有力的矫正）；开本设计美观大方，编辑排版朴素高雅，充分体现了作者严谨务实、精益求精的学术研究与探索精神。

作者认为，在《教育的逻辑》一书中，他致力于研究的是植根于知识经济时代的发展人的生命、生存和生活，引领人类社会文明进步的现代教育。他力图构建的是以人的自由全面发展为目标、以公平教育为基础、以价值教育为灵魂、以能力教育为核心、以教育制度为保障的现代教育逻辑体系。他所追求的是以国际化思维、本土化行动、现代化目标为理念，深刻反思、理性批判现代教育发展问题，并积极探索如何促进中国和世界的现代教育发展的机会和责任。

我们认为，教育是国计，也是民生。教育最重要的任务是，立足现实，超越人类自我设置的种种思想牢笼，引领人们塑造美好的人性，培养美好的人格，创造美好的人生。从这个意义上讲，《教育的逻辑》非常成功地站在“原点”的立场上，以科学发展的视野，对如何进一步推进教育的现代化发展，做出了难能可贵的思考和探索。也就是说，作者的写作意图和学术追求在《教育的逻辑》一书中都得到了几乎无可挑剔的体现。

当然，用“著书立说”的标准看，也许《教育的智慧》与《教育的逻辑》这两部新书的体系还不够完备，思想还不够“博大精深”，但不管怎样，它们都是“从原点出发”研究和探索我国教育发展问题取得的重要收获。我们希望这样的思考和探索多一些，再多一些！

（作者为曲靖师范学院院长、教授，云南师范大学硕士研究生导师。此文是作者2012年2月25日在“教育三部曲”出版发行暨研讨会上的发言。）

与时俱进的教育价值探索

——“教育三部曲”评述

匡　锦

《教育的价值》是罗崇敏先生“教育三部曲”的第三部，讨论的是三部曲的核心内容——教育的价值。本书围绕教育的价值这一主题，从教育价值的追问、教育的基础价值、教育的根本价值、教育的最高价值、教育价值的实现等方面，来讨论当今社会中教育具有的真正价值。本书认为教育的价值是“发展人的生命、生存、生活，引领人类文明进步的社会活动进程。教育的基础价值是成长成人，教育的根本价值是教真育爱，教育的最高价值是使人幸福”。本书不仅从哲学的高度阐释教育的价值，而且将教育的价值从神坛拉回人间，从现实生活中分析当今社会中应有的教育价值观，分析影响教育价值实现的因素和条件、探索教育价值实现的具体路径。

本书对教育价值的研究，始于对当今教育现象的关注和分析。大学生就业难，导致贫困地区的人们在对孩子的教育上进退两难，甚至觉得知识无用。为了孩子不输在起跑线上，家长们让孩子们很小的时候就参加各种各样的培训班。这些现象中反映出来的对教育的价值的理解就是教育要有实用性，教育要传授有用的知识，教育要给他们带来有用的东西。这就要求在教育中强调科学教育、知识教育。作者认为，“对科学教育、知识教育的重视从某种角度来说是对传统的教育价值精神和观念的矫正，但教育需要理性精神，更需要人文价值。”

对科学教育、知识教育的重视有它产生的历史原因。早在近代，有识之士就开始普及教育运动。陶行知创办“山海工学团”；晏阳初的乡村教育实验提出“‘四大教育’、‘三大方式’以治中国民众的贫、愚、弱、私”；还有梁漱溟的乡村教育建设等等。他们都是在当时中国急切需要普及民众教育的情况下提出的教育方式，其教育的价值就在于让中国从贫弱中走出来。世界各国为让自己的强大，强调科学知识的教育，于是有了“科学的教育化”的教育思潮，旨在让科学知识成为学校教育的重要内容，加大科学在学校教育内容中的分量。

以上这些教育思潮都强调科学教育、知识教育，目的是解决个人、国家的生存问题。这是教育的基础性要求，这样的教育价值是教育的基础价值，解决的是生存层面的问题。

如今，教育的普及已经基本实现，科学知识已经是学校教育中的重要内容。这样的教育推动了经济的飞速发展，科学技术的不断进步。但是教育中却还是存在上述的种种问题。这不是说重视知识教育、科学教育不对，现当代社会也和之前的社会一样，没有知识，没有科学照样不行。

重视知识教育、科学教育强调教育的实用性。教育当然应该有这样的作用，但是，如果过于强调，就会忽视一些短期内看来无用，实际对于人的后续发展很有用的人文性知识。以上问题就是过分强调教育的实用性的体现。

当今社会中生活着的人们的生存问题已经基本解决，他们有更多的需求。所以，他们希望通过教育获取更多的知识，以直接满足当前的需求，这正好适得其反。人们为了获取更多的物质财富，变成了物质的奴隶；家长为让孩子“人无我有，人有我强”，让孩子背上极其沉重的书包。作者在深度审视教育的现状的前提下，超越教育的阶段性、功利性，关照教育之于人的生命全程的意义，以冷静、客观的态度提出根据现实意义和生命关怀的教育价值观。

人首先是为了生存，但当今时代的人不仅仅是为了生存，更主要的是为了生活，幸福地生活。“唯有在生命、生存的基础上，赋予人的生命以意义，即成为‘积极主动地展现与充盈的过程’，才称得上生活。”教育的价值就是让人们在教育中获得幸福地生活的知识，使生命赋予意义。《教育的价值》阐释的这种教育价值观是从生活层面解决人们对教育的价值要求，而之前的价值观解决的是生存层面的价值要求，这种生存层面的价值要求已经包含在《教育的价值》一书阐释的教育为了人的幸福生活这一价值观中。

这种教育价值观念的转变，是历史发展的产物，是社会进步的结果。他还为我们正确处理一些教育问题提供了依据。

要使人们幸福地生活，需要的不仅仅是能给人们直接带来物质利益的知识，还需要人文精神。人文精神能让人们以更宽容的态度对待社会生活中的事物，使人具有更广阔的胸襟。现在的课程理念就是要不断提高学生的素养，这里涵盖的不仅仅是学生应该具有的科学知识，它还强调人的修养。

教育使人幸福，自然是不压抑人的天性。卢梭的自然教育就“要求教育遵循自然天性，也就是要求儿童在自身的驾驭和成长中取得主动地位，无需成人灌输、压制、强迫，教师只须创造学习环境、防范不良影响”。如果这样，社会上就不会有那么多的神童，所谓的神童班也就不会那么火。儿童的教育就会以儿童的身心发展为基础，循序渐进地对他们实施教育。而不应该在孩子们身上强加他们这个年龄阶段不应该有的教育。因为压抑天性的教育是对孩子们身心的摧残，不但不利于孩子将来的幸福生活，还会影响孩子的身心健康，为以后的生活种下不良的种子。

社会的进步，带来了价值观念的变化。教育的价值观，也从原来生存层面的价值要求变成了生活层面的要求。《教育的价值》正是把握住时代变化发展的特征，为我们提出了一种新的教育价值观念，为我们正确地看待教育提供了一个新的尺度。

（作者为云南师范大学文学院副教授、硕士生导师。）

教育与人的发展

——对“三生教育”的几点认识

楼世洲

非常荣幸地获赠罗崇敏先生的两本专著《教育的智慧》和《教育的逻辑》，认真拜读后深受启发。虽然之前对云南省推行“三生教育”有所了解，但并未深入分析和探究。罗崇敏先生在两本专著中对此进行了深入、全面的阐述，顿感云散雾开。欲将几点感想与众分享，实为抛砖引玉之论。

首先，什么是“教育之价值”？什么是现代教育价值？现代教育价值怎样生成？现代教育价值怎样实现？罗崇敏先生以马克思主义哲学为指导进行了深入的阐述，他认为教育价值是高于一切的价值，教育的根本价值是“教真育爱”，教育的终极价值是使人成其为“人”，使人成为幸福的人。[①]著名的德育教育家鲁洁先生指出“教育面对的是人，教育的世界是人的世界，为此，任何教育理论，不论是有意识的，还是无意识的，它都必然要建立在某种人性假设的基础上。自觉地建构一种教育理论，它也必然要伴随着对人性作出某种探索和假设”[②]。就教育价值的主体形式来说，可以有不同的划分与规定，即个体形式的主体和社会形式的主体，所以教育价值也表现为个人价值和社会价值两种基木形式。人的发展的独特性，在于人除了是一种实然性存在以外，还是一种应然性的存在。因此，人既是一种事实的存在，又是一种价值的存在。人的发展价值也即是“人对自我发展与自身发展的超越性追求”。人之所以成为一种价值性的存在，这是由于人的存在方式，不满足于“是如此”，而是要创造“应如此”，这就有了所谓的价值问题，“价值即理想中的事实”，对作为一种价值存在的人，所需要的是一种哲学反思的思维，所得出的结论也只能是超验的理念。

罗崇敏先生的教育价值观包含了两层内涵。一层意思是指教育的主体选择的发展方向，是教育者按照教育价值采取、选择的发展方向，是一种实然状态，所以其教育价值取向呈现为教育价值选择的实然状态；另一层意思是指受教育者主体的倾向，是主体对自身发展方向的预期和选择，所以教育价值取向则呈现为教育价值选择的应然状态。教育价值取向理解为主体对教育价值的选择或倾向，既包括应然状态又包括实然状态。[③]

马克思主义认为人的本质就是人的实践性，人的实践性内在地规定了人的实然与应然的两重性。教育是人类的实践活动，其根本目的就是对人的发展的终极追求。教育的本质属性在于引导完备人性的建构与发展，教育不仅使人具有各种现实规定的实然性，而且还赋予人所独有的应然性。教育使人有追求，有理想、有创造、有超越、有意义世界的建构，有终极性的关怀。因此，完整人性的形成有赖于教育，教育的本质属性也在于此。

其次，“三生教育”之教育价值。教育首要和根本的使命是什么？现代教育观的核心是体现“以人为本”的价值取向，在依法全面保障全体公民的受教育权利，体现教育平等、公平、公正的原则下，促进受教育者身心全面和谐的发展，普遍提升国民素质，是国民教育的首要和根本的使命。罗崇敏先生认为“现代教育是以人为根本，以价值塑造为前提，以能力培养为核心，以社会公平为基础，根植于现代社会，引领时代不断进步的教育”[④]。这正是“三生教育”的现实意义。

功利主义主导下教育的工具性、功利性、世俗化、官场化严重背离了现代教育价值的本质要求。日本学者池田大作所指出的：“现代教育陷入了功利主义，这是可悲的事情。这种风气带来了两个弊病，一个是学问成为了政治和经济的工具，失掉了本来应有的主动性，因而也失去了尊严性。另一个是以为唯有实利的知识人和技术才有价值，所以做这种学问的人都成为了知识和技术的奴隶。”⑤这种功利主义的教育价值观轻视教育在形成一个人完美的内在性格和高尚的精神境界方面的价值，轻视教育在精神文化生活方面为人们带来的终身利益。

实际上价值的形成离不开人的需要，人的需要是价值的基础。就主体对于客体的需要来说，可以概括为物质需要和精神需要。教育作为培养人的社会活动，并不是没有现实根据的过程，它与人的需要有着密切的联系。人接受教育是为了满足物质需要和精神需要，这是教育产生和发展的现实根据。因此，教育具有满足人的物质需要的物质价值，以及满足人的精神需要的精神价值。⑥

“三生教育”倡导的是要围绕建设社会主义核心价值体系的目标建设现代教育价值。生命、生存和生活教育既符合人类社会发展规律和教育规律，更切合中国教育发展实际。当前教育的最大危机是教育价值的流失和创造能力的丧失，教育的功利主义导致人们只关注教育的即时的、显性的功效，忽视或者轻视教育的长期效益。实际上人生的价值比知识的价值更有意义，强大的能力比远大的抱负更为重要。“三生教育”实现了教育价值与价值教育有机统一，使教育的现实价值与理想价值相互促进，形成“教真育爱”和使人成其为社会人、使人成为有价值的人、使人成为幸福的人的现代教育价值体系。⑦

第三，“三生教育”的实践路径的选择。从根本上说，教育改革的成效取决于教育实践的现实性和科学性。罗崇敏先生提出要以科学发展观指导“三生教育”，坚持学校教育、家庭教育、社会教育有机统一的基本途径。一是整合学校教育、家庭教育和社会教育的力量，鼓励、引导受教育者成为“三生教育”的主体。二是认知教育。要根据受教育者知、情、意、行统一发展的规律，着眼于知行统一。三是行为教育。教师和家长要用自身的行为，教育学生、感染学生、影响学生。四是差异教育。要根据学生个体的差异性，分类指导、分层实施和因材施教。五是全面教育。要依靠和整合学校、家庭、社会各个方面的力量，面向全体学生，为了学生的全面发展。⑧

从实践形式上看，“三生教育”是素质教育的一种形态，因而“三生教育”在实践过程中的差异性和多元化是相互矛盾的。但从实质上说，“三生教育”的价值取向并不完全排斥个体取向中的差异性和多元化。或者说，它并不否定和排斥个体利益，而且，这种公共取向的形成不仅不否定个体的差异性，而且它的重要特点就是通过不同个体之间的差异性，及其由于个体本身的局限所产生的相互依存和彼此之间的合作。[⑨]任何一项改革只有实现了利益者共识和统一，才能形成持续的发展动力和生命力。

（作者为浙江师范大学副校长、教育学博士、教授，山东师范大学合作博导。）

注　释：

①罗崇敏．关于现代教育价值建设问题的思考［J］．课程教材教学研究：教育研究，2010：1－2.

②鲁洁．实然与应然两重性：教育学的一种人性假设［J］．华东师范大学学报：教育科学版，1998（4）：1.

③林飞，李晓东．我国教育价值取向研究综述［J］．传承，2009（3）：58.

④罗崇敏．现代教育新论［J］．思想战线，2009（6）：1.

⑤汤因比，池田大作．展望二十一世纪——汤因比与池田大作对话录［M］．北京：国际文化出版公司，1985：61.

⑥邢永富．世纪末的教育价值变革与整合［J］．教育评论，1996（1）：10.

⑦罗崇敏．在云南省“三生教育”研究会成立大会上的致词［J］．云南教育：视界，2010（3）．

⑧罗崇敏．以科学发展观为指导大力实施“三生教育”［J］．课程教材教学研究：小教研究，2009：1－2

⑨谢维和．素质教育的两种取向及其选择．中国教育报，2005.12.12.1.

最高价值——教育

陶　云

教育历来都是一个恒久不变的话题。面对世界教育的价值难题，罗崇敏先生的《教育的价值》一书，给处于思考这些教育困境中的我们提供了一个独特的视角启示。这是一本聚焦当今中国教育价值问题的经典之作。书中作者以他清醒的头脑、敏锐的思维和国际化的教育视野，潜心研究，阐述了教育价值的根本所在。《教育的价值》是罗崇敏先生“教育三部曲”（《教育的智慧》、《教育的逻辑》、《教育的价值》）中的核心内容。

该书紧扣教育价值主题，着力于基础价值、根本价值、最高价值以及教育价值的实现等，从理论与实践的视角构筑了完整而又严密的教育价值内容体系。作者认为，教育是发展人的生命、生存、生活，引领人类文明进步的过程。教育的活动是以人为主体，从人出发，为了人的自由全面发展，为了人的幸福而进行的。教育的过程和目标追求都是为了发展人的生命、生存、生活，是为了引领人类的文明进步。教育的价值在于使人走向成熟，而生命、生存、生活，正是人走向成熟的标志。教育不仅促成了人的成熟，而且为人们追求和谐幸福的生活奠定了扎实的基础。教育的价值在于使人走向完善：正确对待自己，善待他人，积极参与社会活动。换言之，教育是对人的价值的提升，教育的价值就在于提升人的价值。正是从这个意义上说，教育的价值是人类的最高价值，教育价值高于一切价值。对此哲学问题的深邃思考，因为时时与现实生活相对照，处处与常人之理相通达而退去了哲学书籍的晦涩与枯燥，令读者阅读时有明快、鲜活之感。

古往今来，具有不同的学术背景和政治、哲学主张的人们一致把“教育价值”定位在“适应”和“传承”上。作者认为，教育确实有“适应”和“传承”的作用。但是，教育的作用，远远不止“适应”和“传承”。它是“引领”和“继承”、“适应”和“传承”的辩证统一。教育的价值所在就是使人成为真正的“人”，促进人的全面发展，实现人的真正幸福，最终实现各项社会功能即实现“社会发展”与“个人成长”相融合。由此可看出，作者对教育价值的认知在继承的基础上，进行了拓展与创新。

在理论思考的基础上，该书紧紧围绕“育人为本”、“构建和谐社会”的教育理念，结合我国教育现状，针对“应试唯一教育”的弊端提出：教育要适应时代潮流，发挥好引领社会的功能，有效实施教育信息化，是必须予以特别关注的战略方向；教育公平与活力实现的关键是教育制度设计，要走出“盲目超前和择校之风”的误区，积极改革课程制；坚持将以人为本的价值取向贯穿教育价值的实现过程；关注人的生命、生存及生活价值的实现，完善生命、生存及生活教育体系；重视教育价值建设，帮助个体树立正确的教育价值观思想。这些论述不是简单地追求理论的拓展、完善和创新，而是能够从实践应用的角度探讨教育价值的实施方式与教育制度的改革创新，有助于我们更好地根据我国的教育现状，制定出与之相适应的方针、政策，完善我国的教育体制。

《教育的价值》一书展现一个教育价值追求者的心声。追求者的价值目标不是没有经过自己思维过滤过的传统观念或流行思想，而是类似于哲学家的反思的产物；追求者对自认为具有真理性的价值目标的追求，不是停留于学者的呼吁，也不是简单的领导倡导，更不是跟风者的作秀，而是思与行的融合。特别值得一提的是，该书对许多无法尽其言的教育大话题，并不是从现实中简单地列举问题、发现问题，而是渐次向更高阶段递进的思考境界中提出解决问题的途径。正如作者书中所说

"我追求的不是众人未见，而是众人所见但未思更未行"，这为我们打开了一扇思考教育问题的敞亮窗户，提供了一种解决当代教育问题的难得机遇，是对教育本质与规律的初步探索与思考。

从以上论述，我们不仅可以看到作者有关教育价值的清晰理念，深刻反思，而且亦可看出这是作者长期以来对"三生教育"理念的延伸与集成。

（作者为云南师范大学教育科学与管理学院教授。）

“三生二育论”

——华人教师哲理新探

钮则诚

引　言：中产专业人士的存在抉择

新中国成立六十年后已然和平崛起，蔚为举世大国。持续的经济发展和稳定的社会成长，形成一个数以亿计的中产阶层，其中不乏拥有一技之长的专业人士。这群专业人士的工作性质大多属于服务业而非制造业，有些服务工作尚且具有公益成分，例如各级学校教师、医疗照护人员等，其所任职的学校或医院，一般归为非营利组织。学校主要传授德、智、体、美四类教育，华夏自古便重视道德，而新中国为落实“中国特色社会主义”，更将德育视为教育的核心。德育教人如何安身立命，作出妥善的存在抉择。近年内地针对德育有“生命教育”的新提法，云南省更将之扩充为“生命、生存、生活教育”，令省内各级学校全面实施。教德育的老师自己必须先具备相应的修养，本论文即为探讨此种修养的内涵而作。

一、教师哲理

（一）教师教育

各级教师除专业养成教育外，道德教育也不可或缺，这些都是教师教育的具体内容。教师教育至少包括入行教师的职前培养，以及在职教师的职后培训；而无论是哪一个阶段的教育，皆需要有教育哲学作为理论基础，其中理当含有教师的专业伦理和处世哲理。现代中国教育理念早年受到杜威影响甚大，连带也学习模仿美国的教育体制。制度化的教育由初等、中等到高等循序渐进，大专以上的高校教师系由学者出身，而中小学教师则走向专业化。美国教师专业化起步甚早，在 19 世纪 20 年代即由“公立学校运动”标志出始点；政府一方面普及义务教育，一方面提供教师培养，以颁授证书令其取得专业资格。教育专业化长期是师范院校的责任，至二战后则逐渐转型扩充为教师教育学院与综合大学教育系所并存的局面（郭志明，2004）。

在发达国家内，师范教育已被教师教育所取代；中国虽然普遍存在着师范院校，但学校性质其实相当多元，更朝综合化发展。目前国内各级师范院校依然在培养初任教师，至于在职教师的进修和学校管理干部的培训，另有各地教育学院提供继续教育。整体而言，中国的教师教育至今仍属于独立的封闭定向型制度；但由于国家经济体制已经从计划经济转变为市场经济，教师教育势必得求新求变，以免培养出来的教师不能胜任，徒然浪费国家资源（黄崴，2003）。话说回来，经济转轨不能因而丢掉文化传承，尤其教育树人实为立国百年大计，更不应该舍本逐末去追求产业化。“中国特色”的主旨和精神乃是走自己的路，具体实践的标杆则为“实事求是，与时俱进”。包括教师教育在内的一切改革，理应秉持此等标杆才是。

（二）教育哲学

务实与进步的标杆，可以开发出一系教育哲学话语。事实上，西方的教育哲学即包含有实用主义及进步主义等内容，其主导人物都是杜威。杜威曾于20世纪20年代多次来华访问，对我国教育学术的开展，有着举足轻重的持续影响。由于杜威既身为哲学家又大力推崇教育哲学，使得“教育哲学”一科成为民国时期师范教育的核心课程，且至今仍列为台湾教师检定考试必考科目之一。相形之下，内地在新中国成立后朝向苏联一面倒，教育哲学为教育原理所取代，直到改革开放进入新时期才有所改变，于高校重新开设“教育哲学”一科。时下该科教学与研究皆受马克思主义指导，传统思想得到系统整理和阐述，形成本土化学科建设，摆脱对西方理论的严重依附（石中英，2007）。这无疑也是在发展“中国特色”。

发展中国特色并非划地自限，而是拥有主见。当我们在引领学生找到自己的“主体性”时，教育的主体性和主观能动性首先必须确立，而本土化策略正是最佳途径。社会科学本土化的问题，在20世纪七八十年代，曾于港台等地热烈讨论，当时所称“本土化”即指“中国化”。然而像教育学等社会科学学科毕竟源自西方，取西方精华为己所用并不为过。这或许也可视为另一种意义的“中体西用论”，百年前它属于次殖民屈辱中的阿Q式话语，如今则体现为后殖民批判下的自信心话语，因为“中体”更可作“中国主体”解。在汉语当道、国学复兴的盛景中，儒家思想于新世纪里显得生气蓬勃，以其衔接上西方最具情意性质的关怀伦理教育哲学颇为贴切（方志华，2004）。这或许可以在今后的教育实践中，创造出一种“中体西用”的新形态。

（三）教师教育哲学

现代意义的教育学学科建设，系由德国哲学家赫尔巴特于19世纪初所开创。当时心理学仍属哲学分支，他主张由心理学为教育学提供方法，而由哲学的另一重要分支伦理学为教育学奠定宗旨。由此可见，教育学在两百多年前创始时，就与哲学渊源深厚，且至今历久弥新。若再加上杜威的长期影响，则教育学几可部分地视为哲学之体现及应用；事实上，作为教育学主要分支的教育哲学，即属一门应用哲学。既然有教育哲学，就可以引申出教师教育哲学；它既是教师教育的哲学，也是教师的教育哲学。前者主要涉及师资培养的专业伦理，令教师有能力从事道德思考与抉择，以养成教师职业道德（黄向阳，2006）。后者的作用则更多是在于增长教师的个人修养，以巩固其献身教育专业的信心与决心。

可以这么说：教师教育哲学是由上述相辅相成的两部分所组成，其一是在行时敬业乐群以“把事情做对”的专业伦理学，另一则是更基本的入行时择善固执“做对的事情”之教师修养哲理。具备适性的个人安顿哲理，始有持续的人际互动伦理。本论文提出“三生二育论”，作为开发华人教师哲理的方向与途径。至于其内涵，则可通过“中体西用”的前提，将传统儒道二家思想和西方近现代思潮融会贯通，以重新为教师的角色与职能定位（但昭伟，2006）。儒家思想自古即为中华文化的核心，尤其对民族的教育实践影响深远。但是我们不能忽略还有一支同样源远流长的道家思想与其相伴，二者必须对照地看，方能见出彼此的深度。对此本论文尝试以“儒阳道阴、儒显道隐、儒表道里”的“后现代儒道家”观点，于后文中加以疏解。

二、二育观

（一）从三育到二育

我根据多年的学问经验累积，在此拈出“三生二育论”的修养哲理，希望有助于中产专业人士作出妥当的存在抉择，藉以安身立命。“三生”系指人生的“生存、生活、生命”三阶层，“二育”则为“德育、美育”。本节先简述我的“二育”观。把教育实践明确分开来讲的，当属英国哲学家斯宾塞；他在19世纪中叶先后发表了三篇论文，分别讨论智育、德育和体育的内涵，不久结集成书《教育论》（单中惠，2004）。此书行销各地，影响极广，连带也使他特别看重科学及智育的观点普及于世。20世纪初期，中国教育界接受了他的看法，并将之扩充为五育，且把传统德育置于首位，形成“德、智、体、群、美”五育并重的话语。新中国成立后，改以“德、智、体、美”或“德、智、体、美、劳”的提法，近年亦有重提“群育”者。

斯宾塞的“三育”以智育为首，符合时代需求；中国于过去百年皆标榜德育为首，然而在希望谋一技之长以利生存的学生心目中，并不见得显出其重要。迈入21世纪后，我们持平地看，“三育”仍有其各自的任务，对年轻学子而言皆不可或缺；其中德育更反映出“中国特色”立国精神，于培养诲人不倦的教师之专业伦理及个人修养，自有其特殊地位。中国德育论有“大德育”和“小德育”之说，前者包含宏观的思想政治教育，后者则对焦于微观的道德教育，二者各指向“兼善天下”与“独善其身”理想。本论文主要着眼在后者，肯定教育家蔡元培大力提倡“美育”的用心，而其美育实定位于德育的辅助地位（杜卫，2004）。具有美育性质的德育，不妨统称为“美德育”，很适于作为推展教师哲理的进路。

（二）德育与生命教育

由于智育和体育的重要性人尽皆知，此处不拟多谈，而将注意力放在德育和美育方面，并尝试将二者予以整合。其实美育另有艺术教育的大方向，不能一概而论；此处只涉及“生活的艺术”，对欣赏艺术作品亦不着墨。简言之，本论文主要针对成年教师提供一套将人生艺术化的道德教育，或可简称“美德育”。道德教育的根源在哲学中的伦理学或道德哲学，西方伦理学自古至今先后出现德性论、义务论、效益论及关怀论四大学派；其中义务论和效益论被归为正义伦理，新兴的关怀论则与古老的德性论相互呼应（曾汉塘、林季薇，2000）。“德性”又称“德行”或“美德”，谓人性中有善根，在古希腊强调真善美合一观点下，具有审美的意义，后来却逐渐淡出。我认为在今天有必要将美感体验从道德实践中找回来或放回去，以树立更合乎人性的“美德”。

真正融美育于德育的“美德育”，系将德性与关怀融会贯通的生命化德育。这是一种彰显与呈现个体生命，学习关爱生命、感恩自然、追求生命意义的“生命道德教育”，其目的为成就优质的自己（刘慧，2005）。华人社会提倡“生命教育”始自台湾，1997年出台为一套教育政策，至2010年发展成八门高中正式课程。中国港澳地区随后也出现此一提法，澳门由台湾学者引入，香港则与英国传统的宗教教育统合。至于广大内地乃表现为在地性的自发教化活动，主要还是在正规的德育语境下试点推行；目前所见最大规模的做法，要属云南省教育厅对各级学校全面推行的“生命、生存、生活教育”，简称“三生教育”。本论文基本上认同“三生教育”的进路，认为其较“生命教育”的覆盖面更广泛也更深入，但提出了不同的诠释。

（三）人生美学

“三生教育”指向涵盖“三生”的德育，这点没有疑义；我想进一步发挥的乃是融美育于德育的“美德育”，这是一个相当值得也亟待开发的学科建设与教学实践方向。德育和美育一般归于情意教育，如果德育强调道德规范，美育便看重美感体验。美感体验可以针对外在艺术作品而发，也能够反身而诚地从生命本身内在观照；后者正是中国古代特有的审美与艺术人生，与西方的宗教人生大异其趣，可称之为独特的“内审美”（王建疆，2003）。这种“内审美”虽然通用于有反思、品味能力的任何人，但是更适合向生活已趋于安顿稳定的中产专业人士推广。毕竟年轻人还在为生存困境奋斗，不易体会出这种在生活处境以及生命意境中所酝酿而成的人生美学和谐精神。此为中产生活的附加价值，是社会和谐的安定力量。

中国的改革开放新时期已经走过三十年，解放生产力的确让一部分人先富裕起来；但是若要避免贫富差距扩大所产生的社会问题，让大部分人都中产起来或许更为务实。事实上，“三个代表”提法已经正视到新兴中产阶层的出现，而“构建和谐社会”更明确了在安定中求进步的大方向。安定的生活必须既安身又安心。中国人与外国人最大的不同之一，是没有明确的宗教信仰；安顿广大人民群众的，乃属于人生信念。人生信念在宏观方面既然有“中国特色社会主义”稳定支撑，那么我们就该想想在微观方面有何文化资源可供运用。儒家的道德规范早已深植人心，剩下道家的美感体验则有待开发（王建疆，2006）。此时此刻，反思并复兴蔡元培的“以美育代宗教说”，既能避免邪教流行，更可促成和谐社会，非常值得内地的德育工作者参考。

三、三生观

（一）从生命到三生

我担任高校教师至今二十六年，主要讲授人生哲理方面课程。教学相长之余，反思自己生涯发展中的心路历程，形成“三生二育论”心得，希望推己及人，乃有本论文的写作。我设定推广的对象为中产专业人士，尤其是学校教师和医护人员，因为这两个族群有较多机会向服务对象施以生命教育。既然要教导别人，自己得先懂并且会做。目前在内地这是的德育的责任，较大规模的实施一度有2005年《上海市中小学生生命教育指导纲要（试行）》的出台（上海市教育委员会，2005）。这本是针对未成年人德育改革创新的大好时机，可惜身为成年人的教师配套修养不足，以致功亏一篑，一套良法美意施行未久便面临停摆命运。当时如果教师胸有成竹，这份教育政策相信可以顺利落实，老师学生将同样受惠。

三年后，一个涵盖面更广、更有前瞻性的类似政策，在神州大地一隅轰轰烈烈地推展开来，这就是云南省教育厅全面施行的“三生教育”。根据《云南省实施“三生教育”宣传手册》的说明，“三生教育”乃是“生命教育、生存教育、生活教育”的简称（云南省教育厅，2008）。手册进一步解释，生命教育用以促进生命和谐发展，生存教育用以解决安身立命问题，生活教育用以理解日常生活真谛；三者互为条件，相辅相成；生命教育为前提和根本，生存教育是基础与关键，生活教育则属方向及目标。这是相当具有创造性和前瞻性的宏大方案，是德育实践的推陈出新，值得其他各省市学习效法。从生命教育到“三生教育”，无疑是一大扩充与进步。生命教育唯有让学生学会生存，并懂得安顿生活，才算真正彰显生命。

（二）生存、生活、生命

云南省“三生教育”的提法，于2008年2月以教育政策的形式颁布，半年后开始试点；2009年秋季起，便在全省各级学校全面实施，从幼儿园至高校皆编有配套的教材以利教学。我对此事原无所悉，却不约而同地在2008年秋天撰成一篇论文，以《求真·行善·审美》为题，依此提出“生存基调的巩固”、“生活步调的安顿”、“生命情调的抉择”三层人生进路（钮则诚，2009a）。其后一年内，我更连续写出六篇论文引申此一见解。论文已有多篇在两岸发表，但直到“三生教育”全面起步的一刻，我才从参与或关注其活动的相关人员口中得知此事，乃为感到所见相同而庆幸。若说其间有所不同，则是“三生教育”具有“生命、生存、生活教育”的一体连带性，而我的思想建构则将之视为具有层级但各自独立的教化途径；它更适合通过美德二育，以潜移默化方式感召学生。

云南省幅员广阔，民族繁多，人口超过四千万，“三生教育”政策若能贯彻始终，不啻为人民之福。然而它仅强调求真性，未能同时与善及美对照地看，似乎缺少了一股人文诠释力量。事实上，将“生存、生活、生命”与“真、善、美”对应起来发挥，并非始于我的创见；因为早在此前即有文学家著书立说，以生存、生活、生命三者去“重建真善美之间的新型关系”（李咏吟，2006）。地方政府与各家学者用相同或类似的提法，标举出生存、生活、生命“三生”，足见其于人生的重要性。依我之见，循序渐进的“三生”提法，可以跟心理学上的“需求阶层说”相呼应；吃喝温饱是最基本的生存需求，参与社会与人为善是生活需求的满足，而自我实现的高峰体验则属于生命圆满的最高境界。不过“真善美”和“需求阶层”皆属西方话语，如何将之本土化以找到“中国特色”，有待进一步推敲。

（三）存本真、积吾善、成己美

“真、善、美”三合一或三位一体的提法，是古希腊哲学家柏拉图的伟大贡献。他认为爱善、爱美与哲学追求真理爱好智慧是同一件事，其中又以善为最高理念和价值；而三者的统一，则属于一种不可言说的情意所能达到的最高境界（赵敦华，2003）。必须辨明的是，爱美在此所指并非欣赏艺术创作，而是实现伦理善，这倒反映出“美德”正本清源的真谛了。20世纪英美哲学家怀海德认为整部西方哲学史所载，都是柏拉图思想的脚注。此非言过其实之论，且多少有些道理。西方哲学架构里的逻辑、认识论、形而上学探讨真知，伦理学指点行善，美学反思审美；但作为一门学科的美学迟至 18 世纪才出现，此前对美感体验的探究多与伦理学相通。引申来看，真正的德育理当包含美育在内，如今拈出“美德育”的提法，可谓复古式的创新之见。

但是我的创新之见，并不满足于对西方话语的重新诠释，而是基于“中体西用”立场，将西方“求真、行善、审美”的一贯之道，本土转化为“存本真、积吾善、成己美”的中国话语。简言之，我的“存本真”指向“反思本土的后西化中国特色”、“积吾善”实践“反身而诚的非宗教人文关怀”，“成己美”彰显“返璞归真的安生死自然观照”（钮则诚，2009b）。由此可见，我的“真善美”一统新话语，不但把握儒道融通的后现代精神，也包容任何体现中国特色的西方思想。它可以贴切地对应于“生存基调的巩固”、“生活步调的安顿”、“生命情调的抉择”三阶人生层级。以当今年轻人在市场经济中寻求“生存基调的巩固”而言，“中国特色社会主义”必须许诺一个能够充分实现公益和公义，而足以令其成长发展为中产阶层的机会，“构建和谐社会”才不致流于空话。

四、本土化人生修养

（一）后现代儒道家

“三生二育论”的提法并非标新立异，而是希望有机地统整，以创造其综效。“三生二育”可视为中国德育学者看重并提倡“生命教育”的理念扩充，最简单的表述乃是“着眼于生存／生活／生命的美／德育”。以“／”符号取代“—”属于后现代用法，它标志出“肯定多元，尊重差异”的概念联结。“三生二育”主张在思想准备上，要认清生命的存在抉择需从巩固生存及安顿生活做起；而在教学实践上，则要为较严肃的道德教育添增几分美感体验。它若想落实为一套本土化的人生修养，除了通过制式教育渠道外，更应该灵活应用罗蒂式的后现代实用性教化。去世未久的美国哲学家罗蒂，后半生以打破西方哲学迷思为己任。他提倡一种成就个体自我的教化哲学，甚至认同东方文化（张国清，1995），很适于借来发展本土化人生修养，以充实“三生二育”的内涵。

后现代教化不看重严谨的逻辑论证，较喜用情意性的人生叙事以寻求交流对话契机，这种态度正是我的书写所本。叙事便是说故事，包括表达自己的想法。我到三十五岁始谋得正式教职，生存基调得以巩固；半百之际事业家庭趋于平顺，生活步调有所安顿；此后便花较多心思于生命情调的抉择上，寻求安身之后的立命，学者立命不外教学研究、著书之说，我便是在近年内悟出“后现代儒道家”、“知识分子生活家”、“智者逸人”等本土化人生修养境界。它可视为从文本到人本的后现代德育实践（赵志毅，2004），三者本属一事。我无意在学理上去论证儒道二家思想如何融通，反倒是想向过着儒家生活方式的华人，积极推广道家式的处世态度，令其在个体“三生”中，体现出“二育”的自我教化。

（二）知识分子生活家

“后现代儒道家”作为后现代本土化人生修养内涵，其人格典型为“知识分子生活家”，由此表现出“智者逸人”的气质神态。“知识分子”是对外来语的翻译，其意涵源自俄语，指靠脑力谋生的人，而与工人及农民相对。在新中国成立前知识分子比例极少，毛泽东将之归为小资产阶级（赵倩等，2003）。六十年后的今天，在教育普及的情况下，读书人为数众多；靠脑力谋生的专业人士如教师者，更跻身于中产阶层之林。从本土化视角看，西方“知识分子”的身份，较接近中国传统文人的“士”。“士”便是忧国忧民的儒家型读书人，其具有强烈的批判心态与忧患意识，可视之为社会良心，却也因此活得较辛苦，需要做一些自我调适，此时道家思想便足以派上用场。儒道融通的生活方式，可以使中产专业人士出入自如、收放自如，而不致出现过劳自苦的结果。

专业的知识分子要学会做生活家，方能走更长远的路。提倡生活家处世观属于道家话语，它在中国传统上从未居于主流地位，于今更趋于边缘化。改革开放三十年间，20 世纪 80 年代的启蒙话语对道家话语不是加以拒斥就是有意改造，90 年代以后的消费主义则对道家话语加以拆解和迎合，而道家话语的发扬光大则需要跟存在主义进行对接与会通，因为它们都属于生存哲学（刘小平，2007）。西方的存在主义和后现代主义，都对消费社会中人的异化有所批判。中国在新时期施行社会主义市场经济，异化现象随之而至。身处其间若要作出妥善的存在抉择，走“知识分子生活家”的儒道融通之路，将能“御物而不御于物”。看看当今国人对于计算机和手机的依赖程度，便知所言不假。如何善用科技工具而不为其所宰制，就需要更深刻的处世智慧了。

（三）智者逸人

以“后现代儒道家”为生存策略的“知识分子生活家”生活形态，要体现出“智者逸人”的生命境界，才算真正达到圆融无碍。我对此曾撰文指出，“智者逸人”意味“以隐逸精神生活为依归的有智慧的人”，其不必要具备深厚的专门知识，但是常识、见识与通识不可或缺。此一境界的提倡，系针对高度异化的“外来化—西化—现代化—全球化”华人社会大众，所做的“本土化”革心与革新之努力（钮则诚，2009c）。近年我撰写系列论文，主要为推动成人生命教育；教师属于成人，对之施以“三生二育”，是我将“自我生命教育”推己及人的努力。西方“哲学”的本意为“爱好智慧”，包括对“真、善、美”的亲近与追求。智慧不同于常识的感性把握和知识的知性探索，它系于悟性领略。“爱好智慧”有“虽不能至，心向往之”之意，但我却认为智慧即为人生潜能，可以逐渐开发。

现代人如何化小聪明为大智慧？这有待懂得随时“退一步想”，甚至十步、百步以求全身而退。因为求生存的确很辛苦，过生活也会有烦恼，生命若要达到圆融和谐的境地，必须做到类似佛家所说的“此念是烦恼，转念即菩提”，从一念之间走向菩提智慧。人生不如意者纵非十之八九，也有十之四五或五六；换言之，得失各半。若遇困顿处逆境时，有智慧的做法不妨学学古人走向隐逸。现代人心灵危机严重，生活情境充满非人状态，需要反身而诚，寻找精神家园；而传统隐逸文化的终极关注，正是为找回人生归宿（霍建波，2006）。在浑浊世态中抽身或收心以求自保，是一种独善其身的道家工夫。这看似消极逃避，却因不愿同流合污，而有积极的意义。当然其前提仍是儒家的"尽人事，听天命"，先扪心自问善尽人事没有？

五、"三生二育"的教师哲理

（一）教师的生存二育

本论文希望为两岸四地广大教师群体，提供一套安身立命的修养哲理；它可列为教师继续教育课程的一环，属于德育性质，但其内容已转化扩充为"三生二育"，即"有关教师主体的生存／生活／生命之美／德育"。我基本上认同云南省面向全体学生实施的"三生教育"之理念与作法，据此尝试将之推展至教师教育中。"三生教育"归为德育，过去内地高校德育在思想政治教育方面有"人生哲理"一科，而教师教育也正在把中师逐渐提升至大专以上高校层级。教师教育在职前教育和继续教育两个阶段，将有关人生哲理和职业道德的课程纳入其中，乃是理所当然。中国教师教育的目标是为培养人民教师，其中光是中小学教师人数就超过千万（李其龙、陈永明，2003）。如果让各级教师队伍去参与推广"三生"或类似的教育活动，他们自己的心理建设和精神武装必须先行确立。

我主张"三生"以"生存"为现实基础，以"生命"为理想境界，而"生活"则是循序渐进、更上层楼的生涯发展历程；生存、生活层面用以"安身"，至生命层级则有所"立命"。云南"三生教育"对生存教育强调要"学会应对生存危机和摆脱生存困境，善待生存挫折，形成一定的劳动能力，能够合法、高效和较好地解放安身立命的问题"。这主要针对尚未就业的年轻学生而言，但对初入职场的教师多少也适用。虽然教育专业相对安定，但终身学习的在职培训不可或缺，否则不进则退，生存将受威胁（时伟，2004）。教师的生存二育属于成人"美／德育"或"美德育"的起步，适用年龄约在孔子所指"三十而立"前后，此时应以伦理道德教育为主、审美艺术教育为辅。这是教师寻求做个知识分子的积极进取时期，专业能力的充实相当重要，在“二育”方面则宜多彰显德性。

（二）教师的生活二育

教师作为成年的专业人士，相较于其他行业，确实有可能在安定中求进步。但在生涯起步之际，仍会面临某些专业要求和同行竞争，例如取得本科或硕士学历、不断地在职进修、评职称，甚至学校接受评估等。这像是一道道瓶颈，安然度过以后，日子便会平顺许多，开始有机会步上自我实现的道路。倘若专业教师在“三十而立”时基本完成“生存基调的巩固”，那么他在“四十而不惑”以及“五十而知天命”的关口，就要次第落实“生活步调的安顿”和“生命情调的抉择”。“三生教育”将生活教育视为“追求个人、家庭、团体、民族、国家和人类幸福生活的教育”，但是美国教育哲学家诺丁认为应该扩及动植物和地球，并且用关怀之心来具体落实对幸福的追求（于天龙，2003）。以关怀伦理为核心价值的道德教育，可说是一种情意教育。

人到了四十岁前后逐渐步入中年，人伦关系已趋于圆融和谐，生活开始从外烁走向内敛，由审美判断所产生的美感体验益形丰富，终于进入对自体生命的观照。本论文主张“三生二育”，“三生”都是二育兼具的，只有在不同阶段的比重不同；生存阶段德育为重，生活教育美德相称，到了生命层面即以美的观照为主。从伦理的行善走向情意的审美，在中国文化上有其亲缘性。汉字“善”、“美”皆从“羊”，“羊，祥也”，美善乃结合于一片祥和之中（陈望衡，2007）。在生活教育层面，由于工作稳定，便有余暇去从事休憩活动，对艺术作品的审美赏析，可以在此一时期充分接触开发。美育既是艺术教育，也包含人生教育；较年轻时欣赏外在艺术品自有一番乐趣，老来则应懂得欣赏内在的性命之美。

（三）教师的生命二育

生命教育是近十年间华人世界的教育热点；台湾已将之发展成为正式课程，内地则有云南大张旗鼓全面实施，且将生命教育扩充为“生命、生存、生活教育”，简称“三生教育”。“三生教育”提出要“认识生命的生老病死过程，认识自然界其他物种的生命存在和发展规律，最终树立正确的生命观，领悟生命的价值和意义”，这主要是从具体生命出发看问题，通过知识学习来把握生命实相。此一进路虽无可厚非，却跟本土性“生命的学问”不易呼应。真正“生命的学问”乃是“明明德”的学问，是个人修养的成德工夫，也意指向外感通的国家民族生命（牟宗三，2005）。由此可见，本土化、中国式的生命教育层次较高，内涵也较抽象，属于情意取向的“性命之学”，而非知识取向的科学技术问题。

我心目中的生命教育偏向生命美育，近年内地对此已出现新兴话语，谓“生命美育是指人如何认识并实现其生命美感的形态和生命审美的价值，其实现的过程就是应该如何生活，怎样做人；其最终意义就是如何优化生命，美化生命，做一个真正意义上的大写的‘人’。”（余维武，2007）孔子说“五十而知天命”，年过半百理当学会如何顶天立地，成为大写的“人”；但这并非要戡天御物，而是顺天应人，让人生的美感体验自然流露。五十岁以上的教师已算资深，在教学之余，不妨多留点时间给自己，反身而诚，万物静观皆自得，知足常乐。这便是人生美学、生命美育；跟别人互动的伦理道德逐渐淡化，由此产生独处之乐，同时领悟出安于生死流转的大智慧。中老年教师对人生的深刻体悟，正是生命学问的活水源头。

结　语：关照“生存活命”的“美德育”

本论文属于德育理论的本土化新兴提法，目的是为中产专业人士提供一套安身立命的人生修养哲理；它以学校教师为典型对象，也适用于医护人员及其他白领人士。此一提法受到云南省对所有学生实施“三生教育”的启发，但将之转换为教师教育；用以规划刚入行二十五岁左右至中年后期五十五岁上下约三十年的生涯发展时期，把孔子“三十而立”、“四十而不惑”、“五十而知天命”之说当做转折点，分为“生存基调的巩固”、“生活步调的安顿”、“生命情调的抉择”三阶段加以落实。据此而看，前两者为“安身”，后者始达“立命”；因而是“生存活命”而不止“生命存活”的问题。其教育实践的性质接近后现代教化活动，内容类似一道光谱，随着年岁日长，其需求逐渐由人伦德育向人生美育偏移，让个人主体在人群中找回自己，在人文社会责任中发现静观闲赏的生趣。

（作者单位：台湾铭传大学教育研究所、通识教育中心。）

参考文献：

［1］上海市教育委员会．上海市中小学生生命教育指导纲要（试行）．上海：上海市教育委员会，2005.

［2］N. Noddings 著，于天龙译．学会关心——教育的另一种模式［M］．北京：教育科学出版，2003.

［3］方志华．关怀伦学与教育［M］．台北：洪叶，2004.

［4］王建疆．修养·境界·审美：儒道释修养美学解读［M］．北京：中国社会科学出版社，2003.

［5］王建疆．澹然无极——老庄人生境界的审美生成［M］．北京：人民出版社，2006.

［6］石中英．教育哲学［M］．北京：北京师范大学出版社，2007.

［7］牟宗三．生命的学问［M］．桂林：广西师范大学出版社，2005.

［8］但昭伟编．教师的教育哲学［M］．台北：高等教育，2006.

［9］余维武．美育思想与实践［M］．中国教育研究新进展，郑金洲编，上海：华东师范大学出版社，2007：309－333.

［10］李其龙，陈永明编．教师教育课程的国际比较［M］．北京：教育科学出版社，2003.

［11］李咏吟．审美与道德的本源［M］．上海：上海人民出版社，2006.

［12］杜卫．审美功利主义——中国现代美育理论研究［M］．北

京：人民出版社，2004.

[13] 时伟．当代教师继续教育论［M］．合肥：安徽教育出版社，2004.

[14] 张国清．罗逖［M］．台北：生智，1995.

[15] 郭志明．美国教师专业规范历史研究［M］．北京：中国社会科学出版社，2004.

[16] 陈望衡．审美伦理学引论［M］．武汉：武汉大学出版社，2007.

[17] 单中惠．斯宾塞《教育论》解读［M］．外国教育经典解读，单中惠、朱镜人编，上海：上海教育出版社，2004：205－210.

[18] N. Noddings 著，曾汉塘、林季薇译．教育哲学［M］．台北：弘智．

[19] 钮则诚．真善美——中国人学取向的生命教育哲学［M］．铭传大学 2009 国际学术研讨会共同教育组论文集，王聪智编（光盘版），台北：铭传大学，2009.

[20] 钮则诚．后现代华人生命伦理新话语的可能．"第三届全国生命伦理学术会议"论文，济南：山东大学医学院，2009.

[21] 钮则诚．智者逸人——成人生命教育的境界．"敬老侍亲：尊重生命研讨会"论文，台北：中国家庭教育协进会，2009.

[22] 云南省教育厅．云南省实施"三生教育"宣传手册．昆明：云南省教育厅，2008.

[23] 黄崴．教师教育体制——国际比较研究［M］．广州：广东高等教育出版社，2003.

[24] 黄向阳．"教育伦理学"问题研究［M］．教育理论的性质与研究取向，陈桂生等编，上海：华东师范大学出版社，2006：301－372.

[25] W. Lippert 著，赵倩等译．汉语中的马克思主义术语的起源与作用[M]．北京：中国社会科学出版社，2003.

[26] 赵志毅．文本与人本——高校德育方略研究［M］．南京：南京师范大学出版社，2004.

[27] 赵敦华．西方哲学简史［M］．北京：北京大学出版

社，2003.

［28］刘慧．生命德育论［M］．北京：人民教育出版社，2005.

［29］刘小平．新时期文学的道家话语［M］．北京：中国社会科学出版社，2007.

［30］霍建波．宋前隐逸诗研究［M］．北京：人民出版社，2006.

"三生教育"的内在逻辑

李　聪　杨婷婷

"三生教育"是生命教育、生存教育、生活教育的简称，三者之间具有一种内在逻辑关系，而这种内在逻辑的成立则是以生命、生存和生活之间的内在逻辑为前提的，它是后者在教育层面的逻辑展开。

一、生命、生存、生活的内在逻辑

生命是一种自然现象，从生物学的角度讲，生命是指以"蛋白体的存在方式"，"和周围外部自然界的不断新陈代谢"。换句话说，生命也就是生命体所具有的存在和活动的能力。同时，生命本身又是一个过程，生命存在于生命过程的全部时段，即生命是其从形成到消亡的全部过程。在这一过程中，生命体服从自然界的客观法则，通过基本的生命活动（包括摄食、排泄、生长、繁殖等）来维持自身的生命存在，此即生存。当生命体不再具有生存能力，亦即生命体的存在和活动能力终止，那么生命也就终止，不再成其为生命。因此，生存是一切生命体的基本存在方式，它为生命提供前提和保证。

生命和生存对于一切生命体的存在都具有普遍性，而生活则是特殊的生命体——人——的特殊存在方式。孙正聿教授指出："生命的存在，可以分为人的生命存在与其他生物的生命存在。人的生命存在的方式是'生活'，其他生物的生命存在则仅仅是'生存'。生活与生存，是人与其他生物的根本区别。"就生命存在的方式而言，其他生物的生命存在方式是"生存"，它们不断地复制自己，维持自身的生存，是以一种纯粹的自然方式而存在的。当然，这并不是要否定它们也具有进化的能力，而只是肯定它们是以被动地、无意识地适应自然界的方式而存在的。人的生命存在方式是"生活"，人不仅是自然、自在的存在，还是自觉、自为的存在；人不仅要满足自身的生存需要，还要满足自身的生活需要；人不仅意识到自身的生命存在于生命活动之中，而且要把这种生命活动变为自己的目的性要求的活动，也就是创造生命的意义和提升生活的品质。

生命、生存和生活对于人而言才是存在的，才是有意义的。人的存在不仅涵括了这三个层面，而且还展示出三者之间的内在逻辑关系。

生命是人之存在的基本层面。生命不仅是一个最为基本和最为普泛的范畴，而且也是一切生命存在之所以成为生命存在的前提和基础。如无此一前提和基础，则一切有关生命的问题不仅毫无意义，而且根本不会存在。我们对于生命、生存和生活的认知与理解、思考与反思，无一不是建立在这一基本层面的基础之上的。正因生命层面具有如此广泛的涵括性，所以一切有关生命、生存和生活的思考，都可以归为对于生命的思考。生存是人之存在的隐性层面。对于其他生物而言，生存不仅是保证其存在和发展的最为根本的前提，而且就是它们的存在方式和活动方式本身，因此生存处于其生命存在的显性层面；对于人来说，人的存在方式是生活，生存仅是保证其存在的前提，生存问题在人的生命活动过程中往往被忽略不计，其原因即在于生存处于人之存在的隐性层面。在人的常态生活中，生存并不构成我们关注的对象，只有在生命受到威胁的极端情况下，亦即在面对死亡的时候，生存问题才得以彰显。因此，生存是人之生命过程中隐而不显的前提和保证。生活是人之存在的显性层面。生活作为人所特有的存在方式，不仅是人区别于其他生命存在的根本存在方式，而且也是人的基本活动方式。生活的目的就在于实现自身意义和价值，使生活符合自身的目的性要求，变得更加完善、更加美好。

生命、生存与生活三个层面紧密关联，具有逻辑上的内在统一性，而这种内在逻辑的统一只有在人的存在中才能得以体现。生命层面作为人之存在的基本载体，贯穿人的生命过程的全部时段，其向上可以打开作为人之自然存在方式的生存层面和作为人之特有存在方式的生活层面。生存层面作为人之存在的隐性层面，是人之自然生理生命的表现，其向下与生命层面相符合，与生命相伴相生，构成人之存在的根本基调；其向上则彰显出人之异于其他生命存在的独特性，为生活层面提供最为基本的前提和保证。生活层面使人超出了自然人的层面，而成为"一切社会关系的总和"，从社会人、历史人、文化人、价值人、人格人等视角去肯定人自身的存在；生活层面具有向下的兼容性，在生命和生存作为人之存在的不自觉的和无意识的前提之基础上，改变并创造人的生活，将人所属于的世界变成属人的世界。生命、生存和生活的逻辑关系不是一成不变的，在生命遭受威胁（面对死亡）的极端情况下，三者之间的逻辑顺序会有所调整，生命问题和生存问题（尤其是生存问题）会成为此时人所最为关切的问题，上升至显性层面，而生活问题则会退隐其后，下降至隐性层面。

生命、生存和生活有机地统一于人生全部生命过程之中，三者之间的内在逻辑关系为"三生教育"的内在逻辑提供了基本的理论前提。

二、"三生教育"的内在逻辑

人是生命、生存和生活的统一体，三者在人之生命过程中的逻辑展开，即构成人的一生，亦即人生。因此，"三生教育"作为对于人的教育，其在本质上是一种人生教育，是将生命、生存和生活三个层面予以放大化，并针对这三个层面所凸现出来的人生问题所倡导的人生教育。

就广义而言，有关生命的教育都可以称为生命教育。生命教育存在着一个逻辑前提，即对于死亡问题的超越和克服。从生物学的角度讲，生命不是永恒存在的，恩格斯指出："从蛋白体内各组成部的这种不断转变，摄食和排泄的这种不断交替停止的一瞬间起，蛋白体本身就停止生存，趋于分解，即归于死亡。”有生必有死，这是自然界的基本规律，死亡作为生命的必然结果，其已内在地植根于生命之中。因此，我们在对于生命进行思考的同时，不得不“和它的必然结果，即始终作为种子存在于生命中的死亡联系起来考虑”。但我们对于死亡的思考并不仅仅限于死亡本身，弗洛伊德的精神分析理论就曾指出，人不仅具有个体自我保存和保存种族繁衍的生存本能，而且具有追求破坏、侵略甚至自我毁灭的死亡本能，后者即是超出死亡本身的人生负面影响。生命教育内在地包含着对于死亡的理解和超越，同时也包含着对于人生负面影响的超越与克服，这是生命教育的根本逻辑前提。“三生教育”有意地将这一逻辑前提隐性化，从积极正面的角度提出自身的教育方针和教育理念，大有孔子所言之“未知生，焉知死”的哲理意蕴。

“三生教育”本从于生命、生存和生活之间的内在逻辑，是生命、生存和生活在教育层面的逻辑展开。

首先，“三生教育”是普遍性、保护性和进取性的逻辑统一。“生命教育”不但要使学生认识人类自然生命、精神生命和社会生命的存在和发展规律，而且还要让学生认识自然界其他物种的生命存在和发展规律，是教育学生认识和理解生命本身，而非仅仅限于对于人的生命的认知和理解，从而展现出“生命教育”的普遍性，这种普遍性实际上蕴涵了“天人合一”、“万物齐一”和“众生平等”的中国传统文化精髓。“生存教育”要求学生了解生存知识、掌握生存技能、提升生存意志、增强生存本领、树立正确的生存意识，其在本质上是一种保护性的教育，这种保护性教育为生活教育的开展提供了前提和基础。“生活教育”要求学生了解生活常识、掌握生活技能、确立生活目标、实践生活过程、获得生活体验，其目的在于激发学生的进取性，改变并创造自己的生活，实现人生的意义和价值。在此，“三生教育”将对人的普遍性教育、生存的保护性教育和生活的进取性教育内在地结合起来，构成了一个完善的教育系统。

其次，“三生教育”是人生之隐性层面与显性层面的逻辑统一。“三生教育”从人生的生命层面、生存层面和生活层面出发，变隐性层面为显性层面，彰显出“三生教育”的独特性。在人生的常态情况下，生命层面和生存层面是人之存在的隐性层面，生活层面是人之存在的显性层面；在人生的非常态情况下，生命层面和生存层面上升为人之存在的显性层面，生活层面降为人之存在的隐性层面。不论是在常态情况下还是在非常态情况下，人生中的隐性问题都不是我们关注的对象，其往往被我们所忽略。但是，“三生教育”作为一种有关生命的人生教育，其内在地要求顾及到人生的所有层面，因此“三生教育”将人之存在的隐性层面均转化为显性层面，放大生命、生存和生活中的人生问题，以这些被凸显出来的人生问题作为教育的主要内容，并在此基础上施以具有针对性的正面教育。从隐性层面到显性层面的转化，肯定了人是作为生命、生存和生活的统一体，肯定了人既是教育的中心和目的，又是教育的出发点和归宿，同时还是教育的基础和根本。“三生教育”将各个层面的人生问题凸现出来，在对这些人生问题予以系统的把握的基础上，对人进行全面系统的教育，谋求人的全面发展。

再次，“三生教育”是“知”、“情”、“意”的逻辑统一。“知”是对于生命、生存和生活的认知和了解，“情”是对于生命、生存和生活的体验，“意”是在对于生命、生存和生活的认知和体验的基础上所领悟、实现和创造的人生意义和价值。人生不是枯燥乏味的，人无法忍受单一的颜色，也无法忍受无意义的生活，因此，人在追寻生命的意义的过程中，逐步对于生命、生存和生活进行认知、体验和创造，将自己人生的画布涂抹得多姿多彩。“三生教育”即是教育学生如何去获得这样多姿多彩的人生，正如罗崇敏先生所指出的：“三生教育应成为认知性、体验性和创新性很强的育人事业”。“三生教育”以其丰富多彩的教育形式，使教育不再成为枯燥的说教，而是真正地将教育融入于人的生命、生存和生活之中。“三生教育”既在人的“知”、“情”、“意”中得以内在统一，又在人的“知”、“情”、“意”中得以表现，体现出二者之间的逻辑统一性。

最后，“三生教育”是“学”、“思”、“行”的逻辑统一。在“学”的层面，“三生教育”将教育者（教师）与受教育者（学生）紧密联系起来，表现为教（学）与学（习）的双向维度，这是我们进行生命教育、生存教育和生活教育的基本方式。在“思”的层面，“三生教育”

包括我们在了解和认知生命、生存和生活的基础上所进行的一般意义上的对于人生问题的思考和在高层次理论上对于人生问题的哲学反思两个维度。对于人生问题的思考可以促进“三生教育”之目的的实现，而对于人生问题的哲学反思则可以促进对“三生教育”的深入研究，进一步完善“三生教育”的教育理念。在“行”的层面，“行”既是“三生教育”的具体落实——教育活动的开展，又是“三生教育”具体内容的实践——受教育者依其所学在生命过程中的实践。究其实质而言，它是“学”与“思”在实践中统一于“行”，亦即“知行合一”。因此，“三生教育”在“学”、“思”、“行”每个方面都构成一种双向的互动，同时又依所“学”而有所“思”，依所“学”、所“思”而有所“行”，达到“知”（即“学”与“思”）与“行”的合一。“三生教育”基于“学”、“思”、“行”的互动和相互诠释，展现出自身的内在逻辑。

总之，“三生教育”本从生命、生存和生活之间的内在逻辑而展现出自身的内在逻辑，而这种内在逻辑的展开则是谋求对于人全面教育，使人能够真正地了解生命、学会生存、幸福生活。

"三生教育"对教师的新要求

黄德锋

云南省教育界首创的"三生教育"2008 年 9 月在全省所有学校（包括幼儿园）广泛开展。"三生教育"，就是要通过教育的力量，使学生接受生命教育、生存教育和生活教育，树立正确的生命观、生存观、生活观的主体认知和行为实践，最终达到帮助学生确立正确的世界观、人生观、价值观的目标。"三生教育"作为贯穿教育始终的一种全新的理念，极大地丰富和扩展了教育本身的内涵，使人的全面发展，素质教育的全面实施变成了现实。《中国教育改革和发展纲要》指出："振兴民族的希望在教育，振兴教育的希望在教师，建设一支具有良好政治业务素质、结构合理、相对稳定的教师队伍，是教育改革和发展的根本大计。"2008 年 9 月，云南省委高校工委、省教育厅组织了"三生教育"首期培训班，400 多人参加培训。云南省教育厅副厅长、"三生教育"办公室主任张海翔副厅长在"三生教育"教师培训中对教师提出了五条要求：一要统一思想，明确任务；二要把握原则，掌握方法；三要吃透教材，理解精神；四要勤于探索，勇于创新；五要遵守纪律，担当重任。由此可见，"三生教育"除了要求教师具有一般的素养之外，还对教师提出了更高的挑战和更新的要求。

一、"三生教育"要求教师具有正确的生死观念

上海市在对4000多名中小学生的调查中发现，49.8%的初中生和61.4%的高中生相信"有人能够死而复生"的说法；40%的初中生不相信"生死轮回，因果报应"，而高中生只有20%不相信。在石家庄市进行的一次"中学生生命认知调查"显示，有相当一部分中学生在生命价值观上存在错误的认识——被调查学生中19.49%有过轻生的想法。可见学生对人之"生"、"死"缺乏基本的认识与正确的了解，而要解决这一问题学校开展生命教育则是不可或缺的，这就要求教师首先要具有正确的生死观念。

生命教育是帮助学生认识生命、尊重生命、珍爱生命，促进学生主动、积极、健康地发展生命，提升生命质量，实现生命的意义和价值的教育。"师者，传道、授业、解惑者也。"而"道"在老子看来是"万物的根本"，由"道"便生"德"，教师的"传道"首先要遵循"生命之道"。

于是，从事"三生教育"的教师首先要正确认识生命的本质及意义。人的生命与动物的生命有着本质的区别，荀子说："水火有气而无生，草木有生而无知，禽兽有知而无义；人有气、有生、有知亦且有义，故最为天下贵也。"可见只有人具备气、生、知、义，只有人的生命具有社会性，所以人的生命是最完整、最宝贵的。教师能够深刻地理解人之生命的三重性，即生理性亲缘生命、人际性社会生命、超越精神性生命。孔子曰："富与贵是人之所欲也，不以其道得之，不处也。贫与贱是人所恶也，不以其道得之，不去也。"孟子曰："生亦我所欲也，义亦我所欲也，二者不可得兼，舍生而取义者也。"从而认识到生命的意义在于追求比物质财富更高的"道"与"义"，即精神生命的追求。

其次，"三生教育"的教师要认识生命的和谐性。在构建社会主义和谐社会的今天，人之生命要做到"四个和谐"：即面对自身，了解自我，做到与自身和谐；面对自然，要认识自然，做到与自然和谐；面对社会，要融入社会，做到与社会和谐；面对他人，要协调沟通，做到与

他人和谐。于是，要做到上述四种和谐，教师必须构建和谐的生命观，做到与学生的和谐、与自身的和谐、与同事的和谐等等。

最后，“三生教育”的教师对“死亡”也要有科学的认识。《庄子》说：“死生终始将为昼夜”，汉代扬雄指出，生死的终始变化，为“自然之道”、必然之理：“有生者必有死，有始者必有终，自然之道也。”。于是，“三生教育”教师要理解生死是自然之理，是必然之规律。死亡首先表现为人生理生命的中止，而这一过程往往伴随着肉体上这样或那样的疼痛，这是每一个未亡者的所怕。其次，死亡也同时中止了个体人的血缘生命与人际的生命的进一步展开。死亡是任何人都无法逃避的，死不是长眠；死不是一了百了；死更不是一切的丧失。死是生活的终止，但生命可以永存。也即是说：逝者虽然已矣，但其生命的重要组成部分却可以永恒存在。生与死是一体两面的东西，每个人出生之时，便已经开始了走向死亡的征程，他们二者是相互渗透的。教师只有树立正确的死亡观，认识到生命的可贵性，才会珍惜短暂的生命去创造人生的价值，从而做到由死观生。

“其身正，不令而行，其身不正，虽令不从。”“三生教育”教师是生命教育的引领者，只有他们具有正确的生死观念，不断提升自我的生死品质，才能引导学生真正了解生死，从而走出“生与死”的误区。

二、“三生教育”要求教师涵有乐观的生活态度

在社会主义市场经济条件下，人们的物质生活水平得到了极大的提高，可许多人的精神生活却十分令人担忧，学生群体也不例外。《中学时事报》和中国青年政治学院联合对“中学生你过得还好吗?”所进行的调查结果显示：17.6%的学生“常常感到孤独”；14.8%的学生没有“知心朋友”。与此同时，在互联网的快速发展的今天，许多学生将精神寄托于虚拟的网络世界。上海市对1398名中学生进行调查，中学生上网率高达91.3%，其中有23.6%的中学生是互联网的常客，77.2%的中学生每月上网的总时间在10小时之内，9.6%的学生则超过30小时。于是，在这种状态下，生活教育的开展已经势在必行，这必然要求

教师涵有更加乐观健康的生活态度。

生活教育，就帮助学生了解生活常识，掌握生活技能，实践生活过程，获得生活体验，确立正确的生活观，追求个人、家庭、团体、民族、国家和人类的幸福生活的教育。有人说“选择了教师，就是义无反顾地选择了乐观主义”，由此可见，假若你是“三生教育”教师，你更应该是个“乐天派”。试想，如果一个教育学生要懂得体验生活，追求幸福生活的老师自己每天都生活得苦闷、悲观，学生在他的课上怎么开心得起来。所以，教师应具有科学的世界观和积极的人生观，要有热爱生活的情怀和追求事业的精神。乐观的生活态度会让教师在教学中保持创造的激情和创造的快乐，并将快乐与幸福传递给学生。

陶行知认为“生活即教育”，他认为生活教育具有生活的、行动的、大众的、前进的、世界的、有历史联系的等不同特点。所以，教师应时时处处注意言传身教，用自己的学识教诲学生，用自己的品格影响学生，丰富学生的生活，拓展学生活动的领域，密切学生与社会的联系，激发学生的兴趣爱好，发展学生的特长，培养学生的开拓精神和创造才能。教师在教学实践中要采取健康的生命化教育方式，对学生进行正确的生命价值引导，尊重学生人格与个性，注重联系学生实际，教会他们如何解决生活中经常遇到的问题，提高他们的生活应对能力，形成自尊、自爱、自强的性格。同时，教师必须具有高度的教学热情，否则难与学生形成共鸣，不能激发学生形成一种积极向上的人生态度；教师必须具有高度的敬业精神，否则不仅有辱师德，而且会让学生在污浊的环境中成长，难以成材、成人。

教师只有用乐观的生活态度教育和影响着学生，让学生在愉快与和谐的环境中学习，才能进一步培养学生的生活能力，使学生珍惜生活，珍爱家庭和集体，并在良好的氛围中健康快乐的成长。

三、“三生教育”要求教师拥有丰富的生存知识

在当代竞争日益激烈的社会环境中，学生的生存环境不断趋于严峻，学生的生存能力也亟待提高。如近年来，儿童的学习压力呈现持续

增长的趋势。在昆明、北京、上海、广州、汕头五城市，主要针对13至18周岁的初一、初二、高一和高二的中学生进行了发展状况调查研究，该调查研究报告显示60%以上的中学生感到升学和考试的压力较大，而感到没有压力的学生仅为5.8%，这可以看出被调查的学生中有近六成的学生深感升学的压力巨大。学生不仅学习压力过大，紧张的人际关系也使他们无法适从，难于面对。不良的人际关系导致学生产生一些不好的人格特征和个性心理，如自卑、自傲、过于内向、心胸狭窄、仇视等，有的学生还会因此而产生消极悲观的情绪，更有甚者，个别学生有时还会出现轻生、暴力的念头。

而在四川汶川大地震中，成千名学生葬身废墟之下，面对灾难，许多学生不知所措、慌不择路，根本不谙求生之道，在慌乱中错失了自救的机会。据有关调查报道：“当生命遭受侵害时”，有超过85%的学生（高中生86.5%，初中生91.6%）持有“为了不连累父母，只能求助于警察”的想法；不到2%的学生表示自己“曾参加过相应的培训或演练”；多半学生对半数以上的问题不能正确回答，但约有75%的学生自认为对生存含义有“很深刻”或“较深刻”的理解，表明中学生在安全意识方面，可能存在盲目自信的倾向，等等。现在大学生在就业压力大的情况下，毕业后连安身立命的问题都解决不了，有些甚至还要父母带着去找工作，这日益凸显了现代教育中生存教育的重要性，而生存教育要健康有序地进行，教师则必须拥有丰富的生存知识和一定的生存技能。

生存教育，是帮助学生学习生存知识，掌握生存技能，保护生存环境，强化生存意志，把握生存规律，提高生存的适应能力和创造能力，树立正确生存观念的教育。美国初级生存教育的内容中包含49个生存必修课，被分成12大类。在这12大类中又分成4种内容：即爱国主义和道德教育、身体发育和健康、生活和安全常识、培养个人的决策能力。于是，在“三生教育”中教师必须告诉学生：什么是生存？在21世纪，人类要怎么样才能生存？如何才能学会生存？什么样的生存方式才是最好的生存方式？教师要通过开展野外拓展训练、灾难知识讲座、急救技能训练以及基本生存技能训练等，培养学生的生存能力和智慧。

这样，“三生教育”必然要求教师首先自己能够在社会群体中生存，拥有丰富的社会生存知识，掌握一定的社会生存技能。如在“5·12”汶川特大地震中北川的安县桑枣中学，全校2223名学生、上百名老师从不同的教学楼和不同的教室，以班级为单位站好，仅用时1分36秒，全部冲到操场，创造了无一伤亡的大奇迹。而这源于桑枣中学自从2005年开始，每学期要在全校组织一次紧急疏散的演习，每周二都是学校规定的安全教育时间，让老师专门讲交通安全和饮食卫生等知识。可见，学校教师本身具有安全知识与逃生技能是创造奇迹的关键。所以，“三生教育”教师必须言传身教地培养学生学会在“独自”下生存、在压力下生存、在危机下生存、在集体中生存和在逆境中生存的能力。

由此可见，“三生教育”工作的全面开展和健康发展，必须要求建设一支十分稳定、配置合理、特别在业务上具有相当实力和特色的教师队伍。教师必须要有真正垂范的能力，才能使学生“知生理，调心理，守伦理，懂哲理，明世理”，从而使“三生教育”的目的得到有效落实，使“三生教育”的价值得予全面体现。

（作者单位：南昌大学科技学院。）

深刻思考教育本质
积极倡导“三生教育”

李秋芳

在这花繁柳盛、生机无限的季节，我们相聚在人民大会堂，举办以“教真育爱”为主题的生命、生存、生活教育论坛，就其理论价值与实践意义以及与素质教育、社会主义核心价值体系建设的内在关联性进行探讨。我谨代表论坛主办方之一的中国社会科学院对参加论坛的领导、嘉宾和学者表示热烈欢迎，向支持本次论坛的社会各界人士和为举办论坛付出辛劳的工作人员表示衷心感谢！

我们知道，教育的定义有广义和狭义两个角度：广义的“教育”是指所有以影响人的身心发展为目的的活动；狭义的教育是指由专门机构专职人员进行的学校教育。而以培养正确的人生观、价值观、世界观为根本诉求的生命教育、生存教育、生活教育，原本就是广义和狭义教育的应有之义，只是受到教育发展水平不均衡、教育理念偏颇等因素制约，使得人们对教育的理解更多偏向了狭义教育，而狭义教育的实践中则出现了对生命、生存、生活意识培养不够的问题。“生命教育、生存教育、生活教育”的提出，是对教育本质进行深刻哲学思考的结晶，是对教育本真旗帜鲜明的回归，有利于使教育的内涵从狭义的学校教育，扩展到包括学校教育、家庭教育、社会教育在内的立体式复合型教育，包括提升学校教育自身的水平。

本来，生命教育、生存教育、生活教育对于培养全面发展、德才兼备、人格健全的人的作用是无需论证的。今天我们之所以来论证和阐述其重要性与必要性，目的在于以此来推动“三生教育”的蓬勃发展。论及生命教育、生存教育、生活教育之必要性，可从如下角度来分析：

第一，开展生命、生存、生活教育是培养公民意识的需要。道理很简单，如果一个人没有正确的生命观、生存观、生活观，就不可能有作为一个公民所应具备的法制意识、民主意识、责任意识，如果没有这些构成公民意识的基本单元，公民意识就可能是镜花水月。党的十七大报告就培养公民意识提出了明确要求，而生命教育、生存教育、生活教育恰恰是培养公民意识最基本的途径。

第二，开展生命、生存、生活教育是建设社会主义核心价值体系的需要。众所周知，任何时代、任何民族都需要核心价值体系来引领社会思想和行为，形成强有力的精神力量。建设社会主义核心价值体系，是确保我们这样的社会主义国家长治久安的关键。社会主义核心价值体系的建设，非常复杂而艰巨，分解落实到教育实践中，最为核心和关键的是，通过扎扎实实的生命教育、生存教育、生活教育，引导青少年形成正确的人生观、价值观、世界观，从而成为“理想远大、信念坚定的新一代，品德高尚、意志顽强的新一代，视野开阔、知识丰富的新一代，开拓进取、艰苦奋斗的新一代”。

第三，开展生命、生存、生活教育是培养全面发展的社会主义合格建设者和可靠接班人的需要。为什么生命教育、生存教育、生活教育的概念会在此时出炉？因为，在我们的青少年一代身上已经折射出了生命观、生存观、生活观的偏差迹象。而生命教育、生存教育、生活教育，关注人的内在发展，着眼于人的健康成长，着力于开启心智和培养创新精神与实践能力，必然成为培养高智商、高情商有血有肉的人的独特教育理念和教育方式。

第四，开展生命、生存、生活教育是提升素质教育水平的基本方法。素质教育与“三生教育”，实际上是抽象与具体的关系，“三生教育”是进行素质教育的基本方法。素质教育关注人的素质提升，重视内在发展与和谐发展。而生命、生存、生活教育，着眼于学生健康成长，着力于养成学生仁爱之心、感恩之心、正义之心，而且可以化作一个个鲜活的案例来进行，因而更具体、更明确、更具有可操作性。

总之，开展生命教育、生存教育、生活教育是对教育基本规律的主动探索，是教育对社会发展的积极回应。我们相信，生命教育、生存教育、生活教育的开展，不仅能对中国教育的发展产生积极深远的影响，还会成为中国教育里程中具有重要意义的标志。本次论坛的召开既是理念倡导，也是火种传播。它所点燃的重视生命、生存、生活教育火样的热情，必将在神州大地形成燎原之势，从而推动我国教育事业跃上新台阶，进入新阶段。

（作者为中国社科院党组成员、中纪委驻中国社科院纪检组长。）

生命困顿与生命重建

——基于“生命、生存、生活教育”之理论的思考

李　佳

如今的社会，科技发展越来越快，经济发展也在日新月异，全球化也让我们的文化变得多种多样。然而，这样“发展”的社会中我们的心灵尤其是青少年是怎样的状况呢？可悲的是，我们看到的是大量的人处于迷惘的状态，每日每月为了生活所需而奔波，为了学业工作而努力，为了各种名利地位而奋斗，周而复始。许多人常常在感叹，除此以外，我活着的意义是什么呢？当这种生命价值观的缺乏而产生的生命困顿积聚，当生活所欲替代生活所需后的“一无所有”的焦灼感导致犯罪、自杀、弑亲等事件成为社会一大隐患时，对生命真谛的理解就显得尤为重要与必要。

一、生命困顿现象

什么是生命困顿，郑晓江教授给我们一个解释，生命困顿是生命价值和生活意义的流失。轻者产生迷惘、郁闷、焦躁的情绪，严重者造成自杀与凶杀的人生悲剧。

以青年为例，现在青年人基本是80后、90后。80后的“郁闷”、

90后的“纠结”这些流行词汇反映出当代青年的心灵状况，看不到生活的意义所在，找不到人生价值所在，不了解生命的价值。人们越来越多的关注自身当下或者此刻的感觉，以“物化”、“资本化”、“功利化”这些世俗化为人生目的方向。可是当这些也无法安顿我们的身心时，生命困顿变严重起来：我的生活意义和生命价值在何方？正像奥地利精神医学家弗兰克所言，今天的这个时代主要是生存的挫折——是一种无意义感伴之以某种空虚，可称为“生存空虚”。

思想的迷惘让许多青年包括少年在人生的道路上磕磕绊绊，不珍惜时间，虚度年华，追求一时的感官享受，没有坚定性，进而各种问题随之而来。无可奈何，无所适从，无聊，心烦意乱，憋屈却无法发泄，种种心理状况让人们更加浮躁，当这些状况发展到一定程度时，当外部环境带来压力或者说亲情、友情、爱情和学习、生活、工作的变化和压力让人无所依时，“生命不能承受之重”而精神崩溃产生的种种人生悲剧，不得不让人唏嘘、叹息、担忧。

生命要有意义，无意义的人生是空虚的人生，狄尔泰认为，“意义”指的是生命各部分对于生命整体的关系。这种关系植根于生命的本质之中，也就是说，生命的任何一种形式都有一部分对整体的内在关联，最能体现部分与整体关系的就是意义。海德格尔，从存在出发，揭示“存在的意义”，意义是某种东西的可领悟性的栖牲之所，在领会着展开活动中可以加以勾连的东西。只要在世的展开状态可以被那种于在世展开之际可得到揭示的存在者所“充满”，那么，唯此才有“意义”。我们且不评析前人所言意义的逻辑，单就其意旨来说，我们发现，“意义是使人的整个生存得以维系和升华的生命之气韵和神趣，甚至就是人的文化社会生存的内涵和底蕴。”故而，寻求生命的意义，建立生命的信仰是生命教育的根本。

二、建立生命的信仰

（一）产生生命困顿的原因

其实生命困顿也可以理解成生命混沌，生命混沌即生活的浑浑噩匮，生命的空虚不解。而导致这一状况的原因是多方面的。

1. 价值观念的混乱

自鸦片战争以来，西方思想大量传入中国，对中国传统的文化，传统的生命观价值观体系造成了巨大的冲击。西方的自由主义，个人主义等等给现代及当代人造成了巨大影响。另外，伴随着全球化，世界文化不仅使我们开阔了眼界还使我们的价值观产生了混乱。极端的个人主义，后现代主义等等摧毁了中国人传统的生存价值观念，但是却无法形成也没有一个稳定的、持久的信念、信仰作为我们行为的价值导向。这就使生命没有了想要到达的终极目标，思想上的无所适从让人失去了生命的热情。

2. 社会环境的重压

社会环境包括家庭环境、学习环境、生活环境、工作环境等等。人作为社会的主体，无时无刻不生活在各种环境之中。社会环境与文化、风俗、习惯以及各种价值观都是密切相关的，通过社会环境对人产生了各种各样的要求，或者说人因为社会环境而自我施压以完成各种“社会要求”和“社会荣耀”。当人的所需变成人的所欲时，欲壑难填，正如郑教授所言的“一无所有”的焦灼状态时，生活的压抑，生存的空虚急速笼罩我们的生命。

3. 教育体制的错位

教育的本质是人的完善，也就是以开启人类的智潜能和培育人类道德品德为基本方式，来提升人的知识水平、生活工作能力或技能、人格道德境界。在中国古代，儒家传统的教育理念的核心是德智双修，德才兼备。再来看如今中国现代教育，中国的教育始终在不断地改革，然而在生命教育的错位依然不能得以规正。虽然针对唯科学主义、理性至上、功利主义和物质主义、享乐主义的流弊而开展了人文主义教育，可惜人文教育因为生命教育的缺失而失落；再者现在教育与生活的脱节丧失了生命的意义；还有极端的道德理想和绝对主义的客观知识的教育都使我们的生命失去原有的色彩、灵性和动力。

4. 个人生命追求的缺失

社会各种物质财富色彩斑斓，让人目不暇接、眼花缭乱，也让人很容易沉沦于物欲之中。另外，活在当下，享受感官的享受，包括奢侈的各种享受以及性欲等等也是我们错失通往生命终极关怀之路。

当然，原因肯定不止这一些，但显而易见的这些原因已足以说明我们现在出现的问题，所以建构生命信仰理念是我们进行生命教育、生命价值观普及的重要方面之一。

（二）因信而生

信仰是代表着人类对某种特殊的价值目标或生活理想的崇高寄托与心灵承诺。

生命的信仰是对人生的终极关怀。在笔者看来主要包含着两大方面的内容：一是幸福的生命信仰；二是生存的生命信仰。

什么是幸福的生命信仰？首先在于理解什么是幸福。

主观主义幸福论认为，幸福就是快乐，而快乐是对于需要得到满足的心理体验。客观主义幸福论认为，幸福是客观的、不以自己的主观感觉如何而转移的自我完善、自我实现、自我成就，是自我潜能的完满实现。显而易见，两者均是有缺陷的，首先快乐与幸福并非是一个东西，快乐并不都是幸福；其次自我实现仅仅是幸福的一种而绝非是幸福的全部。莱布尼茨说，“幸福是一种持续的快乐，幸福可以说是通过快乐的一条道路，而快乐只是走向幸福的一步和上升的一个梯级。”

幸福不是一个点而是一个过程。幸福是长久的、重大的快乐。在幸福的追求的路上有快乐有痛苦，幸福不仅是生活水平的提高更重要的是生活品质的高水准。郑教授很形象的概括了幸福的生活品质，即意谓人们在富裕的物质生活基础之上，心理上健康稳定，家庭与人际社会关系良好，心灵中充满着愉快欢乐，精神世界无比的充实。

幸福的实现取决于五大要素，天资、努力、机遇、美德和欲望。才、力、命、德是幸福实现的正相关要素，而欲望则是幸福实现的负相关要素。若欲望太大，那么即使才高、力大、命好、德优也是不能实现幸福的。反之，即使才、力、命、德不高，但欲望不大，那么也是能获得幸福。

有了正确的幸福观，并将其作为自己的精神支柱和行动指南，我们实现生命价值、实现幸福就有了目标。人生的追求也不会麻木，不会迷惘，不会迷失。

生存的生命信仰则体现在两个方面，首先，要学会生存。其次，要了解生存的意义。生存不仅包括生理性实体生命的生存还包括关系性人文生命生存。要了解我们的人生既要获得物质上生存的条件，还要拥有精神上满足这一生存条件。生命是生存始终围绕着展开和旋转的“轴心”，所以人要生存，一要有生存的能力，即要掌握各种知识和技能；二要有生存信念，即能指向人的生存的终极目的。往往具有坚定的生存信念的人，其人生走的越是坚定。

幸福和生存两者是相互联系的。生存是幸福的前提，这里的生存是人自觉地进行求生，即自存和种存的活动。幸福是生存的意义所在。

总而言之，无论是幸福的生命信仰还是生存的生命信仰都是基于敬畏生命，珍惜自己的生命，尊重他人的生命的。有了坚定而真诚的生命信仰，才会感到人生有意义。有了坚定的人生信仰，才会使自己的思想认识具有最大的明确性和稳定性，在各种价值观念冲击时才不会迷失自己。

三、生命的重建

人的生命重建不仅仅是生命价值与意义的确定，也表现在我们的日常生活中的各个方面，这也是“三生教育”中要解决的问题。

（一）有自我承担的能力

我们面临着各种责任、各种挑战、各种自己或他人制造的一切。你该怎么办？美国作家露易丝给了我们启示，“所有我们生命中的痛苦和愉快，都完全是自己造成的。”“对自己制造的一切，我们不能将责任推给别人，责备别人；我们应该知道——如果有错，错在我们自己。没有人，没有地方，也没有任何事物具有超出我们自己的力量，因为‘我’是自己惟一的思考者。当我们在自己的头脑中创造宁静、和谐与平衡时，我们将发现它们同样存在于我们生活中。”简而言之，我们要勇于承担，学会承担。

（二）自爱与自重

生命价值是个人的生命价值的体现。自爱是一切爱的基础和前提，一个人若连自爱都做不到怎么能真正地去推己及人，去爱他人呢！自爱是生命的底线，珍惜生命是从自爱开始的。放弃自爱也就间接地放弃了生命。现代不自爱、不懂得自爱的人很多，他们也从中受到了伤害。所以要尊重自己，爱护自己，关爱自己。无论从平时的生活习惯上还是思想领域，健康愉悦是从自尊自爱开始的。

（三）宽恕与包容

我们要学会与人相处，而相处之道根本在于宽恕与包容。从个人美德的范畴来界定，“宽容，容许别人在行动和判断力的自由，对不同于自己的见解的耐心公正的容忍。”人际交往中每个人都有其性格习惯特点，我们要学会换位思考，学着理解他人，这样不仅会拥有一个好的人际关系，而且也会从中得到尊重。从广义上理解宽容，它还涵括了“文化宽容”的内容，即在人格平等和尊重的基础上，以理解宽待的心态和友善和平的方式来对待、宽忍、宽恕某种或某些异己行为、异己观念乃至异己者本身的道德与文化态度、品质和行为。宽容的基点是以人为善，与人为善，但宽恕和包容绝不能理解为无原则的放纵，也就是说，宽容的美德并不也不能以丧失信仰或信念为代价；另外，宽容的道德基础是人格的平等和相互尊重而不应是强者对弱者的仁慈施舍。

（四）相信自己

许多人内心深处常有这样的念头——“我不够好！”于是我们发现，我们拥有的自卑和内疚越多，我们的生活就越糟。我们具有的自卑和内疚越少，我们的生活就越好。不管我们处于哪种生活水平，情况都是这样。那么何不尝试相信你自己，对自己说我试试应该会做得好，或许你真的很优秀。当然最主要的是坚持，不会因一时失败而颓唐不再尝试。叔本华说，“确信自己的价值的人，能在痛苦中安详地坐下来，而如无此确信，则会使他陷入悲观失望之中；虽然他没有各种享受，没有快乐，没有朋友，他能相信他自己，依赖他自己；活生生地意识到这个优点，给我们极大的安慰；宁要这个安慰，也不要一切其他尘世的幸福。”

（五）善待自己——贵生

善待自己的根本问题是：善待自己的生命，正确对待自己的生命和自己生命之外的东西。道家有言，“名与身孰亲？身与货孰多？甚爱必大费，多藏必厚王。顾知足不辱，知止不殆，可以长久。”其中心意思即是“贵生”。贵生是善待自己的根本原则。所谓贵生即认为自己的生命贵于自己生命之外的东西，因而也就是自己是最宝贵最有价值的东西。如果一个人贵生轻物，即使失去身外名货，得到的却是最宝贵最有价值的东西。在此要注意的是贵生是以利生为前提的乐生，贵生的乐生便不是纵欲的乐生，不是放纵一切欲望、只追求一切快乐；“是故圣人之于声色滋味也，利于性而取之，害于性则舍之，此全性之道也。”怎样贵生—神静形动。

“神静”，精神安定，静而不燥。要做到这点就要做到三点“舒畅情怀”、“欲望适度”、“修养品德”。

“形动”，顾名思义即人身体的运动。孙思邈说：“人若劳于形，百病不能成。”

身体状况问题现今尤其显著，很多正当壮年的人突然死亡，还有很多青少年突发性死亡。我们要知道生命只有一次，它是单程车票没有回返，尽管我们不仅拥有实体性生命还拥有人文性生命，可是当没了这一能让自己自由支配的载体，那么一切都成为空话。我们如花的生命需要强健的体魄，因此因人因地制宜适度的长期的、稳定的锻炼自己的身体这也是生命价值实现，生命教育的重要内容。内外兼修，莫做文弱书生。

总之，生命之花的绽放时需要滋养的，自我的修养是根本，教育和社会的影响是辅助，强健的体魄是依托。珍爱生命，敬重生命，在生命信仰导向下让我们的生命焕发光彩。

（作者为江西师范大学2010级中国哲学硕士研究生。）

参考文献：

［1］老子．道德经［M］．北京：中华书局．

［2］杨伯峻．论语译注［M］．北京：中华书局．

［3］吕氏春秋·本生

［4］冯友兰．三松堂全集[M]．郑川：河南人民出版社，1984－1993.

［5］郑晓江．生命的沉思．

［6］万俊人．寻求普世伦理［M］．北京：北京大学出版社，2009. 6.

［7］万俊人．儒家教育理念的现代合理性及其限度［J］．哲学研究．1997.

［8］冯建军．生命与教育［M］．北京：教育科学出版社，2004. 11.

［9］王海明主编．伦理学原理［M］．北京：北京大学出版社，2005. 2.

［10］联合国教科文组织国际教育委员会编著．学会生存［M］．北京：教育科学出版社，1996.

［11］叔本华论说文集［M］．北京：商务印书馆，2004.

［12］杨玉昌．哲学与生活［M］．广州：中山大学出版社，2009. 2.

［13］海德格尔．存在于时间［M］．北京：三联书店，1987.

［14］莱布尼茨．人类理智新论（上册）［M］．北京：商务印书馆，1982.

［15］李超杰．理解生命——狄尔泰哲学引论［M］．北京：中央编译出版社，1994.

［16］张曙光．生命哲学——走向本真的存在［M］．昆明：云南人民出版社，2001. 8.

［17］［美］亨德里克·房龙著，靳翠微译．宽容［M］．北京：三联书店，1985.

［18］章海山．西方伦理思想史［M］．沈阳：辽宁人民出版社，1984.

［19］包尔生．伦理学体系［M］．北京：中国社会科学出版社，1986.

推进“三生教育”事业 实现人的全面发展

田慧生

今天，由中国教育学会、中央教育科学研究所、中国社科院哲学研究所、云南省教育厅联合举办的“生命教育、生存教育、生活教育”论坛在人民大会堂隆重召开了，我谨代表中央教育科学研究所向云南省教育厅以科学发展观为指导，大力实施“三生教育”所取得的显著成绩表示热烈的祝贺！向各位领导、专家、学者莅临“三生教育”论坛表示衷心的感谢！

云南省教育同仁站在历史的高度和时代的前沿，从关注人类发展面临的普遍问题出发，在全国首次将生命教育、生存教育、生活教育作为一个有机的整体进行研究，组织实施并取得了明显成效。实施“三生教育”，符合“以人为本”的教育理念，体现了教育的终极关怀；实施“三生教育”，创新了素质教育的内容，为提高学生的综合素质奠定了基础；实施“三生教育”，有效地整合了学校、家庭和社会教育资源，凝聚了各方面的力量。

为进一步深化研究与推进“三生教育”，我们建议要加强理论建设，以多学科的不同视角、不同的研究方法，为“三生教育”提供理论支撑；建议“三生教育”从云南省内走出去，以多赢和共赢的思路寻求社会有关方面的支持，广泛开展合作研究；建议有效整合各方面教育资源，形成学校、家庭和社会三者有机结合的教育合力；建议加强课程、教学研究，丰富教育内容，逐步探索“三生教育”的教育教学保障机制。

中央教育科学研究所愿意和云南省教育厅共同携手，资源整合，优势互补，研究与探索“三生教育”，把“三生教育”作为素质教育的基础工程，作为德育工作的重要内容全面推进。

我们有理由相信，在云南省教育厅的大力推动下，“三生教育”一定会在云南的教育改革发展中发挥更大作用！

（作者为中央教育科学研究所副所长。此文为作者在人民大会堂“教育三部曲”出版发行暨价值主义教育研讨会上的发言。）

应当重视新生代民工的“三生教育”

王令策

一、问题的产生

随着国人经济收入水平的总体提高，物质生活越来越好，人们开始追求精神层面的享受，所谓衣食足而知荣辱，这是人们在物质生活有了大幅度改善之后的必然追求，自然规律发展而已。与此相呼应的是，由于学生非正常死亡以及自杀现象的层出不穷，各地各级政府也开始重视对全国大、中、小、幼等各个年龄段学生的生命教育，这点在汶川“5·12”大地震之后，更是被提高到了前所未有的高度，甚至十二五教育发展规划纲要当中也有相关论述。在这个崭新的课题面前，云南省教育厅率先在全省范围内推广了“三生教育”，而且已经取得了相当喜人的成效。在三生教育如火如荼地取得进展与效果的同时，笔者也注意到了一个现象，即凡是提出生命教育的地方，几乎都是教育行政部门，鲜见有政府出面提倡的，似乎生命教育只是教育部门单方面的职责，其他部门只是配角，如强调学生的交通安全时，就是由交警维持交通秩序之类。我认为，这是不应有的现象，并由此想到，还有一个庞大的群体是否需要“三生教育”呢？这个庞大的群体，即是所谓“民工”。说它庞大，绝非夸辞。据国家统计局2009 年公布的数据显示：全国农民工总量有2.3亿人，其中外出务工数量为1.5亿人，由于他们常年在外务工，由此又产生了新生代民工（以下简称新工），这个新工的数量占了绝大多数，达61.6%，数量多达1亿（见全国总工会新生代农民工问题课题组《关于新生代农民工问题的研究报告》，wenku.baidu.com/view）。值得注意的是，长年在外的民工总数占到我国人口总数的十分之一强，而且随着失地农民的增加，他们不断涌进城市，新工也就将越来越多。这种数量的持续增加，带来了许多的社会问题。面对这么一个庞大的人群，需不需要政府在注重生产安全的同时，还有必要对他们进行"三生教育"呢？如果需要，那么应当如何以及由哪个部门来负责具体实施呢？

二、新工现状概况

"新工"是最近才出现新名词，特指改革开放初期进入城市务工的农民工所生育的后代，如今这些当年的小孩已经长大成人，也逐渐进入了务工队伍，为有别于老一代的民工，即将目下年龄在18—30岁前后的务工人员称作新工。这批新工自小就在城市生长，但由于城乡二元化的体制仍未彻底破除，因此从本质上看，他们还是属于农村人口，这就使得新工群体身上有着五个不同于城市人口的特征，这五个特征分别是：时代性的开放、追求性的大胆、双重性的尴尬、边缘性的遗忘、早熟性的心理：

（一）时代性的开放

新工是伴随着改革开放的锣鼓声而来到人间的，这个时期，正是我国社会开始急速转型的时代，在这种商品意识逐步浓厚起来的氛围中长大的年青一代，与生俱来地具有商品意识浓厚、敢于追求、思维活跃等特点。加上城乡交流也在加速，差别也正在缩小，因此从总体上看，新工与城市中的青年人有着许多共通点。但毋庸讳言的是，目前我国由于城乡二元化的体制仍然没有被彻底打破，依旧存在身份上的差异性，这种差异性带来的后果，虽说不严重，但或多或少会影响到平日的言行，部分新工当中还有些许的自卑感，这在性格内向的新工身上表现更为明显。

（二）追求性的大胆

新工自小到大就过着与城市同龄人差别不大的、衣食无忧的生活，物质生活的丰富使他们的需求层次较父辈有了明显的提升，如果说父辈外出务工只是为了改变贫穷的生活，或者说是为了基本的生存，而新工外出务工则不仅仅局限于此，他们把务工当做追求更为广泛发展的途径，在注重工资待遇的同时，也比较注重技能、技艺的学习。他们认为，如果学到了一技之长或者一门管理方法，同时又有了足够的资金，就可以实现父辈不敢想象的、也从未想过的白领愿望，因为这样既可以赡养父母，又能够照顾家庭生活，更为重要的是可以光宗耀祖；另外由于大众传媒和通信技术的发达，使他们能够更迅捷地接受现代文明的熏陶，形成多元化的价值观与开放式的新思维，成为城市文明、城市生活方式的向往者、接受者和传播者。如果就这点而言，他们和城市的同龄人几乎毫无二致。

（三）双重性的尴尬

由于城乡二元化体制的限制，他们具有农民和工人双重的身份特征，由这种身份派生的具象有着比较尴尬的表现：从谋生手段来看，靠务工为生，重视劳资关系、工作环境，看重劳动付出与劳动报酬的对等，关注工作条件的改善和工资水平的提高，具有明显的工人特征；而且从即将面临的婚姻、组建家庭来看，又不得不接受农村的模式，因而从某种角度来看，作为农民的后代，也不可避免地保留着一部分农民的特质。

（四）边缘性的遗忘

新工们的工作在各类企业，从事着城里人不愿意干的脏、累、差的活，拿着一些不算太多的报酬，却又不得不继续地干下去，当他们连最低限度的温饱问题都无法解决时，就将给社会造成一系列不稳定因素。同时由于在城市里生长，对农活不熟悉，对农村生活不习惯，在传统的乡村社会中几乎处于可有可无的边缘位置，逐渐被村民遗忘；而生活在城市，却住在城市的插花地带，无法享受，同时也享受不起与城市人同等的物质待遇，这种长期处于城市底层的生活状态，使得新工们心理上也会对这座他正在生活、工作的城市产生一种熟悉的陌生感，使得新工很难真正融入城市主流社会。因此处于城乡两端均被边缘化状态的新工，无论在乡村，抑或在城市，均属一种被边缘化遗忘的群体。

（五）早熟性的心理

新工群体的父辈自小生长在农村，他们具有迥然不同于城市的生育观念，受多子多孙的传统生育观念的影响，每对民工夫妇基本上都有两个以上的小孩，如此一来，就使得新工们不像城市中的同龄人那样有“小皇帝”、“小公主”的自大心理，懂得分享、懂得父辈的艰辛、懂得感恩，家中遇到大事，有兄弟姐妹可以互相商量、共同解决，比较容易与除家庭成员之外的人相处，这可以说是新工们的最特别的长处。

三、开展“三生教育”的必要性

我国著名的生命教育理论研究专家郑晓江教授认为：生命教育具有几个特点。第一，这是一种不分专业、不论受教育者的文化层次、毋须区分教育门类、全民性的、终身的教育过程；第二，重点在于开掘心灵，因此，生命教育应该是公民教育；第三，本质是从生命层面入手，使全体公民认识到生命的本质意义，学会关爱他人，从一个“自然人”过渡为全面的社会人。（见2010年5月人民出版社第一版《生命教育公民读本·导言》）

关于“三生教育”，目前学界比较趋同的看法是：“三生教育”的目的，就是要让受教育者接受生命教育、生存教育和生活教育，树立正确的生命观、生存观、生活观的主体认知和行为过程。具体含义为：生命教育是帮助人们认识生命、尊重生命、珍爱生命，促进人们主动、积极、健康地发展生命，提刀生命质量，实现生命的意义和价值的教育；生存教育是帮助人们学习生存知识，掌握生存技能，保护生存环境，强化生存意志，把握生存规律，提高生存的适应能力、发展能力和创造能力，树立正确生存观念的教育；生活教育是帮助人们了解生活常识，掌握生活技能，实践生活过程，

获得生活体验，树立正确的生活观，追求个人、家庭、民族、国家和人类幸福生活的教育。笔者觉得还应该增加一点，那就是生命教育与年龄无关！

作为当代公民的新工，务工前的经历基本上是初中、高中，未能考取高校，有的只是因一分之差而落榜，加上家庭经济状况欠佳，不得不直接闯入社会大学堂，因此同样也面临着一个如何解决“生命与生活的紧张”问题，如果不能及时地在他们的世界观完全成熟之前进行必要的正面教育，那将不可避免地出现以下几种情况：

第一，终日在父辈家乡以外的城市务工，依靠一点点技术含量并不怎么高的手艺，如泥瓦工、装修工、电焊工、修理工、厨师、生产流水线上的操作工等等，有的甚至纯粹依靠出卖劳动力为生，而这样延续下去的话，一旦成家，随之而来的经济压力是较大的，这就完全不是他们务工的初衷了，如此一来，就很容易出现“生命与生活的紧张”问题。

第二，收入不高，却又不得不接受与城市居民同等的消费水平，尤其是成家之后的新工，迫在眉睫的问题就有住房消费、教育消费、物价消费等等，仅仅依靠务工所得，远远不够应付，许多盗窃、抢劫案件的产生，无不同此有关。有一篇题为《“90后”农村留守青少年犯罪特点及预防对策》的文章写道：“在不富裕的地方，一般而言农村1990年以后出生的青少年如果未继续升学的话，绝大多数都随同家长或他人外出务工。也有一部分留守在农村，他们跟‘二代农民工’相似，不喜欢务农，又想过更好的生活等，但缺乏独立的生活来源。为满足源源不断的上网、吸烟等花销，抢劫、盗窃等犯罪就成为这一特殊群体当中某些人的敛财手段。因此，急需引起重视，并积极预防和应对。”（www. cnyffz. com/webadmin/Wj_ Web_ Print. asp？2010－12－3）这篇文章列举的例子虽然没有直接点明新工如此，但有一句话是很关键的，即“他们跟‘二代农民工’相似”。

第三，由于正常上班的收入不够使用，不得不依靠加班加点来增加

收入，由此容易出现身体上的疲惫、心理上的焦虑等现象，如轰动一时的富士康员工连续跳楼自杀事件的频频发生，多半是由于上班高度紧张、工作内容单一、被加班、休息时间不充分、疲惫的身心无法获得合理的恢复，又不能获得及时而有效的心理疏导，只好轻贱自己的生命——自杀！

针对上述现象，如果我们不能正视并事先做好预防工作，放任自流，那必将给社会造成巨大的压力。个人认为，除了对新工做好必要的法制教育以外，还必须对之进行生命教育，或者说，在进行法制教育的同时，应该穿插生命教育的内容，以利新工自觉地树立起正确的人生观，更好地、更有能力地解决人生道路上出现的各种不利情况。

四、开展“三生教育”的举措

既然有必要对新工进行生命教育，那么应该从哪些方面着手呢？个人以为，主要从如下几个方面的采取措施：

第一，关于观念。对于“三生教育”在新工群体当中的展开工作，是时代赋予我们的任务，也是深化改革开放、保障经济持续发展的基本措施之一，因此要求各级政府必须以高度负责的态度认真对待，不能蜻蜓点水式地做样子，因为如果做到了位、做得扎实有效的话，对建设和谐社会、淳朴社会风气、保障社会治安、降低犯罪率、维护国家以及人民群众的财产不受到侵害、端正新工的人生观、稳定企业的员工队伍、密切城乡联系、拓宽新工的发展渠道等方面均具有深远的而且不可估量的积极作用。

第二，关于组织。这种组织不能是临时机构，应该是常设的，但也不需要另外设立，可以在各级地方党委、政府、人大、政协的综治委（办）以及关工委内指定专人负责，同时必须拨出专款，以保证教育活动正常地、持续地开展，并使之成为一项常态化的工作。

第三，关于措施。在新工群体内部开展生命教育工作，可以借鉴生命教育开展得比较成功的经验，同时结合新工群体的具体特点来展开，简而言之，可以从下述几点着手：

1. 宣传：利用各类媒体宣传生命教育的深远意义，以让全体新工树立正确的生命理念，帮助他们找到妥善处理生活当中出现的不顺心、不如意等烦恼的途径。

2. 组织：以企业、街道、社区为一个或若干个组织单位，引进社工、义工、志愿者等具有较高文化程度的人员进行具体的“三生教育”方面的辅导。

3. 教材：由各级政府、关工委牵头，邀请素有研究者编纂具有鲜明特点的、与新工日常工作、生活密切相关的、针对性强的教材。

4. 时间：利用工余时间定期进行“三生教育”的课堂讲授，譬如一周一次举行。

在新工群体当中开展“三生教育”，是一个全新的命题，本人在这篇短文中，只是根据平时观察到的实际情况以及对生命教育理论的体会，作了一次初步的、简略的探讨，切盼以此为开端，引出更多的真知灼见，在大量的实践当中，总结出更为完善的理论，来指导全民的“三生教育”，让“三生教育”走进千家万户，成为真正意义上的全民教育！

（作者系江西师范大学人生与道德研究所特约副研究员、南昌大学赣文化研究所特约副研究员。）

“三生教育”是素质教育的新探索

余　涌

胡锦涛总书记在党的十七大报告中明确提出：“要全面贯彻党的教育方针，坚持育人为本、德育为先，实施素质教育，提高教育现代化水平，培养德智体美全面发展的社会主义建设者和接班人，办好人民满意的教育”。最近，温家宝总理在国家科教领导小组会议上的讲话中也要求：“学生不仅要学会知识，还要学会动手，学会动脑，学会做事，学会生存，学会与别人共同生活，这是整个教育和教学改革的内容”，“要围绕加强素质教育、多出人才，转变教育观念，深化教育改革”。总结近年来实施素质教育的成功经验，反思存在的问题和困难，我认为，实施生命教育、生存教育、生活教育（简称“三生教育”）是素质教育的新探索，应该把“三生教育”作为实施素质教育的有效切入点和重要载体来抓。

一、“三生教育”是素质教育的新内容

所谓“三生教育”，就是通过教育的力量，使受教育者接受生命教育、生存教育和生活教育，树立正确的生命观、生存观、生活观的主体认知和行为过程。也就是通过整合学校教育、家庭教育、社会教育的力

量，激发学生的主体认知和行为实践，最终达到帮助学生确立正确的世界观、人生观、价值观的目标过程。

生命教育是帮助学生认识生命、尊重生命、珍爱生命，促进学生主动、积极、健康地发展生命，提升生命质量，实现生命的意义和价值的教育。它的主要任务是：通过生命教育，使学生认识人类自然生命、社会生命和精神生命的存在和发展规律，认识个体的自我生命和他人的生命，认识生命的生、老、病、死过程，认识自然界其他物种的生命存在和发展规律，最终树立正确的生命观，领悟生命的价值和意义。生命教育的逻辑起点是以人类生命为中心，以个体生命为着眼点，在与自我、他人、自然建立和谐关系的过程中，促进生命的和谐发展。

生存教育是帮助学生学习生存知识，掌握生存技能，保护生存环境，强化生存意志，把握生存规律，提高生存的适应能力、发展能力和创造能力，树立正确生存观念的教育。它的主要任务是：通过生存教育，使学生认识生存及提高生存能力的意义，树立人与自然、社会和谐发展的正确生存观；帮助学生建立适合个体的生存追求，学会判断和选择正确的生存方式，学会应对生存危机和摆脱生存困境，善待生存挫折，形成一定的劳动能力，能够合法、高效和较好地解决安身立命的问题。

生活教育是帮助学生了解生活常识，实践生活过程，获得生活体验，确立正确的生活观，追求个人、家庭、团体、民族、国家和人类幸福生活的教育。它的主要任务是：通过生活教育，让学生理解生活是由物质生活和精神生活、个人生活和社会生活、职业生活和公共生活等若干方面组成；帮助学生提高生活能力，培养学生的良好品德和行为习惯，培养学生的爱心和感恩之心，培养学生的社会责任感，形成立足现实、着眼未来的生活追求；教育学生学会正确的生活比较和生活选择，理解生活的真谛，能够处理好收入与消费、学习与休闲、工作与生活的关系，使学生认识生活的意义，热爱生活，奋斗生活，幸福生活。

生命教育、生存教育、生活教育三者之间互为条件、密不可分、相辅相成，是一个有机统一的整体。其中，生命教育是前提、是根本，生存教育是基础、是关键，生活教育是方向、是目标。而这些，都是实施素质教育新内容，也是最基本、最基础、最具有普遍性的内容。

二、"三生教育"是素质教育的新要求

实施"三生教育"合于教育本质，顺应人民需要，顺乎时代潮流。

（一）实施"三生教育"是教育本质的回归

马克思主义认为，在其现实性上，人是一切社会关系的总和。从某种角度而言，人是由生命、生存和生活构成的有机体。人的生命是由自然生命、社会生命、精神生命所构成的。人的发展是生命发展、生存发展和生活发展三者之间互为条件、相互作用、密不可分、相辅相成的整体运动过程。人类教育史是一部从神化教育走向物化教育，再从物化教育走向人化教育的发展史。前者表现为崇拜性，中者突出占有性，后者体现为主体性。我认为，教育是以人为本，主客体互动，教真育爱的社会实践活动过程。现代教育的本质是培养人的社会实践活动，核心是教真育爱，其终极价值是使人真正成其为人，促进人的全面发展，帮助人追求幸福生活。所谓教真育爱，就是要帮助受教育者求取真知，追求真理，做真人，行真事；使受教育者富有爱心，爱自己、爱他人、爱人类、爱自然、爱社会、爱知识、爱智慧、爱党、爱国家。

现代教育的作用大致可以分为对人的作用、对社会的作用、对自然的作用等三大领域。教育作用于社会的功能实现，作用于自然的功能实现，都需要以人为主体、以人为中介、以人为载体来达成的。换句话说，人既是教育的中心，又是教育的目的；人既是教育的出发点，又是教育的归宿；人既是教育的基础，又是教育的根本。从这个意义上讲，教育就是发展人的生命、生存和生活的本真事业。教育目标就是使人体验、认知、感悟生命价值、生存价值和生活价值，帮助受教育者树立正确的生命观、生存观、生活观，最终确立正确的世界观、人生观和价值观。"三生教育"肩负的重要使命，就是要建立适应当代社会、引领未来发展的现代教育价值。

总之，从人的角度看，人的发展决定着教育，教育决定着"三生教育"，它们之间是层层递进的关系。从教育的角度看，"三生教育"作

用于教育，教育作用于人的发展，它们之间是逐级回归关系。实施“三生教育”是教育本质的回归。

（二）实施“三生教育”是教育事业健康发展的迫切需要

实施“三生教育”是深入学习实践科学发展观的具体体现。科学发展观的核心是以人为本，教育事业的科学发展集中体现在帮助人的全面发展上，体现在促进人的素质的提高上。“三生教育”从根本上说，就是要使自然人转化为社会人，是使人真正成其为人的教育；是培养“理想远大、信念坚定的新一代，品德高尚、意志顽强的新一代，视野开阔、知识丰富的新一代，开拓进取、艰苦创业的新一代”的教育。

实施“三生教育”是全面推进素质教育的基本要求。素质教育的核心是解决好“培养什么人、怎样培养人”的根本问题，根本理念是坚持育人为本、德育为先，根本任务是立德树人。素质教育关注人的素质提升和内在发展、和谐成长，具有基础性、主动性、发展性、实践性、创新性等特征。“三生教育”着眼于学生的健康成长、成人、成才，着力开启学生心智，培养学生的创新精神和实践能力，提高学生的健康水平，促进学生的全面发展，与素质教育的基本要求是一脉相承的。

实施“三生教育”是现代教育的基本任务。现代教育是坚持以人为本，坚守教育公平，适应当代、引领未来的事业。现代教育的根本目的是实现教育现代化，本质是促进人的现代化，核心是培养适应当代社会和未来社会需要的人。发展现代教育，事业发展是根本，制度创新是关键，价值建设是核心。这三者形成了发展现代教育必不可少的三个支点。实施“三生教育”的着眼点就是建设社会主义现代教育价值体系。“三生教育”从帮助个体成长出发，立足于促进人的自身和谐发展、人与社会的和谐发展、人与自然的和谐发展，着力培养完整意义上的现代人，是现代教育价值建设的原点。

实施“三生教育”是促进学生全面发展的基本途径。人的全面发展是马克思主义教育理论的立足点和教育实践的价值追求。“三生教育”站在人文精神和科学精神融合的高度，关注人类发展面临的普遍问题，关注个体生命、生存、生活的基本问题，关注学生主动、健康、全面发展的问题，从小事做起，从点滴入手，由表及里、由浅入深地开展教育，从人生的起点上逐步构建个体成长的基础，为人的全面发展提供了可能性和现实性。

可见，实施“三生教育”是教育本质的回归，是教育事业健康发展的迫切需要，是全面实施素质教育的新要求。

三、“三生教育”是素质教育的新途径

从功能层面而言，“三生教育”致力于知识目标、能力目标和价值目标的统一，其中价值目标是核心、能力目标是关键、知识目标是基础。这里所说的价值目标，是指要引导受教育者树立正确的生命观、生存观、生活观，最终帮助他们形成正确的世界观、人生观、价值观。什么是正确的世界观、人生观、价值观及生命观、生存观、生活观，在不同的时代、不同政体的国家之间，在思想引领和价值取向方面是有区别的。我国是社会主义国家，作为我国实施的“三生教育”，其思想引领和价值取向应当是社会主义意识形态的本质体现。这也是我国实施生命教育、生存教育、生活教育与西方资本主义国家类似教育的区别所在。因此，我们实施“三生教育”必须高举中国特色社会主义伟大旗帜，以马克思主义、毛泽东思想和中国特色社会主义理论体系为指导，以建设社会主义核心价值体系为根本，切实把社会主义核心价值体系融入国民教育全过程，转化为受教育者的自觉追求。社会主义核心价值体系建设在教育系统的具体化和体现落实，就是构建社会主义现代教育价值体系。社会主义核心价值体系与社会主义现代教育价值体系之间是一般与特殊、抽象与具体、内核与表现的关系。

从工作层面而言，“三生教育”是理念、行为、效果的统一，要着力把理念转变成行为，使行为转化为效果。“三生教育”理念是学校与家庭和社会相结合的“大教育”理念、终身教育理念、主体教育理念、快乐教育理念、和谐教育理念，“三生教育”行为和效果均表现为直接性和间接性结合、专一性和泛化性结合、可控性和易变性结合、长期性和复杂性结合的特点。因此，实施“三生教育”必须坚持人本性、求真性、实践性、规约性、开放性、整合性、创新性等基本原则，坚持学

校教育、家庭教育、社会教育有机统一的基本途径。实施“三生教育”要以人为本。以人为本是对人主体地位的充分肯定和尊重，以人为本是一种思维方式，以人为本是一种价值取向。要树立以人为本的教育理念，做到以人为中心，突出人的发展；把教育和人的自由、尊严、幸福、终极价值紧密联系起来，使“三生教育”真正成为发展人的教育。实施“三生教育”要强化课堂教学，把专门开设“三生教育”课程与在其他学科教学中有机渗透“三生教育”结合起来；要突出实践活动，尊重学生的主体地位，调动学生的主动性、积极性和参与性，开展以提高理论联系实际能力和从实践中获取知识能力，特别是以服务社会能力为关键的实践活动，使学生在实践中了解自我、认识社会、开阔视野、拓展知识、磨炼意志、增长才干，学真知、做真人、长真才；要注重文化育人，以精神文化为核心，以物质文化为基础，以制度文化为保障，以行为文化为重点，以培育优良校风为目标，大力加强学校文化建设，营造有利于“三生教育”的良好校园文化环境；要主动引导、帮助和协同家庭实施“三生教育”，主动争取社会各方面力量的支持，最大限度地调动和发挥家庭和社会对实施“三生教育”的积极作用。

从心理和教育过程层面看，“三生教育”是知、情、意、行协调发展的心理过程，是明之以理、动之以情、成之以意、固之以行有机统一的教育过程，是通过体验、认知、实践，促进感悟，使之内化于心、外显于行为习惯的循环往复、螺旋上升的主体认知和行为过程。因此，实施“三生教育”要大力倡导主体教育、认知教育、行为教育、差异教育、全面教育的基本方法，着力推进具体组织形式、具体教学方法和具体考核评价机制创新。

从内容逻辑层面看，教真育爱是“三生教育”的主线，遵循规律是“三生教育”的出发点，生理、心理、伦理、哲理、事理是“三生教育”的着力点，促进和谐是“三生教育”的归宿点。

总之，我认为“三生教育”是素质教育的新探索。只要坚持正确方向，加强制度建设，强化基本环节，扎实推进工作，“三生教育”一定会成为新时期全面推进素质教育的新支点。

（作者单位：中国社会科学院哲学研究所。）

“三生教育”的理论价值与实践意义

詹万生

“三生教育”在中共云南省委高校工委、云南省教育厅的领导下，经过科学论证、缜密规划、系统研究、深入实验、全面总结，目前已取得显著成效，受到了学校、家庭及社会的普遍赞誉。一项教育创新成果能在全省内引起如此强烈的反响，充分体现了它的科学性和实效性，必然蕴含着深刻的理论价值和实践意义。

一、“三生教育”的理论价值

（一）“三生教育”凸显以人为本的教育理念，是落实科学发展观的具体体现

“三生教育”以生命教育、生存教育、生活教育为内容，关注学生的生命质量、生存质量、生活质量，通过教育引导，帮助学生树立正确的世界观、人生观、价值观。“三生教育”的基本出发点是使个体的自然人转化为社会人，是促进人的全面发展的教育。

科学发展观的第一要义是发展，核心是以人为本。“三生教育”以学生安全、健康、幸福地发展为目标，充分体现了以人为本的教育理念，是落实科学发展观的具体体现。

（二）“三生教育”强调对学生的终极关怀，是全面推进素质教育的根本措施

“三生教育”关注人类发展面临的普遍问题，关注个体生命、生存、生活的基本问题。通过生命教育，帮助学生认识生命、尊重生命、珍爱生命，促进生命的和谐发展；通过生存教育，帮助学生学习生存知识，掌握生存技能，保护生存环境，强化生存意志，提高生存的适应能力和创造能力；通过生活教育，帮助学生了解生活常识，掌握生活技能，养成良好生活习惯，树立为人类的幸福生活而努力奋斗的人生观。“三生教育”着眼于学生的健康成长、成人、成才，培养学生的创新精神和实践能力，提高健康水平，培养学生的仁爱之心、感恩之心和责任感、正义感，促进学生全面发展。这些内容丰富了素质教育的内涵，为全面实施素质教育作出了理论贡献。

（三）“三生教育”注重多层次、全方位的整体构建，是和谐德育思想的实际运用

“三生教育”在实施过程中，构建了包括幼儿园、小学、初中、高中、中职、高校六个学段的工作体系，并编写了供各个学段使用的“三生教育”专题教材，实现了纵向衔接，循序渐进，螺旋上升的和谐德育理念；在实施途径方面，“三生教育”注意发挥学校、家庭、社会多方面的作用，在充分挖掘各途径教育功能的基础上，注意三者之间的协调相应、配合得当、形成合力。这种多层次、全方位的“三生教育”理论体系，符合纵向衔接、横向贯通的整体构建原则，是和谐德育思想的实际运用和丰富发展。对于构建和谐社会，建设和谐文化具有重要的理论价值。

二、"三生教育"的实践意义

（一）"三生教育"为学校德育工作增强针对性和实效性提供了典型经验

实践是道德的本质，德育实践活动是学生品德形成的基础，只有把学生品德引向实践，教育效果才能得到真实体现。"三生教育"坚持实践育人的原则，按照贴近实际、贴近生活、贴近学生的根本要求，着眼知、情、意、行教育环节的和谐统一，充分发挥课堂教学、课外活动、校外活动、家庭生活体验、社会公益劳动等基本途径，引导学生在实践中晓之以理、动之以情、成之以意、导之以行。这些都为学校提高德育工作针对性、实效性提供了可资借鉴的典型经验。

（二）"三生教育"为学校、家庭、社会共建和谐德育提供了成功范例

"三生教育"注重学校教育、家庭教育、社会教育三结合。在学校方面，充分发挥主渠道作用，强化课堂教学，编写系列教材，修订课时计划，保证"三生教育"进教材、进课堂、进学生头脑；组织开展内容丰富、形式多样、生动活泼的校内外实践活动，在活动中获取知识、增长才干、开阔视野、陶冶情操；加强校园文化建设，以塑造学校形象和提炼学校精神为重点，以培育优良的校风为目标，深入开展高品位、多形式、主题鲜明、雅俗共赏的校园文化活动。在家庭方面，通过建立健全家长委员会、家长学校、家长信箱、家长热线电话、家长联系制度等，密切家校联系，激励家长的榜样、示范作用，创造有利于"三生教育"的良好家庭氛围。在社会方面，最大限度地调动和发挥社会对"三生教育"的正面影响和积极作用，主动争取社会各界的帮助和支持，充分利用爱国主义教育基地、革命纪念馆、文化馆、图书馆、博物馆、科技活动中心、青少年宫等教育资源，对学生实施"三生教育"。这种充分发挥学校、家庭、社会三方教育优势，使其相互配合、互为补充、形成合力的做法，为学校、家庭、社会共建和谐德育提供了成功范例。

（三）“三生教育”的实施方法为全面推进素质教育提供了实践模式

“三生教育”在组织形式上，建立健全了各级教育行政部门、各级各类学校一把手负总责的领导集体，组建了教师、学生家长、社会人士、学生代表参与的教学团队，共同探索课内外、校内外、学校生活与家庭生活、认知教育与行为实践相结合的有效形式。在教学方法上，大力推行主体性学习、研究性学习、探索性学习，充分发挥学生的自主作用。在评价方法上，建立多元的评价体系，根据学段特点和不同类型学校的培养目标，进行多样化的诊断性评价和形成性评价。“三生教育”立足现实，注重实践，在探索中发展，形成了一套行之有效的成功经验，为全面推进素质教育提供了实践模式。

总之，“三生教育”具有重要的理论价值和实践意义，建议在进一步深化研究的基础上，可以在更大的范围内推广。

（作者单位：中央教科所。）

"三生教育"是当代人生教育的一大创举

——2009年5月29日在"三生教育"论坛上的发言

卓晴君

看了云南省实施"三生教育"的报告以及论坛资料汇编和教材，很受启发，很受鼓舞，很是感动。这项教育云南省抓得太好了，太重要了！这是云南省教育创新的一项重要成果。我以学习者的身份，谈几点认识。

我认为，"三生教育"是当代人生教育的一大创举。

这里的当代是指1978年以后的历史时段。

一、"三生教育"的实质是人生教育

为什么说"三生教育"的实质是人生教育？其理由有三：

第一，从云南省所规定的"三生教育"的内涵和主要内容，特别是从其根本目的是要引导学生树立正确的人生观、世界观和价值观来看，"三生教育"的实质是对学生进行正确科学的人生教育。

第二，从"三生教育"构成的要素来看，生命、生存和生活原本就是构成人生的统一整体。什么是人生？人生就是人的生存和生活，人的生存和生活构成人的生命活动，人生就是人的生命活动的发展历史，

整个人生是围绕受胎到死亡的整个生命历程中的各方面活动而展开的。所以生命、生存和生活是三位一体，统一在整个人生中。由此，什么是人生教育？人生教育就是关于人的生命、生存和生活的教育。

第三，从青少年健康成长的规律来看，他们的健康成长靠什么引导，靠什么导航？归根结底，靠人生教育引导、靠人生教育导航。这是无数实践证明的客观规律。人生教育在我国有优良的传统，有丰富的经验，我们这一辈就是在“人活着为什么？”教育下成长的。目前的人生教育面临着两个主要问题：一是缺乏时代特点，包括缺乏现代化视野，缺乏世界视野，缺乏未来视野。二是缺乏比较系统的科学的教育架构。“三生教育”的出现，使我国传统的人生教育获得了重建的生机，进一步完善后，它将成为我国当代人生教育的新起点、新标志。

二、“三生教育”是对传统人生教育的创新

主要突出表现在以下几点：

（一）融入了时代的特点

“三生教育”的很多内容是直接面对人类生存的基础的诸多变化，比如人口、资源和生态的变化，直接面对世界的经济全球化、信息化和知识经济时代到来等特点，直接面对国际社会对培养人才的要求的变化（提出了“四种基本学习”：学会认知、学会做人、学会共同生活、学会生存）等等提出来的。围绕这些变化和特点，“三生教育”传人生之道，授人生之业，解人生之惑。所以它具有强烈的时代感。

（二）突显了教育价值取向的生命性

教育价值取向的生命性是由华东师范大学叶澜教授提出的，是她在1994年开始的新基础教育的实验研究基础上提出的。她认为，提出教育价值取向的“生命性”是针对中小学教育中普遍存在的重学科知识传授和技能训练，轻视学生个体生命多方面发展的弊病。强调生命性，就是要使每一个教师都强烈地意识到：教师工作直接面对的是生命；人

类最宝贵的财富是生命的成长，在一定意义上可以说，教育是一项直面生命和提高生命价值的事业。“三生教育”就是这样的一项创新事业。

（三）体现了高度的综合性

课程的综合性是课改的重要目标之一。“三生教育”的综合性主要体现在三个方面：一是人文精神和科学精神的结合。二是多学科知识的结合，有哲学、法学、政治、经济、教育、心理、伦理、生理、环境等等学科知识。三是多项专题教育的结合。对中小学，教育部曾经发文要求进行的专题教育有十几项之多，其中绝大多数是涉及青少年生命、生存和生活的内容，例如安全教育、可持续发展和环境教育、毒品预防教育、预防艾滋病教育、青春期教育等等，这些教育的分别单项进行，学校难以安排，现在好了，可以统整在“三生教育”中了。

（四）注重整体系统设计

有学者曾经对从小学到大学的德育体系的整体构建进行过研究，但没有看到对其中具体课程的整体构建的研究。“三生教育”做到了，这对学生的成长十分有利。

三、实施“三生教育”的重要意义

由于以上对“三生教育”的性质及其特点的认识，所以，我认为实施“三生教育”具有以下重要意义：

（一）有利于激发学生的主体性

“三生教育”讲的是人的生命、生存和生活，这个人具体到学生来讲，学生就是主体。人面对社会和自然来讲，人是主体。人面对自身来讲，既是主体又是客体，因为他要认识自我和改造自我，但在认识自我和改造自我中必须发挥人的主观能动性。激发学生的主体性（指主体在与客体交互作用中表现出来的主动性、自主性和创造性），是时代精神的迫切要求，可以保证学生在复杂多变的社会中始终正确地把握自己的人生，把自己的命运与国家和人民的命运紧密相连，积极投入到实现社会主义现代化和中华民族伟大复兴的实践中。因此，在“三生教育”中只强调学校教育、家庭教育和社会教育还不够，还应该把自我教育放在重要的位置，贯彻在“三生教育”的始终。

（二）有利于转变教师观念

实施“三生教育”至少在三个主要方面可以提高教师的自觉性：一是端正教育的价值取向，尤其是提高对教育“生命性”的价值取向的认识；二是树立对学生一生负责的态度；三是增强学校教育与社会联系的意识。在很大部分，实施“三生教育”对师生来讲，实际是同步成长的过程，因为它的许多内容对很多人来讲都是崭新的。

（三）有利于人生教育体系从理论到实践的重构

这方面我前面已经讲了，不再重复。有的学者曾经说，教育现代化的质的突破，也许就在于人生教育的形成。我们现在对人生教育重视得还不够，对人生教育与培养新时期新人的关系、与教育现代化的关系、与国家现代化的关系都认识得不够。“三生教育”确是提供了一个宝贵的范例。希望再进一步在理论和实践的结合上得到升华，梳理出人生教育的新体系。

鉴于上述各点，可以说，“三生教育”对全国具有普遍指导意义，建议在进一步完善后，向教育部作专门报告在全国予以推广。

（作者为中国教育学会、中央教科所原所长。）

“三生教育”是核心价值建设之创新载体和有效切入点

张大良

5月4日，胡锦涛总书记在纪念中国共产主义青年团成立90周年大会上发表了重要讲话。胡锦涛总书记的重要讲话指出，中国青年运动90年的历史发展，留下了极为宝贵的经验和启迪，这就是必须始终坚持中国共产党的领导，必须始终弘扬爱国主义精神，必须始终走在时代前列，必须始终投身人民伟大实践，必须始终尊重青年主体地位。胡锦涛总书记希望广大青年坚持远大理想，坚持刻苦学习，坚持艰苦奋斗，坚持开拓创新，坚持高尚品行，以坚定的信念、宽广的胸怀、创造的激情、务实的态度，踊跃投身改革开放和社会主义现代化建设伟大实践，努力做科学发展的奋力推动者、和谐社会的积极构建者。总书记的重要讲话思想深刻、内涵丰富，语重心长、情真意切，给全国广大青年以巨大鼓舞，进一步指明了学生健康成长成才的方向，对新形势下进一步做好教育工作，具有重大而深远的意义。

社会主义核心价值体系是兴国之魂，教育是民生之基。教育系统学习贯彻胡锦涛总书记“五四”讲话精神的着眼点，就是要把社会主义核心价值体系融入国民教育全过程。通过循序渐进地教育和引导学生积极学习践行社会主义核心价值体系，切实把胡锦涛总书记提出的殷切希望，转化为成长成才过程中的自觉行动和追求。要紧紧围绕“培养什么人，怎样培养人”这一根本问题，坚持学校教育、育人为本，德智体美、德育为先，大力推进理想信念教育，大力培养刻苦学习精神，大力践行艰苦奋斗作风，大力促进创新能力提升，大力弘扬高尚道德品行。

我们要全面贯彻科学发展观，全面落实党的教育方针，全面实施素质教育，以人为本、教真育爱、立德树人，始终坚持人才培养、科学研究、服务社会、文化传承与创新的协调，始终坚持德育为先、能力为重、全面发展的统一，始终坚持兴教为国、执教为民、从教为生。

我们要抓住关键环节，切实把社会主义核心价值体系融入国民教育的各个方面，做到全员、全员、全方位育人。要把社会主义核心价值体系融入课堂教学全过程。要把社会主义核心价值体系融入社会实践全过程。要把社会主义核心价值体系融入学校文化建设全过程。要把社会主义核心价值体系融入学校管理服务全过程。要把社会主义核心价值体系融入辅导员、班主任工作。

社会主义核心价值体系建设的主要任务就是要形成全社会普遍认同的社会主义思想观念主流价值体系规范，使之内化为全体人民的核心价值观，外化为行为习惯，转化为强大的精神动力和物质力量。教育系统加强社会主义核心价值体系建设的着力点，就是要帮助受教育者树立正确的世界观、人生观、价值观。近年来，云南等省（区、市）以马克思主义、毛泽东思想和中国特色社会主义理论体系为指导，以社会主义核心价值体系为引领，以现代教育价值建设为核心，以全面推进素质教育为目标，广泛、深入地开展以生命、生存、生活教育为主要内容的“三生教育”取得阶段性明显成效，引起普遍共鸣，得到广泛响应，显示出旺盛的生命力和美好前景，受到中央领导和教育部领导的充分肯定。这说明，实施“三生教育”，是围绕学习践行社会主义核心价值体系的要求，建设现代教育价值，推进社会主义核心价值体系在教育领域的具体化和大众化的实践探索，是社会主义核心价值体系建设的创新载体和有效切入点。

马克思主义认为，教育是培养人的社会实践活动。构建人的主体素质，发展人的主体性，完善人的本质，促进社会文明进步是教育的本质特征。教育的基本价值是教真育爱，终极目标是使人真正成其为人、促进人的全面发展、帮助人追求幸福生活。真的核心是科学精神，爱的实质是人文精神。真和爱是一切良知、良德、良行的起点，是教育工作的出发点和归宿，是幸福人生的开端。人既是教育的中心，又是教育的目的；人既是教育的基础，又是教育的根本。把人引向生命领域、引向生存现实、引向生活未来，促进人的自身和谐发展、人与社会的和谐发展、人与自然的和谐发展是教育的根本所在。从这个意义上讲，教育就是发展人的生命、生存和生活的本真事业，教育的基本任务就是使人珍爱生命、学会生存、幸福生活。因此，我认为，在总结近年来教育改革和发展实践经验的基础上，在马克思主义的指导下，提出价值主义教育这一命题来共同进行探讨和研究，对于开阔教育理论研究视野，拓宽教育理论研究思路，指导教育改革探索，丰富教育发展实践，推进教育理论研究和教育实践的结合，都是有意义的。

（作者为教育部高等教育司司长。此文是作者2012年5月26日在人民大会堂“教育三部曲”出版发行暨价值主义教育研讨会上的发言。）

促进价值主义教育发展应成为国家基本的价值取向

张　力

我认为就教育的价值是可以从哲学的角度来思考，而价值的教育则要从政策的角度来研究。当然，这两者是不可区分的。培养什么人？怎样培养人？胡锦涛总书记已经强调了人是我们教育的主题，实际上，这是与教育的价值密不可分的，就是怎么把社会主义价值核心体系融入国民教育全过程。社会主义价值核心体系包含了统一指导思想、统一的信念、强大精神力量和基本道德规范的全方位要求。刚才谈到的教育的价值和价值的教育，就这一点而言，显得非常不易。在实用主义和工具主义教育思潮在全球泛化的时代，教育异化了自身价值，教育将人异化为“物”，教育的工具化、功利化、世俗化、庸俗化愈演愈烈。我国教育价值流失，教育创造力缺失，教育潜伏着危机是不争的事实。现代教育呼唤价值引领，只有价值主义教育才能消除实用主义和工具主义教育带来的教育异化问题，才能消除教育危机。

进入21世纪之后，改善民生、促进教育发展已经成为我们国家基本的价值取向。在这个价值取向引领下，探讨育人为本、促进公平、提高质量就显得意义重大。我也感觉到未来十年，我们将会在2020的《教育规划纲》中，在逐步的实施、贯彻过程当中，我们的公共教育打造成为更加贴近民生，能够更加让人民群众放心和满意的教育。教育促进个人价值与社会价值的有机统一，在满足个人发展的需要中体现个体价值，在满足社会存在、延续、发展的需要中体现社会价值。教育使人文价值与科学价值有机统一，形成科学精神与人文精神统一的人类精神境界。教育使人们追求的物质价值和精神价值有机统一，使人们不断进行物质生产，满足物质消费需要，更致力于文化精神的建构，追求精神财富的创造和享受。教育使传承价值与创新价值有机统一，促进家庭、团体、民族、国家、人类文明的传承和发展创新。教育使人的现实价值与理想价值有机统一，临近致远，立足现实，面向未来，适应生存，发展生活，坚持乌托邦精神，实现教育本体价值。教育价值体现着人类公平、正义、诚信、民主、平等、自由、法制、和谐、幸福的共同价值追求，教育价值是人类基本价值的内核，是国家核心价值的基石。

（作者为教育部教育发展研究中心主任。此文是作者2012年5月26日在人民大会堂“教育三部曲”出版发行暨价值主义教育研讨会上的发言。）

价值主义教育思想：绕不开的哲学思考

于长学

罗崇敏厅长是位教育行政管理者，还抽出那么多精力将自己对教育的思考、教育的实践进行哲学思考。罗崇敏厅长是官员的同时，还具有学者的品质，具有理想主义的情怀，具有追求真理的素养。他还将自己的这些可贵思想总结出书，乐于与大家分享，这点是非常值得我们学习，我对此非常崇敬。这是非常值得学习的。

就教育三部曲来说，我个人的理解是，关于价值，我们的教育是什么，或者说我们的教育究竟要培养什么样的人，这在教育方针上说得很明确：这就是培养德智体美健康发展的合格接班人。价值的目标是明确的，关键是怎么样去实现这个目标。当前功利主义的盛行，使得目标的达成更加艰难。现在社会上出现了很多追求短视经济利益的急功近利的现象，也在不同程度上对教育造成了影响。如果说价值是一个目标，教育三部曲所说的更多的是路径和方法。在培养人才方面，我们把学生作为一个学习主体来参与到教育全过程中做得还不够好。而是一直都把学生作为一个客体，作为接受知识的容器，作为成人世界里一个被动竞争筛选的分子，这暴露出很多严重的问题。

价值主义教育注重培养人的主体意识，构建人的主体素质，实现人的主体价值，培养人的价值自觉和价值自信；在教育实践中一以贯之的将发展人的生命、生存和生活价值贯彻到各类教育的全过程，培养受教育者生命价值意识，增长生存智慧能力，树立幸福生活信念。价值主义教育注重提高教育的时空价值，特别是提高课程教学价值和教育实践价值，改善教育环境，提高学习效率和办学效益；注重提高教育投资和教育设施的价值率，降低教育活动成本。价值主义教育引导人们发挥教育的四个功能：促进人类生产方式、生活方式、思维方式和社会管理方式的转变，引领人类文明进步。

“教育三部曲”的出版正好引起了我们教育工作者更深入的思考。怎么能够使得我们期待的教育目标能够最终实现，怎么能培养孩子的良好品德、良好习惯、身心健康及有益兴趣，能让孩子们学到真正的谋生本领，这才是我们所追求的。

（作者为教育部基础教育司一司副司长。此文是作者2012年5月26日在人民大会堂“教育三部曲”出版发行暨价值主义教育研讨会上的发言。）

把经验提炼成科学发展的规律

程方平

我长期从事教育工作、教育研究。教育改革发展到今天，有许多事情是值得反思的。特别是价值引领问题。我在人民大学给研究生开了一门课叫教育的历史与哲学基础。之所以开这门课，是因为我们现在面临问题总是站在实用的角度去看，至于一种教育现象、一种教育改革它背后的价值取向到底是什么，我们追问的还是不够。

罗崇敏厅长的“教育三部曲”对当前的教育问题逐个进行了深入论述，他在提醒我们现在要对教育改革进行哲学层面的思考。现在教育改革都在往前走，做出了很多贡献，得到了很多经验。但经验能否成为继续发展的基石，还在于我们把它提炼成科学的规律。到了科学的层面还不够，还要上升到哲学的思考。罗厅长能在云南这个多元文化的省份去推进教育改革是有很大难度的，在多民族多宗教的土地上，能够把一种有中国特色的社会主义价值取向、价值选择提炼出来，形成了一套完整体系的价值主义教育的思想，紧紧围绕“教育是实现人的价值，发展人的生命、生存和生活，促进人类文明进步的社会活动过程”的命题，深刻揭示了现代教育的本质、主体、价值、制度、内容、目标和方法，并以生命教育、生存教育、生活教育三个基点出发，论述现代教育的内涵和实践途径，最终彰显教育价值，回归教育本真，使得教育真正发挥

“植根时代，引领社会，发展人，幸福人”的价值功能。这样的理论研究和实践探索才能有利于教育的深度发展，做这样的工作是非常有价值的。我们也应该向罗厅长学习，我们的教育会大有希望。

（作者为中国人民大学教授。此文是作者2012年5月26日在人民大会堂“教育三部曲”出版发行暨价值主义教育研讨会上的发言。）

“美丽中国”和“三生教育”的缘分

潘勋卓

很高兴在今天再次站在“三生教育”的讲台上，和老友新朋一起分享一些感受和体会。回想起上次在香港“三生教育”论坛上发言，会场上大家发言的踊跃和热烈仍然历历在目。时至今日，在这一年多的实践过程中，我想在座的每一位对“三生教育”的认识也会有了更深的体会。

我先做一下自我介绍，我叫潘勋卓，来自美国。如果大家在昆明的街头遇到我，或许会认为我也是万千留恋云南美景、背包旅游的老外之一。正像一首中国的现代诗中所说的，“我不是归人，是个过客”。但是熟悉我的朋友早已知道，我已经深深爱上了这片土地，已经扎根于此，在云南的教育战线上工作了三四年。说到这里，有些新朋友或许会好奇：你是在昆明学校里教外语吗？你和云南的教育事业到底有什么关系？你对“三生教育”又有多少了解呢？

2008 年的时候，我在清华大学学汉语的同时，也在为我主题为中国新农村建设的论文做准备，去了中国很多省份做实地研究，前前后后加起来走访了500 多所农村中小学，和很多基层领导，包括农村学校的校长、老师在田间街头、在简陋的教室里，在农村孩子们数十里以外的农家院子里，我意识到了目前中国农村教育面临的一个普遍存在的问题：优秀老师招不来，留不住。

我在想，我能为这些农村里的孩子做些什么？和我接触的纽约、香港、北京的孩子们相比，他们一点也不差。如果他们仅仅因为出生在农村，就限制了他们人生的丰富可能性，就太遗憾了。智利诗人布里加·米斯特曾说过：我们所需要的很多东西都可以等待，但孩子们所需要的东西不能等待。他的骨骼正在成型，他的血液正在生成，他的心灵正在发展。我们不能对他说明天。

我知道孩子们不能等，我也不能等，不能得到功成名就或是飞黄腾达以后再来做我想做的事情。于是，从 2008 年起，我开始创建一个项目，名字叫美丽中国，招募中国和美国优秀的大学毕业生到中国教育资源匮乏地区支教，把优质教育带给农村的孩子们。几年里，在云南省教育厅的支持下项目日益壮大，如今，已经有 150 多名来自北大、清华、哈佛、耶鲁的项目老师们在云南省大理州、临沧市和广东省汕头市的农村学校支教。今年 4 月份，项目的名字正式从美丽中国改为中国教育行动，被正式列入了旨在促进中美年轻人交流学习的“十万强计划”，并得到中国国务院及教育部的支持和认可。所有来自外界的关注和支持都在鼓励着我和我的同事，使我们以更坚定的信念，向着实现教育公平这个目标前进。

也是在中国教育行动创立的那一年，我接触到了云南省教育厅的罗厅长提出的“三生教育”理念。通过教育的力量，使受教育者接受生命教育、生存教育和生活教育，树立正确的生命观、生存观、生活观——“三生教育”极好地总结了所有优质的教育所应该具备的品质和实现的效果。2008 年，“三生教育”在云南省诞生；2008 年，我开始创建美丽中国——这在时间上是一种巧合，在思想上是一种默契，也正是这种对教育价值的相同的默契，使我们的项目能够最先在云南省扎根、萌芽、开花，并在未来，结出更美的果实。在这里，我要感谢云南省教育厅，感谢“三生教育”，感谢所有给过中国教育行动项目支持的同仁们。

实施“三生教育”，通过生命教育使受教育者知道什么是有意义的生命，从而热爱生命，尊重生命，珍爱自己的生命，也珍爱他人的生命，人类的生命。通过使受教育者知道什么是有意义的生存，怎么来提高生存能力、发展能力、创造能力。通过生活教育，使受教育者懂得什么是有意义的生活，怎么来热爱生活，创造更美丽的人生。这种美丽，不仅包括个人自己的生活，更包括全社会的人都能享有美丽的人生。

怎样的人生，才是美丽的人生？中国教育行动的项目成员们，来自于中国和美国最好的大学，他们中的有些人，甚至已经找到了非常好的工作——他们本可以留在世界上最繁华的城市里，做着体面的工作，拿着不菲的收入，衣着光鲜，无需为生活物质担忧。然而，他们放弃了无数人眼中羡慕的生活，来到了云南最偏远的村落。他们中的有些人，每晚需要用吹风机吹干因为气候原因而潮湿无比的床单、被子再入睡；他们每个月省吃俭用，省下钱来给孩子们买书、买学习用品，最大限度地发挥着微薄薪水的作用；他们每天写日记，记录着孩子们点滴的进步；他们穿着最朴素的衣裤，走在泥泞的山路上，去探访每一个孩子的家——在他们眼里，这样的生活虽然清苦，却能够让孩子们发生改变，让别人生活得更美好，这就是美丽人生的真谛。

几年前，我们总会遇到这样的问题：你为什么要做这样的事？无论我们怎么解释，总有一部分人，不愿意相信我们只是听从自己的内心选择，是为了孩子们能生活得更好。每每这个时刻，我都会质疑自己：是不是我们的努力还不够，没能让这份美丽被认可？让我高兴的是，越来越多的人开始理解并支持我们的选择，越来越多的人加入了我们的行列——这是中国教育行动最初也是最终的目标，影响更多的人，从而最终实现教育公平；这也是“三生教育”的意义所在：改变人们对教育和生活的认识，从而尊重教育，尊重生活，实现所有人的最美丽的人生。

我相信，“三生教育”给我们的启发远不止于此。在今后的工作中，我们将更努力地去做最美丽的事业，过最美丽的人生。

（作者是“美丽中国”项目首席执行官。此文为作者在“三生教育”大会上的发言。）

价值论视野中的教育思想探讨

刘青峰

近年来，越来越多的教育理论研究者与实践者开始了解、认同价值主义教育思想，许多国家和地区政府也对价值主义教育给予了足够的重视和支持。价值主义教育已经成为现代教育实践的一个非常重要的探索方向与现代教育理论研究的重要领域。价值主义教育思想是以价值原则为导向的一种新思想、新主义，是一种极具内在活力和智慧深度的教育思想，是一种能够切实解决当前人类现实问题的教育思想。就我国而言，价值主义教育对当前中国教育改革也极具启发意义，尤其是对克服当代中国教育的弊端，纠正片面的知识教育意义重大。本文试从价值哲学和教育哲学视角出发，对价值主义教育的相关问题进行初步思考。

一、教育价值的追问与价值教育的本质

价值论研究的对象是价值，是“世界对于人的意义”、“客体对于主体的意义”，即客体、对象的存在及其状态与主体本性、需要和能力之间的关系。价值可以分成主体的价值和客体的价值，主体的价值是人们对什么是好（本体论的价值与目的论的价值）的判断标准以及如何追求和实践好（方法论的价值）的实践原则。客体的价值指客体对主

体需求的满足。

（一）教育价值的追问

人类社会的活动，都是在追求人的内在价值的发展和实现主体价值的外化。教育活动顺应人类社会活动的这一本质要求，实现和发展人的价值，这就使教育活动必然基于人类社会活动的核心地位和全过程。[①]价值像只“看不见的手”，牵引着教育活动的走向，因而教育是一种特殊的价值活动。20 世纪末出现的科学至上主义，造成了理性猖獗、情意缺失、人本沦丧、物性至尊等，人类开始呼唤一切价值的重估。如何使异化的理性人、工具人、经济人回归为真正的人，成为教育义不容辞的责任。教育在承担起责任的同时也彰显出了自身独特的教育价值。人们普遍认为，教育价值是指作为客体的教育现象的属性与作为社会实践主体的人的需要之间的一种特定的关系。教育价值是一种内涵于教育活动中“好”的属性，它客观地存在于教育现象之中。正因为有了教育，人类文明才得以传承、创造和转化。教育价值在本质上反映的是一种积极的、向上的、肯定的、好的方面的含义，也就是说，研究探讨教育价值，就是在“真”的基础上去追求教育中的“善”与“美”，使人们在教育实践中通过改造教育客体最大限度地满足主体的需要。

（二）价值教育的本质

价值教育是与教育价值既相互区别又紧密联系的一个概念。从概念上讲，价值教育是一种完整教育活动的一个组成部分，它一方面区别于人文教育、知识教育、职业教育等教育形式，另一方面也渗透在人文教育、知识教育、职业教育等教育活动之中。

价值教育既有与知识教育或其他类型的教育所不同的目的，同时也有教育所应该具有的目的，价值教育充实和完善了全面的教育目的与功能，使教育更趋近“本真的教育”（鲁洁）和“教育的本质”（雅斯贝尔斯），并在价值教育的具体展开中，展现自身的本质——在求真的基础上，引导人向善趋美，培育真善美和谐统一的完善人格，以为人提供生存的目的性。[②]价值教育的目的是在遵循价值的普遍性、民族性、社会性和共享性等基础上，突出教育的个人价值即提升人的生命意义和人生境界，价值教育追求的是人的价值素质的整体提高和价值结构的和谐统一，形成人的协调、合理的价值观。任何一种教育形式，只有从个体的生命与人格出发，进入个人的内心世界，唤起人的希望，激发人的意志，调动人的情感，让人流露出德性的光辉，燃起人性中高尚的火焰，才是触动灵魂、富有成效的教育。

（三）教育价值和价值教育的内在逻辑

当前探讨当代教育的价值和价值教育已成为学界关注的热点问题。早在 20 世纪 80 年代末 90 年代初，人们就开始思考教育价值问题了，并从不同的侧面对教育价值的基本理论问题展开了争论，形成了一股教育价值研究的热潮。到 20 世纪 90 年代末，我国教育理论界开始主张实施价值教育。2000 年 6 月，在香港中文大学举行的“新世纪公民教育与价值教育国际学术讨论会”上，学者们积极讨论了价值教育等问题。教育理论的研究者和实践者普遍认为，当代中国教育改革向纵深层次发展的选择之一，就是全面实施价值教育，这既是应对当代科学技术挑战的重要举措，也是目前的素质教育朝向纵深发展的重要途径。

由上可知，价值教育是凸显教育价值的一种教育实践形式，那么二者的内在逻辑又是怎样呢？首先，从价值论的视角来看，教育价值和价值教育都以价值哲学为基础理论，以生命价值为至上性追求，都在倡导主体追寻真、善、美，促进人的自由全面发展。其次，教育价值和价值教育之间又有着明显的区别。就教育价值而言，它是指教育作为社会系统中的一种客体，对社会主体和个体主体的发展需要的一定满足（适合、一致、促进等）。康万栋认为，教育具有社会经济价值、精神文化价值、人的发展价值。其中教育具有人的发展价值，是使个体社会化的主要因素，是促成人的全面发展的重要条件，也是个体谋生的准备。[③]陈列认为，教育在个人价值的完满实现与个体价值的社会化中扮演了重要角色，它可以提高人的价值实现的能力，增加人的创造价值的自觉性和主动性，改造人们实现价值的态度和行为，改变人的自然基础从而改善价值实现的身体素质。[④]就价值教育而言，价值教育作为教育实践问题的出现，是与当代科学技术的进步和人文精神的失落所形成的强烈反差有着密切关系的。价值教育旨在引导和促进人们反思自身发展方式、原则或方向并不断加以重构。价值教育重在培养受教育者的价值赋予能力、价值发现能力和价值资源配置能力。总之，教育价值主要是理论研究的内容，旨在判断教育活动有哪些价值以及如何去追求和实现这些价值，并形成一种有逻辑联系和基本概念的理论体系；而价值教育则主要是教育实践活动的一种类型，是人们在正确的教育价值观的引导下从事的教育实践活动的一种称谓。[5]因而，教育价值是哲学观指导下的教育理论的一种表述形式，而价值教育则是哲学观的教育实践运用，哲学是二者共同的基础理论。另外，价值教育的成功开展有赖于教育价值的深入研究，同时，其实践成果也能够进一步丰富、充实和提升教育价值。

二、倡导价值主义教育是对教育本质的一种回归

（一）当代中国教育面临“价值危机”挑战

当前中国开展教育活动的主要载体为学校、家庭和社会，其中学校是青少年接受教育的最重要的场所，因此，探讨当代中国教育面临的“价值危机”挑战，应以学校教育为主。价值本应内含于教育之中，可是现代教育在自身逻辑展开过程中，教育斩断了与价值的连接，被功利化、工具化、世俗化了，教育的工具理性不断增强，而教育的价值理性逐渐丧失，现代学校教育正是在程式化的教育逻辑中解构了应有的“教化”价值，其面临的“价值危机”主要包括以下三点。

一是知识教育中的价值遮蔽。在当前的学校教育中，对知识教育的过分注重造成了知识教育的霸主地位和对价值教育的遮蔽。知识教育中的价值遮蔽，实际上对价值和知识构成了双重的损害。二是道德教育中的价值失真。道德教育强调的价值观与社会和青少年发展所需要的价值观存在着矛盾和冲突，自上而下的价值灌输脱离了青少年的生活需要，价值拔高现象明显。三是教育目标导向的失衡。改革开放以来，我国教育目的、培养目标的不适定位，致使学校价值教育存在着较为严重的失衡，例如，培养目标的精英取向、教育中的知识至上、智能至上等，使

教育变成了一种追名逐利的工具，学校成为人生的竞技场。在知识经济飞速发展的今天，学校教育中的价值遮蔽、价值失真、价值导向失衡等，导致当代中国教育面临着严重的“价值危机”。然而，值得一提的是，罗崇敏教授的“价值主义教育”理论值得我们高度关注，作为管理一方教育工作的官员，他不仅是该理论的创立者，更是该理论的实践者。价值主义教育思想是罗崇敏教授在总结与反思、批判与继承、超越与创新国内外许多优秀的教育思想，针对人类危机尤其是当前我国教育领域的价值危机问题，围绕教育本质和教育价值等重大议题展开深刻思索与研究所得的成果。如果这一理论能够真正被应用于教育实践中，相信学校教育就会逐步重视生命价值、生存价值和生活价值，不断追寻本我价值、自我价值和超我价值，进而迈入人生的至高意境。

（二）价值主义教育是关于教育的哲学思考

罗崇敏教授指出，人类活动都是价值发展的活动，都是以价值创造和价值消费为核心内容的活动，人类社会的一切关系归根到底都是价值关系。人的一切行为、思想、情感和意志都以价值为原动力，追求价值最大化，最大限度和持续性提高每一个人和人类社会活动的价值总量。而教育活动是价值活动的基础，是实现和发展人的价值的活动过程，是发展人的生命、生存、生活，引领人类文明进步的崇高事业。教育是以人为主体的、真理性的、富有大爱之心的社会实践活动，整个教育活动过程应该是爱真理、教真理、懂真理、服真理、尚真实、获真知、行真事、做真人的过程，是培育大爱之心、忠诚之志、智慧之能的过程。[6]其基础价值在于使人成长成人，根本价值在于使人自我完善，最终价值在于使人自由幸福。

价值主义教育形成人的知识价值、能力价值和品格价值，创造人类的物质价值和精神价值。当代中国教育中知识主义占据主流地位，拥有知识也就意味着拥有权力、财富和美色，拥有了改变世界的力量，因此人也总摆出操纵者和征服者的姿态；而价值主义教育思想也热爱知识，重视知识教育，但是反对把人变成“知识人”，反对把知识变成控制和奴役的工具，其主张知识和价值的统一，真理和自由的统一，注重工具理性，但更重价值理性，其目的是教人追求知识价值、能力价值和品格价值。在物质主义盛行的时代，价值主义教育思想更注重精神生活的价值，注重教育对精神价值的传播。这是因为，人之所以为人者正是在于思想，在于精神，在于智慧，所以，价值主义主张未来中国教育应更注重弘扬精神价值，培养人们对高尚精神生活的信念。价值主义教育是自由主义教育，是民主主义教育，是经典教育，是智慧教育，其着力追寻教育内在价值和外在价值、个人价值和社会价值、人文价值和科学价值、传承价值和创新价值、理想价值和现实价值的有机统一。

由此可见，价值主义教育有其独特的属性，那就是在求真的基础上，引导人向善趋美，培育真善美和谐统一的完善人格，为人提供生存的目的性。价值主义教育以个人的价值培养为价值取向，以个体的人的意义与价值世界的建构为目的，在具体的教育活动中，追求的是人的价值素质的整体提升和价值结构的和谐统一，形成人的协调、合理的价值。同时，在价值主义教育的实践活动中，我们也可以感知到它是对教育活动所进行的哲学深思。在教育实践中，价值主义教育以人类社会或一定社会所共享的价值观和价值负载的问题为教育内容，以课程教学、专题教育活动以及其他各种教育形式为手段，以提升人的生存与生活质量、促进人的价值归属和人生目的性。从广义来说，教育是价值负载的事务，一切教育形式都应该是蕴涵着价值的教育。⑦

三、价值主义教育的价值论分析

（一）价值主义教育的价值本体论分析

价值主义教育以实现人的全面发展和人类幸福为价值目标。这是人类社会的最高价值目标。这是因为人的全面发展是社会发展的动力，人的全面发展体现了崇高的主体性，人的全面发展是社会进步和发展的最终目的，人的全面发展是共产主义的基本原则。具体来讲，价值主义教育的价值本体包括以下三个层面的内容。

首先，从价值主义教育的价值层次看，可分为基础价值、根本价值和最高价值。价值主义教育最大的创新之处在于提出了“以人为本”这一价值归宿。“以人为本”的价值主义教育认为，教育的基础价值在于使人成长成人，教育的根本价值在于使人自我完善，教育的最高价值在于使人自由幸福。教育必须坚持以人为本，坚持以教师为主体，以学生为中心，实现教师“教真育爱”的主体价值，提高教育教学效益；实现学生的主体学习价值，提高学生学习效益，促进学生的全面发展，发展人的生命、生存、生活；构建教师、学生和教学过程和谐的价值关系；保护好、实现好、发展好全民的教育利益，实现教育促进人类文明进步的社会主体价值。⑧

其次，从价值主义教育的价值本体看，包括人道价值、规范价值和效用价值。根据学者的研究，唯主体论认为，价值可分为人道价值、规范价值和效用价值三种类型。根据这一分类，笔者认为，价值主义教育中的价值也可以划分为三类：一是价值主义教育中的人道价值，包括人的生命教育、尊严教育、权利教育等中的人道价值，它是主体自身的内在价值；二是价值主义教育中的规范价值，包括民主教育、公平教育、正义教育等中的规范价值，它是主体与主体间的结构性价值；三是价值主义教育中的效用价值，包括人的效用价值和物的效用价值，它是客体对主体的功能性价值。人道价值是价值的本然状态，规范价值是价值的应然状态，效用价值是价值的实然状态，其中人道价值是规范价值、效用价值产生的根源和基础。⑨

再次，从价值主义教育的价值分析看，包括量化的价值和质性的价值，亦即价值的量的规定性和价值的质的规定性。从逻辑进路来看，价值主义教育必然会注重以价值增量的方式寻求价值质性的目标追求。当然，价值是一个可以量化的概念，价值的量化并不是说价值可以做数学般的精确计算，而是说价值可以量的方式进行解读，并以量的大小来表征价值之于人的有效性。例如，政治教育更多的是直接以质性方式表达其目标性追求，如民主、平等和公正等。道德教育也是如此，道德虽然以利益为基础，但道德价值的衡量却可能与利益的多少无关，正如我们所见，我们并不能以对地震灾区捐款额的大小来评判一个人爱心的大小。但价值主义教育不同，价值教育目标的实现是以价值相对于生命的效用大小为尺度的，如果特定的价值没有依照生命价值指向发挥其效用，甚至对生命价值产生了负面效应，其价值评判是截然不同的。因此，价值主义教育注重引导受教育者首先追寻价值数量上的增加，并由此深化对价值效用的质性目标追求，最终实现价值之于生命的终极意义。

（二）价值主义教育的价值实践论分析

从根本上说，价值主义教育解决的是人的自由全面发展问题，而人在发展中的价值实现是通过实践逐步生成的。在这一过程中，主体是具有能动性的，这种能动性表现在改造客体的方法之选择上。著名学者罗崇敏提出的“三生教育”观点，引起学术界的广泛关注，“三生教育”是指，坚持以人为本，运用教育的力量，对受教育者全面实施生命教育、生存教育和生活教育，使受教育者树立正确的生命观、生存观和生活观，最终树立正确的世界观、人生观和价值观。笔者认为，“三生教育”是实践价值主义教育的有效模式。

四、余　论

在价值主义教育过程中，一个非常重要的问题就是价值评价问题。笔者认为，价值主义教育的价值评价应当是以思维方式转变、生产方式转变、生活方式转变和管理方式转变为主要内容，构建价值主义教育的价值评价体系。首先，通过人的思维方式之转变，评价价值主义教育。价值主义教育从根本上讲是提高人的思维能力和思维水平的活动。通过教育手段提高人的具象思维和抽象思维能力，提高逻辑思维和辩证思维能力，提高发展性思维和创造性思维。因此，可以通过衡量价值主义教育在促进人思维方式转变过程中发挥的作用，对其自身进行价值评价。其次，通过社会生产方式之转变，评价价值主义教育。生产方式是由人构建的，社会生产方式的文明程度和进步水平是由人的素质决定的。通过价值主义教育促进社会生产关系由低级向高级转变，不断提高社会生产力水平，提升生产关系文明程度，从而使人类的再生产活动从盲目走向自觉，使经济发展从主要依靠资源走向依靠人的素质提高和科技进步，使文化的发展从封闭落后走向开放文明，使政治的发展从专制走向民主，不断提高社会生产力水平，提升生产关系文明程度。因此，可以通过衡量价值主义教育在促进生产力和生产关系发展方面的业绩，从而评价价值主义教育。再次，通过社会生活方式之转变，评价价值主义教育。社会生活方式是生活主体即人的生成方式和人的需要的满足与实现方式，体现了人的素质和社会的文明程度。教育使人脱离与一般动物同样的生活方式，教育使人远离愚昧、落后、迷信、奢侈、非理性、不道德、不健康的生活行为，教育培养人的良好生活行为，崇尚自然、崇尚环保、崇尚节约，使人们健康生活、文明生活、幸福生活、尊严生活。因此，可以通过衡量价值主义教育在促进社会生活方式转变过程中所发挥的作用和产生的影响，从而评价价值主义教育。最后，通过社会管理方式之转变，评价价值主义教育。教育催生和发展了公平、正义、民主、和谐的社会管理制度；教育增强了公民的社会管理意识与社会管理能力，促进人人享有均等的基本公共服务；教育推进了社会管理的民主化、法制化和科学化。教育提高了国家和社会管理者的管理素养和管理能力；教育促进了社会管理和全球治理从低级走向高级，从专治走向民主，从不平等走向平等，从非正义走向正义，从不公正走向公正。因此，可以通过衡量价值主义教育对社会管理方式之转变产生的影响和发挥的作用，从而评价价值主义教育。

注　释：

①⑧罗崇敏．谈谈价值主义教育思想[EB/OL].(2012年2月25日).[2012年5月24日]．网址．http：//www.ynjy.cn/chn201004051544082/article.jsp? articleId=8280693.

②⑤⑦吴亚林．价值与教育——价值教育基础理论研究［D］．武

汉：华中师范大学博士论文，2006.

③康万栋．教育价值观初探［J］．天津教育学院院刊，1987（3）．

④陈列．论人的价值与教育的价值［J］．教育理论与实践，1989（4）．

⑥罗崇敏．论现代教育价值建设［J］．昆明理工大学学报，2010（2）．

⑨王玉樑．论价值哲学研究的方法论问题［J］．哲学研究，2007（5）．

人类最应当思议的是教育

郭振有

认识罗崇敏同志是在2009年。那一年云南省教育厅和中国教育学会联合在北京举行“三生教育”论坛，崇敏同志做了一个重要讲话。我主持了这次论坛。2010年我又参加云南省教育厅在香港举行的“三生教育”香港论坛。崇敏同志因参加全国教育工作会议，为这个论坛带去一份很有分量的书面发言。不久前收到崇敏同志新著《教育的逻辑》和《教育的智慧》，使我对这位学者型教育厅长，有了更新的了解。

“我们做教育工作的，做了多少年教育，但有多少人知道教育是做什么的？教育的真谛是什么？到底应该怎么做教育？”这是前些时候在一次会议上，一位教委主任提出的一个问题。这真是一个大问题。我觉得，罗厅长这两本书，对这个问题做了深刻而精辟的回答。

这两本论著有几个突出特点：

一是高屋建瓴，视野开阔。作者说他致力研究的是知识经济时代的引领人类社会文明进步的现代教育。他站在历史的、时代的、理论的高度上，对现代教育的一系列根本性、全局性、宏观性问题，做了深入探讨和研究。作者指出，教育价值是人类的最高价值，教育智慧是人类的最大智慧，而教育危机是人类最大的危机。他考察教育的产生过程和发展趋势，总结历史经验，分析现实弊端，展望未来，提出了观察教育的三个维度，即价值—能力—制度。价值取向是教育变革的动力源泉；能力选择是教育价值实现的途径；制度建设则是教育发展的切实保障。这是观察现代教育问题的一个全新的视角，是对教育全局的把握。为此作者构建了一个完整的理论框架，一层层地进行剖析，使我们可以从理论与现实结合上，认识我们生活于其中，须臾不离，却思之甚少、知之甚少的教育——第一，它到底是什么，为什么；第二，应该教什么，怎么教；第三，需要用什么来为它保障？这些其实是每一个教育工作者都应该了然于胸的。

二是植根现实，词近旨远。这两本论著不是为师范院校撰写的普通教育学，作者也不是坐在书斋里根据教育的一般原理写出来的。他的知青生活和农村、工厂工作的经历，经济学研究的专业素养，政府工作和省级教育行政部门管理的经验，使他特别了解中国的现实、人民生活的现实、教育的现实。他的责任感和使命感使他更关注的是现实中国教育的困境和出路。他提出了生命、生存、生活的“三生教育”的理论及其实践途径：认识生命，敬畏生命，发展生命；强化意志，掌握技能，主动适应；立足现实，注重体验，追求幸福。这是真正的现代教育，是对以应试为中心任务和唯一目标的传统教育的彻底的批判，是素质教育思想的具体的实践模式和扎实载体，是消除教育价值危机的正确选择。云南的“三生教育”的实践，成为这两本论著的实践基础和重要亮点。

三是系统思考，“看见整体”。崇敏同志的书中推崇彼得·圣吉《第五项修炼》“系统思考”、“看见整体”的修炼。这两本论著几乎涉及和涵盖了当前中国教育所有重大问题，形成了许多完整的范畴和体系。比如，作者对他提出的三个观察现代教育的维度做了系统论述：价值体现是要塑造有尊严的现代人；所要培养的能力是要促进国家社会个人的可持续发展；制度设计则是要为现代教育提供根本的制度性的保障。这些都是现代教育必须明确和着力解决的根本性的问题。对制度设计问题，作者提出，教育行政管理要走向公共治理，实现公共服务，完善教育资源分配模式，改变过于依赖行政指令分配教育资源的弊端；改进教育供给与管理体制，实行教师身份社会化、教职工收入分配绩效化、校长公选、学校运行管理法制化。又如，作者明确提出，主体性是人类社会活动和教育活动的基本特性。不只要确立学生在教育中的主体地位，而且明确提出要塑造教师的主体尊严，赋予学校办学的主体权力，发挥政府管理学校的主体作用，家庭也要肩负对孩子教育的主体责任，更要明确教育对社会文明进步的主体引领作用。作者对教育公平、教育过程、教育结构、教育体系、教育合力、教育课程、教育环境、学校现代管理、教育评价以及各类教育等等，都做出了系统的整体的论述。可以说很多方面富有新意，是前人所未曾涉及和论述过的。如他在论述“教育合力”时提出，世界发展包括教育发展的动力来自人和事物纵横交错形成的合力。教育合力是教育创新发展的特质。我国教育没有形成合力的问题普遍存在，过去人们常常讲的“一分为二”、“抓主要矛盾”、“突出中心工作”的工作方法，被简单化了，破坏了教育的整体性、系统性、传承性、过程性。必须整合现实教育发展中的各个要素，包括人、财、物和信息，家庭、学校、社会、团体和政府，国际和国内，校际和校内，国家和区域，教师和学生等等要素，要“一盘棋”整合，从而增强教育活力，提高效率，发展创造力。

四是迷津欲渡，路在脚下。一本真正有价值的教育论著，不仅要形成独特的理论体系，有新鲜的见解，更应该对解决现实问题提出切实可行的思路。这两本论著做到了理论和实践的统一，提出问题和提出解决思路的统一。比如作者提出，教育要国家化、公共化和专业化，为此，国家应成立教育政治管理委员会、教育公共管理委员会和教育专业管理委员会。并对各委员会应承担的职能做了论述。他提出，应当将现有30%的公立学校，特别是公立大学进行非国有改造，大力促进私立学校、股份制学校的发展，建设公立学校、私立学校、股份制学校平等竞争、共同发展的办学体制等。他还提出了对现行考试制度进行一次革命的系统的思路，等等。他提出的很多建设性的改革思路和建议，都值得重视，有的可以即付试点，有的可能不能立即实行，但有研究价值。

温总理提出要倡导教育家办学。一批教育家能影响一个国家和民族的未来。教育行政管理者、研究者、校长、教师都应该用教育家的标准要求自己。一个好的地方教育行政管理者，就能成就一方好的教育。教育厅长负责设计、统筹、指挥一个省的教育的改革发展，责任十分重大。教育厅长应该由教育家担任。他不仅应该有发展改革教育的使命感和责任感，有丰富的教育管理经验，还应该有深刻的教育理论素养，有对教育问题的真知灼见，形成独特的教育概念，并付诸实施。罗崇敏同志为教育厅局长树立了一个很好的榜样。

罗崇敏同志反复讲一句话："人类最不可思议的是教育。"教育创造了人类，促进社会的文明进步，教育决定着国家、民族和个人的未来。也正因为如此，人类最应当思议的是教育！

（作者为中国教育学会副会长。）

阳光心态　幸福生活

倪子君

我有一个问题，同样是一座山，为什么在深夜的时候你就会有恐惧和害怕，而在白天你就可以去享受，可以去欣赏，可以由此感到满足，同样一座山区别在哪儿？它的区别在于白天的山里面是照进阳光的，而因为阳光你看得见它，这座山如同我们的内心，如果你不知道你的害怕、恐惧、失败、沮丧、难过、嫉妒、仇恨等等从什么地方来？你就会因为未知而产生一种恐惧，而仅仅你看到了你的心灵的各种变化、基本规律和真相，特别是当你还知道你的幸福从哪里来？你的价值感、成就感从什么地方来，你的快乐、喜悦、满足、安详都分别是因为什么而产生？怎么去持久？你就会因为仅仅知道而产生一种安宁，为什么？因为我们有一种把握力，那来自于仅仅因为知道就会对情况有所了解，于是你就会对它有把控力。

所以我们今天的这样一份分享，就是从这位起点的，我们要对我们内心有个把握，来了解怎么去发挥我们生命的价值，去找到我们生存之道，去体会我们生活的幸福，这正是实施“三生教育”的目的，更是罗崇敏先生正在丰富和完善的价值主义教育思想精髓所在。好，从什么地方开始呢？从我们的自我发现和自我感受开始。

有一句话叫做心明世界自新，当你心灵亮堂了，你整个世界就发生变化了，从哪里开始呢，我提个要求，这个要求不是今天讲课的要求，而是今后如果你还想步入幸福，那将是你一生要做的一件事情，那就是请学会自我觉察，什么叫自我觉察？就是和你自己在一起。我们要了解自己，时刻和自己在一起，观察自我。

那我们来看罗崇敏先生首倡的“三生教育”，我们的出发点是我们的生活，我们必须要有一束阳光照进我们的人生里面，去了解我们生命的真相，要了解我是谁，要了解怎么去过我们的生命，我的生命和他人的生命有什么不一样的地方，我是如何使用这样的一个生命来度这样的一生。之后我们要了解用这样的生命如何去生存，生存不仅仅是为了生存下来，还要生存的较好、更好，那么在这个过程里，怎样去让我们的生命发挥最大的一个价值？获得生存的技能，之后我们去追求一种幸福的生活，不是碌碌无为的活着。如果你没有去追求幸福地活着、有觉知地活着、有价值地活着，那就像没有在活着，而这三者是相辅相成的，互相循环、互为支持的。那当然，了解生命的真相，是我们的首要任务之一，我们从生命开始指向了我们幸福的一个生活，那这是怎样的一个过程呢？今天我们就用幸福的科学这样的一个视角来对他有一个分享和诠释，那么首先我想和大家来分享积极心理学。

心理学我相信大多同仁都很了解，对心理学的各种流派都有所了解，可是不是很多人了解积极心理学，在过去 100 年的心理学发展之中，心理学通常会看过去的问题怎样导致了你现在怎样的不良状态，于是传统的心理学，是考虑如何把你从一个负面状况转变为现在的正常状况，而积极心理学会认为，任何人在任何情况下，他自身本身都具有一种力量、美德、能力；让自己从现在的状况走向一个更美好的未来，而这个力量本身就是在你身上的，我们要做的只是发现它和去发扬它。那么积极心理学是落在这样一个范畴里头，所以积极心理学不是研究你的心理疾病的原因，而是去理解和解释幸福和主观幸福感、去预测影响主观幸福感的因素，找到增进主观幸福感的策略。这门课程颠覆了人们一贯的想法和一贯秉持的一个理念，就是必须要以痛苦为代价去换取人生的成功，这门科学告诉他，其实你完全可以又幸福又成功。而且经过大量的研究发现，真正幸福的投入到自己的生活和事业中的人，才能取得真正伟大的成功，而且这门课程告诉大家，用哪些科学的方法来提高自己的幸福感。那么这门课到底给我们如何来诠释幸福呢？什么是幸福呢？我们先来看一个追求幸福的故事。这是一个真实的故事。从前有个小孩叫提姆，他一直过着无忧无虑的生活，可是有一天这样的生活结束了，那就是他上学的那一天，他上学的时候没有人告诉他学校是一个可以快乐的地方，他的老师和家长都告诉他，学校是一个必须取得好成绩的地方，当取得了好成绩，那你就会成为一个人人喜欢的孩子，你就非常有价值，那就是你幸福的到来。他其实本来有非常强的好奇心，很喜欢学习各种各样的知识。可是在学校里面，他开始慢慢的有一点害怕上学，因为他害怕写错字，害怕作文写得不好，害怕数学题算错，这个时候他就会有一种挫败感，而且为了解决这样一些问题，他会隐忍内心的一种痛苦和不安，当然他也开始慢慢地接受大人给他灌输的价值观，那就是真的必须要取得一个好成绩，因为他发现他取得好成绩的时候，他真的体会到了幸福，因为老师很喜欢他，家长会兑现承诺给他的各种奖励，比如说一个礼物或者是去度假，而同学们也会喜欢他、崇拜他、跟随他，所以他慢慢接受了，在追求成功的过程中，真的是要有所牺牲和隐忍的，痛苦是必须的，如同中国有句话叫做：“吃得苦中苦，方为人上人。”秉持了这样的观点，他进入了高中，美国也是有会考的，这样的日子更加的艰苦，他几乎没有一天晚上是在夜里 12 点之前睡觉的，但他告诉自己没有关系，这个过程是必须的，那么我就要为自己设立一个非常远大的幸福目标，于是他设立的目标就是要考上这个世界上最好的一所大学。经过他这样一个过程的努力，这一天真的来临了，他收到了哈佛大学的录取通知书，当他收到录取通知书的那天，他喜极而泣，他觉得他所有付出都是值得的。于是他在这个假期做了许多他以前想做没有时间做的事情，比如说睡觉睡到自然醒，比如说看光盘、看小说看通宵，比如说在外面玩球玩一天等等，可是渐渐他发现，他被一种焦虑所淹没，为什么呢？因为他开始厌倦了这样一种没有目标的生活，他发现必须给自己设立一个更幸福的目标，他开始盼着尽快开学。当他开学的时候，他所期盼的幸福的永恒生活并没有来临，因为所有的哈佛大学学生都是非常优秀的，竞争空前的激烈，比如说哈佛大学凌晨 4 点钟的图书馆，座无虚席。那他会参加很多课外社团活动，这些社团活动他不一定感兴趣，但是可以在他的履历表上增加非常光彩的一笔。他选修很多课，并不是他未来的方向，终生要投入的一个事业，而是这些学分非常好拿，在他这样一个艰苦的生活里面，他几乎每一天要在2点钟左右睡觉，但是他告诉自己，没关系的，我知道这个痛苦的过程是必须的，那么我下一个让我幸福的目标是什么呢？他给自己设立了一个更加远大的目标，那就是要成为一个世界上最大的公司的职员。他终于做为优秀毕业生代表发言，而且他也真的进入了世界上最著名的一家投资银行。而他进入到了这家投资银行后发现新一轮的艰苦奋斗开始了，痛苦的感受开始了，他每个星期要工作84个小时，经常在外地做一个项目就是三个月，在这个过程中他身体透支、精力透支，常常彻夜不眠，但他告诉自己没有关系，这些都是必要的，他也有让他高兴的时刻，比如说一个项目完成的时候，比如说被晋升的时候，比如说领到薪金和奖金的时候。这个时候他告诉自己，这样的一个过程是必须的，我有下一个令我非常幸福的目标，那就是我要成为这个公司最年轻的合伙人。在他34岁的时候，经过他的努力他终于成功地成为了这个公司有史以来最年轻的合伙人之一，这时候，他拥有了人们所羡慕的一切，拥有了很多人以为幸福生活必须有的一切，比如说大把的时间，比如说一辈子都花不完的钱。钱对于他只是银行里的一个数字了，比如说他还有豪宅，有豪车，有非常好的太太有一个可爱的孩子等等。可是当他拥有这一切的时候，他突然间陷入到了一种迷茫：下一个令我幸福的人生目标在哪里呢？

那让我们来看一看幸福到底是什么？积极心理学认为，幸福是一种高水平的生活满意度，高水平的积极情绪和低水平的消极情绪，以此为特征的积极的心理状态。有诸多科学家在研究幸福，而幸福实际上是一种自我感觉，而研究感觉的是心理学。所以积极心理学的这样一个定义，已经为科学界所公认。这样的一个定义，是可以测量的。是有方法加以提高的。就如同我过去的生活也无法改变了，当我们无法改变一件事情的时候，我们有一种办法就是改变我们看待它的思维和认知，就可以改变我们对它的感受。比如说，我曾对我年轻的经历不满意，但当我现在再去看我年轻的经历，我会这样定义：那就是它充满了挑战！给了我历练，让我更早成熟和成长，是我一个非常棒的一个成长的根基，过去的生活没有变，你对它的态度可以发生变化。那么，这样的一种体验，实际上，带给我们一种持久而稳定的满足感。

罗崇敏先生的价值主义教育就是要告诉我们，幸福真的是一种感受，但不是稍纵即逝的，不是不可捉摸的，不是主观的，模糊的，它就是一种持久而稳定的满足感，当你因为有目标意义的交换的时候，你就会不断坚持自己在做的事情。而当你享受过程的快乐的时候，你的幸福感不会因为目标来临你就快乐，过程中你很痛苦，它是忽上忽下的。而幸福是我们最高的一个生活目标。亚里士多德就曾经讲过，幸福的生活就是我们追求的中间目标。那么我们再来看一看，幸福感的三个特征，怎么把握你的幸福。第一个特征就是，幸福是你自己的标准。它不是外界的标准。你自己感到幸福吗？有一个非常著名的律师，他曾经请教哈佛大学的 Tal 博士就积极心理学的讲授者，说："我在一个大公司里面工作，我是这个大公司的法律顾问，可是我每天过得很不开心！我早晨起来我就看到，我的豪宅的落地窗之外公园的美景，我下楼之后，坐上我最顶级的宝马进到公司里头，我所做的所有事情都是我意料之中的，没有新意，我也没有兴趣！我每天就是这样渡过它。我不开心" Tal 说："那你现实生活中没有让你特别开心的时刻吗？"他说："当我去画廊里面看一个艺术品的时候，我就觉得特别开心。" Tal 问："那么你难道在现实生活中，找不到一个画廊的工作吗？"这个人立刻回答："我怎么可能到画廊工作？到那儿我就不可能有律师这样的地位、财富，现在生活的享受，也不会像现在这样受人尊敬，我怎么可能放弃我律师的工作到画廊里去工作？" Tal 想了想，说："我知道你为什么不快乐了，那就是：你决定让自己不快乐。因为，你选择自己人生的方式，特别是选择你将有三分之一的生命从事的这种事业，选择它的标准不是把幸福作为最高目标，而是权力、名望、地位、财富等等。所以这个时候你不开心就是你自己选择的。"实际上他可以选择一个画廊的工作吗？当然可以！卢浮宫的馆长，是世界著名的艺术鉴赏家，他一并拥有了财富、地位、权力、名望，但实际上他是从事了自己所爱的工作，那么他如果不能改变自己现在律师的行业，他还能更幸福吗？当然可以！他可以在自己现有的工作里面感受它的意义，感受它过程的快乐，后面我们会讲，在你不改变现状的时候，怎么改变你自己的感受？所以要了解你自己的标准是什么。有很多做企业的人，当我们去做一个老师的时候，我们就会感到是不是我们跟他相比，生活水平差了很多？可是这个世界上，有很多老师感受到了终身的幸福。你拿任何职业跟他换，他都是不换取的，为什么？所以在这个过程中我们要知道我是谁，知道我们自己的价值在哪儿，我们怎么实现我们自己。所以幸福是什么？就是做你自己！做一个最有价值的你自己。就是这么简单。但，也就是这么困难。所以坚持自己的标准还是很重要的。

幸福的特征二，那就是积极情绪和消极情绪的一个关系，它不是一个非此即彼的关系，我们要幸福，我们要积极，我们要把消极情绪全部消灭掉？不是这样的，经我们研究发现，在三比一到十一比一这样一个比例里头，一个人的幸福感是最高的，他这个时候的工作效率和他的创造力也是最高的，这个实验是这样的：工作里面的人带一个 BB 机，科学家定期地去呼他，这个时候他就会记录下来自己正在做什么事情，以及自己此刻的情绪体验，之后就去测这些人的幸福指数，就会发现，当他的积极情绪比例和消极情绪比例低于三分之一的时候，他处于一种无所谓的状态，不好也不坏的一种状态。那么，当三比一的时候，他的幸福指数突然上升，在一直到十一比一的过程当中，他一直都保持在一个高位，而很有趣的是，过了十一比一，他的幸福感又陡然下降，当然在高端的这种幸福感过程中，他整个工作效率、自我状态都是最佳的，创造力也是最佳的。后面我们会讲各种实验。那也就是在情绪里面会发现，天天傻乐，每天没有什么特别烦恼的事情、让你紧张的事情，你的幸福感也不高。所以有消极情绪不是一件坏事情，而且我们要掌握一点要点就是，没有人可以豁免消极情绪，你只有让自己的积极情绪保持在一个最佳范围内，增加它的比例，保持在最佳的范围之内。所以幸福不是没有痛苦，它是大量的快乐挤去少量的痛苦，而痛苦是不可能等于零的。为什么痛苦不能等于零？就不能没有吗？好，现在我们做一个心理体验，我们真的不想要我们的各种消极情绪，消极情绪是什么？焦虑、抑郁、烦恼、愤怒等等。当你有一个负面情绪的时候，你去压抑它，它会更强烈地抓住你。而且会影响你整个正常的工作和完成任务的效率。所以拒绝我们的天性，会造成我们不快乐和我们没有效率。我们这个社会呢，很多人都是戴着面具生活的，看起来都非常不错，我们已经习惯了去掩藏我们的负面的情绪。实际上，当有负面情绪的时候，我们不可能在人前有一个尽然的发泄，但是请一定留给自己一个恢复的空间。科学研究发现，负面情绪必须有，每个人都要有，除非你没有生命了，或者是你精神上出现问题了。为什么？因为负面情绪是我非常重要的变化得来的一个报警系统，它告诉你，你有一些危险在身边了，必须要去采取一些行动。那比如说排名第一位的负面情绪叫做焦虑。焦虑是什么？紧张不安？当你焦虑的时候你心跳加快，手脚冰凉，就会有的时候会觉得脑子一片空白，你会发现你头部发梗、发紧，等等。当一头小羊在喝水的时候，它会立刻觉察到，如果旁边有一头狼的话，它就会有焦虑的感觉。它的下一个反应就是：肾上腺激素快速分泌。它的脑垂体加速分泌，它开始焦虑，心脏加快心跳，手脚发凉，因为它下一个动作是逃跑。如果没有这种焦虑的情绪，它就无法生存。那么排名第二的负面情绪叫抑郁。比如说猴群里面一只猴子跟另外一只猴子打架打输了，输了的猴子会沿着墙边垂头丧气地表示一种抑郁的状态。其实它在用这种状态告诉它的同伴：我已经很差了，请让我生存下来。所以这是一种收缩的、自我保护的状态，而且是一种求助的状态。再者，愤怒，愤怒是排名第三名的，但是是强度最大的。它是在提醒你有人闯入了你的领地。比如说一头狮子，感受到另一头狮子进入到它的领地，它就立刻会感到非常愤怒，它的下一个动作就是去战斗，把那头狮子赶出自己的领地，这个领地里面所有的食物和所有的母狮子就是归他所有。所以这是他生存必须要有的一种情绪。所以我们人类也同样这样。所以当我们有负面情绪的时候，不要受它的困扰，要告诉自己：这是非常正常的。使负面情绪自动下降唯一的方法，就是自我悦纳。让自己全然为人，是人都会生气，每一个人在临上台做演讲的时候都会有点紧张，每一个人在完成一个重大任务的时候，都会配合自己，激发自己的力量。所以呢，当负面情绪来临的时候，要做的是，看到它，把握它，接受它。看到它你就会有一种把握力。所以呢，情绪的反应，是没有道德评判的标准的，它是非常正常的。但是情绪之后，你采取什么样的行为就可以由你自己来把握，它是正确的还是道德的？所以我们克服负面情绪的方法，要先去接纳它。之后，采取自己的行为。下面我们有一个问题，我们是不是允许他人有负面情绪？别人有负面情绪也是非常正常的吗？你允许他在自己的情绪里面呆一会儿吗？所以我们有一些孩子，当他难过的时候，痛苦的时候，我们总是让他坚强起来！不要哭！实际上你是在让他违反自己的天性。而且他会消耗自己极大的心理力量，后面的工作就会没有能量、心理资源。所以要允许自己和他人都全然为人。

刚才我们讲了幸福特征二，怎么理解情绪，积极情绪和消极情绪。现在我们来看，幸福的第三个特征，那就是我们对于我们的生活，要总体水平比较满意，而不是在某一个局部领域有长足的满意而其他的领域不满意。我有一个朋友，她是我们国家央企的一个副总，她退休了，有一天给我打电话，他说："子君，我觉得生活真的很没有乐趣，真的是可以不要过了这个生活。"我很担心，我说："发生了什么事？"她说："我刚刚退休，退休了三个月，很开心。但是现在觉得生活没有意义。"她 25 岁的时候就是全国的三八红旗手，后来当过南方的一个市的市长，后来成为了一个副部级的一个企业的干部。可是，她一生都没有结婚，她也不会做饭，因为单位总是可以把她照顾得不错。当她退休之后，发现生活的其他方面的一片真空，也没有孩子，也没有家庭，等等。她自己熬药要熬到夜里三点，因为不是干了，就是水太多了，很长时间还吃不上一口药。她就是在一个领域里面获得了长足的满足，但其他的领域，其实是不令人满意的。所以这个时候你要兼顾你的生活的各个方面，是不是都比较让你满意？比如说，你的自我，你对自己满不满意？有没有自信？你的经济情况，你的工作有没有让你成长？你的居住环境，你的身体状况，你的健康，你的休闲时间能不能把握等等，当然这里面有重点，但是要兼顾各个方面。所以现在，我们在做各种事情的时候，要避免一种不智慧的选择，那就是得不偿失的选择。你得到的赔偿不了你失去的。你得到的是某一方面的满足感，而你失去了全部的全体的总体的幸福感。比如说，很多人在年轻的时候，以透支身体去赢得成功，比如说在很多年轻的时候，特别是很多男士，会告诉自己的太太，我呢要暂时地牺牲一下家庭，无非是为了让我们过上更幸福的生活。这实际上也是一种得不偿失的选择。所以呢要兼顾自己生活的各个方面，让它保持一种平衡。所以有句话叫做：你确实感觉好才是真的好。有一句话叫做：如果别人都认为你成功了而你不觉得自己成功，那你根本就不叫成功。幸福也是这样。

下一个问题是你的生活中还缺少幸福吗？你还需要更多的幸福事件发生吗？还是它们本来就存在在你的生活中？你只是选择了视而不见？而你要做的无非是提出正确的问题，让你的注意力去看到让你引发积极情绪的那些事件。有一个坏消息是，我们的注意力是有限的。我们没有办法去看到全部的全景。好消息是它给了我们一种方法和途径去规划我们的注意力，主动地构建我们的主观世界。我们的习惯是，我们不可能把这世界上所有的信息都囊括，都注意到。如果是那样我们就没有办法开始工作了，我们必须要有目标，必须要有注意力的落脚点。这给了我们一种途径，幸福是一种能力，幸福是可以学习的。学习的一个方法就是去让我们主动的态度和我们的行为认知转向积极的方向。比如说现在，我们就来锻炼一下我们的积极注意力，你要提什么样儿的问题？30年来，我们生活质量的进步有哪些？太多了，比比皆是。我们的住房，我们的家电的使用情况，我们的教育等等。你还总在抱怨，这是一个环境污染的社会，这是一个没有公平的社会，等等。昆明最大的幸福是什么？气候好，我们和谐，我们人朴实，等等。他就觉得现在到处在修道路，好难走啊等等。你看到了什么？我的配偶最值得欣赏的地方是哪些？还是你就天天在挑他的毛病？这也不合你的意那也不合你的意，我们在亲密关系里有一句话：当你开始批评配偶的时候，就是在嘲笑你自己。因为配偶是你自己选的。那么多的异性，你选择他陪伴你，所以当你去看到他最值得欣赏的一面的时候，提高的是你自己的幸福感。我的孩子取得了什么样的进步？它是一个大问题，我的孩子哪儿还不够好？哪儿还不足？还是发现了他生命的成长？我在工作中最快乐的是什么？还是我工资不如别人？我的工作比别人辛苦，我怎么能平衡呢？还有，最近你有哪些幸福事儿？还是你总是一抬头看到的就是压力和焦虑？这样的一些提问题的方向，就可以直接引发是积极情绪还是消极情绪。那再比如我们作为教育者，从事教育工作令我们幸福的十五条理由是什么？你桃李满天下？你创造了人类？你教化了人类？创造了人类的价值观？价值感？教化了人类让他们去产生价值？有两个大前提，前期，很好，有稳定的工作，有简单的人际关系等等。还是你觉得你薪水不够高？还是觉得你生活总是没有变化？没有挑战？等等。你职业的最大价值是什么？你还是在问，我职业的最大缺点是什么？不足是什么？工作中哪些方法是奏效的？还是总是去惦记那一两次失误？没有做好的事情，我感恩的是什么？还是去想有谁对不起我？取得了什么进步？还是去想上次我没有完成任务？我的学生的优势、进步是什么？还是去想这个学生为什么总是让我这么头疼？等等。当你去想一些积极问题的时候，当下引发的就是你的积极情绪。有两种人，一种叫做吹毛求疵者。英文直接翻译过来叫缺陷发现者。他们有一种本领，就是即使在天堂也能发现缺陷。这些人通常是大比例的消极情绪的人，因为他是一种收缩的状态，他是一种防御的状态。他总是要发现问题，之后呢，去应对它。这是他的一种模式。还有一种人，叫价值发现者，这样的人总是能发现好事情，而哪怕发现的不是好事情，也总可以从这些事情里面看到好的方面。我们且不说这两种人哪一种会更成功，哪一种的人际关系会更好，这两种人在发现缺陷或者是在发现价值的当下，他们引发的就是积极情绪或者消极情绪。或者我们说他当下就感受到的是快乐还是痛苦。这跟他自己的幸福感是有直接关系的。

那现在呢，我们理解了幸福的控制因素之后，我们要知道，我们是有权力对同一个事物有完全不同的情绪体验的。它来自于你主观的态度和认知及你采取的行为，或者是积极情绪体验或者是消极情绪体验。所以从今天起，停止抱怨其他的任何人、任何环境。你的工作、薪水、职位、上司、下级、太太、先生、孩子、学生，从今天起承担起你自己对自己幸福的责任，今天起你的人生你是主人，你有40%的控制权，不要把它拱手让给了你不可控制的环境因素等其他因素。所以呢，幸福是我们的责任。

说到这儿，我们就必须要去回到一个起点。当今，国内外广泛认同并开始实施的“三生教育”，其基础是生命教育。必须要了解我们生命的一个价值。我们要从什么样的生命价值，去看待我们自己？把握我是谁。我怎么来过这个人生？我怎么感受我的幸福？那么我们必须要谈到一个主题，那就是积极自我。积极自我是怎么建立起来的呢？怎么能让一个人总是有自我价值感？怎么让他用自己的价值创造一个有价值的社会？你认识真正的自己吗？有一些人说：我们看待自己到底要怎么看？下面有个辩论，第一个是每个人都能学会做好几乎任何事情，你们认为对吗？同意他的请举手，好，有一些。万事只怕认真二字对吗？功夫不付有心人，有一些人。不同意的请举手。好，我们时间有限，我们不展开辩论了，大家可能会觉得我们自己有自己的特长，我们没有办法做好任何事情，我可以举反例，比如说：姚明打篮球那么好，我再努力也不可能像他那么好，因为我不具备他的基本能力。还有另外一个说法：一个人最大的弱点才是他进步的最大机会，对吗？同意的请举手，同意的啊，好，放下。不同意的请举手，好，几乎势均力敌啊，一半的一半。你想，当你秉持这样不同的观点的时候，你会怎么对待自己和他人，你会希望自己所有的事情都做得好，不管自己擅长不擅长吗？做你的学生的时候你希望他是个全才，不管他擅长不擅长，当你看待秉持第二个观点，你觉得自己要拼命的弥补自己的弱点，还是发挥自己的优势？你看待学生的时候，你认为他应该不断去弥补他的弱点还是发挥他的优势？那才是他的价值。盖勒普做了一个大型的实验，在36家著名的单位里面，7939个经营单位里面对198000名员工进行调查，只问一个问题，这个问题是：你每天都有机会做你最擅长的事情吗？只有20%的单位回答是，这样的单位20%里面的单位员工回答是，这样的单位表现不俗，他们的员工流失率低了50%，生产率高了38%，顾客满意度高了44%。盖勒普通过大型的实验，大型的追踪调查，发现了我们应该打破弱点的怪圈，不是要弥补掉自己的弱点才能创造价值，他发现了另外两个结论，那就是每个人的天赋都是经久不变，与众不同，每个人最大的成长空间在于其最强的优势领域，巴菲特曾经跟一群大学生做过交流，他是跟这些大学生说：我跟你们真的没有什么不同，这些大学生说：你在跟我开玩笑嘛？你跟我们不同你成为了世界的最富有的人第二名，而我们还是普通的大学生，我们如何能做到呢？巴菲特说如果我和你们有什么不同的话，就是我每天起床后都有机会做我最爱的事情，如果我们没有办法做的工作是我们最爱的，但是我们总有一种权利用我们最爱的方式去做、最擅长的方式去做。所以怎么看自我，我们要从一个积极正向的角度去看我们的优势到底在哪里？天赋到底在哪里？比如说：你能迅速说出自己15个优点吗？有很多人说谦虚使人进步，骄傲使人落后，当你看待自己优点的时候，不是一种骄傲的表现，而是对自我价值的一种认可，从积极正向的角度做自我探索，要非常确认自己能做成什么？接着问：你曾经做成了的事是什么？前路上还有无数的挑战，但你曾经做成了什么？这是一个积极自我认知的一个取向。

在我们价值主义教育里面提到“教育就是实现和发展人的价值活动的过程。”怎么去发现人的价值？就是去培养他能够做得非常棒的事情，之后用他来创造更大的社会价值，成功的积极心理学教育，或者叫幸福教育，其实就是要帮助学生建立无条件的自我价值感，就每一个人有生命，他就有价值，他可能有做不成的事情，但他生命本身就是有价值的，而且足以去发挥他的价值、创造社会价值，好，有人会说：我们不能光看价值，我们还要看我们的弱点，否则这不是一个完整的自己。

那么如何去管理我们的弱点呢？当它发挥我们优势的时候，我们要有一个科学的态度，叫做控制弱点，但是控制弱点的前提，一定要记得要发挥优势，这才是我们价值的着眼点，控制弱点无非是不要影响优势的发挥，什么叫控制弱点？就是不要让弱点影响我们优势的发挥而绝对不是拼命弥补弱点，甚至企图让它变成优势，不可能，因为你的脑部链接决定了这就是你的短板，而且你也没有必要，如果你真的能做到，你也耗费了极大的人生成本，你本有可以让你非常快捷的、顺畅的体现价值的方向，但是控制弱点也是必要的，那么给大家说一个控制弱点的方法，第一个：把事情做得更好些，当你去控制弱点的时候，不要苛求自己，一下子就做得非常的棒，可以允许自己有5%的进步，不要说一下子做不到最好就完全的放弃，这是悦纳，比如说我已经很好了，还可以更好。另外设计自己的习惯，比如说我是一个很自在的人，所以有的时候我常常会迟到，那么怎么设计习惯？就是把自己的表调快 15 分钟，之后或者是请你的助手定期的来叫你，让习惯你来帮助我。另外用优势弥补弱点，比如说我不喜欢写一个文案，但是我喜欢沟通，当我去谈一个项目的时候，我会请人和我一起来沟通，沟通了以后我会把所有的意思表达出来，给他一个简单的文案就可以，所以用优势来弥补弱点，另外跟他人协作，不要在你不擅长的事情上纠结不已，其实你完全可以告诉别人我是不擅长的我们来合作。另外是停止做这件事情，比如说有一个领导他就告诉他的团队成员，我是一个超理性的人，我真的没有能力捕捉到你们的感受，所以你们别指望我自己就知道你们的感受、体恤你们，所以请直接告诉我你的感受是什么，你想获得什么样的支持和帮助。而有些人是不肯这样做的，因为这样似乎就宣称自己的失败，实际上你这样做的时候，没有人会在意你会赢得尊敬，你自己感觉是否好得多？回过头来看我们得弱点之后再去想我是谁？其实，你只有自我悦纳，喜悦的接纳自己一切的优势和弱点，确信自己独一无二，你有非凡的价值，但也有一些弱点，没关系，但这不是你体现价值的重点，这才能做真正的自己，什么叫做真正的自己？做自己其实是意味着你成为了自己的主人，发现了自己内在的力量，并找到了实现它们的方法。

有人问米开朗基罗你是怎么把大卫雕出来的？米开朗基罗说：当我在石头场看到这块大石头的时候，我就已经看见大卫了，我要做的无非就是把多余的石头凿掉，对于我们来讲，我们是谁？我们就是成年人，目前为止，我们灵魂的成长靠的是减法，而不是加法，什么叫减法？就是把体现我们价值的那些障碍凿掉，把我们真正的价值勇敢地去体现出来，而不是因为对自己内心的不足、匮乏、不认可、不断去学外在的东西，似乎就可以满足你对于自己内心不足的恐惧，我们可以学习，但是在认可自我价值的情况下，让自己更好的前提下，去做更多的学习，所以我们人生的任务是凿掉我们身上的石头，最大的两块石头，第一是我不够好，第二是我做不到，我还没有做我就觉得我做不到，所以我们要成为自己的塑造者，有一句话叫做本自具足，你拥有你自己足够了，把握你自己创造你的世界，和创造一个更美好的世界足够了，我们价值主义教育也提到人的一切行为思想情感和意志都是以价值为原动力的，就是我要体现我的价值，感受我的价值，追求价值的最大化。怎么把自己的价值体现出来，最大限度和持续性提高每一个人和人类活动的总价值，在这里面我觉得有3个要点，第一个，你有一个自我价值感，这是原动力，追求价值最大化，就是在自己有弱点，有优势的情况下，如何去有效的科学的使用自己就是体现自己的价值，发挥长处，控制弱点，最大限度和持续的来创造总价值，就是用自己来创造更大的社会价值。

第二个呢，你觉得你是有价值配得上幸福的，那么用这样的维度，就是他的自我价值。马伦卡洛斯是1930年出生的一个美国黑人，那个时候是一个种族歧视非常严重的年代，他的父亲就希望他来做一个秘书，后来他真的成了一个秘书，但他自己觉得非常想做的一件事情就是当老师，后来他去了芝加哥，芝加哥被誉为犯罪的温床，那里孩子们酗酒、打架，街头逗留等等，他们进了一所公立的学校，当他看到芝加哥状况的时候就告诉自己，这个状况会有所改变的，我会为此做出贡献，他的学校发生了奇迹，那些后进的学生在他的手里每一个都变得非常的积极和爱学习，尊重他人、尊重社会、有责任感。里根政府邀请他，让他做教育部的部长，因为他取得了非凡的成就，他说对不起，我不能去，因为我所有的意义和快乐是来自我的教室，来自己我的学生，虽然教育部部长是我能想象出来的最大的秘书了。后来老布什总统，又对他发出了邀请，让他担任教育部部长，他说我不去，我所有的意义和快乐就在我的教室里，我喜欢看见那些孩子，从无望到充满希望的眼神发光，现在他还在美国开设了诸多学校，告诉那些老师怎么样引导这些学生成长和转变，在这里我想和大家分享的是，意义和快乐是可以让人感受自己生命的价值，抵御外在的一切诱惑的。

所以我们教育者是要发现孩子们的价值，让他感受到自己的价值。我们对他的期望，决定了他将成为什么样子——以他的现状期待他，他将维持现状；以他能够成为的样子期待他，他将成为那个样子。所以我们要勇于去做美好的期望，让他们去唱响自己的生命之歌，掌握自己的生命之道，并且去感受自己的幸福生活。

好，最后我们来分享一下，一个幸福的人到底是什么样一个心理机制。首先，你要有一个范围，你要尽量地了解你究竟是谁，知道你的优势在哪里，你的脑部链接最强的地方在哪里。用了自己的优势，你就会做得非常成功。有优势不足够，你必须去做。如果你做得非常成功，那叫表现满意。有表现满意还不足以让你幸福，那你必须还要有另外一个圈，那叫做“感觉”，你自己感觉非常满意，你觉得自己是有价值的、配得上幸福的。你如果不用自己的优势，你通常不能获得表现满意。而你如果有表现满意，却总是没有感觉满意，就叫自卑。如果你表现不怎么好，而你却感觉满意，我们叫自恋或者是自负，这样的人其实也终归归向自卑。20 世纪 60 年代，美国兴起了自尊运动。老师都不敢批评孩子了，全部是赞美，毁掉了一代孩子，因为他们无法让自己表现满意，做出更好的业绩来。所以那些后进的孩子，我们不能总去拍着他的肩膀说：“你很棒，我对你有信心！”而是要真的让他通过一点一滴的小的事情，去完成它，获得自己的成就感，才能建立起他自己的价值体系，感受到自己是有价值的，获得感觉满意，那么，教育到底是为了什么，罗崇敏先生从自己的视角回答了这个问题，他认为教育的根本价值是教真育爱；教育的终极价值是使人成其为人，成为有能力的人，成为有价值的人，最终成为幸福的人。因此，只有在这三者之上保持一个高水平的统一，我们才能说他能获得大量的积极情绪体验。对自己生活各个方面都比较满意，我们才能说他是一个幸福的人。

好，既然我们是一个关于幸福的、关于人生价值的教育，我们最后也告诉大家一个非常好的把握幸福的方法，以及展现我们的价值，感受我们生存的快乐，去体验幸福生活的一个方法。这幅图上的人在干嘛？我们积极心理学研究发现，在一张美国的年轻的毕业生的照片上，观察他们的表情，发现了一种微笑，这个微笑是以一个叫“杜香”的心理学家来命名的。这个“杜香微笑”被誉为真正的幸福的人的微笑，他的眼角是皱起来的，肌肉是拧起来的，因为他是“D”打头的，所以我们通常叫做“D字型微笑”。嘴角是要上翘的，有皱纹的。当你看到这样一个微笑的时候，你就知道他是一个幸福的人。对这样微笑的人进行了25年的追踪，发现他们的健康状况更好，婚姻状况更好，事业更好，薪水更高。所以呢，幸福展现在我们的微笑上。好，最后，给大家看一个“杜香微笑”的例子，什么叫“杜香微笑”，当我们看到他，我们就不由自主地笑出来。所以，想承认自己幸福的人就笑起来，想传播幸福也笑起来。

（作者为清华大学亚洲积极心理研究会的副主任，此文摘自2012年7月30日云南省教育厅“阳光心态　幸福生活”积极心理学讲座。）

附　录：

人类教育新启航

——写给人民大会堂“教育三部曲”出版发行暨价值主义教育研讨会

安　可

五月的北京，墙红柳绿。5 月 26 日上午 9 时 30 分，人民大会堂上海厅。一次智者的对话在这里展开，一次心灵的碰撞在这里呈现，一次思想的交融在这里释放。由人民出版社和中国教育学会举办的“教育三部曲”出版发行暨价值主义教育研讨会在亿万民众心中的圣殿举行。国家民委副主任丹珠昂奔，原国家教委副主任柳斌出席研讨会并讲话。

登高而招，见者远。庄严的人民大会堂自建成之日起，泱泱大国的人民代表就在这里议政参政，如果说首都北京是祖国的心脏，那人民大会堂则汇聚着人民群众的澎湃激情；顺风而呼，闻者彰。庄严的人民大会堂自落成那天起，华夏九州的有识之士就在这里云集智慧，如果说首都北京是智者的舞台，那人民大会堂则奔流着栋梁之材的真知灼见。

对于神州儿女心中的神圣殿堂——人民大会堂。身居祖国边陲的罗崇敏有着挥之不去的情感。作为党的十七大代表，在 2007 年的那个金秋，他在这里聆听了党和国家新一代领导人的治国方略；作为十一届全国人大代表，5 年来，每到春暖花开的季节，他都会在这里表达执政理念、民意诉求，他那带着家乡口音的普通话，常常成为吸引媒体的磁心。也是在这里，他先后三次向中国、向世界展示了自己的心灵智慧、思想所得。

第一次，2009 年 5 月 18 日，由人民出版社在人民大会堂为罗崇敏的代表作——《天鉴》举办研讨会。《天鉴》秉承“盛天下之理，鉴世间之事，立社稷之尊”的笔脉，展现了作者从个人走向社会，从民族走向人类，从现实走向理想，从历史走向未来，从思想走向行动的智慧火花、思想成果。《天鉴》出版后登上各大书店畅销榜，2012 年春天，英文版《天鉴》在伦敦书展上盛装推出，法文、阿拉伯文版的《天鉴》即将付梓。

第二次，人民大会堂广东厅内，来自全国的 200 余名专家学者，把关注的目光投到了云南省创新实施的“三生教育”上，并从哲学、教育学、心理学等多个学术领域，对这项教育的理论与实践价值进行着全方位的剖析和反思。如今，“三生教育”已经成为世人认知云南教育的品牌。全国共有 24 个省（自治区、直辖市）在不同范围内开展了“三生教育”，其中有 16 个省份使用了云南省“三生教育”系列教材。“重视生命教育、学会生存生活”明确写进《国家中长期教育改革和发展规划纲要（2010—2020 年）》的战略主题部分。同时，“三生教育”也产生了积极的国际影响，受到国际教育界的高度关注。

第三次，携着最新的教育思想和智慧成果，站在历史和人类的高处，罗崇敏又来到人民大会堂，和仁人志士们一道，共同推开教育改革的满池春水。这次研讨会上，来自中组部、教育部、国家民委、国家海洋局、中国社科院、中央党校、清华大学、北京大学、中国教育学会，人民、华文和语文出版社及各大媒体的领导、专家、学者，对价值主义教育思想、罗崇敏的人生阅历及其首创的“三生教育”等进行了客观的评价。

是次研讨会在教育界、思想界引起了广泛关注，新华社以《云南教育厅长罗崇敏：用价值主义教育解决教育功利化问题》为题播发了消息——

“当我们捧着先人发明的指南针而迷途不返的时候，应该反思的不是指南针的价值，而是制造和使用指南针的人的价值。”因“高三浪费时间”、“高考吊瓶班悲壮悲哀悲惨”等言论而备受关注的云南省教育厅厅长罗崇敏26日在人民大会堂发表新的观点。罗崇敏的这番话是在人民出版社举办的“‘教育三部曲’出版发行暨价值主义教育研讨会”上所说。

研讨会围绕罗崇敏近期发表的三部教育理论专著《教育的智慧》、《教育的逻辑》、《教育的价值》展开。“反思指南针发明”正是罗崇敏在专著中提到的“价值思考”的具体阐述。

罗崇敏认为，教育的终极价值是使人成其为人，使人成为有能力的人，使人成为幸福的人。当前我国教育存在工具化、功利化等弊端，正是教育价值危机的体现，应倡导建立在价值哲学基础上的价值主义教育，坚持教育培养人的主体价值，注重各类教育的价值体系建设，以提高能力素质为核心培养人，提高教育的时空价值和课程教育价值，注重教育制度价值建设，提高教育资源利用率。

罗崇敏履职云南省教育厅厅长期间倡导以“生命、生存、生活”为主题的“三生教育”，产生广泛影响。此次出版的“教育三部曲”正是他基于“三生教育”实践总结的理论专著。其中，《教育的价值》一书对教育价值与价值教育进行反思，阐述了教育基础价值、根本价值、最高价值及教育价值实现的观点，目的在于促使教育真正发挥“植根时代，引领社会，发展人，幸福人”的功能。

中国教育学会副会长郭振有认为，价值主义教育思想是我国近年来教育理论研究领域的重要收获，对中国教育现代化、改革发展创新有特殊意义。“教育三部曲”植根现实、系统思考，回答了“教育是做什么”、“教育的真谛是什么”等问题。

新华社的消息画龙点睛地为我们再现了研讨会的盛况，那么，就让我们去采撷参会者智慧的花朵，分享不能错过的精彩。

一、关于价值主义教育

自2010年以来，罗崇敏先生陆续创作发表了《教育的智慧》、《教育的逻辑》、《教育的价值》等三部教育理论专著。“教育三部曲”坚持理论与现实紧密结合的原则，紧紧围绕“教育是发展人的生命、生存和生活，促进人类文明进步的社会活动过程”的命题展开，在价值哲学基础上，以国际化视野、本土化行动、未来教育趋势，分析现代教育，初步构建价值主义教育思想体系。给教育工作者开启了新的思考教育本真的视角，给应试教育向素质教育的转型提供了理论与实践的借鉴。

“必将对中国、甚至世界教育产生积极的影响”

“解决民族问题的一个根本思路就是教育。”国家民委副主任丹珠昂奔说，关于民族问题的根本解决方法，从中央到地方现在大家一个普遍的共识就是需要从教育入手，以教育的手段来化解民族矛盾，解决民族纠纷，消除民族不平等等。简单讲就是通过教育智慧民族。这与罗崇敏“教育三部曲”表达的思想也是一致的。这也为我们从教育视角解决民族问题提供了启示。

丹珠昂奔指出，自古以来，教育就有不同的方法与流派，也产生了截然不同的结果。罗崇敏从人的根本需求出发，提出教育是发展人的生命、生存、生活，引领人类文明进步的社会活动过程。教育的基础价值是成长成人，教育的根本价值是教真育爱，教育的最高价值是使人幸福。倡导通过教育实现个人价值、社会价值、物质价值、经济价值、政治价值、财富价值、环境价值、国家价值、民族价值。一切价值都是人的价值的外化，而教育创造了人的价值，因而提出：在人类活动领域中，教育价值高于一切价值，教育危机是人类最大的危机等观点。这的确是给人耳目一新的理论创新，也是当下不可多得的教育思考。我们也为之鼓舞、振奋，开始重新深层次地思考教育在我们培养、塑造平等、团结、互助价值观的各民族中的核心作用。因此，从这个角度出发，“教育三部曲”给我们提供了很好的思路。我相信，在建设社会主义核心价值体系的实践过程中，罗崇敏的“教育三部曲”把我们带到价值主义教育的新领域，也必将吸引更多同仁来研究与实践。这将对中国甚至世界教育产生积极的影响。

原国家教委副主任柳斌对价值主义教育思想给予很高的评价，认为罗崇敏的教育思想、理念和改革实践，对推动我国素质教育的改革和深化，会产生重要的影响。柳斌说，对教育价值进行理论研究和实践操作，这本身就是有很高价值的。目前这方面的理论和实践操作还处于起始阶段，面临着许多理论和实践上的问题，需要下工夫去探讨和研究。再有就是教育价值的实现，需要解决许多实践中的问题。“以人为本”的教育理念，以人的价值为根本的教育理念，除了要考虑它的世界性之外，还要着重考虑它的国家性、民族性和本土性。对于教育的价值，很多人没有足够的认识。罗崇敏用他的教育实践和教育理论，引起了大家对教育价值的重视，这是值得肯定的，这也许是人类教育的新启航。

“罗崇敏‘教育三部曲’，是改革开放以来，我国教育改革探索的精辟概括，也是我国教育科学研究的重要成果，对我们认识教育的本质和规律，指导教育改革发展，有很强的针对性和长远意义。”中国教育学会副会长郭振有对价值主义教育的理论价值、现实指向、实践基础、需要解决的突出问题等进行了阐述。他评价说，“教育三部曲”对教育价值问题做了深刻而精辟的论述。提出一个重要的命题：即价值教育。作者引述了苏格拉底、马克思、康德、黑格尔等许多思想家关于价值的论述，明确了关于价值的这样几个中心词：实绩、评价、原则、标准、兴趣、意义等。在人和人类的各种价值中，教育价值是最高价值，教育价值高于其他一切价值。

针对作者为何要提出价值教育的问题，郭振有强调，这不是突发奇想！因为在当今时代，我国教育虽然取得了历史性的进步和成就，但也出现了许多新的重大的价值危机。教育的价值滑向了工具主义、功利主义。教育价值取向走进了误区。教育价值取向不改变，教育问题不可能从根本上解决。

教育部发展研究中心主任张力说，研究怎么把社会主义核心价值体系融入国民教育全过程，怎么从娃娃抓起，这对于教育工作者来说是责无旁贷的，也是篇大文章。研究教育的价值和价值的教育，显得非常重要，希望有更多的像罗崇敏这样的同志能够在求真务实、开拓创新方面，探索出更多的经验，作为教育政策的价值取向。而如今，任何一项教育政策的制定都离不开民生，都必须反映人民群众对于教育切身利益的表达，这已经成为我们整个国家教育政策的一个最基本的价值取向。

“今天这个会30年后再谈，一定会有很大的价值。价值主义教育思想在今天可能鲜为人知，但10年、20年后，我们一定能看到其价值所在，如果我们还能活30年，我们一定能看到这一思想的光辉。”北大公学教育研究院院长齐大辉在发言中指出：“行为的后面是思想，思想的后面是价值，价值的后面是教育。罗厅长的‘教育三部曲’我都看完了，令我很感动，尤其是他提出的价值主义教育，振聋发聩，在当今社会，具有非常强的必要，为真实的生活而学习，就必须要说真话。行为的后面是思想，思想的后面是价值，价值的后面是教育。教育的根本问题，还是要解决一个责任的问题，价值主义教育从根本上说解决了国家方向的问题，价值主义需要国家教育行政部门、学校进行实质性的研究。家庭教育是国民教育的源头，顺的孩子是教出来的，逆的孩子是管出来的，笨的孩子是盯出来。教育必须追求其价值所在。”

“中国的教育发展到现在这个阶段，比以往的阶段更有可能去追求好的教育、理想的教育。但什么是理想的、有价值的教育呢?”中国教育改革的积极推动者，21世纪教育发展研究院院长、北京理工大学教授杨东平认为，从当下教育的供求关系上看，学龄人口明显减少、教育投资大量增加，中国教育已经摆脱极度贫困状态，然而我们在价值上的迷失和混乱却非常明显。出现了很多匪夷所思的现象，比如，本来我们的教育更应该施行人性化的、小班化、小规模的教学，但事实相反，学校的办学规模越来越大，很多学校的规模在历史上从来没有出现过。“我称之为‘规律失灵’的现象，包括高等教育的大学扩招，基础教育应该轻松化，但现实是基础教育更为严酷了。这当然有很多制度层面的问题，但是，我们缺乏一个有效的价值引领，这的确是一个深刻的问题。其实，这个新的价值观已经有了，就是‘以人为本’的科学发展观。但今天，我们回过头看，教育的价值观还需要落实到每个校长、每位老师。罗厅长在云南做的‘三生教育’都是为了让新的价值观能够操作化、能够落地、能够施行。我们也可以看到在教育里面，也有很多各种各样的操作化的教育理论，大大小小，在不同层面上的探索和实践。我非常希望通过今天的讨论能把我们面向未来的新的教育哲学、以人为本的教育价值观，细化、深化，变成一个可操作的教育理论。”

中国人民大学教授程方平在发言中指出，教育改革发展到今天，有许多事情是值得反思的。特别值得反思的就是价值引领的问题。“我在人民大学给研究生开了一门课叫教育的历史与哲学基础。我之所以开这门课，是因为我们现在面临问题总是站在实用的角度去看，至于一种教育现象、一种教育改革它背后的价值取向到底是什么，我们追问的还是不够。罗厅长的‘教育三部曲’是个逐步深化的论述，也提醒我们现在教育的改革是要哲学层面的思考。现在教育改革都在往前走，做出了很多贡献，得到了很多经验。但经验能否成为继续发展的基石，还在于我们把它提炼成科学的规律。到了科学的层面还不够，还要上升到哲学的思考。罗厅长能在云南这个多元文化的省份去推进教育改革是有很大难度的，在多民族多宗教的土地上，能够把一种有中国特色的社会主义价值取向、价值选择提炼出来，才能有利于教育的深度发展。做这样的工作是非常有价值的，也是改革开放三十年，我们应该放慢脚步，认真思考的问题。如果能在此进入深入的讨论，能够反思我们所作所为背后的价值取向。我们的教育改革发展才会更有希望。我们也应该向罗厅长学习，在我们的讲台上、研究上辨别学风。学风是什么呢？一个是务实，一个就是在专业上实事求是，如果做到这一点，我想我们的教育会大有希望的。”

北京师范大学教授肖川在发言中指出，一个能感觉到生活幸福的人，一定会更加珍惜生活、善待自我、关爱他人、奉献社会。一个社会能感受到生活幸福的人越多，这个社会就会越加和谐，越加融洽，越有前途，越有活力。人们的生活质量并不完全取决于经济的发展水平，也就是说并非完全取决于个人的收入。在很大程度上取决于人们的生活态度、生活方式。研究表明贫穷、犯罪、生活不幸，与受教育程度低有很高的相关。能上学和受教育是两个相关但不相等的概念。所以我们要对受教育有一个深思熟虑的定义。让更多的人拥有健康，让更多的人拥有智慧，让智慧的人拥有财富，让富有的人拥有美德。让更多的人健康、智慧、富有、高贵，这是教育的价值，也是教育的目标，更是教育的价值所在。

研讨中，长江学者、北京师范大学教授石中英从两个层面阐述对价值主义教育思想的理解：第一，罗崇敏对当前教育价值的忧思，反映了整个中国教育界，整个社会对于当前教育价值的忧思。价值这个词有两种不同的含义，一个是经济学意义上的价值范畴，主要表达客体对主体的有用性。另一个是伦理学和哲学理论的范畴，它主要表达主体满足需要，提出满足需要的正当性。当前中国社会的一些价值问题，包括价值迷茫、价值冲突、价值迷失，这些问题还是发生在主体领域、行为领域。所以具体地说，与我们教育相关问题是涉及教育核心问题，也就是这些年反复要我们思考两个问题，一个是培养什么人，一个是怎样培养人。这两个问题前提性的问题是培养什么样的人。而培养什么样的人最根本的问题，就是我们所培养的人拥有什么样的价值品格。在日常生活学习中，践行什么样的价值原则。在重大利益面前，我们有什么样的价值操守。这当中我们教育的危机，就发生在价值领域，发生在青少年学生的价值领域里面。第二，价值主义教育是一种价值的教育取向，或者说是一种教育哲学。罗崇敏对教育危机的判断和分析，所提出的一种理论主张，也是一种改革哲学，就是要对抗极端的功利主义、工具理性主义、实用主义，就是要把人的发展，把良好的人的价值品格的培养，把社会主义合格公民的培养，真正置于教育的核心位置。这恰恰把握了当前和今后我国教育改革的一个方向。

发言中，石中英教授强调，总体来说，当前，我们的教育改革是丰富的、多样的，成效也是非常显著的。但对于什么是好的教育，我们还缺乏系统的、深入的思考。罗崇敏厅长以此为出发点做深入的探讨，给人以深刻启发：当前和今后的教育理论界，确实要展开对教育价值观系统深入的讨论，从而给我们教育改革提供可供选择的观念，或者是理想的指导。罗崇敏厅长长期从事教育管理实践，并在实践中致力于教育的哲学思考令人钦佩。实践出真知，有了丰富的实践，并且善于思考，我们就能够很好地认识和把握教育的真谛。这无论是对于我们教育改革事业来说，还是对我们青少年学生的成长来说，都是功德无量。

研讨会上，与会者还对价值主义教育思想的确立、发展和完善各抒己见。教育部基础一司副司长于长学认为，当前功利主义的盛行，使得目标的达成更加艰难。现在社会上出现了很多短视的片面追求经济利益的急功近利现象，也在不同程度上对教育造成了影响，所以就要求我们更加重视如何达成教育的目标。如果说价值主义教育是一个目标，那么，“教育三部曲”所呈现的就是实现目标的路径和方法。昆明市滇池度假区实验学校校长杨立雄坦言，这几年云南教育有了自己的声音，作为一名云南的教育工作者，深感骄傲与自豪。罗厅长的“教育三部曲”，首倡的“三生教育”，特别是价值主义的教育思想，是云南站在高原上，在祖国的边境向世界发出的响亮声音。

二、关于罗崇敏

“其行，挑战尺度；其思，超于常道；其政，频现奇观。”在履职云南省教育厅后，“奇官”罗崇敏便频频发力，从实施“三生教育”到推行现代学校制度，从减轻中小学生课业负担到改革招生考试制度，罗崇敏的这一系列大刀阔斧的举措，使昔日略显沉闷的云南教育一举成为全国教育改革的排头兵。而透过“教育三部曲”，专家、学者对罗崇敏又会有怎样的解读？

“现在就需要这样的教育官员”

“在我接触的教育行政官员之中，罗崇敏是很特殊的一位。”在谈到罗崇敏时，语文出版社社长王旭明用“三敢”阐述了其特殊之处。“一是敢做，他率先在云南省开展了考试制度和招生制度的改革，而且在云南创立和实施了‘三生教育’，并把‘三生教育’推向全国，在全国各地建立了很多工作站等等。这些都是作为一名教育官员很敢做和很敢为的表现。二是敢写，一位教育官员写了十几本书，这在我看来是想都不敢想的。当然，这是一种学养的体现，也是值得我辈终生学习的。三是敢说。这种敢说在当下的中国人里面是罕见的，我所说的‘话’，是指正面的话，不是官话、套话和伟大的废话。最近，我看到的罗厅长说的就是‘高三可以取消一个龄级，初三也可取消一个龄级’，这种做法我们暂且不论对与错，从学制的角度去思考教学的发展，从教育内部来思考，确实令人很惊讶。此外，罗厅长的敢说话还体现在他常脱稿演讲，刚才我看见他旁边有纸稿，但他没有用。而且，他很愿意接受记者的采访，近两年，我经常在电视里看见他活跃的身影。我曾经做过教育部的宣传工作，我就希望有一大批这样的官员才好。当然，现在我也希望有一批干教育、说教育、写教育的人，因为我们现在的教育的确需要能干的、敢说的、善写的官员，罗厅长具备这三个特点。”

座谈中，专家们指出，在中国的各项改革中，教育改革应该是最复杂、最精细、最困难的。教育改革滞后于其他改革是必然的，教育必须加快改革。对教育问题最需要进行缜密的研究和探索，来不得半点虚浮和轻率。“教育三部曲”的作者被称为“奇官”。他的三本书是三本大书，三本很厚重的书。作者的特殊经历使他特别了解中国的国情现实。他有着深厚的学术功底，进行过经济、社会各项改革的探索，是我国一位著名的改革家。他提出的许多教育观点和教育政策，都是建立在对教育问题的现实考察和哲学思维的基础之上，建立在实践探索的基础之上。温总理提出要倡导教育家办学。一批教育家能影响一个国家和民族的未来。教育厅长负责设计、统筹、指挥一个省的教育的改革发展，责任十分重大。教育厅长应该由教育家担任。他不仅应该有发展改革教育的使命感和责任感，有丰富的教育管理经验，还应该有深刻的教育理论素养，有对教育问题的真知灼见，形成独特的教育概念，并付诸实施。罗崇敏同志为教育厅局长树立了一个很好的榜样。

教育部高教司司长张大良认为，近年来云南等省份以社会主义核心价值体系为引领，以现代教育价值建设为重点，以全面推进素质教育为目标，在各个学校广泛深入的开展以生命、生存、生活教育为主要内容的“三生教育”，取得了显著的阶段性的成果。罗崇敏同志是“三生教育”的倡导者、研究者、组织者，是一位有着丰富学识素养、学养和实践经验的教育管理者，他思想活跃，充满睿智，勇于创新，锐意改革，注重研究，笔耕不辍，成果丰硕，令人敬佩。

教育部于基础一司副司于长学评价说，罗崇敏的勤奋、钻研，都是值得我们学习的。他既是官员，也是学者，具有理想主义的情怀，具有追求真理的素养。罗崇敏的“教育三部曲”，从他的视角回答了培养什么人和怎么培养人，“教育三部曲”和价值主义教育思想是非常值得我们深入学习和研究的。

带着家乡人民的期望与嘱托，玉溪市教育局局长李世华说，罗崇敏同志到云南省教育厅以后，响亮地提出了“落后不是云南的代名词，要使云南的教育与全国的教育共同发展，使云南的孩子与全国的孩子共同成长，使云南各族人民与全国人民共同享受教育改革发展的成果”的奋进口号。他致力于改变云南教育现状，以只争朝夕的紧迫感、责任感和使命感，以他的人格魅力、教育思想、工作实绩，赢得了全国同行的尊重和信任，迅速提升了云南教育的地位和影响力，成为众口皆碑的现代教育理念和实践者。罗崇敏厅长生动地诠释了“高原情怀、大山精神”。

三、关于“三生教育”

2008年秋季学期，云南省各级各类学校开始试点实施生命教育、生存教育、生活教育，而今，“三生教育”已在全国20余个省份落地生根。从彩云之南到神州大地，“三生教育”这朵智慧之花，带着对生命、生存、生活的无限期许，绚烂地绽放着。“三生教育”的广泛影响，使其成为中国当代品牌性的特色教育。而此次出版发行的“教育三部曲”，正是罗崇敏首创的“三生教育”理念的理论精华与实践探索的完美结合。

“‘三生教育’是人类基本价值和国家核心价值的基础”

座谈中，学者一致认为，“三生教育”是使受教育者树立正确人生观、世界观、价值观的认知和行为过程，体现着教育价值的终极目标取向。“三生教育”也可以说是中国特色的人文教育，是素质教育不可缺少的，基础的，也是终身的教育内容。对教育价值而言，“三生教育”其重要性远远超出了知识教育和升学教育。中小学以及大学，都应该对学生进行生命、生存和生活相关的各种教育。罗崇敏在“三部曲”中阐述“三生教育”时，特别强调责任教育，意义重大。人的价值在于他所承担的社会责任。教育的任务是使人从自然人成长为社会人。教育价值集中在培养人的社会责任感。《教育规划纲要》也把社会责任感列为素质教育的第一重点。正如英国教育家塞缪尔·斯迈尔斯所说的：责任感是所有品德中，影响力最大也是最基本最必备的品质。缺乏责任感，人们对抗不了苦难，抵御不了财色的诱惑，导致犯罪或堕落。相反，在责任感的激励下，人们能够克服自己的弱点而变得坚强勇敢。责任不是感情，而是贯穿人生的一个准则。它的基础是良知。不负责任的生活是一片废墟，不负责任的人最后只会落得受人嫌恶的下场。“三生教育”体现的是符合时代需要的教育价值取向，是人类基本价值和国家核心价值的基础。实施“三生教育”，是提高国民素质的基本要求；是现代教育的基本任务；是促进学生全面发展的基本途径；是实现家庭幸福，促进社会和谐的必然要求；是推进教育国际化，发展普世教育的重要基础。这个评价是符合实际的。

“三生教育”的实践者、昆明市滇池度假区实验学校校长杨立雄深有感触地说，“三生教育”是人最需要的基本教育，“三生教育”价值高于知识教育价值、高于技能教育价值。一个学校办得好或办得坏，大部分的责任在校长身上，核心和关键问题在价值引领上。价值引领是新时期校长应具备的核心能力，就是用生命价值观、生存价值观、生活价值观改造我们的教育、改造我们的学习，使之成为老师学生共同的价值取向、价值追求。“三生教育”是人类共同的教育价值和价值教育的必然取向，集中体现了罗厅长价值主义教育思想，也是云南教育生态发展、长远发展、持续发展、科学发展、和谐发展、跨越发展的价值必然。如果把“三生教育”比作一个金字塔，在塔底的教育和塔尖的教育是一致的。“三生教育”是起点教育与终极价值高度统一的教育。我们在起点上追求的，与在终点上追求的东西是一致的。这就是我们“三生教育”的价值。

曾在云南师范大学读研究生的中共中央党校教授李宏伟指出，罗崇敏的教育思想体现出了对人类终极关怀的哲学意味，同时也饱含着诗人一般追求理想境界的浪漫情怀。我们谈论价值主义、价值观，应该清醒地认识到，改革开放以来，我国现代化的发展和进程面临着的问题已不单纯是人类社会如何发展，经济如何增长，而最重要的是我们应该反思，我们到底应该追求什么样的生活。“罗厅长在书中所提到的生命的意义，生存的意义，我觉得都应该回归到人与自然关系的认识上。人与自然究竟是什么关系呢？我们总是提生产力这个概念，生产力是人类改造自然、征服自然的能力。在今天如果我们还这样看待生产力，已远远不够了。因为随着经济的发展，特别是经济发展方式是高增长，高投入，同时带来严重污染的今天。我们应该多关注人与自然怎样和谐发展。人与自然应该建立一种伙伴的关系，在此意义上，人的价值才会有根基，因为人来自自然，自然也是人赖以生存的根基。如果抛开这种根基，就如同官员大量地追求GDP，高考指挥棒迫使孩子追求分数，这就造成了价值观的一种失误。我们就此看到一些现象，例如经济的快速发展带来的环境污染，我们想要为孩子营造一个良好的学习生活环境，却不得不遭遇铬中毒、铅中毒、空气污染等等这些不该发生的事情。在谈及人类的生生不息，中华民族的繁荣昌盛，教育的顶层设计就应该回归到生态教育这一环节。我自己也是一名小学生的家长，希望在孩子的课堂上不光只有语文、数学、英语，能让孩子们更多的走近自然、观察自然，罗厅长所倡导的‘三生教育’才能够真正得以实现，对自然能有一个最本真的认识，它才能形成热爱生命、热爱生活的一种健康向上的正向引导。如果就像刚才谈到的只是把孩子们关在屋子里面，上各种补习班，那孩子就不能够健康的成长。”

“罗崇敏厅长所推动的和引导的‘三生教育’，我非常认同。作为北京师范大学的一位教员，研究中心负责人，我们的很多想法与罗厅长的‘三生教育’有很多共鸣。”北京师范大学教授肖川指出，“三生教育”作为教育唯一正当的价值追求，在于要为学生的幸福人生奠基，为师生的美好生活护航。“三生教育”的确为生命喝彩，为生活添彩，为生存护航。也就是说，教育要引导学生欣赏生命，敬畏生命，更要守护生命，广大老师要引导学生珍爱生命、发展生命、幸福生命。教育应该为每一个人过一个精彩的人生奠基。“我将精彩人生概括为24个字：‘见多识广、心想事成、丰衣足食、情有独钟、服务社会、受人尊敬。’见多识广，指的是能够读万卷书，行万里路。心想事成，一个人要有梦想和追求。丰衣足食，经济上的富足。情有独钟，有自己稳定深刻的兴趣爱好。服务社会，有服务社会的意识与能力。受人尊敬，主要取决于个人的品格。‘三生教育’就是要赋予我们生存发展享受的能力。所以‘三生教育’作为我们教育唯一正当的价值追求，代表着时代的先进文化。”

走出人民大会堂上海厅，与之毗邻的是耳熟能详的著名画卷《江山多娇》，凡到人民大会堂的人，无论身份几何、学养高下，都希望能在此驻足留影。因为注目那秀美的万里河山时，脑海里应该会浮现那句著名诗句“江山如此多娇，引无数英雄竞折腰”。今天的参会者，也会有如此遐想吗？

◆【链接】

“教育三部曲”

《教育的智慧》贯彻“教育是发展人的生命、生存和生活，促进人类文明进步的社会活动过程”的命题，并围绕这一命题从宏观教育、中观教育、微观教育三个维度，以国际化思维、本土化实践和现代化目标的理念，深刻阐述了现代教育的本质、主体、价值、制度、内容、目标和方法等观点。

《教育的逻辑》则立足现实和本土，着眼未来与世界，努力构建与知识经济和知识社会相适应，以人为根本，以教育公平为基础，以价值教育为灵魂，以能力教育为核心，以教育制度为保障的现代教育理论体系。深刻揭示了生命教育、生存教育、生活教育的教育价值与价值教育有机构成的现代教育价值建设内涵，充分了表达现代教育的切实性和引领性有机统一的功能特征。

《教育的价值》是“教育三部曲”中的核心内容。它对教育价值与价值教育进行反思，阐述了教育基础价值、根本价值、最高价值及教育价值的实现的一些根本观点。目的在于彰显教育价值，回归教育本真，使教育真正发挥“植根时代，引领社会，发展人，幸福人”的价值功能。

“价值主义教育思想”

人类社会活动的本质，无非是以人为主体，将资源（包括自然资源、人文资源、人力资源）转化为财富（包括物质财富、文化财富、精神财富），从而实现人的自由全面发展的过程而已。

人类社会活动的主体是人，过程是人，手段是人，目的是人，这就使教育活动必然居于人类社会活动的核心地位和全过程。

人的一切行为、思想、情感和意志都以价值为原动力，人类的一切活动都是以价值创造与价值消费为核心内容，人类社会的一切关系归根到底都是价值关系。

追求价值最大化，最大限度和持续性提高每一个人和人类社会活动的价值总量，是每一个具体人和人类社会活动的目标追求。教育活动应该围绕这一目标追求确立教育价值，进行价值教育。

教育的价值功能应该是发展人、引领人类，而不是适应人，迎合社会。

教育使人们既能驾驶个人和家庭轻盈奔驰的游船，也能驾驶国家和人类稳健远洋的客轮。教育价值体现着人类公平、正义、诚信、民主、平等、自由、法制、和谐、幸福的共同价值追求，是人类基本价值的内核，是国家核心价值的基石。教育价值蕴含着教育者与受教育者、个体与社会的共同价值，实现教育价值的最大化需要教育者、受教育者和全社会共同努力。从根本上讲教育价值最大化实现的程度取决于教育者、受教育者与社会对教育的需求，政府与社会要创造条件不断刺激和激发教育需求。

教育危机集中表现在教育价值危机，教育价值危机主要体现在教育使人异化，将人异化为“物”，因教育使人创造“物”，又因教育使“物”征服人，使人变为“物”的奴隶；教育工具化、功利化、世俗化、庸俗化愈演愈烈，教育成为管理的工具、耀祖光宗的工具、吃饭谋生的工具、赚钱发财的工具。

消除人类的一切危机应从消除教育危机入手，消除教育危机应在反思人类教育，彰显传统优秀教育思想的基础上，探究适应当代人、当代社会需要，引领时代不断进步的、先进的教育思想。

通过对人类活动的价值取向和教育价值的分析，通过对人类教育的反思和教育危机的分析，价值主义教育思想应运而生是必然的。构建价值主义教育思想体系是我们的责任和使命。

民族有区别，智慧无国界。以国际视野发展、整合和利用国际教育资源，推进全球教育治理，促进教育国际化，构建人类共同的教育价值体系。

应强化人类女性教育、幼儿教育、公民教育和终身教育。女性的素养决定民族的素质，加强女性教育，提高女性素质，充分发挥女性在教育中的特殊优势；幼儿教育是家庭、学校和社会共同的任务，倡导道法自然的幼儿教育理念，发现、引导幼儿的心灵世界，将兴趣培养、行为养成、思维启发贯穿幼儿教育全过程；各国教育不但要承担培养本国合格公民的任务，还要承担培养合格世界公民的任务；建设无人不学、无时不学、无处不学的终身教育学习型社会。

要提高教育单位时间内的价值和效率，以课堂教学为中心提高课堂教学效益，提高实践效益。要提高教育空间价值，合理布局和整合安排教育资源。

写在人类教育史上的篇章

——罗崇敏“教育三部曲”出版发行暨研讨会速记

矣　勇　安　可

性情是赤子，声情同黄锺。2月25日，由人民出版社、云南省教育科学研究院、云南新华书店集团有限公司主办的《教育的逻辑》、《教育的智慧》、《教育的价值》“教育三部曲”出版发行暨研讨会在云南大学科学馆举行。来自省内外的教育专家和部分教育工作者、大学生代表200余人参加了研讨。

省委高校工委书记、省教育厅厅长罗崇敏，省委高校工委副书记陶晴，省教育厅副厅长张之政、巡视员廖晓珊、助理巡视员张国华出席研讨会。副厅长邹平主持研讨会。

“读书知墨香。”研讨会上，22位专家、学者、教育行政管理干部及大中小学校长、幼儿园园长从罗崇敏的人生阅历、工作经历到“教育三部曲”的内容、语言、价值等方面作出了客观评价。与会者一致认为，价值主义教育思想的提出既继承了以往教育思想的精华，又吸收了当代哲学发展的成果，开拓了新的教育思想领域。作者以独辟蹊径的思维方式、特立独行的语言和视角，为人类教育史贡献了重要篇章。

专家篇："教育三部曲"构建价值主义教育思想体系

自2010年开始，罗崇敏以其履职以来对教育的深刻观察和用心感悟，先后出版了《教育的智慧》、《教育的逻辑》和《教育的价值》三部专著。其中，《教育的智慧》围绕"教育是实现人的价值，是发展人的生命、生存和生活，促进人类文明进步的社会活动过程"的命题，从宏观教育、中观教育、微观教育三个维度，以国际化思维、本土化实践和现代化目标的理念，揭示了现代教育的本质、主体、价值、制度、内容、目标和方法。《教育的逻辑》立足现实和本土，努力构建了与知识经济和知识社会相适应，以人为本，以教育公平为基础，以价值教育为灵魂，以能力教育为核心，以教育制度为保障的现代教育理论体系。《教育的价值》对教育价值和价值教育进行反思，阐述了教育基础价值、根本价值、最高价值及教育价值的实现等一些基本观点，提出回归教育本真，使教育真正发挥"根植时代，引领社会，发展人，幸福人"的价值功能。

本次研讨会上，与会的专家从各个视角对"教育三部曲"形成的价值教育体系发表了各自的观点，对教育价值思想的提出给予了高度肯定。

"教育研究和教育改革实践的一个重要成果"

中国教育学会副会长郭振有教授评论道，"教育三部曲"突显的核心内容是价值主义教育思想，它是我国教育研究和教育改革实践的一个重要成果，既具有中国特色，又具有时代精神，同时具有作者独特的哲学思维、理论高度、开放视角、思想品格和语言风格。在我国深入贯彻落实教育规划纲要的今天，应该让更多的教育工作者学习和研究这三部著作。作者致力研究的是知识经济时代的引领人类社会文明进步的现代教育。他站在历史的、时代的、理论的高度上，对现代教育的一系列根本性、全局性、宏观性问题，做了深入探讨和研究。他观察教育的产生过程和发展趋势，总结历史经验，分析现实弊端，展望未来，特别是提出了价值主义教育思想，这就超越了教育思想，站到了历史和理论研究的新高度。

郭振有说，知青生活和农村、工厂工作的经历，经济学研究的专业素养，政府工作和省级教育行政部门管理的经验，使“教育三部曲”的作者特别了解中国的现实、人民生活的现实、教育的现实，他的责任感和使命感使他更关注的是现实中国教育的困境和出路。教育官员不仅应该有发展改革教育的使命感和责任感，有丰富的教育管理经验，还应该有丰富的教育理论素养，有对教育问题的真知灼见，形成独特的教育概念，并付诸实施，“三生教育”的主要内容还写进了《国家中长期教育改革和发展规划纲要》。罗崇敏为教育官员树立了一个很好的榜样。

浙江师范大学副校长楼世洲教授表示，罗崇敏的“教育三部曲”对其首倡的“三生教育”作了深入、全面的阐述。当前教育的最大危机是教育价值的流失和创造能力的丧失，教育的功利主义导致人们只关注教育的即时性、显性的功效，忽视或轻视教育的长期效益。“三生教育”实现了教育价值与价值教育的有机统一，使教育的现实价值与理想价值相互促进，形成“教真育爱”和使人成其为社会人、使人成为有价值的人、使人成为幸福的人的价值主义教育思想体系。

“我迄今只为4个人写过书评，今天我为‘教育三部曲’写评论，不是因为罗崇敏是教育厅长，而是因为他更具有专家、学者的风范。同然，我为另外三位作者写书评，他们也是国内知名的专家学者。”省政协教科文卫委副主任骆小所教授说，罗崇敏在谱系式研究即传统研究的同时，超越谱系，超越传统，把谱系与传统寓于创新之中，体现了“弥纶群言，而研精一理”向“师心独见”的飞跃。价值主义教育思想的提出，令人耳目一新，为之一振。

“为教育工作者服务的书”

在看过《教育的价值》一书后，云南大学高等教育研究院张建新教授评价说，这是一部具有学术价值的哲学思辨类书籍。本着“彰显教育价值、回归教育本真”的目的，作者试图从“价值取向—能力选择—制度建设”与“生命、生存、生活”两个维度，采用理性思辨研究方法，阐述教育价值、教育基础价值、教育根本价值、教育最高价值以及教育价值实现五个方面的问题。价值主义教育思想更彰显其历史意义和现实价值。

云南大学农业大学诸锡斌教授说，价值主义教育思想既包含了对于教育理念和教育理论的研究，也包含了对教育实践的总结和理论提升，体现了教育理论与教育实践的有机结合，闪烁着作者的教育智慧，也是作者教育实践的汇聚。

"'教育三部曲'是为教育工作者服务的书。在实施课程改革的实践中，教育研究者和一线教师研读一下'教育三部曲'，会对教育改革的认识增加几分清醒，减少几分迷惑，会激发每一个教育工作者的教育信念和实践智慧，不仅有助于培养完整的人，且有助于为师者的自我完善和教育人生的丰富完整。尤其是价值主义教育思想更应该为每个教育工作者所倍加关注和认真研究。"云南师范大学教育科学与管理学院李天凤教授如是说。

有学者指出，罗崇敏以"我追求的不是众人未见，而是众人所见但未思更未行"的气魄和敏锐的眼光，针对当前教育中存在的时弊，认真思考，精心分析，抱着对教育、对人民负责任的态度，殷切地提出自己的思考，从理论和实践方面提出了教育改革的思路并进行了缜密的论证。从"教育三部曲"作者罗崇敏身上，看到了高原情怀、大山精神。

局长篇：云南教育的实践丰富和支撑了价值主义教育思想

罗崇敏到教育厅履职后，对云南教育进行了一系列的改革，如：减轻中小学生课业负担、实施"三生教育"、推行现代学校制度等，这些举措取得了很好的成效，在全国引起了极大的反响，有力地推动了全省教育事业的健康快速发展。这些成绩的取得，云南教育战线的广大干部职工不仅耳闻目睹，更感同身受。

本次研讨会上，身为州市教育局长的与会者从"教育三部曲"中不仅品读了云南教育近几年来的走过的如歌岁月，还从作品中收获了把握教育未来的真知灼见。

玉溪市教育局局长李世华说，“教育三部曲”论点新颖、论据充分、论证有力。价值主义教育思想是传承与创新的统一，本土化与国际化的承接，个性化和社会化的融合，理想教育与现实教育的结合，对探索和推动现代教育必将产生积极而深远的影响。教育家要有哲学家的理性思维，政治家的博大胸怀，企业家的务实风格，艺术家的创新激情。罗厅长既是一位勇于改革的政治家，又是一位勤学善思的教育家，我们工作在教育战线上，应以罗厅长为楷模，在自己的岗位上勤奋学习，深入思考，勇于创新，为教育的改革发展作出应有的贡献，使玉溪教育真正成为人民群众满意的教育。

“近年来，云南教育工作在罗厅长带领下发生了翻天覆地的变化，集中体现在自信、能力、尊严、创新4个方面。”昭通市教育局局长平锦在发表了对“教育三部曲”的感言后，结合云南教育改革发展的实际，谈到了“教育三部曲”折射出的云南教育现象。他说，价值主义教育思想体现在云南的教育实践中，就是提高了全省教育系统的自信心，让云南教育不再成为落后的代名词；就是提高了全省教育科学发展的能力，显著增强了统筹全社会支持教育发展的能力；就是提高了云南教育在全国的地位和形象，赢得了国内外同行的尊重；就是以敢为人先、不甘落后的精神，在云南大力推进了先进教育理念和教育体制机制的改革创新，并影响全国的教育发展。价值主义教育思想的影响效应，不仅呈现在当下，更昭示于未来。

校长篇：价值主义教育思想是教育智慧的彰显

“一所好学校离不开一个好校长，一个好校长应该拥有先进的教育思想。”罗崇敏厅长每进校园都用这句话勉励学校领导。他认为，作为一名校长，就要全面加强学校现代管理，促进学校的基础管理、系统管理、全程管理、精细管理，推进教育的价值管理、战略管理、民主管理、科学管理、依法管理，加强学校文化价值建设，促进教师教风、学生学风、管理者服务作风三位一体的校风建设。

本次研讨会上，与会的大中小学校长和幼儿园园长都从思想理念、思维方式、行为模式等方面，结合价值主义教育思想，畅谈了“教育三部曲”给人带来的启迪，分享了作者的智慧。

曲靖师范学院院长周本贞教授认为，要化解我国教育发展的矛盾，解开我国教育发展的死结，“从原点出发”研究并呼唤教育的重新启蒙和更大解放是比较理智的选择之一。罗崇敏的“教育三部曲”，就可看做是“从原点出发”深入研究和思考我国教育现代化发展问题的不可多得的重要成果。

“‘教育三部曲’更接近教育的真实、更接近真理。”昆明学院副院长罗明东教授表示，“教育三部曲”是作者在反思与批判现实教育的基础上寻求解决教育危机的理性思考，是对现实教育中功利化、非人化、物化等现象的深刻批判，是化解教育危机的良方和妙药。对现实教育问题的深入思考，促使作者创造性地提出了化解教育危机之道——生命教育、生存教育和生活教育。

昆明市滇池度假区实验学校校长杨立雄说，这几年，云南教育有了自己的声音，作为云南的教育工作者深感骄傲。“教育三部曲”是罗厅长智慧的彰显，是云南教育向全国教育界发出的又一个响亮的声音。中小学校长要以此为教育发展新的增长点，持续学习、持续推进，把学校建设成为学习化生存的生命共同体。

研讨会上，云大附中、云师大附中、云师大附小、昆明市第一幼儿园的领导在回顾了近年来学校发生的喜人变化后，谈了自己阅读“教育三部曲”的感受，对学校的教育教学行为、管理方式进行了反思，充分肯定了价值主义教育思想的引领性和适应时代需要的必然性。

语录：价值主义教育思想观

长期以来，罗崇敏先生勤学不懈，创新不断，笔耕不辍，著作等身。近几年来，不少书店都设立了“罗崇敏作品专柜”，他的一些作品还被译成英文行销海外。“教育三部曲”应当是他写作路上的又一扛鼎之作。据云南新华书店集团公司董事长兼总经理彭云介绍，“教育三部曲”出版不久，就在北京、上海、广州等地的各大书店成为了重点推荐的教育理论专著，而出版刚一年多的《教育的逻辑》、《教育的智慧》更成为了教育理论书籍中的畅销书。

在研讨会上，罗崇敏先生为参会者呈现了他最新的思想成果——价值主义教育思想。现汲取其精华，以飨读者。

人类社会活动的本质，无非是以人为主体，将资源（包括自然资源、人文资源、人力资源）转化为财富（包括物质财富、文化财富、精神财富），从而实现人的自由全面发展的过程而已。

人类社会活动的主体是人，过程是人，手段是人，目的是人，这就使教育活动必然基于人类社会活动的核心地位和全过程。

人的一切行为、思想、情感和意志都以价值为原动力，人类的一切活动都是以价值创造与价值消费为核心内容，人类社会的一切关系归根到底都是价值关系。

追求价值最大化，最大限度和持续性提高每一个人和人类社会活动的价值总量，是每一个具体人和人类社会活动的目标追求。教育活动应该围绕这一目标追求确立教育价值，进行价值教育。

教育的价值功能应该是发展人、引领人类，而不是适应人，迎合社会。

教育使人们既能驾驶个人和家庭轻盈奔驰的游船，也能驾驶国家和人类稳健远洋的客轮。教育价值体现着人类公平、正义、诚信、民主、平等、自由、法制、和谐、幸福的共同价值追求，是人类基本价值的内核，是国家核心价值的基石。教育价值蕴含着教育者与受教育者、个体与社会的共同价值，实现教育价值的最大化需要教育者、受教育者和全社会共同努力。从根本上讲教育价值最大化实现的程度取决于教育者、受教育者与社会对教育的需求，政府与社会要创造条件不断刺激和激发教育需求。

教育危机集中表现在教育价值危机，教育价值危机主要体现在教育使人异化，将人异化为“物”，因教育使人创造“物”，又因教育使“物”征服人，使人变为“物”的奴隶；教育工具化、功利化、世俗化、庸俗化愈演愈烈，教育成为管理的工具、耀祖光宗的工具、吃饭谋生的工具、赚钱发财的工具。

消除人类的一切危机应从消除教育危机入手，消除教育危机应在反思人类教育、彰显传统优秀教育思想的基础上，探究适应当代人、当代社会需要，引领时代不断进步的、先进的教育思想。

通过对人类活动的价值取向和教育价值的分析，通过对人类教育的反思和教育危机的分析，价值主义教育思想应运而生是必然的。构建价值主义教育思想体系是我们的责任和使命。

民族有区别，智慧无国界。以国际视野发展、整合和利用国际教育资源，推进全球教育治理，促进教育国际化，构建人类共同的教育价值体系。

应强化人类女性教育、幼儿教育、公民教育和终身教育。女性的素养决定民族的素质，加强女性教育，提高女性素质，充分发挥女性在教育中的特殊优势；幼儿教育是家庭、学校和社会共同的任务，倡导道法自然的幼儿教育理念，发现、引导幼儿的心灵世界，将兴趣培养、行为养成、思维启发贯穿幼儿教育全过程；各国教育不但要承担培养本国合格公民的任务，还要承担培养合格世界公民的任务；建设无人不学、无时不学、无处不学的终身教育学习型社会。

要提高教育单位时间内的价值和效率，以课堂教学为中心提高课堂教学效益，提高实践效益。要提高教育空间价值，合理布局和整合安排教育资源。